U0553836

《左传》《国语》文献关系考辨研究

以虚词比较为中心

A Text-based Critical Study of the Correlation between *Zuo Zhuan* and *Guo Yu*

Focusing on a Comparison of Function Words

周广干　著

国家社科基金后期资助项目
出版说明

后期资助项目是国家社科基金设立的一类重要项目，旨在鼓励广大社科研究者潜心治学，支持基础研究多出优秀成果。它是经过严格评审，从接近完成的科研成果中遴选立项的。为扩大后期资助项目的影响，更好地推动学术发展，促进成果转化，全国哲学社会科学工作办公室按照“统一设计、统一标识、统一版式、形成系列”的总体要求，组织出版国家社科基金后期资助项目成果。

全国哲学社会科学工作办公室

目　录

绪　论

一　选题缘由和研究意义

在学术史上，《左传》和《国语》之间的关系一直聚讼未决，且长期以来，学术界主要是从历史学、文献学、经学和文学等角度对其内容和关系进行专门考辨，只有少数学者从语言学和汉语史角度对两书的关系进行了考证，而且这些考证工作尚处于初步阶段，考证内容、范围和依据等方面都还相对狭窄，没能系统全面地揭示两书之间的关系。相对于实词而言，作为汉语重要的语法手段之一，虚词更能体现因作者、地域和时代的不同而表现出来的各种差异，对作为“封闭”系统的文献中出现频率较高的各类虚词进行全面的探察并进行比较，不仅能够总结《左传》和《国语》各自独立的虚词体系，还能够对两书的关系进行合理而深入的考辨。本选题认为以两书的虚词作为出发点和突破口，通过全面、系统的虚词比较研究，可以为观察两书在作者、时代以及地域方言等方面的关系提供更具说服力的依据和证明，也可以为从语言学角度考辨文献的真伪、作者、成书时代等问题的方法提供丰富的材料和实践总结。先秦汉语虚词的研究成果虽已比较丰富，不过仍存在一些问题，主要表现在虚词研究的不均衡性，即对重点和常用虚词研究成果相对丰富而对非重点和非常用虚词的研究严重不足，对虚词的系统性研究不够深入等方面，因此对两部专书的虚词进行归纳总结，总结各书的虚词系统、穷尽各个虚词的用法和功能是本选题的基础工作和应有之义。

本选题的意义主要在于两个方面：第一，本选题最重要的意义在于从语言学和汉语史的角度围绕虚词的比较考辨《左传》和《国语》两书的关系，为处理这一长期聚讼未决的问题提供帮助和依据，同时也对这种文献考辨方法做出更深入和合理的探索；第二，通过对两书虚词系统的全面考察和比较，也利于从共时角度观察和把握上古晚期汉语虚词的整体特点。

二 从语言学角度考辨古籍文献问题的理论和实践

（一）高本汉开创从文法角度考辨《左传》真伪的研究方法

瑞典汉学家高本汉（Bernhard Karlgren，或译珂罗倔伦）通过研究中国文法考辨古籍文献问题的论文主要有“On the Authenticity and Nature of the Tso-Chuan”（《左传真伪考》）、“The Authenticity of Ancient Chinese Texts”（《中国古书的真伪》）和“The Pronoun Kue in the Shu-King”（《书经中的代名词厥字》）。[①] 高氏认为文法的比较研究可以成为考辨文献的一种标准，另外还通过探测上古音系建立汉语比较语言学。张世禄曾指出：“高本汉对于中国语文的研究，他的最后的目的，大概是在建立印度支那比较语言学”，“（高本汉）是把中国语文学成为科学化的最大的功臣”。[②] 我们认为尤其应该指出的是高本汉首创了从文法角度考辨古籍的方法，正如胡适先生所说：“下篇完全是用文法学的研究来考订《左传》，他这种开山的工作使我敬畏，又使我惭愧了。”[③] 卫聚贤也指出：“高氏以文法上的关系考证《左传》的真伪，用这个方法去工作，高氏算是第一人。”[④]

在“On the Authenticity and Nature of the Tso-Chuan”（《左传真伪考》）“上篇”中高本汉指出：“（能够证明《左传》成于焚书之前）最后一个证据，就是《左传》如下文用语言学研究的时候，可证他自己有他的文法，一种很特殊的文法系统，没有一个作伪者可以想象得到，可以前后一致地用《左传》上这种特殊的文法结构。”在该文的“下篇”

---

① 〔瑞典〕高本汉：《左传真伪考》，《哥特堡大学学报》卷三二，第3号，1926年版。由陆侃如译成中文，附胡适对该文的提要与批评、卫聚贤的跋，作为单行本于1927年在新月书店出版。后来除了该书外，陆侃如又整理并加上《中国古书的真伪》《书经中的代名词厥字》两篇，再附录四篇，除胡适、卫聚贤上述两篇外，加上冯沅君《论〈左传〉与〈国语〉的异点》、卫聚贤《读〈论《左传》与《国语》的异点〉以后》合并为一册，即《〈左传真伪考〉及其他》，于1936年由商务印书馆出版。该书1949年之后未再刊行，山西人民出版社2015年出版“近代海外汉学名著丛刊”，选该书为一种。

② 说见张世禄《高本汉与中国语文》，原载《语文月刊》1937年第1卷第5期，又载《张世禄语言学论文集》，学林出版社1984年版。

③ 说见胡适《〈左传真伪考〉的提要与批评》，载《〈左传真伪考〉及其他》（附录一）第98页，上海商务印书馆1936年版。

④ 说见卫聚贤《跋〈左传真伪考〉》，载《〈左传真伪考〉及其他》（附录二）第121页，上海商务印书馆1936年版。

重点谈及语言学角度时，高氏又说：

> 讲起中国的文学来——在中国如焚书和古书发现的事情应该引起重大的注意，且对于各种真伪问题当有特别的慎重的考察——而从来没有人借助于语言学上的标准来做功夫，是一件很奇怪的事情。从西洋古代文学上的经验，知道没有语言学的帮助，校勘学是不成功的，而在中国尤其重要。然而中国古代文字的校勘学，就我所知而论，从来没有认真的用过语言学的方法。中国的校勘家固也常常说某种文件的“文字并不是真正古代的语句”，有时也用单字当作证据来证明一部书并不像一般人所想象的那样早。例如王安石曾在他已亡的著作内指出《左传》里有些话（官爵），照他看来，是秦以前所没有的。但是此种事实至多能证明那一段是插进去或被改动的，我们所需要的是靠语言考察此书的全体。①

高本汉的主要意图在于说明：相比于印欧语言，汉语本身缺乏形态变化（比如词尾等），仅从“非表音文字”本身出发，研究汉语无从发现其中的变化特点。

高氏的所谓“助词”是传统意义上的说法，参照其所研究的内容可以看出实际上相当于虚词。而高氏需要证明的结论在于“《左传》跟鲁国没有关系”，认为要证明这一点就必须考察各种文法上的现象，进行比较研究，以区别开“左语”和“鲁语”，这是高氏的出发点和落脚点。在具体的比较过程中，重点分析了“若”和“如”，“斯”和“则”，“斯”和“此”，“乎”和“于”，“与”和“乎”，“及”、“与”和“和”，“於”和“于”，“予”、“吾”和“我”，“邪”和“耶”等九组虚词在《左传》和《国语》中的使用状况，并同先秦其他有代表性的文献——尤其是《尚书》和《诗经》——不同的使用特点和语法特点进行比较，强调指出《左传》和《国语》“不能是一个人作的”，“就大体看来，两部书的文法组织很是相同，所以他们可以说是同一方言的人作的，

① 引文见高本汉著《左传真伪考》第59页，陆侃如译，载《〈左传真伪考〉及其他》，上海商务印书馆1936年版。

也许是属于同一派”。“在周秦和汉初书内，没有一种有和《左传》完全相同的文法组织的，最接近的是《国语》。”[①] 通过比较，尽管《左传》和《国语》在上述虚词的用法上有较多的共同点，但是高本汉却没有得出两书为同一作者所作或者是割裂一部著作分化为两书的结论，反而认为两书最重要的区别在于：解作“像”时，《左传》用“如”而《国语》混用“如”“若”，由此一点他认为两部书不可能是一个人所作。高氏还指出：“《左传》助词的特殊组织，是牠的真伪问题的最后且最好的证据。”[②] 全文最后的结论主要体现在“《左传》有一律的文法，和《国语》很近，但不全同（和别的中国古书完全不同）。这种文法绝不是一个后来的伪造者所能想像或实行的，所以这一定是部真的书，是一个人所作的，或者是属于一派和一个方言的几个人作的。牠同鲁国学派没有关系（至少没有直接关系），因为牠的文法和孔子及弟子及孟子完全不同。此书是在四六八年以后（书中所述最迟的一年），而无论如何在二一三年前，多份还是在四六八年到三〇〇年中间”。[③] 虽然高氏的研究存在粗疏之处，结论甚至难以令人信服，包括随后出现的很多批评的声音[④]，但是这种研究方法打破了以往学术界单纯地或从史学、或从经学、或从文学角度考辨《左传》真伪的局限，开创了从语言学角度考辨古籍真伪、考辨不同古籍关系的崭新思路，同时也为《左传》和《国语》关系的考辨研究提供了启发和新思路。在高著的影响下，汉语语言学者开始注意并发展这种从汉语史角度考辨古籍文献的方法，取得了较好的成效。

---

① 胡适指出：“我以为珂先生（即高本汉）用《左传》的特别文法组织来和‘鲁语’相比较，证明《左传》的语言自成一个文法组织，决非‘鲁君子’所作，——这是他的最大成功。其次，他因此又证明《左传》和《国语》在文法上最接近，这是他的第二功。”见《〈左传真伪考〉的提要与批评》，载《〈左传真伪考〉及其他》（附录一）第118页，上海商务印书馆1936年版。

② 高本汉著，陆侃如译《左传真伪考》第100页，载《〈左传真伪考〉及其他》，上海商务印书馆1936年版。

③ 高本汉著，陆侃如译《左传真伪考》第106～107页，载《〈左传真伪考〉及其他》，上海商务印书馆1936年版。

④ 高本汉论著写成之后，曾传寄友人，其中包括中国学者，最早对该著进行梳理和批评的是胡适先生《〈左传真伪考〉的提要与批评》一文，该文最早写定于1927年。后收于《〈左传真伪考〉及其他》附录一，第97～120页，上海商务印书馆1936年版。

（二）《左传》和《国语》关系的语言学考辨研究综论

关于《左传》和《国语》的关系，自两汉以来直到今天，仍聚讼纷纭、难有定论。历代多有学者对《左传》《国语》的成书时代、作者问题及两书关系问题进行考辨。综合来看，研究者多是从史学、经学和文学的角度来考辨两部文献的关系。本书主要是从语言学角度通过对两书虚词系统的比较来探讨两书的关系，以下重点对从语言学角度考辨两书关系的成果进行综述和检讨。

1.《左传》和《国语》关系考辨的研究现状

《左传》《国语》是先秦时期非常有代表性的两部典籍，有重要的史学、语言学、文献学价值。《左传》很早便被确立了“经”的地位，历来备受推崇，对其成书时代、作者等问题几乎不存在争议，后世偶或有学者非之，然而始终没有撼动其“大经”的地位。相较而言，《国语》的地位便显得无足轻重，对其褒贬也历来不一。唐柳宗元批判《国语》“繁芜曼衍”“背理去道”[①]，宋朱熹批评《国语》“委靡繁絮，真衰世之文耳。是时语言议论如此，宜乎周之不能振起也”[②]，清崔述更直截地认为“余按《左传》之文，年月井井，事多实录。而《国语》荒唐诬妄，自相矛盾者甚多”[③]；而在历代又有不少学者看到了《国语》重要的文献价值，如唐刘知几将《国语》列为史体六家之一，宋黄震则褒赞《国语》“宏衍精洁”。[④] 诸如此类对《国语》的评价自古便呈现两个极端之势。《国语》又名《春秋国语》《春秋外传国语》，被视作与《左传》有密切关系，自古对该书存在截然不同的评价的原因，是值得我们思考的。对《国语》成书时代和真伪的判定以及与《左传》的关系问题的考辨工作很早便已经开始了。

关于《国语》的作者、成书时代的问题，前贤已多有论及，最早论及《国语》作者的是司马迁，传世名句“左丘失明，厥有《国语》”，耳熟能详。东汉时期班固在《汉书·艺文志》中著录《国语》二十一篇，

---

① （唐）柳宗元：《非国语》，见《柳河东集》（卷四五）第788页，中华书局1960年版。

② （宋）朱熹：《朱子语类》卷一百三十九，第3297页，中华书局1986年版。

③ （清）崔述：《洙泗考信录·余录》卷三，《丛书集成初编》本第52页。

④ （宋）黄震：《黄氏日钞》卷五二《读杂史二》“《国语》条”，第620页。台北大化书局1984年版。

班固自注曰“左丘明著”。司马迁和班固都认为《国语》的作者是左丘明，与《左传》系同一个人所作，后世学者多从此说。当然也有不少学者提出了不同观点。此处不再一一引述。张以仁指出：“《国语》和《左传》两部书，两汉学者，从《史记》开始，以至《论衡》《汉书》诸家，都以为同属左丘明所著。两汉以后，学者如傅玄、刘炫等人，已逐渐对这种说法表示怀疑。唐、宋、元，以至于清，每一代都有所论辩论。其间讼争，颇涉玄想。各执一端，不免盲人摸象之讥。清代末年以至于今，刘逢禄、康有为等人出来以后，则更杂说纷呈，或驳或辩，亦攻亦守，文字繁多，不烦详备。”① 张氏将前人对两书关系的论辩归纳为四类，全面地总结了关于两书关系考辨的基本现状。以下简要引述各类说法及代表学者。

（1）《国语》《左传》同为一人所作。代表学者有：（西汉）司马迁，（东汉）王充、班固，（三国）韦昭，（唐）司马贞，（宋）邢昺、晁公武。《四库全书提要》载“然终以汉人所说为近古”，也持此说。

（2）《国语》《左传》原为一书，割裂为二。代表学者有：（宋）司马光、李焘，（清）赵翼、俞樾、刘逢禄、康有为等。

（3）《国语》《左传》二书非一人所作。代表学者有：（晋）傅玄，（宋）陈振孙，（清）崔述，现代学者如瑞典高本汉、美国卜德（Derk Bedde）等。

（4）两书非一书分化。代表学者如崔述、孙海波等。

张以仁从著作宗旨、时间、地名人名、《国语》有而《左传》无以及二书全同部分的比较并结合《史记》有关材料证明两书非由一书分化。②

高本汉开辟文法考证的新途径，卜德又扩大了语汇范围对两书进行比较。受这两位学者的影响和启发，近现代中国学者逐步发展了这种方

① 张以仁：《论〈国语〉与〈左传〉的关系》，《“中央研究院”历史语言研究所集刊》第 33 本，1962 年。又载于张以仁《〈国语〉〈左传〉论集》第 19 页，台湾东升出版事业公司印行 1970 年版。又见于张以仁《张以仁先秦史论集》第 1 页，上海古籍出版社 2010 年版。

② 详见张以仁《论〈国语〉与〈左传〉的关系》，《“中央研究院”历史语言研究所集刊》第 33 本，1962 年。

法。孙海波撰有《国语真伪考》[①] 一文，重点比较了《国语》所载又见于《左传》之事及共记一事文字不同等，通过比较认为两书不是由一书分化而来。孙海波在卜德研究的基础上又得出了一些重要证据。童书业《〈国语〉与〈左传〉问题后案》[②] 一文重点比较了两书相同的文字，又从两书记载古史重复、矛盾及在文体文法上的不同，证明《国语》成书当在《左传》之前，二书不是由一书分化而来。孙次舟《〈左传〉〈国语〉原非一书证》[③] 对康有为、钱玄同主张的“刘歆改造说”进行辩驳。该文强调两书一重记事、一重记言，其间有重要区别。通过细致对照，该文认为两书在书法、体裁方面都不相像，记事记言颇多歧异，从而证明两书并非由一书分化而来。杨向奎《论〈左传〉之性质及其与〈国语〉之关系》[④] 下篇专论两书的关系，指出两书一重记事一重记言，另外又说明记事和记言不可能截然分开，故而两书有所交叉，又二书体裁不同。最后征引汉代以前两书的不同名称等，认为《国语》在文体、体裁、记事、名称等方面都与《左传》不同，进而说明二书绝非一书之割裂。其后徐炳昶《〈国语〉〈左传〉逐节比较表》[⑤] 统计两书中有3/5的内容存在关联；刘节《〈左传〉〈国语〉〈史记〉之比较研究》[⑥] 分析了两书异同在于两书作者是看到同一史料，只是处理史料的目标不同。赵光贤《〈左传〉编撰考》(下)[⑦] 将两书进行对比，指出两书记载了很多相同的史实，详略有别且文字差异大，有些史实的记载甚至有矛盾之处，

---

① 孙海波:《国语真伪考》,《燕京学报》1934年第16期。

② 童书业:《〈国语〉与〈左传〉问题后案》,原载《浙江图书馆馆刊》1935年第1号。后收入陈新雄、于大成编《左传论文集》第159~173页,台北木铎书局1976年版。

③ 孙次舟:《〈左传〉〈国语〉原非一书证》,原载《北平华北日报图书周刊》1935年卷52至54。后收入陈新雄、于大成编《〈左传〉论文集》第175~188页,台北木铎书局1976年版。

④ 杨向奎:《论〈左传〉之性质及其与〈国语〉之关系》,原载《史学集刊》1936年第2期,后收入后收入陈新雄、于大成编《〈左传〉论文集》第19~59页,台北木铎书局1976年版。又见于杨向奎《绎史斋学术文集》第174~214页,上海人民出版社1983年版。

⑤ 徐炳昶:《〈国语〉〈左传〉逐节比较表》,见徐炳昶《中国古史的传说时代》附录四,收在“民国丛书第二编”,文物出版社1985年版。

⑥ 刘节:《〈左传〉〈国语〉〈史记〉之比较研究》,原载《说文月刊》1944年第1、2期。后收入氏著《古史考存》第306~340页,人民出版社1958年版。

⑦ 赵光贤:《〈左传〉编撰考》(下),《中国历史文献研究集刊》1981年第2集。后收入赵光贤《古史考辨》第165~187页,北京师范大学出版社1987年版。

如人名地名有别等，证明《左传》不是割裂《国语》而成。屈万里认为“《国语》和《左传》不是一书”，证据包括：①从两书传本的源流看，汲冢竹书有《师春》篇，专记《左传》卜筮却不涉及《国语》；②从文章风格来看，两书文体差异明显；③从文法和语汇方面来看，结合高本汉在《左传真伪考》中所举“如”“若”在两书中用法不同，再结合张以仁《从文法语汇方面的差异证〈国语〉〈左传〉二书非一人所作》一文，从语汇、文法角度总结二书的差异，证明二书非一人所作；④从著作的态度看，引张以仁说，《国语》着重劝善，《左传》着重记史；⑤从记载史实看，引张以仁说，将两书所记史实进行比较，虽有相同之处，然而《国语》终究有 193 条与《左传》有别。由此判定两书非一书分化。屈氏认为“《国语》和《左传》固然不是同一部书，也不是同一个人的作品。它也不会是和孔子同时的左丘明作的；它的著成时代，最早也不过战国初年”。[①] 历来学者关注《国语》的时代、作者以及与《左传》的关系等问题，大抵在张以仁所概括的四类范围之中，或许有增补、修订，不过总体结论不出这个范围。从研究方法上来看，对《国语》文献问题的考辨主要从历史学、文学等角度进行，包括对两书所载史实的比较，两书文体、手法的比较等方面。

以上关于《左传》《国语》两书关系的考辨，在今人的论著中多有梳理，我们择其要者略加总结。这些成果基本都是围绕史学、文学等角度展开的。从语言学角度对《国语》及其与《左传》关系进行考辨的成果相对较少，以上论著中或有对高本汉之方法略加提及，或稍有涉及语汇内容。可以说至今没有出现从语言学角度对两书关系进行系统考辨的成果。

2. 从语言学角度考辨两书关系的研究成果

真正从语言学角度对两书关系进行考辨的学者和成果相对较少。在高本汉《左传真伪考》开创文法学考辨方法之后，最先在这方面进行探讨的是冯沅君。冯氏撰有《论〈左传〉与〈国语〉的异点》[②] 一文，首

① 详见屈万里《先秦文史资料考辨》第 400 ~ 402 页，台湾联经出版事业公司 1983 年版。

② 原载《新月》，1928. 1（7）。后收入陈新雄、于大成编《〈左传〉论文集》第 93 ~ 145 页，台北木铎书局 1976 年版。又见高本汉著，陆侃如译《〈左传〉真伪考及其他》，上海商务印书馆 1936 年版。

先比较了《左传》和《国语》十五则“共说一事而二文不同”的歧异现象，后半部分对高本汉的文法研究结果进行了覆案，指出高氏在文法方面统计存在的疏漏之处，又指出文法上的其他五点差异，对高著进行了修正和补充，认为两书是各不相干的书，不过冯文在材料的分析和范围的选择方面也存在疏漏和不周之处。[①] 此后，美国学者卜德撰有《〈左传〉与〈国语〉》[②] 一文，考察了《左传》和《国语》引《诗经》次数的多少，以及词语“帝”“上帝”次数多少的悬殊统计等。卜德的贡献在于拓展了从语汇角度考证《左传》《国语》关系的道路，对后人的研究有启发之功。不过卜德氏考察的范围窄，词语少，论据难免单薄，也没有完整充分地利用文法考辨方法。童书业的《〈国语〉与〈左传〉问题后案》[③] 一文，对比了《国语》和《左传》中的相同文字，认定《国语》成书在《左传》之前，不可能为伪造，该文主要还是从史学角度进行的考证，少量涉及文字问题，不过童氏的论证相对细密，结论可靠得多。这些著作虽然或多或少都涉及运用文法学考辨《左传》和《国语》关系的方法，不过都没有超出高本汉的范围，没有加入多少有价值的新证据。高氏文法学考辨之后，林语堂也从语言学角度出发，发表了《〈左传〉真伪与上古方音》[④]，首先从语音角度对《春秋》“三传”进行了比较，继而将《左传》不同于《公羊传》《穀梁传》的地方与《国语》进行比较，最后发现“《国语》完全与《左传》相同”，“可以断定，假使果是二人所作，二作家也必有很密切的关系。结果似乎仍是二书同出一手为近似”。林氏的研究开辟了语音比较研究的新途径，对《左传》和《国语》进行了较有意义的探究。实际上经高本汉、冯沅君、卜德和历史学家童书业、杨向奎等人的研究之后，《左传》的“真”基本成为定论。不过仍有坚持《左传》“刘歆伪造说”的学者，代表人物

---

① 可参考张以仁《从文法语汇的差异证〈国语〉〈左传〉二书非一人所作》的有关论述。

② 原载《燕京学报》，1934，16。后收入陈新雄、于大成编《〈左传〉论文集》第11~17页，台北木铎书局1976年版。

③ 原载《浙江图书馆馆刊》，1935，4（1）。后收入陈新雄、于大成编《〈左传〉论文集》第159~173页，台北木铎书局1976年版。

④ 该文署名“语堂”，发表在《语丝》，1928年第四卷第廿七期，第1~34页；1928，4（28）：第1~14页。后收入林语堂《语言学论丛》（民国丛书第一编），上海开明书店1933年版。

是徐仁甫。徐仁甫着重比较了《左传》与先秦诸子及汉初书籍的相似语句，把单言词组甚至个别字的避讳也看作刘歆遍抄群书以作伪书的证据，又将出土文献《春秋事语》与《左传》的相似记录进行比较，以“先出简略、后出转详”的前提断定《左传》抄撮《春秋事语》，且抄撮者是刘歆，徐氏疑古、臆断的特点可以看出今文家的影响仍在。[①] 针对徐仁甫的“刘歆伪造说”，洪成玉明确指出了徐氏立论的危险及论据的不充分，也涉及文法方面，主要是连词“以”“而”，介词“于”“於”的关系，以及部分副词如“骤”等的有无，同徐文进行了深入商榷，批评了徐文主观臆断的缺点。[②] 胡念贻全面批驳了高本汉列举的七种介词，指出：“（《左传》）用的多是在经典中常用的助词，如用‘若’作‘假使’；用‘则’‘此’，少用‘斯’；不用‘乎’作‘于’；不用‘于’字作疑问词尾等，都是基于（典雅）要求……《左传》产生的时代略早于《论语》，也是用字有所不同的原因。”[③] 洪成玉在高本汉比较研究的基础上，扩大了研究的范围，加入了一些高氏没有比较的词语和结构，并同先秦汉语的其他代表性文献进行了一定的对比，认为：《左传》《国语》两书是同一历史时期的著作；两书的作者是同一方言区的人。两书之间明显的相异点只是作者行文的差别，而非时代或方言的差别。不过洪文还是局限在少数词语或固定结构的比较上，也未能全面展开。[④] 姚曼波运用现代《左传》虚词研究成果尤其是何乐士的相关研究成果，对高本汉的研究进行了重新统计分析和补充说明，得出了不同于高氏的结论。[⑤] 张文霞从部分实词用法和句法严密化角度对《左传》成书年代进行了考订。[⑥] 龚文菊通过对《左传》653 例宾语前置句的全面统计和归类

---

① 徐仁甫：《〈左传〉的成书时代及其作者》，《四川师范学院学报》（社会科学版）第 1978 年第 3 期；徐仁甫《马王堆汉墓帛书〈春秋事语〉和〈左传〉的事、语对比研究——谈〈左传〉的成书时代和作者》，《社会科学战线》1978 年第 4 期。

② 洪成玉：《〈左传〉的作者决不可能是刘歆——与徐仁甫先生商榷》，《北京师院学报》1979 年第 4 期。

③ 胡念贻：《〈左传〉的真伪和写作时代问题考辨》，《文史》1981 年第 11 期。

④ 洪成玉：《〈左传〉〈国语〉的语言比较》，载《语文论集》（二），外语教学与研究出版社 1986 年版。

⑤ 姚曼波：《也从虚词文法考〈左氏春秋〉的年代与作者——兼评高本汉“‘左氏非鲁人’说”》，《江苏教育学院学报》（社会科学版）1998 年第 1 期。

⑥ 张文霞：《从语言上推测〈左传〉一书的写定年代》，《语文学刊》2007 年第 1 期。

分析，发现在宾语前置问题上《左传》前后不一致，结论认为《左传》非一人所作，而是经过了不同人的修改。[①] 在运用文法学考辨《左传》和《国语》关系方面，有代表性的当是台湾学者张以仁先生的《从文法语汇的差异证〈国语〉〈左传〉二书非一人所作》[②] 一文，该文首先总结了几位重要学者尤其是高本汉、冯沅君、卜德的相关研究成果和不足之处，把前人研究的疏漏之处一一指出并说明了各学者统计方面存在差异的原因，从文法主要是虚词方面提出了自己的新证据，主要围绕“左有国无”、“国有左无”和“二书皆有而用法不同”三个方面展开论证，比较全面地对一些词语，比如“嘻”“呜呼”“呼”“每”“毋”“悉”“稍”“仅”“诸”等虚词，以及“恶”“精”“元”“镇”等实词，以及部分语汇[③]诸如“天王”“纯固”等进行了全面的讨论。一方面补足了高本汉、冯沅君、卜德等人研究的不足；另一方面把研究范围扩大了，包括实词、虚词以及词组等多方面，而且注意到处理材料的方法，统计工作比前人更加精确、细致，得出了“二书非同一书所划分”“而且二书作者绝非一人”的结论，可称得上是后出转精的研究成果。

（三）从语言学角度考辨古籍相关问题的实践和拓展

1. 从语言学角度考辨其他先秦文献的研究

从语言学角度对古籍进行考辨研究做出比较突出成果的应当是有关《列子》成书年代的讨论。杨伯峻先生从汉语史角度，主要围绕虚词用法，探讨了“数十年来”、“舞”、“都”、“所以”和“不如”等五个词语或固定结构，通过对比考证了这些词语或结构不同的产生时代和使用特点，从而证明了《列子》实为魏晋时期的作品。[④] 其后，刘禾列举了“朕”“吾”“弗”的用法，“眼”的词义以及“乞儿”的构词特点等问题，充分说明了《列子》中出现了不少汉以后的语汇，并表现出同先秦

---

① 龚文菊：《从〈左传〉中宾语前置句来看〈左传〉作者》，《天府新论》2008 年第 A2 期。

② 张以仁：《从文法语汇的差异证〈国语〉〈左传〉二书非一人所作》，《“中央研究院”历史语言研究所集刊》第 34 本（上），第 338 ~ 346 页，1962 年。该文后收入张以仁《〈国语〉〈左传〉论集》，台北东升出版事业有限公司 1980 年版。

③ 张以仁运用的语汇比较，实际上是受到瑞典学者高本汉和美国学者卜德相关研究的启发，相关论著前文已述。

④ 杨伯峻：《从汉语史的角度来鉴定中国古籍写作年代的一个实例——〈列子〉著述年代考》，原载《新建设》1956 年 7 月号。又见《杨伯峻学术论文集》，岳麓书社 1984 年版。

语言规律不合的特点和用法。① 马振亚就《列子》称数法的具体内容进行了统计和分析，并同先秦、魏晋的有关称数方法进行比较对照，发现《列子》同先秦时期的称数法有很明显的差异，而同魏晋时期的代表文献《世说新语》有颇多相似之处，证明《列子》绝非成书于先秦，而是魏晋时期的作品②；马振亚举例说明了“兰”“住”“憾”等实词的用法，认为这些词语的用法和意义在魏晋时期较为流行，而不见于先秦文献，由此推定《列子》为后人伪作。③ 另外一篇很有影响的力作是张永言先生的《从词汇史看〈列子〉的撰写年代》，该文指出：“《列子》是出于晋人之手的伪书几乎已经成为学者们的共识。”④ 该文主要从汉语词汇史的角度，对《列子》在用字用词上的某些特殊现象，特别是书中所见晚汉魏晋时的新词新义，进行了探讨，补充了前人的论证。吴万和从实词、虚词、实词虚词组成的凝结词、动量短语的出现以及复句中的关联词等角度考证认为《列子》是“彻头彻尾的伪书”。⑤ 此外范春媛、王东也主要从词汇角度对《列子》是伪书进行了补证。⑥ 而马达、权光镐都从汉语史角度出发，主要针对杨伯峻先生的论据，逐条进行反驳，认为杨先生的立论和证明存在疏漏和缺陷，虽然他们的观点存在问题，不过有利于将问题引向深入。⑦ 到目前为止，较为系统全面地考辨《列子》

① 刘禾：《从语言的运用上看〈列子〉是伪书的补证》，《东北师大学报》（哲学社会科学版）1980 年第 3 期。

② 马振亚：《从词的运用上揭示〈列子〉伪书的真面目》，《吉林大学社会科学学报》1995 年第 6 期。

③ 马振亚：《〈列子〉中关于称数法的运用——兼论〈列子〉的成书年代》，《东北师大学报》（哲学社会科学版）1995 年第 2 期。

④ 张永言：《从词汇史看〈列子〉的撰写年代》，原载《季羡林教授八十华诞纪念论文集》（上卷），江西人民出版社 1991 年版。修订稿见《汉语史学报》第六辑，上海教育出版社 2006 年版。

⑤ 吴万和：《从中古汉语词汇语法现象看〈列子〉是托古伪书》，《江西省语言学会 2007 年年会论文集》。

⑥ 范春媛：《试论〈列子〉在中古汉语词汇史研究上的语料价值》，《遵义师范学院学报》2007 年第 1 期。王东：《从词汇角度看〈列子〉的成书年代补证》，《古汉语研究》2009 年第 1 期。

⑦ 马达：《从汉语史的角度论〈列子〉非魏晋人所伪作》（上、下），《枣庄师专学报》1996 年第 2 期、第 4 期。权光镐：《从语言文字方面看〈列子〉真伪问题——对〈列子〉是魏晋人伪作观点的质疑》，《山西大学学报》（哲学社会科学版）2002 年第 4 期。

成书时代问题的成果是台湾魏培泉的《〈列子〉的语言与编著年代》一书。该书从语法和词汇角度对《列子》的语言进行了全面的考察，将《列子》语法（虚词、句法）、词汇（新词、新义、实词的共现关系）与先秦文献进行对照，总结其中的差异处，考察出相当多的后代语言成分。最后作者得出结论“今本《列子》中有相当大的一部分文字是东汉到魏晋间之人所作”。研究方法科学、结论可信。①

在其他先秦文献研究方面，洪诚先生20世纪60年代的《关于汉语史材料运用的问题》一文，从六个方面阐述了对语料使用问题的系统看法，指出《商书》语料的重要性，提出对“孤例”“某种语言现象类似中断”以及运用语言分析鉴别语料“疑年”等问题的主张和观点，对这类研究的方法进行了相对系统的总结。② 洪诚批评高本汉关于《左传》“‘于’‘於’分用说”时，运用了相互联系的原则，为这类研究提供了新的视角和方法。③ 洪诚《训诂杂议》一文讨论了部分副词或助词，主要是“惟”“唯”“维”在先秦不同典籍中的有无和特点，用词方面的“兹”、“此”、“斯”和“也”、“兮”的使用特点，以及数字之间的“有”和部分词尾问题的考证，通过对这些细节问题的考证，破除了“《尔雅》成书于《毛传》之后”的谬说，而得出了“《尔雅》作于战国《孟子》以前，流传到秦汉之间续有增补”的真知灼见。此外还提出了一个重要的论断：“用词造句之例，反映了语言发展的时代性。”④ 此外洪诚也通过运用语法学考证了《周礼》的成书年代问题。⑤

2. *从汉语史角度考辨汉译佛经文献相关问题的研究*

中古汉语时期，尤其在汉译佛经蜂出的时代，关于译经的成书年代是汉语史研究中的热门问题。荷兰汉学家许理和（Erik Zürcher）从六个

---

① 魏培泉：《〈列子〉的语言与编著年代》，《语言暨语言学》专刊系列之五十九，台湾“中央研究院”语言研究所2017年版。

② 洪诚：《关于汉语史材料运用的问题》，载《雒诵庐论文集》，见《洪诚文集》，江苏古籍出版社2000年版。

③ 洪诚：《王力〈汉语史稿〉语法部分商榷》，原载《中国语文》1964年第3期，又载《雒诵庐论文集》，见《洪诚文集》，江苏古籍出版社2000年版。

④ 洪诚：《训诂杂议》，原载《中国语文》1979年第5期，又载《雒诵庐论文集》，见《洪诚文集》，江苏古籍出版社2000年版。

⑤ 详见洪诚《读〈周礼正义〉》和《读〈周礼正义〉续篇》，载《雒诵庐论文集》，见《洪诚文集》，江苏古籍出版社2000年版。

方面总结了东汉佛经译文的语言特点[①]，后来陈秀兰从许理和研究的结论出发并进一步补充了许说。[②] 梁晓虹主要从词汇角度出发证明了《旧杂譬喻经》非康僧会所译。[③] 其后曹广顺、遇笑容对两种佛经语法在总括副词“都”的使用、完成貌句式中完成动词的使用、动词连用格式的使用、疑问句式的使用等方面进行了对比，判定《六度集经》和《旧杂譬喻经》非一人所译。[④] 方一新从语言学角度出发判定《大方便佛报恩经》的翻译年代问题，其中《从疑问句看〈大方便佛报恩经〉的翻译年代》一文围绕疑问句的特点和比较以判定译经的翻译年代。[⑤] 相关的研究文章还有李时人、蔡镜浩的《〈大唐三藏取经诗话〉成书时代考辨》、董琨的《汉魏六朝佛经所见若干新兴语法成分》、俞理明的《汉魏六朝佛经在汉语研究中的价值》、王建军的《中古汉语的判断型存在句——兼议几部疑伪文献的成书年代》、蒋宗福的《敦煌禅宗文献与语文辞书》、季琴的《从词语的角度看〈撰集百缘经〉的译者及成书年代》、熊应标的《从疑问句形式看〈大唐三藏取经诗话〉的成书年代》、陈祥明的《从语言角度看〈撰集百缘经〉的译者及翻译年代》等相关文章。可以看出，从语言学、汉语史角度考辨有关译经的作者和时代问题，已经成为中古汉语研究的重要方面和部门。到目前为止，从语言学角度考辨汉译佛经真伪、时代、作者等问题的集大成之作当为方一新的《东汉疑伪佛经的语言学考辨研究》一书，该书为方一新多年来从语言学角度研究疑伪佛经的成果总结，书中既有对具体东汉疑伪经的考辨，也有对语言学考辨方法的理论探索，有很高的理论价值和重要的参考意义，是

---

① 详见许理和《最早的佛经译文中的东汉口语成分》，蒋绍愚译，载《语言学论丛》第14辑，商务印书馆1984年版。

② 陈秀兰：《对许理和教授〈最早的佛经译文中的东汉口语成分〉一文的几点补充》，《古汉语研究》1997年第2期。

③ 梁晓虹：《从语言上判定〈旧杂譬喻经〉非康僧会所译》，《中国语文通讯》1996年第40期。

④ 曹广顺、遇笑容：《也从语言上看〈六度集经〉与〈旧杂譬喻经〉的译者问题》，《古汉语研究》1998年第2期。

⑤ 方一新：《翻译佛经语料年代的语言学考察——以〈大方便佛报恩经〉为例》，《古汉语研究》2003年第3期；方一新、高列过：《〈分别功德论〉翻译年代初探》，《浙江大学学报》（人文社会科学版）2003年第3期；方一新、高列过：《从疑问句看〈大方便佛报恩经〉的翻译年代》，《语言研究》2005年第3期。

东汉疑伪佛经考辨不可或缺的参考资料。

海外方面，日本学者出本充代著有《关于〈撰集百缘经〉的译出年代》[①]，对汉语史研究具有重要参考价值。

3. 从汉语史角度考辨中古中土文献问题的研究

徐复主要从词汇角度考证《孔雀东南飞》的成诗时间，另外徐先生也提到语法方面，指出“疑问代词‘那’字，在晋代已开始有了。‘那’和‘得’连用，在《世说新语》中已大量使用了”；“被动句的‘被’字，和系词‘是’字，也都盛行于晋代”；“再说词头、词尾。词头‘阿’字用于亲属称呼，在晋人的语言中大量存在。词尾‘子’也是在晋代以后新兴的语言现象”。最后认为《孔雀东南飞》写定于东晋时代。[②] 此外，还有梅祖麟的《从诗律和语法来看〈焦仲卿妻〉的写作年代》和魏培泉的《论用虚词考订〈焦仲卿妻〉诗写作的年代的若干问题》。梅文主要从虚词角度对该诗创作的年代进行了考辨，不过其中虚词限定为传统虚词范围内，分析了 10 项虚词：方位词“里”、动量词“通”、询问词“那”、不表被动的“见”、三身代词“渠”、着重语气词“是”、昵称“卿”、表一定必然义的“会”、“登即”和后置词“复”，考辨该诗作于五六世纪之后。而魏文主要就上述 10 项虚词进行了进一步考辨工作，对梅文的结论进行了重大的修正。柳士镇就用词不同、句末语气词的有无、判断句和被动句的表达方式、处所语和关系语的位置、动宾之间的“于”字，以及文意理解等方面，对《世说新语》和《晋书》进行了系统的比较。[③] 柳士镇的《从语言角度看〈齐民要术〉卷前〈杂说〉非贾氏所作》一文从词汇、语法两个方面对其进行了考辨。词汇方面举例“盖”和“盖磨”；量词“个”。语法方面就序数词同动量词的结合；表示动作现在时态的“着”字，是从“附着”义的动词虚化来的；魏晋南北朝时期，表示“终了”义的动词“了”部分虚化用于谓语动词之后充任补语以表示动作完成，还处于萌芽阶段，《杂说》运用得

---

① 转自辛岛静志《〈撰集百缘经〉的译出年代考证——出本充代博士的研究简介》一文，载《汉语史学报》第六辑，上海教育出版社 2006 年版。

② 徐复：《从语言上推测〈孔雀东南飞〉一诗的写作年代》，《学术月刊》1958 年第 12 期，后载《徐复语言文字学丛稿》，江苏古籍出版社 1990 年版。

③ 柳士镇：《〈世说新语〉〈晋书〉异文语言比较研究》，《中州学刊》1988 年第 6 期。

相对频繁。全文认为：《杂说》出现了魏晋南北朝时期尚未产生的语言现象，从汉语史的角度来看，只能说明《杂说》应当写成于这一时期之后。蒋绍愚《〈世说新语〉〈齐民要术〉〈洛阳伽蓝记〉〈贤愚经〉〈百喻经〉中的“已”“竟”“讫”“毕”》通过对几部重要的中土文献和汉译佛典的比较，总结出汉语完成时态在中古时期的发展特点。此外同类文章还有多洛肯的《〈经典释文〉成书时间考》、孙玉文的《〈经典释文〉成书年代新考》、殷正林的《〈世说新语〉中所反映的魏晋时期的新词和新义》、汪维辉的《从词汇史看八卷本〈搜神记〉语言的年代》等。

另外，在近代汉语研究中，也出现了一些通过语言学视角考辨文献年代、作者的研究成果，比如朱星的《〈金瓶梅〉的作者究竟是谁》《〈金瓶梅〉被窜伪的经过》、张惠英的《〈金瓶梅〉中值得注意的语言现象》《〈红楼梦〉和〈金瓶梅〉的语言比较》、刘钧杰的《〈红楼梦〉前八十回与后四十回言语差异考察》《从言语特征看蒲松龄跟〈醒世姻缘传〉的关系》、遇笑容的《从语法结构探讨〈儒林外史〉的作者问题》等，对近代汉语中存在争议的文献，主要是《金瓶梅》《儒林外史》《醒世姻缘传》等的成书时代、作者和方言等问题进行了语言学的考证工作。

（四）从语言学角度考辨文献关系相关理论的探索

高本汉早在20世纪20年代就明确指出了这种从语言学角度进行考辨工作的重要性和价值，还明确指出在汉语语言学研究中很少有学者关注文法学角度的考辨工作，而且高氏付诸实践，为汉语史的研究开拓了新思路，即便因粗疏而受到非议，但学界普遍认同高氏的开创性工作。法国著名语言学家梅耶在其著作《历史语言学中的比较方法》（岑麒祥译）曾经提出：“进行比较工作有两种不同的方式：一种是从比较中揭示普遍的规律，一种是从比较中找出历史情况。这两种类型的比较都是正当的，又是完全不同的。”[①] 杨伯峻在《从汉语史的角度来鉴定中国古籍写作年代的一个实例——〈列子〉著述年代考》开篇便提到“从汉语史角度来鉴定中国古籍的真伪以及它的写作年代是科学方法之一”，“如果我们精通汉语史，任何一部伪造的古籍，不管伪造者如何巧妙，都能

① 详见《历史语言学中的比较方法》（节选），〔法〕梅耶著，徐通锵、王洪君选评。见《西方语言学名著选读》，中国人民大学出版社1999年版。

在语言上找出他的破绽来”，“可惜的是，这一种方法并未被以前的学者所高度重视，广泛地、充分地运用”。杨文还指出“从语言史的角度来鉴定古书，方法是科学的，正确的论证是具有高度的说服力的”，“从语言上着眼，不仅可以鉴别古籍的真伪，审定它的写作年代，还可以从方言的角度考察作者的籍贯或者国别”。杨文还提到，清初江永和今人郭沫若曾经运用到这种方法：江永的研究可见《周礼疑义举要》，郭沫若的研究见《〈考工记〉的年代与国别》。许理和指出：“和同时期的非宗教性文献比较，东汉佛经译文中的口语成分要多得多。可惜的是，东汉佛经译文这种宝贵的语言学数据还没有引起语言学家的普遍重视。”[①] 洪诚先生的《训诂学》《训诂杂议》《论南北朝以前汉语中的系词》《读〈周礼正义〉》《王力〈汉语史稿〉语法部分商榷》等文章，体现了洪先生通过汉语史考证文献成书时代和地域等问题的远见卓识，在汉语史语料问题方面颇有建树。张永言指出了运用汉语史考辨文献年代这一方法存在的问题，指出这种方法尚未得到足够的重视，并着重从词汇史角度对这一方法进行了部分理论探索。[②] 魏培泉指出：“理论上语法史的研究对年代存疑的作品的断代应该是可以有所帮助的”，还认为：“过去两千多年来汉语词序没有明显的大变动，构词上也很难看出‘形态的变化’，虚词应该是很有用的一个工具，因为就一般材料而言，大多数的虚词的出现率总是名列统计的前茅的。”文章认为“虚词作为考订文献年代的工具，其可贵点就在能够有较高的出现率。要是我们使用出现率一直不高的虚词来证明作品的年代，其证据力就不是很强的了”。[③] 曹广顺、遇笑容指出“作为一种历史文献，每一种译经都应该在语言上有其特征，反映某一时代、作者的语言习惯。因此，我们有可能根据语言特征来研究译经的翻译年代问题”，并主要讨论了从语言学角度探察译经时代的可行

① 〔荷兰〕许理和：《最早的佛经译文中的东汉口语成分》，《语言学论丛》第14辑，蒋绍愚译，商务印书馆1984年版。

② 张永言：《从词汇史看〈列子〉的撰写年代》，《季羡林教授八十华诞纪念论文集》，江西人民出版社1991年版；修订稿载《汉语史学报》第六辑，上海教育出版社2006年版。

③ 魏培泉：《论用虚词考订〈焦仲卿妻〉诗写作的年代的若干问题》，《“中央研究院”历史语言研究所集刊》第62本第3分1991年版。

性和可靠性等理论问题。[①] 高小方《洪诚先生对于汉语史语料学的贡献》《中国语言文字学史料学》等对汉语史语料问题从多角度、跨学科结合等视角进行了全面的讨论，值得借鉴。

（五）研究中存在的不足与展望

对于从语言学角度对文献真伪、成书年代甚至相互关系问题考辨的方法，主要存在两方面的问题。

首先是有部分学者对该方法存在怀疑。比如罗漫认为“文献语言、文献思想只是社会语言、社会思想中极小的一部分”。而且经过焚书和后代佚失的先秦典籍更是所剩无几，不能根据少量文献妄断某个词语、某种思想在先秦绝对没有产生。罗文还认为“语词角度的辨伪应严格限制在该时代大量文献存在（如唐代有《全唐诗》《全唐文》）的范围内，不可无限止地推广到经过秦火后的一切先秦古籍”。[②] 该文在文后注释中提到杨伯峻的《从汉语史的角度来鉴定中国古籍写作年代的一个实例——〈列子〉著述年代考》一文，认为“杨文专从词语上考证《列子》是伪书，杨先生的《列子集释》只辑录利于自己观点的文字，不利于己的则弃而不辑，这是有欠公平的”。陈鼓应指出：“根据几个片语只字来考订著作的年代是不可靠的。除非能把整本书的大部分和主要部分都加以审定，否则不能仅摸索到书中几个字句有疑问而据以推定全书都有疑问。梁启超等人妄断《列子》是魏晋时代的伪作，所持的态度和论点都是同样地误谬的。”[③] 当然持反对意见者还有人在，比如马达、权光镐等，这些学者要么认为语言学方面的考证不可靠，要么认为语言学的考辨虽然可行，但是只能在一定范围内运用，滥用会出现很大的问题。这些怀疑反而为从语言学角度考辨文献的方法中存在的问题提供了新的思考角度。

其次就是这种方法目前应用较少，范围狭窄，没有全面研究的成果。这一点，高本汉、杨伯峻、许理和、张永言等前辈学者都已有所认识。尤其张永言先生指出：“从语言史的角度所作的考察还远远不足。第一，涉及的词语为数尚少。第二，所讨论的基本上都是虚词，几乎没有涉及

① 曹广顺、遇笑容：《从语言的角度看某些早期译经的翻译年代问题——以〈旧杂譬喻经〉为例》，《汉语史研究集刊》第三辑，巴蜀书社 2000 年版。

② 罗漫：《〈列子〉不伪和当代辨伪学的新思维》，《贵州社会科学》1989 年第 2 期。

③ 说见陈鼓应《老子注译及评介》修订版序，中华书局 1984 年版。

实词。第三，大抵只是论证这些词语或用法非先秦所有，确指为魏晋时期的新词新义的例证过少。”① 张先生虽然主要是针对《列子》的语言学考辨存在问题的总结，实际上对研究过程中存在的普遍问题进行了全面的总结，精辟地指出了症结所在。

高本汉的《左传真伪考》开辟了依据文法进行考辨古籍文献工作的新途径，有导夫先路之功。同时高本汉也把语言学历史比较法引入了汉语史研究，为现代汉语史的研究和发展做出了重大贡献，也为我们的研究开拓了一个大有可为的天地。有关《列子》成书年代的语言学和汉语史考辨工作实际上起到了承上启下的作用——因为自高本汉开创这一研究方法和领域以来，利用语言学考辨文献这一重要的手段和视角在很长时期内没有得到应有的重视，而有关《列子》语言学辨伪成果的出现，上承高本汉的研究思路，同时也引领了后来研究的方向，从语言学角度对《列子》的作者、成书年代等问题进行了深入的考证，得出了令人信服的结论；对中古汉语时期的文献进行考辨，语言学、汉语史的考辨方法成为热门，一方面实践了前人总结的办法，另一方面对研究对象、范围和研究方法的认识不断深化，解决了不少的实际问题，也为我们的研究提供了新的参考视角和思考余地。尤其重要的是这些相关研究总结了这种考辨方法应当特别重视虚词和句法部分，为我们提供了方法论的指导，也为本选题的深入研究提供了理论依据：就是在考辨过程中要重视比较，既可以同关系密切的文献进行比较，也可以同已有的汉语史关于该时期语言特点的成果、总结进行比较，这是非常重要的方法论。如果不进行比较，则无法得出结论，研究也就没有了实际意义。当然，自高本汉之后，这种考辨手段在研究方法、研究范围和理论依据等方面还存在不足，有些仅限于选用一些有代表性的虚词、实词或句法问题，有些学者虽然综合了多方面的论据，涵盖了多个方面，不过论据又显薄弱和不足，使得说服力略显不够等，这些不足又对我们的研究提出了新要求：从汉语史角度考辨文献关系，一方面要注意方法，另一方面在研究范围上一定要突出某一方面，比如虚词。只有全面系统地进行比较，善于从

① 张永言：《从词汇史看〈列子〉的撰写年代》，《季羡林教授八十华诞纪念论文集》，江西人民出版社 1991 年版；修订稿载《汉语史学报》第六辑，上海教育出版社 2006 年版。

各个细节去发现和总结问题，才能得出让人信服的结论。

另外，虚词研究在文献考辨中有自身的长处，因为汉语是缺乏形态变化的语言，虚词是我们进行断代研究的最重要、最可行的手段之一。目前而言，就《左传》和《国语》虚词进行全面比较以及从虚词出发考辨两书关系的成果还没有出现，本选题从此出发，可以补充或修正前人的说法和观点，对汉语史和历史文献提供有用的材料和结论。当前，汉语虚词的研究虽然尚存在一些不易解决的问题，不过在前人时贤的不断努力下，虚词研究仍出现了相当丰富的成果，《左传》和《国语》专书虚词的研究也不例外，这些成果是本选题研究的立足点和重要借鉴。不过还要看到已有研究成果不可避免地存在一些疏漏之处，比如在收词、归类和统计等方面，因此还需要做出一番针对虚词本身的考证工作。本选题以已有成果和笔者研究的实际为基础，从虚词角度探察两书之间可能存在的关系，以期填补或修正已有结论。

三 《左传》和《国语》的虚词研究及相关问题

（一）古汉语虚词研究概况

在现代意义上的汉语语法学建立之前，古汉语虚词的研究早已存在。不过由于研究方法、研究视野、研究范围、研究目的以及所处时代等种种限制，传统虚词研究没能够形成系统的虚词观念，不能从整体性和系统性方面去把握或统筹各类虚词或每类虚词各成员之间的联系和特点，这也决定其无法建立科学的虚词体系，更不能提供全面有效和合理的虚词研究方法。

从1898年《马氏文通》开始，马建忠将现代西方语言学理论引入汉语虚词研究当中，根据汉语的实际第一次建立了汉语的词类系统，确立虚、实概念的对立以及实字、虚字的划界等都标志着马氏在研究虚词的系统性以及研究手段等方面与传统训诂学的决裂。《马氏文通》之后出现的比较有代表性的古汉语虚词研究专著或虚词词典主要有杨树达的《词诠》，吕叔湘的《文言虚字》，杨伯峻的《文言虚词》和《古汉语虚词》，何乐士等编写的《文言虚词浅释》及据此增益而成的《古代汉语虚词通释》，楚永安的《文言复式虚词》，韩峥嵘编著的《古汉语虚词手册》，段德森的《实用古汉语虚词》，陈霞村编著的《古代汉语虚词类解》，俞敏监修、谢纪锋编纂的《虚词诂林》、高树藩编纂的《文言文虚词大词典》，中国社会科学院语言研究所古代汉语研究室编的《古代汉语虚词词典》，何乐士近年编著的《古代汉语虚词词典》等。关于汉语虚词历时研究的词典，有何金松编著的《虚词历时词典》，张玉金主编的《古今汉语虚词大辞典》，张玉金编著的《甲骨文虚词词典》和崔永东的《西周金文虚词集释》等。

在古汉语虚词研究方面，影响较大的专著有：王力的《汉语史稿》《古代汉语》《汉语语法史》，周法高的《中国古代语法》，潘允中的《汉语语法史概要》，马忠的《古代汉语语法》，杨伯峻、何乐士的《古汉语语法及其发展》，向熹的《简明汉语史》，李佐丰的《古汉语语法学》等。还出现了不少影响较大的代表性文章。此外，断代和专书的虚词研究成果逐渐丰富起来，比如何乐士的《〈左传〉范围副词》、《〈左传〉虚词研究》（论文集），殷国光的《〈吕氏春秋〉词类研究》，李杰群的《〈商君书〉虚词研究》，白兆麟的《〈盐铁论〉句法研究》，崔立斌的《〈孟子〉词类研究》，黄珊的《〈荀子〉虚词研究》，姚振武的《〈晏子春秋〉语法研究》，杨逢彬的《殷墟甲骨刻辞词类研究》，张玉金的《西周汉语语法研究》，钱宗武的《〈今文尚书〉语法研究》等。据不完全统计，自《马氏文通》以来，有关古汉语虚词研究的论文数量大致如表 0－1 所示。

表 0－1　古汉语虚词研究的论文数量统计*

	通论	副词	介词	连词	助词	语气词	叹词	虚化	总计
数量	146	152	63	70	67	57	6	33	594

注：此处统计主要参照依据有四：A. 中国社会科学院语言研究所《中国语言学论文索引》甲编、乙编，1991～1995；B. 孙力平《古汉语语法研究论文索引》（1900—2000），商务印书馆 2003 年版；C. 中国人民大学书报资料中心《报刊资料索引 · 第五分册》2000—2004 年；D. 中国优秀博硕士学位论文全文数据库。

古汉语常用虚词研究成果如表 0－2 所示。

表 0－2　古汉语常用虚词研究状况统计

	之	其	於（于）	以	而	为	与	所	者	总计
数量	82	41	42	41	24	26	10	99	46	411

综上可以看出，虚词的研究得到了应有的重视，研究成果也已相当丰富。不过更应看到，在古汉语虚词研究领域尚存在明显的问题[①]，尤其表现在：各类虚词研究专著或词典的研究工作显示出虚词的数量呈现一种明显递增的变化，同时，绝大部分单个虚词的意义和用法同样呈现递增的特点。这就说明我们对本是封闭类的汉语虚词的研究仍存在明显的词条训释的痕迹：每发现或增添一个新的虚词或单个虚词的新的意义和用法，我们就做出收录、注解的工作，这就导致我们不能很好地去把握每一个虚词的意义、用法的体系，更无法去观察各类虚词的整体特点。

（二）《左传》《国语》的虚词研究成果、不足及展望

《左传》和《国语》是记载先秦晚期史实的重要参考文献，在历史学、文献学、文学、语言学等学科领域都有非常丰富的研究成果。我们主要就两书虚词及与虚词有关的语言学问题的研究成果进行概述。

1.《左传》《国语》的专书研究及两书比较研究的概况

《左传》的研究成果，历代都是十分丰富的。不仅表现在史学、文学等方面，就语言学方面而言，杨伯峻、徐提根据《春秋左传注》的底本编著的《春秋左传词典》，是一部具有工具书性质的研究性著作，就《左传》句法、词汇方面的研究专著有何乐士的《〈左传〉单复句语法研究》，管燮初的《〈左传〉句法研究》，张文国的《〈左传〉名词研究》，毛远明的《〈左传〉词汇研究》，张猛的《〈左传〉谓语动词研究》、陈克炯的《〈左传〉详解词典》等。

在语法学研究方面，有何乐士的《〈左传〉虚词研究》（1989年初版、2004年修订）、《〈左传〉范围副词》（1994）、《古汉语语法研究论文集》（2000），王鸿滨的《〈春秋左传〉介词研究》、赵大明的《〈左传〉介词研究》等，虚词研究方面的文章更是不胜枚举，尤其是何乐士先生对《左传》中常用的重要虚词的一系列研究成果，结集为上文所述

① 正如郭锡良所说："综观《马氏文通》以来的虚词研究，大多是以'文言'作为对象，把一两千年的语言数据，当作一个平面系统来处理。这是一种泛时的研究方法，难免带有某些不足和失误。"见郭锡良《古汉语虚词研究评议》，载《语言科学》2003年第1期。又见《汉语史论集》（增补本）第304页，商务印书馆2005年版。这为我们的研究工作指明了方法和途径，针对古汉语虚词的研究，在虚词的收词和释义方面、虚词系统性方面、虚词的内部词义系统方面、来源和历时发展等方面，我们还要做很多的工作。

的几部重要著作。还有麦梅翘的《〈左传〉中介词“以”的前置宾语》《〈左传〉的介词“乎”》，蔡镜浩的《〈左传〉“是”字用法调查》，刘耀华的《〈左传〉“以+宾”结构与动词关系》，陈克炯的《论〈左传〉的“为”字句》，张文国的《〈左传〉“也”字研究》，张伟明的《关于〈左传〉中“於”和“于”的用别》，黄宜襄的《〈左传〉语气词“其”及其他》，白兆麟的《〈左传〉假设复句研究》涉及假设连词，等等。《左传》作为上古汉语时期最具代表性的文献材料之一，其语料价值历来为语言学者所重视，因此除了上述专门研究《左传》虚词的专著或文章之外，还有很多的不仅以《左传》作为研究对象的各类虚词研究或相关句法研究中涉及虚词研究部分的，其中引例往往都离不开《左传》，这是由该书的性质和在语言学中的地位和价值所决定的。比如李佐丰的《上古汉语的“也”、“矣”、“焉”》《上古汉语的“者”、“所”、“之”、“其”》，李杰群的《上古汉语程度副词》《“甚”的词性演变》，这一类情况是十分普遍的，由于出现的内容比较多，此处不再一一列举，在具体的研究过程中，这些是我们要着重加以注意的内容。此外台湾学者左松超还著有《〈左传〉虚词集释》等，也是这方面研究的代表作。

20世纪初以来，针对《国语》的研究基本上是以《国语》的真伪、作者、成书时代、同《左传》的关系、史料价值和文学价值等为主。台湾学者张以仁较早地注意到了《国语》的语言现象，对其进行了一定的语言学方面的探索，著有《从文法语汇的差异证〈国语〉〈左传〉二书非一人所作》、《〈国语〉〈左传〉论集》、《〈国语〉虚词集释》和《〈国语〉虚词训解的商榷》，台湾学者何永清的《〈国语〉语法研究》是第一部对《国语》语法现象进行考察的著作。近年来，随着专书和断代语言学研究范围的扩大，随着语言学者对《国语》一书语料价值认识的逐步提高，《国语》语言学研究的成果逐渐丰富起来，比如刘利的《〈国语〉的称述法》《从〈国语〉的用例看先秦汉语的“可以”》《〈国语〉中的“为之名”结构及其他》《从历史语法角度看〈国语〉的语料价值》，祝敏彻的《〈国语〉、〈国策〉中的疑问句》，陈长书的《〈国语〉词汇研究》《〈国语〉方言词研究》，郭万青的《〈国语〉动词管窥》等。近年来出现了不少学位论文，主要从语法、词汇方面对《国语》进行专书、专门研究。其中研究《国语》虚词的有侯立睿的《〈国语〉程度副词研究》、湛琴的《〈国语〉副词研究》、刘云峰的《〈国语〉副词研究》、王启俊的《〈国语〉虚词研究》等。这些学位论文基本限定在硕士学位论文范围内，多是就《国语》某一类虚词进行研究，尤其是副词方面的研究成果较多，而且在具体研究中又存在一些差别。可以看出，虽然近年来对《国语》的研究引起越来越多的人重视，研究范围也逐步开阔起来，不过相比而言《国语》的研究成果与其在汉语史上所具备的语料价值和地位是不相符的，在《国语》的语法学研究方面还大有可为。

表 0－3 有关《左传》《国语》的研究状况统计

	实词	虚词	句法	通论	总计
《左传》	47	85	53	59	244
《国语》	7	3	12	18	40

比较研究在汉语语法学研究中的运用，由来已久，又可以分为共时比较研究和历时比较研究。1927 年高本汉的《左传真伪考》[①] 传入中国，这篇文章对国内语言学的研究产生了深远的影响。后来多数学者的研究借鉴了比较研究的方法，在《左传》和《国语》的语法比较方面，受高本汉的影响，出现了冯沅君、卜德、张以仁等学者，尤其是台湾学者张以仁，其撰写的《从文法语汇的差异证〈国语〉〈左传〉二书非一人所作》一文，对前人研究进行了总结和批评，提出了新证据，而且在方法、范围方面有所更新，比较有参考价值。后来，洪成玉撰写的《〈左传〉〈国语〉的语言比较》一文，也是对高本汉及前人研究的补充。何乐士非常重视运用历时比较研究的方法，其《汉语语法史断代专书比较研究》一书，是运用比较研究的方法取得的重要研究成果。关于语法方面的比较研究，出现过一些重要的文章，比如何乐士的《〈左传〉、〈史记〉介宾短语位置的比较》《论〈左传〉前八公与后四公的语法差异》《〈左传〉否定副词“不”与“弗”的比较》《〈左传〉的副词“同”及其与“共”“皆”的比较》《〈左传〉的副词“并”以及与“皆”“兼”的比

① 文法比较的介绍详见前文，另外这部著作的目的在于否定和批判“刘歆伪造说”，体例为：“上篇”为文献方面的考证，介绍了辨别古书真伪的一些原则和方法，“下篇”是关于《左传》的文法研究，是本选题立论的重要依据。

较》《再论〈左传〉前八公与后四公的语法差异——〈左传〉内部语法、词汇特点的比较》等不仅注意到不同专书之间需要进行细致深入的比较，还注意到要从专书内部出发，把《左传》的内容分为先后两个部分，对其内部出现的不同特点进行了细致的考察，这对我们的研究提供了十分重要的启示和指导，尤其是对于成书年代和作者存有质疑和说法不一的专书，具有文献和语言学两方面的研究意义。此外白兆麟的《〈国语〉与〈左传〉之假设句比较》，是我们能看到的就《左传》和《国语》的语法内容进行比较的少数几篇论著之一。虽然汉语语法方面的比较研究由来已久，不过其研究成果相对于其他专门研究来说，尚缺乏应有的力度和深度，而针对两部关系紧密的专书的比较研究，更是鲜有学者问津，由于比较研究的重要意义，上述内容应该成为今后专书和断代研究的重点。北京师范大学汉语言文字学专业的三篇硕士学位论文：《〈左传〉〈国语〉介词比较研究》（刘永会，2008）、《〈左传〉〈国语〉助词比较研究》（贺丽，2008）、《〈左传〉〈国语〉副词比较研究》（周广干，2008）是目前所见较大规模地对《左传》《国语》两部专书的虚词进行比较研究的成果。当然由于学识和时间精力的限制，这几篇论文对两部著作的三类虚词虽都进行了穷尽性的描写和探察，做出了基础工作，但是在具体的解释、分析以及比较和结论等方面还有很多值得继续深入探究，而且没有通过虚词的比较探讨《左传》和《国语》的关系。除了上述三篇学位论文之外，就《左传》和《国语》的虚词进行比较研究的基本上再没有人涉及，就两书在作者、成书时代、地域方言等关系问题进行语言学和汉语史角度全面考辨的成果几乎没有出现。

2. *存在的问题和研究展望*

总体上看来，《左传》的语言学研究成果远比《国语》要丰富，《左传》的虚词研究已经取得了相当丰富的研究成果。目前虽然也有不少学者不断关注《国语》，注意挖掘和整理其中的语言学成果，不过相对而言，语言学界对《国语》的关注仍显不足，已经取得的研究成果与《国语》所具备的语言学价值和独特的语言风格相去甚远。因此，还需要加强对《国语》的语言学研究，当然也包括虚词。

另外，我们还应看到，到目前为止针对《左传》和《国语》的研究，基本上都是相对零散的、尚未形成严格的系统，包括实词、虚词，也包括句法等诸多问题，都是如此。作为具有重要价值的代表性文献，两书的语言能够体现和说明先秦汉语的整体特点和面貌，不过如果我们不能从系统和体系上去提纲挈领，很难形成全面、有效的语言观念。诚如郭锡良先生所说："只有把历时的追本溯源和共时的系统分析结合起来，才能把古汉语的每个虚词和各个时期的虚词系统彻底弄清楚。"①我们要弄清楚先秦时期的汉语虚词原貌，还需要下很大的功夫，目前虽然已经有不少的断代和专属虚词研究成果，不过我们要看到，这些成果尚未能全面、清晰地反映和表现虚词系统，其中仍有不少虚词的用法和特点存在争议和分歧，这些问题尚未解决，遑论虚词系统和"彻底弄清楚"了。因此郭先生同时指出"古汉语专书虚词研究、专题虚词研究和断代虚词研究必将更广泛、深入地开展下去，古汉语虚词的语法作用、语法意义和它的发展变化也必将彻底弄清楚"。②因此，我们还有必要去不断地考察、整理和提取《左传》《国语》的虚词系统，对这两部专书虚词研究仍需不断深入，在此基础上才能为"弄清楚"断代虚词系统乃至古汉语虚词系统提供必要的基础。

（三）《左传》《国语》的虚词系统

《左传》和《国语》都是先秦汉语的重要代表性语言材料，两书内容宏富，语言特点鲜明，是我们研究先秦汉语的上佳选择。据大致统计，《左传》的语料接近20万字，《国语》的语料接近9万字，本书暂取整数。经分析和统计，两书虚词的使用数量同语料共有字数之比，即为虚词使用频率，统计如表0－4所示。

表0－4　《左传》《国语》虚词使用数量及频率

	《左传》	《国语》	总计
介词	6815	2600	9415
连词	6693	3303	9996

① 见郭锡良《古汉语虚词研究评议》，载《语言科学》2003年第1期。又见《汉语史论集》（增补本）第304页，商务印书馆2005年版。

② 见郭锡良《古汉语虚词研究评议》，载《语言科学》2003年第1期。又见《汉语史论集》（增补本）第304页，商务印书馆2005年版。

续表

	《左传》	《国语》	总计
语气词	5356	2413	7769
助词	3623	2620	6243
副词*	10396	4636	15032
共计	32883	15572	48455
虚词使用频率	16.4%	17.3%	1∶5.97

* 此处《左传》《国语》副词的数据统计依据周广干《〈左传〉〈国语〉副词比较研究》，北京师范大学2008年硕士学位论文。在该文的基础上有修订。

表0-4需要指明的是：依据本书的研究对象来说，虚词包括副词、介词、连词、语气词和助词。其中“虚词使用频率”是指两书中虚词使用总量在全书所有字数中的比重。从统计数据来看，《左传》中共使用虚词32883例，也就是说《左传》中大概每6.08个字中就有1个虚词；《国语》共使用虚词15572例，《国语》中大概每5.78个字中便有1个虚词，两者使用虚词的频率相当。可见，虚词不仅使用数量非常丰富，而且出现频率特别高，是语言不可或缺的一部分。选择虚词作为研究切入点，有重要的意义。

（四）本书中的虚词理论问题

（1）本书所收虚词的范围问题。有些著作认为应该把代词、助动词的研究纳入虚词研究的范围，并指出这是传统语法研究中的惯常做法。本书认为，代词、助动词虽然在用法和意义等方面同实词存在一些明显的差别，不过与虚词在语法意义和语法功能等方面的差别更加明显，它们有一定的实义，可以充当主语、宾语、谓语等语法成分，不能简单地放在虚词系统当中，用研究虚词的方法进行探索和分析；而且代词和助动词各自都是独立的较大的系统，须要专门研究才能解决其中的问题，限于能力和时间，本书暂不把这两类词语放在研究范围之中。另外，本书也未将副词列入研究范围之内，原因有二：其一，在于副词本身的特点。副词相对于其他虚词类别而言，不能归入典型虚词之列，因为副词是一个相对开放的类，从理论上来说我们是无法穷尽所有副词的，而实际研究也能说明这个问题，不少实词还处在向副词转化的过程当中；其二，笔者就《左传》《国语》的副词已经进行过基础性的研究、分析和比较工作，具体研究成果可见《〈左传〉〈国语〉副词比较研究》（硕士学位论文）。基于此，本书未将副词列入虚词范围。

（2）各类虚词的定义、再分类、收词的标准和范围。定义方面不能仅从语法意义方面加以界定，更主要地要照顾到各类虚词的语法功能、语法位置，综合考虑三个方面为每一类虚词定义；关于虚词的内部分类，目前而言大多数语法论著就一些重要的、使用较多的次类已经达成了一致，一般的分类方法是语法意义和语法功能相结合。因为汉语是缺乏形态的语言，划分词类时需要依据功能（语法功能）和分布（语法位置），当然因为虚词在句法结构中的重要作用，其所修饰或联系的各成分之间必然存在各种语法关系和不同的语法意义，同样是我们必须考虑的重要因素，这些将共同作为我们为虚词再分类的理论依据。同时结合对每一个虚词的深入分析，按照定义从严收录各虚词类的成员，当然也需要参照前人的研究成果，这些基础工作的妥善解决才能为进一步的比较研究铺平道路。

（3）虚词连用和复音虚词问题。目前看来语法学界对单音虚词的研究比较重视，因此也取得了重要的研究成果，而对复音虚词和虚词连用关注得普遍不够，本书认为复音虚词的运用尤其是一些虚词组合是否凝固为复音词、在使用中有怎么样的表现、语气词连用等更能体现作者和地域等方面的特点，所以复音虚词也是本书比较研究的重要方面。

四　研究目标

瑞典汉学家高本汉在《左传真伪考》中通过文法的比较和勘察，指出："在周秦汉书内，没有一种是和《左传》相同的文法组织的。最接近的是《国语》，此外便没有第二部书和《左传》这么相近了。"[①] 刘利指出："（高本汉）所开辟的专书比较对我们从事语法史的研究是有启发意义的。"还指出："如果我们沿着高本汉的路子继续走下去，分别将两书的语法面貌都基本了解清楚，然后以此为基础，对两书的语法状况作全面的比较研究，相信一定会得到两个方面的收获：一是丰富和深化我

① 高本汉著，陆侃如译《左传真伪考》第99页，载《〈左传真伪考〉及其他》，上海商务印书馆1936年版。

们对先秦汉语语法的总体认识；二是对《国语》和《左传》的关系这个长期以来聚讼未决的问题给出一个语言学的结论。这是一项具有文献学和语言学双重意义的工作，值得付出努力。”①

高本汉对其本人所首倡的考辨方法有高度的自信，其理论基础是站得住脚的。他说：

> 《书经》和《诗经》有一种异于孔子及后代的文法（如“攸”“厥”等助词），但自从孔子以后，各种书内并没有真正的分别。我们知道“若”与“如”是同义的，也可以当作“像”讲，也可以当作“假使”讲；还有“此”同“斯”都作“这个”讲；还有“则”同“斯”都作“就、于是”讲；还有“于”“於”“乎”都作“在”字讲；还有“乎”“与”“邪”都是疑问的字等等。假如我们把各种古书混合起来求结论，结果一定如此。但是没有一个人注意到，假使你研究一个作家，只注意他的文法的组织，再研究别的作家，再注意他的组织，这里可以有很大的异点，仿佛甲只用某几个助词而不用别的，而乙只用他自己的和甲不同的一套字，换言之，周代文学既然表显出活的语言，并不像后来雕琢的死文字，那么在那时文件里，人们可以根据各种本子的文法的分析来求出各种方言出来。假如用这一种计算而有一点效果，那么校勘学就应该感谢语言学的研究，来决定真伪问题，种类问题和著者问题。②

通过比较才能明显地发现异同，从而总结出两部文献的虚词系统，为从语言学角度探察二书之间的关系提供基础的依据和参考。本书的研究目标在于：充分利用已有的研究成果，扩大研究范围和内容，穷尽两部专书的所有虚词，展开大规模的铺开探察和分析，形成各自独立的虚词系统，并就两书各类虚词的数量、虚词内部各成员的用法、使用频率、语法位置及其语法功能等方面进行全面比较，以充分、全面的语言事实

① 详见刘利《从历史语法角度看〈国语〉的语料价值》，载《北京师范大学学报》（社会科学版）2005 年第 6 期。

② 引文见高本汉著，陆侃如译《左传真伪考》第 48 页，载《〈左传真伪考〉及其他》，上海商务印书馆 1936 年版。

来证明《左传》和《国语》在作者、地域、时代和语言风格等方面可能存在的异同关系，以此为论据得出确凿可信的结论，为汉语史、历史学、文献学等相关学科提供基础材料和依据。

五 研究方法和语料处理

比较，也叫“比较语法”，西方语言学理论之一，是指把有关各语言或一种语言的历史发展中各个不同阶段间的语音、词汇和语法对应关系加以比较。[①] 吕叔湘先生曾指出：“一种事物的特点，要跟别的事物比较才显现出来……语言也是这样的，要认识汉语的特点，就要和非汉语比较；要认识现代汉语的特点，就要跟古代汉语比较；要认识普通话的特点，就要跟方言比较；无论语音、词汇、语法，都可以通过对比来研究。”“要明白一种语文的文法，只有应用比较的方法。”[②] 蒋礼鸿先生曾指出：“研究古代语言，我以为应该从纵横两方面做起，所谓横的方面是研究一代的语言……所谓纵的方面，就是联系起各时代的语言来看他们的继承、发展和异同。”[③] 何乐士先生指出：“我觉得比较研究的确是一种好方法。比较的方法易于发现问题，语言的变化和特色，在比较之中也能看得更清楚。”[④] 比较法是本书最基础、最重要的研究方法和出发点。本书采用的比较方法主要体现在以下方面：首先，《左传》《国语》两书虚词逐对比较是本书的主体，也是本书最重要的手段；其次，本书还注意到两书异文的比较，异文比较对我们的结论提供重要的参考价值；此外，本书还注意将《左传》《国语》同部分能够确定作者或地域的其他先秦文献就虚词系统及特点等进行比较，这有利于观察虚词整体的特点，也有利于比勘文献关系。

定性分析和定量统计。程湘清先生在《汉语史断代专书研究方法论》中明确地提出了进行专书比较研究时的具体办法和原则，其中重要的一点在于比较的方法肯定离不开定性分析和定量统计。本书认为各类

① 详见冯春田、梁苑、杨淑敏《王力语言学词典》第 28 页，山东教育出版社 1995 年版。

② 见吕叔湘《中国文法要略》上卷初版例言，商务印书馆 1982 年版。吕叔湘《通过对比研究语法》也提及比较研究的适用范围和应用领域，载《语言教学和研究》1977 年第 2 期。

③ 见蒋礼鸿《敦煌变文字义通释》（增补定本）序目，上海古籍出版社 1997 年版。

④ 见何乐士《汉语语法史断代专书比较研究》前言，河南大学出版社 2007 年版。

虚词作为封闭的类，是可以穷尽性地分析和研究的，在研究中理所当然地对各类虚词进行频次、数量和其他具体差异的数据统计工作，并用表格的形式反映出来，从而为比较工作的展开提供基础和依据。

文献考证法和校勘学方法。从语言学、汉语史角度考辨古籍文献，最终落脚点在于考证文献的关系，所以本书不可避免地要运用到文献考证法；而在一些具体而特殊的地方，比如大量的异文材料方面，还可能遇到文献校勘方面的问题，需要校勘学方法为解决问题提供理论和方法的指导，从而把问题引向深入。

本书采用的《左传》的文本依据清代学者阮元校勘的中华书局影印本《十三经注疏》，并重点参照杨伯峻先生的《春秋左传注》；采用的《国语》文本以嘉庆庚申读未见书斋重雕《天圣明道本国语》（台湾世界书局影印）为底本，以上海师范大学古籍整理研究所校点本《国语》和徐元诰《国语集解》为主要参照。电子文献以台湾“中央研究院”历史语言研究所“上古汉语标记语料库”为主，以朱冠明先生制作的“朱氏语料库”为辅，并根据《左传》《国语》的底本和参照本一一核校电子语料，进行虚词的筛选和考察工作。

六 研究思路和基本框架

当前汉语历史语法的研究，专书研究及其成果蔚为大观，比较研究也已大行其道。笔者认为比较研究当以专书研究的成果为基础，没有扎实、细致和基础的专书研究，比较研究无从入手，有如无源之水。基于此种考虑，本选题在利用已有的《左传》《国语》专书虚词研究成果的基础上，穷尽分析每类虚词及各类虚词的每一个成员，对重要虚词或两书中存在明显异同的个案虚词进行比较分析，通过上述研究的结论，本书最后的落脚点在于由虚词方面的异同来探察《左传》和《国语》之间的文献关系。本书的虚词范围包括：介词、连词、语气词、助词和副词，比较中同时注意参照《左传》《国语》的异文语料。

主要研究思路：首先，两部书各类虚词的比较是本书的主体部分，通过对语料的穷尽搜查和分析，参照并修正已有成果，在对各类虚词进行比较的过程中，主要就各类虚词的数量、出现频率、语法位置和语法功能等方面进行全面统计和量化，用图表方式将结果直观化。对研究过程中得出的一些汉语史事实，比如该时期虚词的整体特点等进行适当的总结，并展望本课题及相关课题的研究；第二，本选题通过两书虚词系统的比较来考察《左传》《国语》两部文献的关系，通过总结虚词系统反映的两书间的异同作为考辨两书关系的中心依据，从而对这种从语言学角度考辨文献真伪、成书时代、作者和关系的理论和方法进行丰富和发展。第三，本书在具体分析中注意参照对比两书的异文，也是对前有研究注意总结两书同记一事内容的一个补充，从这些材料中总结语言的差异可以更直观地看出两书的异同，进而为考辨两书关系提供依据。

基本框架：全书分为七个部分。第一部分是“绪论”，第一至四章分别对介词、连词、语气词和助词进行描写、考察和比较分析，对《左传》和《国语》中的每类虚词的每个成员进行全面、细致的分析和比较，统计使用数量、相关比重的数据，就语法功能、语法位置、语法意义等方面进行全面深入的比较。第五章余论部分选取《左传》和《国语》共载一事的异文材料，重点比较其中虚词的异同。最后是结语部分。结合笔者前有的就两书副词系统的比较总结相关数据、补充两书副词使用的特点，通过比较总结两书的异同。对本书以上各章内容进行概括和总结，在此基础上得出结论。

第一章 《左传》和《国语》的介词比较

目前关于《左传》虚词研究的成果已经相当丰富，而针对《国语》的相关研究却没有得到应有的重视，导致《国语》虚词研究略显不够充分。本章内容将《左传》和《国语》两书的介词系统进行归纳和整理，在此基础上加以比较，观察两书在介词使用上存在的异同。赵大明著有《〈左传〉介词研究》（2007）（以下简称“赵著”）一书，对《左传》的介词进行了详尽的描写和分析，语料丰富，分析精当。全书主体是介词研究，同时注意到理论问题，将大多数介词的其他词类也进行了说明，必要时提出了相关词类区分的方法。赵著是到目前为止对《左传》专书进行介词研究的代表作。本章参照赵著的办法，对《国语》介词系统进行全面的描写，对两书中使用的介词逐一进行分析和比较。书中涉及必要的分类基本参照赵著的分类办法，同时注意全面吸收相关成果。书中关于《左传》介词的相关数据如无特别说明，均为赵著的研究成果，特此说明。

第一节 “以”的比较

“以”在《左传》中共出现3392例，其中用作介词2156例，占全部用例的63.6%；在《国语》中共出现1690例，其中用作介词1158例，占全部用例的68.5%。除用作介词外，“以”还有连词、动词和副词等用法。详见表1－1。

表1－1 “以”各词类见次及所占比重*

	《左传》		《国语》		总计	
	见次	比重	见次	比重	见次	比重
介词	2156	63.6%	1158	68.5%	3314	65.2%
连词	1201	35.4%	517	30.6%	1718	33.8%

续表

	《左传》		《国语》		总计	
	见次	比重	见次	比重	见次	比重
动词	28	0.8%	12	0.7%	40	0.8%
副词	5	0.15%	3	0.2%	8	0.16%
代词	2	0.06%	0	0	2	0.03%
总计	3392	100%	1690	100%	5082	100%

* 《左传》中“以”的统计数据参赵大明《〈左传〉介词研究》第181页，首都师范大学出版社2007年版。《左传》中“以”还可以用作代词，出现2例，皆引自《诗经》;《国语》中“以”没有代词用例。

从表1-1反映出的《左传》《国语》两书的使用情况来看，“以”主要用作介词和连词，这两种用法出现次数所占的比重在两书中都不低于99%，而其他词类才占到总数的1%左右，可见介词和连词用法占有绝对压倒性优势。介词用法由动词虚化而来，该时期的“以”还存在动词用例，不过相对来说，动词的使用数量和所占比重已经很低了。由此可见，“以”在这一时期已经相当虚化了。郭锡良曾指出：“‘以’在甲骨文中是一个动词；在西周金文中已虚化为非常活跃的介词，并有了连词用法；春秋战国时期变化更大，主要是用作介词、连词。”① 另外，“以”在《左传》和《国语》中的介词用法已经相当复杂，可见其虚化程度已经很高。下面就两书中“以”的介词用法进行比较。

在两书的介词系统中，不仅“以”的介词用法使用数量多，“以”的使用数量都是最多的；它的用法更是复杂。作为最主要的介词之一，同另外的主要介词“于”“於”相较而言，“以”用法的复杂性不仅表现在引进成分的多样性、介宾结构语法位置的灵活等方面，还表现在其介词和连词用法的区分问题上。“以”的介词用法不像“于”“於”那样纯粹。

以下对《国语》的介词“以”进行描写和考察，将相关内容与《左

① 郭锡良：《介词“以”的起源和发展》，《古汉语研究》1998年第1期。后载《汉语史论集》（增补本）第233页，商务印书馆2005年版。

传》进行比较。参照赵著的分类方法[①]，《国语》中的介词“以”的语法功能同样包括四项：引进动作行为的工具、方式或依据，引进动作行为的对象，引进动作行为的原因，引进动作行为发生或进行的时间。此外还有组成固定格式这一功能。

一 引进动作行为的工具、方式或依据

《左传》中共出现793例，占“以”全部介词用例的36.8%。其中“以”及其宾语组成的介宾结构（以下称“以宾”结构）用在谓语动词之前共636例，用在谓语动词之后157例；《国语》中该类用法的“以”共出现470例，占“以”全部介词用例的40.6%。其中“以宾”结构用在谓语动词之前343例，用在谓语动词之后127例。又可细分为以下几类。

（一）引进动作行为的工具或材料

“以”引进的表示工具或材料的宾语一般都是名词或名词性词组，是比较具体的工具或材料。随着该用法的扩展，部分较抽象的词语也能充当此类宾语。由于该功能的“以”用例较多，赵著根据“以宾”结构与所修饰的动词之间的位置关系将其分为用在谓语动词之前和之后两类，《国语》用例也有这两种位置。例如：

（1）展禽使乙喜以膏沐犒师。（鲁语上）[②]［膏沐：润发的油脂］

（2）梁山崩，以传召伯宗。（晋语五）

（3）偃也以斧钺从于张孟，日听命焉。（晋语八）

（4）王命工以良金写范蠡之状而朝礼之。（越语下）

（5）且吾闻成公之生也，其母梦神规其臀以墨。（周语下）

---

① 赵大明根据“以”所引进成分的语义类型进行分类，见《〈左传〉介词研究》第205页。本书主要就《国语》“以”的介词用法进行分析并同《左传》进行比较，文中举例以《国语》为主，必要时加入《左传》用例，如无特别说明，《左传》引例主要参照赵著。

② 文中例句出处，不再标注《国语》字样，只注明“×语”；《左传》用例也不出《左传》字样，根据杨伯峻《春秋左传注》（中华书局1981年版）标明具体某公某年及节数，分节也以此书为准。比如《左传·隐公元年》第1节，记作（隐1.1）。必要时对例句中的重要词语加以注释。

(6) 击之以杖，折委笄。(晋语五)

(7) 子期祀平王，祭以牛俎于王。(楚语下)

(8) 美金以铸剑戟，试诸狗马；恶金以铸鉏、夷、斤、斸，试诸壤土。(齐语)

(9) 毛以示物，血以告杀，接诚拔取以献具，为齐敬也。(楚语下)

上引例句中“以”的宾语分别为：膏沐、传、斧钺、良金、墨、杖、牛俎、美金、恶金、毛、血，都是名词或名词性词组，多是比较具体的，比如斧钺、良金、墨、杖等；有些则比较抽象。“以宾”结构的谓语动词分别为犒、召、从、写、规、击、祭、铸、示、告。这些动词的语义类型可以与《左传》的类别分别对应，比如“击”为打斗类，“从、写、规、铸”等为一般动作类，“祭”属于祭祀类，“犒”属于军事类，“告、示”等属于言语类。在位置关系方面，例（1）~（4）、例（8）、（9）中的“以宾”结构用在谓语动词之前，只是例（8）、（9）中宾语都前置于介词“以”；例（5）~（7）中“以宾”结构用在谓语动词之后。

（二）引进动作行为的手段或方式

相较于比较具体的工具或材料而言，动作行为进行时所采取的手段或方式往往是比较抽象的。因此充当手段或方式的宾语多是较抽象的名词或名词性词组。此类宾语的特点还在于：充当手段或方式的词语不限于名词，也可以是谓词性词语。

(10) 今以小忿弃之，是以小怨置大德也，无乃不可乎！(周语中)

(11) 犯顺不祥，以逆训民亦不祥。(鲁语上)

(12) 夫三德者，偃之出也。以德纪民，其章大矣，不可废也。(晋语四)

(13) 故拘之以利，结之以信，示之以武，故天下小国诸侯既许桓公，莫之敢背。(齐语)

(14) 臣闻之，乱在内为宄，在外为奸，御宄以德，御奸以刑。(晋语六)

(15) 赵孟将死矣！夫君子宽惠以恤后，犹恐不济。(晋语八)

上述用例中“以”的宾语分别为：小怨、逆、德、利、信、武、德、刑和宽惠等，这类宾语可以是名词或名词性结构，也可以是形容词、动词或谓词性结构，代表性词语主要是德、信、礼、义、仁、惠、和、奸、佞等。介宾结构所修饰的动词分别是：置、训、纪、拘、结、示、御、恤；这些动词的共同点在于：动词之后都有宾语，不过也有些用例中的宾语是可以省略的。例（10）~(12）中的“以宾”结构用在谓语动词之前；例（13)、(14）中的“以宾”结构用在谓语动词之后；例（15）中的宾语前置于介词。这些表示手段或方式的词语也可以认为表示广义的工具或材料。它们之间没有绝对的界限，分类是为了概括方便，很多介词宾语的语义类型不是截然分明的。

（三）引进动作行为的依据或前提

动作行为的依据或前提较前两类宾语更为抽象，属广义的工具。这类用法中的“以”可以理解为“根据、按照、凭借”等，其意义比上两类“以”要丰富一些，虚化程度相对较低。

(16) 太宰以王命命冕服，内史赞之，三命而后即冕服。(周语上)

(17) 遂如楚，楚成王以周礼享之，九献，庭实旅百。(晋语四)

(18) 吾主以不贿闻于诸侯，今以梗阳之贿殃之，不可。(晋语九)

(19) 赋里以入，而量其有无；任力以夫，而议其老幼。(鲁语下)

(20) 文公伐原，令以三日之粮。(晋语四)

(21) 夫宫，音之主也，第以及羽，圣人保乐而爱财，财以备器，乐以殖财。(周语下)

上述例句中“以”的宾语分别是：王命、周礼、不贿、入、夫、三日之粮、第、财、乐，这些宾语一般都是名词或名词性词组，也有个别谓词性词语的用例，比如“不贿”；介宾结构修饰的动词分别是命、享、闻、赋、任、令、及、备、殖，这些动词一般都是带宾语的。例（16）~（18）中的介宾结构用在谓语动词之前，三例中的“以”分别可以理解为“按照”、“依据”和“凭借、因为”。例（19）、（20）中的介宾结构用在谓语动词之后；例（21）中“以”的宾语为“第”、“财”和“乐”。其中“第”和“财”较易理解，“以”可理解为“按照”。[①]

（四）介词“以”引进宾语的前置

此类功能的“以”所引进的宾语、“以宾”结构在句中的语法位置以及其后修饰动词的语义类型等，《左传》和《国语》的用例都相当接近。除上述类型中我们提到的一般宾语出于强调的需要而前置于介词的情况之外，《左传》和《国语》中都有疑问代词“何”用于“以”前的情况，其中《左传》106 例，占“以”全部介词用例的 4.9%；《国语》41 例，占“以”全部介词用例的 3.5%，从所占比重来看，两书比较接近。这类用法中的疑问代词“何”都是“以”的宾语，而且一般来说都是指代动作行为的工具或依据的。试比较：

（22）既无老谋，而又无壮事，何以事君？（晋语一）

（23）凡吴土地人民，越既有之矣，孤何以视于天下！（吴语）

（24）寡人请死，余何面目以视于天下乎！（越语上）

（25）若以大夫之灵，得保首领以没，先君若问与夷，其将何辞以对？（隐公 3.5）

（26）若复旧职，将承王官，何故以役诸侯？（定公 1.1）

（27）平子怒，曰：“何故以兵入吾门？”（昭公 25.10）

（28）吾欲与之徼天之衷，唯是车马、兵甲、卒伍既具，无以行之。请问战奚以而可？……吾问于王孙包胥，既命孤矣；敢访诸大夫，问战奚以而可？（吴语）

---

① 例（21）疑点在于“乐”，此例根据董立章之说：“《周语上》‘瞽帅音官以风土’。韦注：‘风土，以音律省土风，风气和则土养也。’古时吹律测季节之风，以判农时和预断气候年成。此外以乐配诗，考察民情以施政于民，利于生产发展和财富增殖。”见董立章《〈国语〉译注辨析》第 133 页，暨南大学出版社 1993 年版。这种依据音律“殖财”的办法有待进一步考察。不过据此认为“乐”是殖财的依据是没有问题的。

“何以”是疑问代词“何”和介词“以”的组合，一般情况下“何”都前置于介词，因此形成“何以”的组合，可以看作固定组合。另外疑问代词“何”还可以用作中心语的修饰语，整体作为“以”的宾语，比如例（24）~（27）。[①]《国语》中的同类用例如例（24），“以”后宾语由“何”充当修饰语的用例，《国语》中共2例，均为“何面目”。

值得注意的是，例（28）“奚”充当“以”的宾语，当是“何”的类化。两者差别体现在“何以”已经相对凝固化，而“奚以”只是临时组合。其中的“奚”用作疑问代词，用法特点和“何”是一致的。《国语》共出现2例疑问代词“奚”和介词“以”组合的情况，出自《吴语》，都是越王勾践的问话。前一例申包胥的回答说“夫吴，良国也，能博取于诸侯。敢问君王之所以与之战者?”这句话中的“君王之所以与之战者”当断句为“君王/之/所以/与之战/者”是一个体词性结构，可以理解为“君王（您）与吴国作战依据（凭借）的是什么呢”。后面的内容是君臣之间的对话和讨论。其中的“以”同“奚以”的“以”完全相同，都是介词用法。据此判断“奚”在问句中充当宾语是无疑的。而遍检《左传》，我们发现《左传》中没有“奚”用作介词“以”的宾语的用例。[②] 有两点需要注意：一方面是“奚以”只是临时组合使用，远不如“何以”凝固程度高；另一方面，还牵涉疑问代词“奚”和“何”之间特点和用法的差异等问题，也可能涉及方言的因素，此处阙疑，以后尚可就此问题进行深入的探讨。

二 引进动作行为的对象

引进动作行为对象的“以”在《左传》中共出现482例，占“以”

---

① 赵著指出以引进的成分中“何”充当修饰语的用例，《左传》仅2例，即上引例（25）、（26）。通过检索我们发现例（27）中的“何故”与例（26）相同。兹举例（27）以补赵氏之说，《左传》中此类用例共3例。

② 进一步扩大检索范围，在先秦汉语时期，出现疑问代词“奚”用作“以”的宾语的用例共41例，其文献分布情况为：《吕氏春秋》7例、《商君书》3例、《国语》2例、《墨子》5例、《庄子》8例、《战国策》4例、《管子》4例、《荀子》2例、《韩非子》5例和《论语》1例。我们检索和统计的其他先秦文献还包括《尚书》、《诗经》、“春秋三传”“三礼”、《老子》、《孟子》、《晏子春秋》、《逸周书》、《史记》。上述文献中都未见“奚”用作“以”的宾语的用例。

全部介词用例的22.4%；《国语》中出现159例，占“以”全部介词用例的13.7%。相较而言，《左传》中此类用法的使用数量明显偏多，而且比《国语》高出近10个百分点，相差较大。根据引进对象与谓语动词之间的语义关系，可以分为三类：引进动作行为的施事所带领或携带的对象、引进动作行为的与事和引进动作行为的受事。据赵大明之说：《左传》中前两类用例的“以宾”结构只能用在谓语动词之前，第三类大部分也是用在动词之前，少数可以用在动词之后。考察《国语》用例之后，我们发现《国语》中也只有第三类“以宾”结构的少数用例可以用在谓语动词之后；其他情况都是用在谓语动词之前的，与《左传》同类用法“以”的特点相同。

（一）引进动作行为的施事所带领或携带的对象

施事所带领或携带的对象可以是具体的事物，也可以是动作行为的其他参与者。[①]

(29) 文仲以鬯圭与玉磬如齐告籴。(鲁语上)

(30) 陈惠公使人以隼如仲尼之馆问之。(鲁语下)

(31) 君厚问以召吕甥、郤称、冀芮而止之，以师奉公子重耳，臣之属内作，晋君必出。(晋语三)

(32) 夫王者成其德，而远人以其方贿归之，故无忧。(晋语六)

(33) 中行穆子帅师伐狄，围鼓。鼓人或请以城叛，穆子不受。(晋语九)

(34) 吴王夫差既许越成，乃大戒师徒，将以伐齐。(吴语)

上引用例中，“以”的宾语分别为：鬯圭与玉磬、隼、师、方贿、城、(师徒)。其中有些是比较具体的事物，比如例(29)、(30)、(32)；有些是较为抽象的人或集体名词，比如例(31)、(33)；有些宾语有时候可以省略不现，比如例(34)，值得注意的是，这种省略的宾语一定可以在上文找到。“以宾”结构所修饰的动词可以与《左传》中同类用例的“以宾”结构所修饰的动词进行对照，上述例句的动词包括

① 赵著指出这类功能是“以”由动词向介词转化过程中语法化程度最低的一种。

位移类：如、归；战争类：奉、叛、伐等。整体而言，《国语》此类用例数量较少，其涉及的动词范围相对狭窄，不如《左传》丰富。

（二）引进动作行为参与的对象

这类用法“以”所引进的成分也属于动作的与事。[①]《国语》例如：

（35）二十一年，以诸侯朝王于衡雍，且献楚捷，遂为践土之盟。（周语上）

（36）是行也，鲁人以莒人先济，诸侯从之。（鲁语下）

（37）二年春，公以二军下，次于阳樊。（晋语四）

以上用例中“以”所引进的“与事”，字面上看来跟协同施事的“与事”是没有差别的。笔者在处理这一类“与事”时没有细致区分两类之间的差别，不过总体看来这几例中的“与事”，分别为诸侯、莒人、二军，它们同施事主体存在一定的差别。两书中“以”引进的此类与事的差别在于：《国语》中没有出现此类“以宾”修饰宴饮类动词的用例，而《左传》中此类主要以宴饮类动词为主。我们将上述例句中的“以”引进的成分视作与事，动词分别为：朝、济和下，“以”同样可以理解为“与”“跟”。

（三）引进动作行为的受事

动作行为的受事就是动作行为直接涉及的对象，也可以理解为受益者。表示对象的“以”的宾语可以看作双宾语中的直接宾语。

（38）桓公使请诸鲁，如鲍叔之言。庄公以问施伯。（齐语）

（39）吴、晋争长未成，边遽乃至，以越乱告。（吴语）

（40）惠王以梁与鲁阳文子，文子辞。（楚语下）

（41）昔天以越赐吴，而吴不受；今天以吴赐，孤敢不听天之

---

① 赵著指出了这一类“与事”同上一类“与事”之间的不同：施事同与事共同进行的动作行为不是以战争类、位移类为主，而是以宴饮类为主；另外，这一类“以”应当理解为“与、跟”。见赵大明《〈左传〉介词研究》第247页，首都师范大学出版社2007年版。

命，而听君之令乎？（吴语）

(42) 昔天以越予吴，而吴不受命；今天以吴予越，越可以无听天之命，而听君之令乎！（越语上）

(43) 其余以均分公侯伯子男，使各有宁宇。（周语中）

(44) 吾与子言人事，子应我以天时；今天应至矣，子应我以人事。（越语下）

(45) 齐侯来，献之以得殒命之礼。（晋语五）

上述诸例中，“以”的宾语分别为：鲍叔之言、越乱、梁、越、吴、其余、天时、人事、殒命之礼，都是名词或名词性词组；介宾结构所修饰的动词有给予类：与、赐、予、分、献；言语类：问、告、对等。此外还有赂、授、言、劳等，《国语》中相关动词不如《左传》丰富。例(38)中“以”的宾语承上省略；例(41)和(42)可以对照：例(41)中介宾结构修饰的动词为“赐”，而(42)中为“予”；例(43)中“其余”作为宾语前置于“以”；例(44)、(45)中“以宾”结构用于谓语动词之后。

三 引进动作行为的原因

《左传》中“以”引进动作行为的原因共出现166例，占“以”全部介词用例的7.7%；《国语》中出现58例，占“以”全部介词用例的5.0%，两书中此类用例各自所占的比重相差不大。这种用法的“以宾”结构可以用在谓语动词之前，也可以用在其后。

“以”引进的宾语为偏正短语，中心语为“故”，意为“……的原因”，这种以“故”作为中心语的表达形式使其表示原因的功能更加明显。《国语》全书有9例：

(46) 寡君使豹来继先君之好，君以诸侯之故，贶使臣以大礼。（鲁语下）

(47) 今谓君惑于我，必乱国，无乃以国故而行强于君。（晋语一）

“以”引进的表示原因的宾语，可以是体词性成分，上述以“故”为中心语表示原因的用例都是体词性的，再如：

（48）今以小忿弃之，是以小怨置大德也，无乃不可乎！[①]（周语中）

（49）非以求远也，以鲁之密迩于齐，而又小国也。（鲁语下）

上两例中“以”的宾语分别是：“小忿”，为名词形词组；“鲁之密迩于齐”是主谓结构之间加上助词“之”，是体词性结构。

该类宾语也可以是谓词性成分，有时“以”及其引进的原因可以单独作为一个分句。如：

（50）予必以不享征之，且观之兵。（周语上）

（51）吾君老矣，子往，骊姬惧，必援于秦。以吾存也，且必告悔，是吾免也。（晋语二）

（52）昔吾先君唐叔射兕于徒林，殪，以为大甲，以封于晋。（晋语八）

（53）昔先主文子少衅于难，从姬氏于公宫，有孝德以出在公族，有恭德以升在位，有武德以羞为正卿，有温德以成其名誉，失赵氏之典刑，而去其师保，基于其身，以克复其所。（晋语九）

例（50）中的“不享”是动词性成分；例（51）中“以”的宾语是“吾存”，“以宾”结构是单独分句，可看作插入成分；例（52）“以封于晋”中“以”的宾语承上省略了，我们可以用指代词“是”或“之”来补充，代指前文叙述的事实“射（殪）兕以为大甲”这件事；例（53）中“以”的宾语都前置了，可以理解为“以有孝德出在公族”，其余类推。

用代词“是”“此”指代前文较为复杂或冗长的原因时，就形成了

① 该例中，“以小怨置大德”中“以”是用以引进动作行为的手段或方式。见前举例（10）及说明。

“是以”和“此以”的组合，表示原因。相对来说，“是以”在这一时期的使用频率较高，而“此以”属于类推，尚未固化，因此用例较少。相关内容详见“《左传》和《国语》的连词比较”一章。

四 引进动作行为发生或进行的时间

该功能在《左传》中出现 21 例，占“以”全部介词用例的 1%；《国语》中出现 8 例，占“以”全部用例的 0.7%。可见引进时间是“以”的次要功能，两书该功能“以”的使用情况几乎相同。

(54) 王以二月癸亥夜陈，未毕而雨。(周语下)

(55) 天之道也，由是始之。有此，其以戊申乎！所以申土也。(晋语四)

(56) 夫二子之良，将勤营其君，复使立于外，死而后止，何日以来？若来，乃非良臣也。(晋语九)

“以”后引进的表示时间的宾语一般都是名词性词语，“以宾”结构都用于谓语动词之前，有时谓语动词可省略，比如例（55）；有时“何”可以用作表示时间中心语的修饰语，比如例（56）的“何日”，充当介词的宾语而前置于“以”。这种表时间的宾语前置在《左传》中未见用例。

五 “以”与其他词语组成的固定格式

赵著指出《左传》的介词“以”除了具有上述四种功能以外，还有一些组成固定格式的用法。所谓固定格式，就是介词“以”经常与其他一些词语连用或搭配使用，从而形成一些相对固定的句法结构。赵著也指出了这些固定格式的特点，主要有两点：一是这些固定格式的凝固化程度不一，有些逐步成词，有些只是受同类结构的类化或影响，还是临时组合；二是固定格式中的“以”，有些介词性质还十分明显，有些处在进一步虚化过程中。[①]

① 见赵大明《〈左传〉介词研究》第 260 ~ 261 页，首都师范大学出版社 2007 年版。

表 1－2 两书介词“以”与其他词语组成的固定格式见次

	以……为……	以为	是以	此以	所以	可以	足以	难以	利以	无以	蔑以	有以	合计
《左传》	76	185	162	3	82	132	28	5	1	12	3	5	694
《国语》	44	97	67	0	70	120	35	8	2	13	1	6	463
总计	120	282	229	3	152	252	63	13	3	25	4	11	1157

表 1－2 的固定格式在《左传》《国语》所有“以”的介词用例中所占的比重分别是 32.2%、40.0%。《国语》中的固定格式所占的比重要高一些。何乐士和赵大明都对这些固定格式进行了细致的分析，《国语》中的这些固定格式在使用特点、组合方式、凝固化程度以及语法特点等方面与《左传》的同类格式没有什么分别，我们不再一一进行解释和说明。

表 1－3 《左传》《国语》介词“以”各项语法功能见次、比重对比

	用在动词之前		用在动词之后		总计	
	《左传》	《国语》	《左传》	《国语》	《左传》	《国语》
引进工具方式或依据	636（29.5%）	343（29.6%）	157（7.3%）	127（10.9%）	793（36.8%）	470（40.6%）
引进动作的原因	136（6.3%）	54（4.7%）	30（1.4%）	4（0.3%）	166（7.7%）	58（5.0%）
引进动作的对象	423（19.6%）	140（12.1%）	59（2.7%）	19（1.6%）	482（22.4%）	159（13.7%）
引进动作的时间	14（0.7%）	8（0.7%）	7（0.3%）	0	21（1.0%）	8（0.7%）
固定格式	694（32.2%）	463（40.0%）	0	0	694（32.2%）	463（40.0%）
总计	1903（88.3%）	1008（87.0%）	253（11.7%）	150（13.0%）	2156（100%）	1158（100%）

通过上文的比较我们发现，“以”用作介词时，在《左传》和《国语》两书中的使用特点、语法位置以及语法功能等方面都是非常接近的。

在语法位置上，“以宾”结构以用在所修饰的谓语动词之前为主，两书中的比重都在 87% 以上，占绝对优势，两书各自比重也相差不大；“以宾”结构都有用在谓语动词之后的用例，不过使用数量不多、所占

比重低，这是两书的共同点。

在语法功能方面，通过上文我们发现“以”的各项功能在两书中均有用例。相对来说，“以”的用法是丰富且复杂的：“以”与其他词语组成的固定格式在两书介词“以”的用例中所占的比重都是最高，《国语》中的比重又比《左传》稍高；其次是引进工具、方式或依据的功能，在两书中所占比重几乎相同；再次是引进动作行为对象的功能；最后引进时间的功能用例都最少。由此可见，两书介词“以”在使用中依据语法功能用例及所占比重排序是一致的。

就介词“以”引进的宾语来看，两书都是以引进名词或名词性成分的宾语为主，不过不同的语法功能可能存在不同的情况。“以”有时也可以引进谓词和谓词性成分，有时还可以引进主谓结构甚至分句，这一点在两书中也是一致的。此外“以”引进的宾语有一部分可以前置于“以”，有时还可以省略，理解时需要根据前文补充相应的宾语。

根据前文分析，我们还发现两书中“以宾”结构所修饰的谓语动词在语义类型上有很多相近之处，有些动词在两书中甚至是完全重合的。不过总体来说，《左传》中出现的动词范围较大、使用数量也较多，而《国语》中的动词范围相对较小，应该看出这种情况又与两书整体使用数量是密切相关的，而且两书中出现的动词的语义类型也非常相近。

通过上文比较，《左传》和《国语》中的“以”表现出较强的一致性，使用中只存在细微的差别。此外，我们还将《左传》《国语》中的介词“以”与同时期的《论语》《孟子》等文献进行了一定程度的比较。

郭锡良的相关研究显示，《论语》中“以”共出现207例，其中介词156例，占全部用例的75.4%，连词31例，占全部用例的15.0%；《论语》中的“以+宾语”位置灵活，可以用在谓语动词之前，也可以用在其后，其中用在前面的有31例，用在后面的有26例，二者几乎相当；“以”所引进的宾语可以是体词性的也可以是谓词性的；《论语》中“以”的语法功能可以分为四项。《孟子》中“以”共出现614例，其中介词约460例，占全部用例的74.9%，用作连词的有66例，占全部用例的10.7%；“以宾”结构用在谓语动词之前的有168例，用在其后的有63例，二者之比为2.7∶1，以用在谓语动词之前为主。《孟子》的“以”跟《论语》有所不同：一是《孟子》中的连用结构凝固化程度比《论语》高，二是“以”带谓词性宾语的比例提高了。[1] 我们将《论语》《孟子》中的“以”和《左传》《国语》中的“以”比较后发现：首先，《论语》《孟子》中的“以”用作介词占绝对优势，这一比重比《左传》《国语》中的要高；其次，“以宾”结构都以用在谓语动词之前为主，不过《论语》中用在动词之前的“以宾”比重稍稍高出用在动词之后的比重，《孟子》中用于动词前后的“以宾”结构数量之比为2.7∶1，而《左传》中这种比例为7.5∶1，《国语》为6.7∶1，可见《论语》《孟子》同《左传》《国语》是有一定差别的，相比较而言，《左传》和《国语》更为接近。

六 相关问题的讨论

前文我们提到，“以”的介词用法是所有介词中最为复杂的，这种复杂一方面表现在用法、种类的复杂，另一方面体现在“以”的介词和连词用法的辨别方面。何乐士和赵大明都曾对省略了引进成分的介词“以”和连词“以”的区分问题进行了探索。赵著在何乐士研究的基础上，从形式和内容两个方面进行了探索，提出了可行的观点和方法。[2] 我们就具体辨别方法提出一点补充意见，希望对研究的深入有所帮助。参看以下用例：

（57）越人分为二师，将以夹攻我师。（吴语）

（58）唯是先王之宴礼，欲以贻女。（周语中）

（59）寡人闻之，立太子之道三：身钧以年，年同以爱，爱疑决之以卜、筮。（晋语一）

（60）昔我先王之有天下也，规方千里以为甸服，以供上帝山川百神之祀，以备百姓兆民之用，以待不庭不虞之患。（周语中）

（61）大史书曰：“赵盾弑其君。”以示于朝。（宣公2.3）

---

① 郭锡良：《介词“以”的起源和发展》，《古汉语研究》1998年第1期。后载于《汉语史论集》（增补本）第237~243页，商务印书馆2005年版。

② 何乐士的研究成果见《〈左传〉的介词“以”》，载《〈左传〉虚词研究》（修订本）第189~191页，商务印书馆2004年版；赵大明的研究成果见《〈左传〉介词研究》第292~300页，首都师范大学出版社2007年版。

(62) 狄人攻邢，桓公筑夷仪以封之，男女不淫，牛马选具。(齐语)

(63) 四月，郑人侵卫牧，以报东门之役。(隐公 5.4)

在分析《国语》和《左传》介词“以”的基础上，我们提出以下两点作为辨别介词和连词用法的补充。

第一，介词“以”省略的宾语一定在前文，根据前文能够补出，而连词“以”是不能带宾语的。上述例句中，例（57）、(58)、(60）和（61）中的“以”后都是有宾语的，这些宾语分别是：“二师”、“先王之宴礼”、“甸服”和“赵盾弑其君”，这些宾语承上文而省略，能据上文补出。而用作连词的“以”后面是不能带宾语的，连词不具备这样的功能；另外“以”前后的动词所带的宾语是否一致，也给我们的判断带来一定的依据，比如例（62），“以”的后一个动词为“封”，其宾语“之”所指代内容跟“以”的前一动词“筑”的宾语“夷仪”是不一致的，这也能说明“以”是连词，而非介词，因为介词后面隐含的宾语一定是承前省略的。

第二，介词及其引进的宾语在句中可以有两种语法位置：用在谓语动词之前和用在谓语动词之后。用在谓语动词之后的“以”后面必须有宾语，无论宾语是由何种成分充当，这种位置的“以”是介词，这一点是毫无疑问的。虽然《左传》《国语》中的介词“以”及其宾语以用在谓语动词之前为主，不过这无碍于我们将用在谓语动词之前的“以”变换到谓语动词之后，变换之后不影响原意者，“以”当为介词；如果变换之后表意出现问题甚至句法不通者，“以”当为连词。比如例（57）可以变换为“将夹攻我师以（二师)”，例（58）可变换为“欲贻女以(先王之宴礼)”，例（60）可以变换为“供上帝山川百神之祀以（甸服)”等。而例（62）如果变换为“封之以桓公筑夷仪”、例（63）变换为“报东门之役以郑人侵卫牧”，则句法上是不通的。据此我们可以判断“以”是用作介词还是连词。这种变换的理论基础在于：“以宾”结构用在谓语动词之后是客观存在的语言事实，这种变换是有根据的，而不是随意变换的。

第二节 “于”的比较

“于”在《左传》中共出现1492例，其中用作介词的有1461例，占全部用例的97.9%；在《国语》中共出现170例，其中用作介词的有167例，占全部用例的98.2%。“于”在两书中都以用作介词为主，“于”在该时期已经高度虚化了。[①] 两书中“于”的使用数量相差极明显：《左传》用例是《国语》的8.7倍。

赵著根据“于”引进成分的语义类型将其功能分为三大类：引进处所、引进动作行为的时间和引进动作行为或性状有关的对象。其中引进处所是“于”的基本功能，其他两项功能是从这一基本功能发展而来的。[②] 我们据此对《国语》中的介词“于”进行分类分析，将得出的结论与赵著的研究结论相比较。

一 引进处所

引进处所的“于”可以分为几个小类：引进动作行为发生、进行的处所，引进居处或停留的处所，引进趋向或达到的处所和引进动作行为起始的处所。

（一）引进动作行为发生、进行的处所

《国语》中共出现42例，《左传》中出现622例。

(1) 三十九年，战于千亩，王师败绩于姜氏之戎。(周语上)

(2) 简王十一年，诸侯会于柯陵。(周语下)

(3) 蒸于武公，公称疾不与，使奚齐莅事。(晋语一)[③]

---

① 见郭锡良《介词“于”的起源和发展》，载《古汉语语法论集》第88~103页，语文出版社1998年版。

② 见赵大明《〈左传〉介词研究》第40页，首都师范大学出版社2007年版。

③ 韦昭注：“蒸，冬祭也。武公，献公之祢庙也，在曲沃。”见上海师范大学古籍整理研究所校点《国语》第265页，上海古籍出版社1998年版。王引之《经义述闻》卷二十一“蒸于武宫”条指出：“韦氏不考本书之入于绛，即位于武宫，而据内传残阙之文以为说，非也。又案韦注云‘献公之祢庙也’，则正文武公当作武宫。”详见王引之撰《经义述闻》第498~499页，江苏古籍出版社2000年版。此从王说。

(4) 还自卫，三卿宴于蓝台，智襄子戏韩康子而侮段规。(晋语九)

赵著全面统计了《左传》中介词“于”的用例，并根据此类介宾词组所修饰的谓语动词的语义类型进行了大致分类和统计，其中包括政事类、祭祀类、宴饮田猎类、战争杀戮类、出行类、建造焚毁类、日常言行类和名词用作动词类等。《国语》中此类功能的“于”及其引进的宾语所修饰的谓语动词相比《左传》而言要少得多，据观察我们可以将这些动词一一纳入赵著所归纳的类别当中，有些动词在两书中是完全相同的。《国语》中此类用法的动词主要有：

(政事类) 盟、会、合、命、朝、即位、廪、布；

(祭祀类) 祭、蒸 (烝)；

(宴饮田猎类) 宴、田；

(战争杀戮类) 战、克、殛、刺、杀、退、搜、灭、射；

(日常言行类) 告。

由此可见，《左传》因为用例是《国语》8.7倍，自然其所涉及的动词就较多。《国语》中此类用例虽然较少，不过其语法功能与《左传》没有差别。

(二) 引进居处或停留的处所

《国语》中共11例，《左传》中共178例。

(5) 狄人遂入，周王乃出居于郑，晋文公纳之。(周语中)

(6) 狄人攻卫，卫人出庐于曹，桓公城楚丘以封之。[①] (齐语) [庐：寄住]

(7) 吕甥、冀芮帅师，甲午，军于庐柳。(晋语四)

(8) 襄老死于郯，二子争之，未有成。(楚语上)

《国语》和《左传》中此类功能的“于”用例都比较少，只是《左

① 《左传》中相同的“庐”的用例：立戴公以庐于曹。(闵公2.5) 其中“庐于曹”与此例完全相同。

传》中的绝对使用数量仍远多于《国语》。“于”及宾语组成的介宾结构所修饰的动词主要有：

(居处、驻扎类) 居、庐、军、次；

(停留停放类) 待、止、定；

(死亡类) 死。

以上动词语义类与赵著归纳的类别一致，只是《左传》中动词范围和数量比《国语》中的丰富。

(三) 引进趋向或达到的处所

《国语》中60例，《左传》354例。

(9) 我先王不窋用失其官，而自窜于戎、狄之间。(周语上)

(10) 西至于济，北至于河，东至于纪酅，有革车八百乘。(齐语)

(11) 公田，骊姬受福，乃置鸩于酒，置堇于肉。(晋语二)

(12) 雀入于海为蛤，雉入于淮为蜃。(晋语九)

这一类用法中的谓语动词分类较复杂，赵著对此类功能的“于”前的动词进行了细致分类。《国语》用例中的动词也都基本可以归入赵著所归纳的类型当中。《国语》中常见动词有：

(不能带受事宾语的不及物动词) 至、入、降、窜、达、逃；

(能带受事宾语的及物动词) 纳、封、置、致、通、输、送；

(含有趋向义的动词) 逆、聘。

(四) 引进动作行为起始的处所

《国语》中7例，《左传》中47例。

(13) 于是杀奚齐、卓子及骊姬，而请君于秦。(晋语二)

(14) 乃发令于太庙，召军吏而戒乐正。(晋语五)

(15) 吴王夫差既退于黄池，乃使王孙苟告劳于周。(吴语)

此类用例的数量较少，前面的动词范围有限，如请、发令、退、同、取、娶。与《左传》使用的动词大致相同，而范围小于《左传》。

二 引进动作行为的时间

这是介词“于”的次要功能，在两书中用例都比较少：《左传》中出现12例，《国语》中出现10例。“于”引进动作行为的时间的功能是从引进处所的用法扩展而来的。略举数例如下：

（16）自十月不雨至于五月，不曰旱，不为灾也。（僖公3.1）

（17）自日中以争，至于昏，晋人许之。（昭公13.3）

（18）世有盟誓，至于今未改。（定公4.3）

（19）自今至于初吉，阳气俱蒸，土膏其动。（周语上）

（20）自穆侯以至于今，乱兵不辍，民志不厌，祸败无已。（晋语八）

（21）至于今为患，则申公巫臣之为也。（楚语上）

（22）于是乎又审之以事，王治农於籍，蒐于农隙。（周语上）

从上引用例可以看出，引进动作行为的时间的“于”后的宾语都是表示动作行为或事件终止的时间，其中《国语》10个用例中有7例“于”的宾语为“今”，《左传》中也有“至于今”的用例。而“于”前的动词在《左传》中全部都是“至”，在《国语》中9例为“至”，只有例（22）比较特殊，动词为“蒐”。《国语》中此功能的“于”所占比重较《左传》为高，疑当为《国语》引用更早的古籍所致。

三 引进动作行为或性状有关的对象

可以分为引进动作行为的与事、引进受事和引进施事三个小类。

（一）引进动作行为的与事

《国语》27例，《左传》193例。

（23）晋既克楚于鄢，使郤至告庆于周。（周语中）

（24）今国病矣，君盍以名器请籴于齐！（鲁语上）

（25）及其即位也，询于“八虞”，而咨于“二虢”。（晋语四）

该功能的“于”及其宾语所修饰的谓语动词有：告、请、布、终（耕尽）、有、虞（娱）、鉴、通道、约誓、行赂、咨、询等，与《左传》中的动词多数是相同的，两书又各有不同的动词用例。此类“于”除数量外，用法、功能没有差别。

（二）引进受事

《国语》6例，《左传》34例。

（26）象物天地，比类百则，仪之于民，而度之于群生，共之从孙四岳佐之。（周语下）

（27）君盍赦之，以报于秦？（晋语三）

（28）智果别族于太史为辅氏。及智氏之亡也，唯辅果在。（晋语九）

其中例（26）中的“于”前有代词“之”，“之于”与合音词“诸”相当。其中“之”为直接宾语，“民”和“群生”为间接宾语，即受事。

（三）引进施事

《国语》仅1例，《左传》2例。

（29）王师败绩于姜氏之戎。（周语上）

（30）初，王姚嬖于庄王，生子颓。（庄公19.2）

该功能的“于”易被理解为被动式，实际上“动词的被动义是由整个句式体现出来的”。[①]“于”本身不用于表示被动，被动意味要从全句句意去理解。

（四）引进性状关涉的对象

《国语》3例，《左传》17例。

（31）唯青阳与苍林氏同于黄帝，故皆为姬姓。（晋语四）

---

① 赵大明：《〈左传〉介词研究》第75页，首都师范大学出版社2007年版。

(32) 知栾纠之能御以和于政也，使为戎御。(晋语七)

(33) 初，公孙无知虐于雍廪。(庄公 8.4)

(34) 武不可重，用不恢于夏家。(襄公 4.7)

两书中用例都较少，其中充当谓语的都是形容词或形容词性词组，“于”用以引进相关的对象。两书中的形容词具体用例有别，不过功能相同。

四 两书“于”的比较

根据上文的分析，我们把《左传》和《国语》中的介词“于”根据语义关系分类并进行语法功能和使用数量的比较。详见表 1 - 4。

表 1 - 4 《左传》《国语》中介词“于”功能、语义分布对比

	语义关系	《左传》	《国语》	总计
引进动作的处所	动作发生的处所	622 (42.6%)	42 (25.1%)	664 (40.8%)
	居处停留的处所	178 (12.2%)	11 (6.6%)	189 (11.6%)
	趋向或达到的处所	354 (24.2%)	60 (35.9%)	414 (25.4%)
	动作起始的处所	47 (3.2%)	7 (4.2%)	54 (3.3%)
引进处所小计		1201 (82.2%)	120 (71.2%)	1321 (81.1%)
引进动作性状关涉的对象	动作的与事	193 (13.2%)	27 (16.2%)	220 (13.5%)
	动作的受事	34 (2.3%)	6 (3.6%)	40 (2.5%)
	动作的施事	2 (0.14%)	1 (0.6%)	3 (0.2%)
	性状关涉的对象	17 (1.2%)	3 (1.8%)	20 (1.2%)
引进对象小计		246 (16.8%)	37 (22.2%)	283 (17.4%)
引进时间	与动作、行为相关的时间	12 (0.8%)	10 (6.0%)	22 (1.4%)
其他用法	组成的固定格式“于时”	2 (0.14%)	0	2 (0.1%)
总计		1461 (100%)	167 (100%)	1628 (100%)

从表 1 - 4 可以看出：《左传》和《国语》中的介词“于”的语法功能都是以引进动作的处所为主，这一功能在所有介词用法中所占的比重在两书中都占绝对优势；其次依次为引进对象的功能和引进时间的功能。《左传》中“于”可以用在固定格式当中，不过两例都是引用《诗经》而非《左传》本身用法，《国语》中也未见“于时”类似的固定格式。

在引进动作性状关涉的对象这一功能中，从“于”引进的宾语的语义关系来看，两书相差不大而《国语》中各项比重略高；从引进动作行为的时间的功能统计来看，“于”用以引进动作行为的时间是次要的功能，用例都较少，而《国语》中使用比例高出不少，疑存古所致。

《左传》和《国语》的“于”都以引进处所为最主要的用法，不过“于”引进的宾语不同的语义类型在使用方面有所差别：《左传》中的“于”以引进动作行为发生、进行的处所为主，在“于”的所有用法中是最多的，而《国语》中的“于”以引进趋向或达到的处所为主，在所有用法中是最多的，从使用比例来看，这两项功能在两书中差距也是比较明显的；在引进居处停留的处所和动作行为起始的处所用法上，两书比较接近。“于”用于引进动作发生、进行的处所是最基本的功能，引进处所的其他用法都是从这项功能扩展而来。引进对象和引进时间的功能都是从引进处所功能扩展而来的，《国语》中“于”引进对象和时间的使用比例比《左传》高，从而看出《国语》似应较多地保留了古老介词“于”的用法和功能。

从语法位置来看，“于”及其引进的宾语组成的介宾结构在《国语》中都用在谓语动词之后，无一例外。《左传》中除了引用《诗经》的7例“于宾”结构用于动词之前以外，其余用例也都用在谓语动词之后。

从“于”引进的宾语的属性来看，《国语》中的“于”引进的宾语全部是体词性的，多为国名、地名。没有出现宾语省略或前置于“于”的情况；《左传》中除了个别用例中“至于”引进谓词性词语之外[①]，其他宾语也都是体词性的，也没有省略或前置的用例。由此可见：“于”几乎都是引进体词性宾语，其宾语不能省略也不能前置，这是介词“于”的主要特点，在两书中是基本一致的。

此外，据我们分析和统计，《国语》中“於”的介词用例是902例，明显多于“于”的167例。根据已有研究来看[②]，《国语》中介词“于”

① 赵大明《〈左传〉介词研究》第81页。“至于”引进谓词性宾语的用例，如齐国庄子来聘，自郊劳至于赠贿，礼成而加之以敏（僖公33.2）；至于烦，乃舍也已，无以生疾（昭公1.12）等。总体来看，用例非常少。

② 这方面的研究和统计主要有：何乐士《〈左传〉的介词“于”和“於”》，见《〈左传〉虚词研究》（修订本）第82~83页，商务印书馆2004年版；赵大明《〈左传〉介词研究》第36页，首都师范大学出版社2007年版。

“於”的用例的比例为0.18∶1，而《左传》中“于”“於”用例的比例为0.85∶1，可见两者之间差距是比较明显的。我们将《国语》与其他先秦典籍相比较发现：《国语》中“于”“於”用例之比与《礼记》《史记》比较接近，而与其他典籍相差都较大，这一点值得注意。

第三节 “於”的比较

“於”在《左传》中共出现1771例，其中用作介词的有1763例，占全部出现次数的99.5%；《国语》中共出现904例，用作介词的有902例，占全部出现次数的99.8%。赵著根据“于”用作介词的比例指出“於”是比“于”更纯粹的介词。相比于“于”在两书中的明显差距，介词“於”在两书中使用差距比较小。

经分析和统计发现：《国语》中的“於”用作介词共902例，“於”及其宾语组成的介宾结构与动词的位置关系可分为两类：介宾结构用于谓语动词之前和用于谓语动词之后。“於宾”用于谓语动词之后共783例，占全部介词用例的86.8%，用在谓语动词之前共119例，占全部介词用例的13.2%。《左传》中“於”及其宾语组成的介宾结构用于谓语动词之后和之前各为1535例和228例，所占比例分别为87.1%和12.9%。两书中用于谓语动词前后的“於”所占的比重十分接近。介词“於”及其宾语以用在谓语动词之后为主，相对于“于”而言，“於”及其宾语可以用在谓语动词之前，这是“于”不具备的特点。[①]

“於”和“于”的介词用法在语法功能方面基本是相同的，“於”同样具有引进动作行为的处所、引进动作行为的时间和引进对象三项基本功能。下面我们依据语法功能着重对《国语》中的介词“於”进行考察，进而与《左传》中的“於”进行比较。

一 用于谓词性中心语之后的“於”

（一）引进动作行为的处所

根据介词“於”引进的处所与动作行为之间的语义关系，可将

① “于”“於”的区别赵大明已经有所提及，见《〈左传〉介词研究》第83~84页，首都师范大学出版社2007年版。

“於”引进处所的功能再分为以下几类。

1. 引进动作行为发生、进行的处所

《国语》中有114例，《左传》中有318例。[①]

(1) 是岁也，魏献子合诸侯之大夫於狄泉，遂田于大陆，焚而死。(周语下)

(2) 晋人杀怀公於高梁，而授重耳，实为文公。(晋语三)

(3) 於是败楚师於鄢陵，栾书是以怨郤至。(晋语六)

(4) 蔡声子将如晋，遇之於郑，飨之以璧侑。(楚语上)

(5) 臣从君还轸，巡於天下，怨其多矣！(晋语四)

赵大明指出：引进动作行为发生、进行处所的“於”所修饰的谓语动词或动词性词组的语义类型同引进发生、进行处所的“于”所修饰的谓语动词的语义类型十分相近，有些是重合的，不过“於宾”所修饰的动词范围比“于”有所扩展。[②] 据观察，《国语》中此类用例的“於”组成的介宾词组修饰的动词的语义类型同《左传》中的“於”是相近的，可以分为以下几种类型[③]：

政事类：会、合、立、列、讲、辞、逞、考、正、示权、观民、受事、料民；

宴饮田猎类：田、射、劳；

战争杀伐类：战、败、攻、伐、杀、围、谋、胜、叛、戕、陨、贼、佐、退、振武、毒逐；

出行类：遇、训、游；

建造焚毁类：筑、除；

日常言行类：言、行、耕、治、滥、辨、考、问、叹、耨获、暴露、诵谏、得志；

① 因为“于”“於”有别，本节举例时保留两书原文中的“於”“于”，以示区别。其他处引例不再区别，统作“于”，特此说明。

② 赵大明：《〈左传〉介词研究》第85~86页，首都师范大学出版社2007年版。

③ 为便于比较，该类语义类型参照了赵大明的分类。赵著说明：“这类依然是根据语法特点而独立的，如果单从语义类型划分，则可归入以上各类。”见赵大明《〈左传〉介词研究》第92页，首都师范大学出版社2007年版。

名词、形容词活用为动词：文、城、恭恪。

相较而言，《国语》中没有祭祀占卜类动词。总体看来，《国语》中动词意义类型以政事类、战争杀伐类为主体，动词的范围和意义类别不如《左传》丰富。

2. 引进居处或停留的处所

《国语》中有56例，《左传》中有138例。

(6) 王处於郑三年。(周语上)

(7) 僖公使臧文仲往，宿於重馆。(鲁语上)

(8) 骊姬之谗，尔射余於屏内，困余於蒲城，斩余衣袪。(晋语四)

(9) (於是乎国人不蠲，) 遂弑诸翼，葬於翼东门之外，以车一乘。(晋语六)

(10) 王亲独行，屏营彷徨於山林之中，三日乃见其涓人畴。(吴语)

《国语》中此类功能的"於宾"结构所修饰的谓语动词的语义类型，大都与《左传》中同类功能的"於宾"结构所修饰的谓语动词意义类型相当。包括：

居住、驻扎类：处、居、次、信、宿、军、生、舍、栖、造、止、畜；

停留、停放类：困、铭、待、志、尸、纺、悬、浮、长、坐、载、相望、暴露、从事；

死亡类：死、没等。

没有存现类动词。整体看来基本同《左传》中的动词重合，引进居处停留的处所用法的"於宾"结构修饰的动词特点比较鲜明，两书也较统一。

3. 引进趋向或达到的处所

《国语》中有118例，《左传》中有240例。

(11) 十五年，有神降於莘。(周语上)

(12) 不识穷固又求自迩，为我流之於夷。(鲁语上)

(13) 桓公自莒反於齐，使鲍叔为宰。(齐语)

(14) 又为惠公从余於渭滨，命曰三日，若宿而至。(晋语四)

(15) 且今君若使之於周，必见孙周。(晋语六)

(16) 不穀虽不能用，吾慭置之於耳。(楚语上)

(17) 句践之地，南至於句无，北至於御儿，东至於鄞，西至於姑蔑，广运百里。(越语上)

《国语》中此类用法的“於宾”所修饰的谓语动词分为以下类型①：

不带受事宾语的不及物动词：至、入、达、彻、亡、窜、降、逃、避、游、袭、播、陨越；

带受事宾语的及物动词：置、流、封；

带使动宾语的不及物动词或带受事宾语的及物动词：归、陷、聚、使、集、投；

跟随、追逐类：从。

此外还有一类为施事到达某地之后的动作行为：聘（用例较多）、逆、朝、见、行成。与《左传》中使用的动词互相对照，有不少重合的用例。

4. 引进动作行为起始的处所

《国语》58 例，《左传》104 例。如：

(18) 昔昭王娶於房，曰房后，实有爽德。(周语上)

(19) 申生胜狄而反，谗言作於中。(晋语一)

(20) 秦伯召公子於楚，楚子厚币以送公子于秦。(晋语四)

《国语》中这类用法的“於宾”结构所修饰的谓语动词可以分为以下类型：

产生、发出类：始、终、卒、出、免、成、基、起；

---

① 为方便比较，以下对动词的分类参照赵著中对《左传》同类用法的“於”所涉动词的分类。详见赵大明《〈左传〉介词研究》第 104 页，首都师范大学出版社 2007 年版。

取得、接受类：取、娶、获、召、及、求、衅、逆、拘、得罪、听命、受命（脤）等。

这些动词的分类同《左传》相近，有些也是重合的。

5. 引进动作行为经由的处所

《国语》中此类功能的“於”有 4 例，《左传》中有 14 例。用例都很少，显然这类功能不是“於”的主要功能。我们认为这是“於”新产生的用法，尚处在萌芽阶段。介词“于”未见此功能，这是“於”“于”的区别。如：

（21）伐虢之役，师出於虞。（晋语二）

（22）夫绛之富商，韦藩木楗以过於朝，唯其功庸少也。（晋语八）

（23）吴人入楚，昭王出奔，济於成臼，见蓝尹亹载其孥。（楚语下）

《国语》中此类“於宾”用例之前的谓语动词分别是出、济和过（2 例），其中有一例“过”后可以带宾语。《左传》中“於宾”之前的动词为：过、涉、济、因、出，比《国语》稍多。

从以上引进处所的几类用法来看：《国语》中“於”的功能同《左传》中的是相同的，都具备上述五种引进处所的功能；两书中“於”及其宾语组成的介宾结构所修饰的谓语动词的语义类型相差不大，有不少在两书中都有用例，相互重合。从总体上来看，《左传》中“於”用例较多，故而涉及的动词的范围比《国语》要大一些，不过《国语》中有些动词也是《左传》所不具备的。这些动词的语义类型分类是大致相同的，能进入“动（宾）於宾”结构的动词相对来说是开放的，尤其是有些动词诸如“出”“至”等，可以引进多种处所，需要从句法环境中对其语义特点加以把握。

（二）引进动作行为的时间

《国语》中有 15 例，《左传》中有 13 例，《国语》中用例稍多。引进时间是“於”的次要功能，前一节我们考察并统计了“于”的功能，“于”也很少用于引进时间，且引进的时间都是引进终止的时间，这一点两书是相同的。通过观察，《国语》与《左传》中的“於”引进时间这一功能的相同之处是既可以引进发生、进行的时间，也可以引进终止的时间；不同之处在于《左传》引进时间的“於”以引进发生、进行的时间为主，而《国语》中的“於”以引进终止的时间为主。如：

(24) 狝於既烝，狩於毕时，是皆习民数者也，又何料焉？（周语上）

(25) 佐制物於前代者，昆吾为夏伯矣。（郑语）

(26) 武子宣法以定晋国，至於今是用。文子勤身以定诸侯，至於今是赖。（晋语七）

(27) 自臣之祖，以无大援於晋国，世隶於栾氏，於今三世矣，臣故不敢不君。（晋语八）

引进发生、进行的时间仅 3 例，即例（24）和（25）；其余 12 例全部为引进终止的时间，其中 9 例动词为“至”，另 9 例“於”的宾语为“今”。在引进时间的功能上，《国语》中“于”“於”基本相同，几乎没有分工。

（三）引进对象

“於”引进对象的功能可以分为引进动作行为的与事、引进动作行为的受事、引进动作行为的施事和引进性状关涉的对象四个小类。

1. 引进动作行为的与事

《国语》238 例，《左传》501 例。该功能在两书中的用例都较多。如：

(28) 王问於内史过，曰：“是何故？固有之乎？”（周语上）

(29) 既献，言於公，与鼓子田於河阴，使夙沙釐相之。（晋语九）

(30) 遂假道於陈，以聘於楚。（周语中）

(31) 余不爱衣食於民，不爱牲玉於神。（鲁语上）

(32) 忠信可结於百姓，弗若也；制礼义可法於四方，弗若也。（齐语）

(33) 君有施於晋君，晋君无施於其众。（晋语三）

(34) 君实有国而不爱，臣何有於死，死在司败矣！（楚语下）

(35) 君王已委制於执事之人矣。（越语下）

《国语》中此类功能的“於宾”结构所修饰的谓语动词的语义类型有以下几种：

言语类：言、语、问、访、咨、谮、私、命、令、说、告、徇、愬、诹、比、度、失言等[①]；

请求类：请、乞、求；

给予类：纳、属、献、致、赐、委质；

关联类：邻、通、争、逆、淫、报、阙、祭、爱、称、得罪、失礼；

存现动词：有、无[②]；

一般动作类：学、策、卜、布、废、媚、和、为、假手、得志等。

这些动词的用例与《左传》中出现的动词也有不少是重合的。不过请求类、给予类的动词《国语》中不如《左传》丰富，关联类和一般动作类动词在两书的用例稍有差别。

另有“何 + 动词 + 於 + 对象”构成的固定格式。赵著指出《左传》中此类格式中常见的动词为怨、忧、患、惮、恤、损、爱、信、恃等。《国语》中也有同类用例，比如例（34），其中动词为“有”，除此之外其他用例中动词还有：忧、争、爱，动词用例不如《左传》丰富，范围较小。

2. 引进动作行为的受事

《国语》98 例，《左传》71 例。《国语》中的用例比《左传》多，所占比重也比《左传》高。如：

（36）商王帝辛，大恶於民。庶民不忍，欣戴武王，以致戎于商牧。（周语上）

（37）且无故而料民，天之所恶也，害於政而妨於后嗣。（周语上）

（38）自是齐、楚代讨於鲁，襄、昭皆如楚。（鲁语下）

（39）对曰：“信於君心，信於名，信於令，信於事。”（晋语四）［信：明审］

（40）臣诛於扬干，不忘其死。（晋语七）

① 《国语》中此类动词与《左传》中同类型的动词绝大多数是重合的，尤其是“问、言”等动词在两书中使用频率都很高。

② 此类动词用例较多，动词后有时接宾语，有时不接宾语。

(41) 祁奚辞於军尉，公问焉。[1]（晋语七）

(42) 君王舍甲兵之威以临使之，而胡重於鬼神而自轻也？（吴语）

《国语》中用以引进受事的“於宾”前的动词主要有：妨、害、从、恶、惠、与、赖、匮、守、及、顺、顾、讨、违、报、隐、匿、信、已、征、从事、号令等；还有一些名词、形容词活用为动词的用例：礼、女、慈孝等。总体看来，《国语》中这类用法中的动词同《左传》中的动词虽有个别相同，又表现出一定的差异。[2]

3. 引进施事

《国语》27 例，《左传》18 例。如：

(43) 细抑大陵，不容於耳，非和也。（周语下）

(44) 内困於父母，外困於诸侯，是重困也。（晋语二）

(45) 王其盍亦鉴於人，无鉴於水。（吴语）

此例功能中的动词，《左传》中有：嬖、称、容、偪、选、保、败、伤；《国语》中有：杀、免、偪、容、正、援、困、灭、戮、辱等。

4. 引进性状关涉的对象

《国语》55 例，《左传》118 例。如：

(46) 若承命不违，守业不懈，宽於死而远於忧，则可以上下无隙矣。（周语中）

(47) 若临大事，其可以贤於臣。（晋语七）

(48) 子苟赦越国之罪，又有美於此者将进之。（越语上）

---

① 张以仁：“《经词衍释》‘於，犹其也。’以仁案：此‘於’疑为句中助词，无义。谓祁奚辞军尉之职也。上文‘臣诛於扬干’，亦谓臣诛责扬干也。与此例同。”见张以仁《国语虚词集释》第 157 页，“中央研究院”《历史语言研究所专刊》之五十五，台湾商务印书馆 1968 年版。

② 其中例（40）、(41）值得注意：例（40）“诛於”全书仅此 1 见，“於”引进受事，例（41）的“辞於”全书共 5 见，“於”可以引进处所和对象，此处“军尉”是对象，相对较特殊。

《国语》中这类功能的“於宾”前都是形容词谓语，包括贤、宽、远、近、迩、罢、别、亟、少、和、疚、嘉、甚、休戚、秀出、优裕等。同《左传》中的形容词谓语多数是重合的，只是不如《左传》用例丰富。

二 用于谓词性中心语之前的“於”

《国语》中用于谓语动词之前的“於”共119例，占其全部介词用例的13.2%，其中一般用法34例，另外组成固定组合“於是”“於是乎”共85例；《左传》中用于谓语动词之前的“於”共228例，占全部用例的12.9%，其中一般用法68例，组成固定组合“於是”“於是乎”160例。由此可见两书用于谓语动词之前的“於”的各种用法比例是非常接近的。

（一）一般用法

1. 引进谓语所作说明的范围或前提[①]

《国语》19例，《左传》25例。如：

（49）於子之乡，有居处好学、慈孝於父母、聪慧质仁、发闻於乡里者，有则以告。（齐语）

（50）继文之业，定武之功，启土安疆，於此乎在矣，君其务之。（晋语四）

（51）反其侵地棠、潜，使海於有蔽，渠弭於有渚，环山於有牢。（齐语）

（52）十三年，晋侯弑，於翼东门葬，以车一乘。（周语下）

① 该语法功能参考了赵大明的分类。赵著指出，按照语义类型划分，位于谓语动词之前的“於”当与位于谓语动词之后的“於”功能一致，分为引进处所、时间和对象三项基本功能。不过进一步考察谓语的语义类型及其与“於”引进成分间的语义关系，可以比较出“於”位于谓语前和后不同位置的差别。详见赵大明《〈左传〉介词研究》第138~139页。此外赵著统计“於”的功能时，又将引进谓语所作说明的范围或前提的功能和引进处所的功能合并到一起，即“於”引进处所共839例，包括用于谓语动词之后的814例和位于谓语动词之前的25例。统计总表见《〈左传〉介词研究》第19页，首都师范大学出版社2007年版。本书采用同样的办法，具体数据体现在表1-14中。

《国语》中的以上用例多可与赵著归纳的《左传》中的同类用例进行对照，不过《国语》中此类用例较单一，不如《左传》类别多样。例（49）中谓语动词是“有”，“於”引进表明事物有无存现的范围或前提；例（50）中动词是“在”，“於”引进“在”的处所或谓语所做说明的范围或前提；例（52）为一般动词；值得注意的是，例（51）我们同意杨树达和张以仁的意见，认为此例中属于“於”所引进的宾语前置于“於”[①]，即“海”“渠弭”“环山”是“於”的宾语，在句中都前置了，语序可调整为“於海有蔽”“有渚於渠弭”“有牢於环山”。[②] 相比之下，《国语》中没有与《左传》中的谓语动词“为”、“如”和“曰”相同的用例，《国语》中的19个用例谓语动词主要是“有”。

2. 引进谓语所作说明相关的时间

《国语》6例，《左传》16例。如：

（53）祝融亦能昭显天地之光明，以生柔嘉材者也，其后八姓於周未有侯伯。（郑语）

（54）且吾闻成公之生也，其母梦神规其臀以墨，曰：“使有晋国，三而畀驩之孙。”故名之曰“黑臀”，於今再矣。（周语下）

（55）自今日以后，内政无出，外政无入，吾见子於此止矣。（吴语）

此类用例中有2例用于引进动作发生的时间，如例（53）；另外4例“於”有“至於”的含义，如例（54）、（55）。从前文的例（50）和此

---

① 张以仁云：“《衍释》（笔者注：即吴昌莹《经词衍释》）‘於’训‘之’，又训‘以’。‘之’与‘以’并训‘为’‘则’。故‘於’又有‘则’义。言‘则有蔽，则有渚，则有牢也’。《国文法》（笔者注：即杨树达《高等国文法》）介词之倒置。案介词之性质与外动词相类似，外动词有倒置在下者，故介词亦然。以仁案：《衍释》曲说强通。似宜从《国文法》之说。谓使於海有蔽，於渠弭有渚，於环山有牢也。”见张以仁《国语虚词集释》第80页，“中央研究院”《历史语言研究所专刊》之五十五，台湾商务印书馆1968年版。

② 这种用法比较特殊，除此处引例外，《左传》中也有相似用例，如：蔡大夫曰：“王贪而无信，唯蔡於感”（昭公11.2）；其子幼弱，其一二父兄惧队宗主，私族於谋，而立长亲（昭公19.8）；谚所谓“室於怒市於色”者，楚之谓也（昭公19.11）。两书中都有类似用例，不过用例都很少。

处的例（55）可见，指示代词“此”用作“於”的宾语时，是引进处所还是引进时间，需要借助上下文语境来判断。

3. 引进谓语所作说明关涉的对象

《国语》9 例，《左传》27 例。如：

(56) 诸侯谓秦不恭而讨之，及泾而止，於秦何益？（鲁语下）

(57) 君不度而贺大国之袭，於己也何瘳？（晋语二）

(58) 余於伯楚屡困，何旧怨也？（晋语四）

(59) 是故将杀奚齐而立公子之在外者，以定民弭忧，於诸侯且为援。（晋语二）

值得注意的是例（56）、（57）当中的结构：“於秦何益”“於己也何瘳”。前文我们提到“於”引进与事时有“何 + 动词 + 於 + 对象”这一固定结构，例（56）、（57）的结构同“何 + 动词 + 於 + 对象”密切相关，“於秦何益”“於己也何瘳”可以看作“何 + 动词 + 於 + 对象”的变式，可以转化为“何益於秦”“何瘳於己”。赵著中也注意到这一点，认为“於 + 对象 + 何 + 动词”比“何 + 动词 + 於 + 对象”更突出了宾语（对象）。这两例中“於”都是引进与事；例（58）引进施事，从整体句式结构来分析，此例可理解为被动式；例（59）引进受事，此例容易将“於”引进的对象混淆，结合原文发现例中“於诸侯为援”意为“向诸侯求援”，因此“於”引进的是受事。

（二）固定组合

《国语》中“於是”有 23 例，“於是乎”有 62 例。《左传》中两者出现次数分别是 82 例和 78 例。《国语》中“於是乎”居多数，《左传》中两者基本持平。赵著将“於是”“於是乎”的功能分为两类：一是引进时间，可以理解为“在这时”“当时”；一是引进处所，可以理解为“在这里”“在这件事情上”。“於是”“於是乎”作为固定的介词词组，“有时已经相当于一个连词的作用，并且开始向连词转化，以至最终演变为一个连词”。[①] 从两书的用例来看，在《左传》《国语》时期，两种固

① 见赵大明《〈左传〉介词研究》第 147～150 页，首都师范大学出版社 2007 年版。

定组合的使用频率已经相对较多了。①

1. 表示动作行为发生或进行的时间

用于引进时间的“於是（乎）”在句中的语法位置比较灵活，可以用于主谓之间、用在省略了主语的谓语动词之前、用在句首。② 如：

(60) 於是怀公自秦逃归。(晋语四)

(61) 齐庄、僖於是乎小伯，楚蚡冒於是乎始启濮。(郑语)

(62) 若子方壮，能经营百事，倚相将奔走承序，於是不给，而何暇得见？(楚语上)

上述三例中的“於是（乎）”分别位于句首、主谓之间和省略主语的谓语之前。

2. 表示动作行为进行的处所

《国语》中用于表示处所的“於是（乎）”同表示时间的“於是（乎）”形式一样，在句中所处的句法位置也相同，表示处所还是表示时间要参照上下文，表示时间是从表示处所和空间扩展而来的，二者之间的界限并不是截然分明的。如：

(63) 於是肃慎氏贡楛矢、石砮，其长尺有咫。(鲁语下)

(64) 夫民之大事在农，上帝之粢盛於是乎出，民之蕃庶於是乎生，事之供给於是乎在，和协辑睦於是乎兴，财用蕃殖於是乎始，敦庬纯固於是乎成，是故稷为大官。(周语上)

这些用例中的“於是（乎）”与表示时间的用例一样，在句中都有相应的三种语法位置，表示时间或空间的语义中都含有一种承接关系，“於是（乎）”处在介词结构向连词转化的过程中。连词“於是（乎）”表示前后两件事情的承接关系，两件事之间，既有时间上的先后相承关

① 我们认为这一时期的“於是”“於是乎”正处在由介词结构向连词结构转化的过程当中，因而有些用例理解为介词或连词是均可的。

② 这几种位置同与词所处的位置一致，由于经常处于这样的语法位置，容易导致“於是（乎）”的进一步虚化。

系，又有事理上的因果关系。后一件事的发生是在前者之后，并且是由前者导致的，或者是以前者为条件的。

“於”字比较小结

通过上文对《国语》中介词“於”的统计和分析以及与《左传》中“於”的比较，现对两书介词“於”的异同做如下总结。

我们用表格形式反映两书“於”的语法功能和出现频率的数据统计的比较，见表1－5。

表1－5 《左传》《国语》“於”的语法功能和出现频率的统计对比

	语法功能	语义关系	出现次数及频率		总计
			《左传》	《国语》	
用于谓语动词之后	引进处所	动作发生的处所	318（18.0%）	114（12.6%）	432（16.2%）
		居处、停留的处所	138（7.8%）	56（6.2%）	194（7.3%）
		趋向、达到的处所	240（13.6%）	118（13.1%）	358（13.4%）
		动作起始的处所	104（5.9%）	58（6.4%）	162（6.1%）
		动作经由的处所	14（0.8%）	4（0.4%）	18（0.7%）
	处所小计		814（46.2%）	350（38.8%）	1164（43.7%）
	引进对象	动作的与事	501（28.4%）	238（26.4%）	739（27.7%）
		动作的受事	71（4.0%）	98（10.9%）	169（6.3%）
		动作的施事	18（1.0%）	27（3.0%）	45（1.7%）
		性状关涉的对象	118（6.7%）	55（6.1%）	173（6.5%）
	对象小计		708（40.2%）	418（46.3%）	1126（42.2%）
	引进动作行为相关的时间		13（0.7%）	15（1.7%）	28（1.1%）
小计			1535（87.1%）	783（86.8%）	2318（87.0%）
用于谓语动词之前	引进谓语所作说明的范围或前提		25（1.4%）	19（2.1%）	44（1.7%）
	引进谓语所作说明相关的时间		16（0.9%）	6（0.7%）	22（0.8%）
	引进谓语所作说明关涉的对象		27（1.5%）	9（1.0%）	36（1.4%）
	“於是”“於是乎”		160（9.1%）	85（9.4%）	245（9.2%）
小计			228（12.9%）	119（13.2%）	347（13.0%）
总计			1763（100%）	902（100%）	2665（100%）

从表1－5统计数据可见，《左传》和《国语》中介词“於”都以引

进处所和引进对象为主要功能，只是《左传》以引进处所为主，《国语》以引进对象为主。《国语》中“於”比《左传》的“於”功能有所扩展。从两书整体来看，“於”用于引进处所和引进对象的用例分别为1164例和1126例，在全部用例中所占比重分别为43.7%和42.2%，两种功能所占比重是非常接近的，合计占全部用例的85.9%，可见这一时期的“於”主要具有两大语法功能：引进处所和引进对象；引进时间是“於”的次要功能，用例都比较少，而《国语》又比《左传》有优势；用在谓语动词之前的“於宾”结构在两书中相差不大，非常接近。

从语法位置上来看，“於宾”结构在《左传》《国语》中都以用在所修饰的谓语动词之后为主，使用数量和所占比重都占绝对优势。

相对介词“于”而言，“於”又有所发展，主要表现在以下几点。

第一，“於”及其引进的宾语出现了用在谓语动词之前的用例，而两书中的“于”及其宾语全部都是用在谓语动词之后的。

第二，“于”在两书中都以引进处所为主，其中《左传》中“于”引进处所占全部介词用例的比重为82.2%，《国语》为71.2%，可见“于”引进处所的功能占绝对优势；引进对象的“于”在两书中所占比重分别为16.8%和22.2%，与引进处所功能所占的比重相差较大；“於”在两书中引进处所和引进对象的用例几乎持平，引进对象的功能是从引进处所的功能扩展而来的，“於”比“于”有所发展。

第三，从“於”“于”引进宾语的语法性质来看，“于”引进的宾语多为国名、地名；“於”所引进的宾语范围要大得多。另外“於”及其宾语修饰的谓语动词与“于”及其宾语所修饰的谓语动词种类大致相同，而“於宾”使用范围有所扩大。尤其是《国语》中“於”“于”使用数量悬殊，无论是介宾结构修饰的动词还是介词所引进的宾语，“於”比“于”要复杂且富于变化。

此外，《国语》中的“於”“于”较《左传》中的“於”“于”都有所发展，主要表现在：“於”引进对象功能所占的比重超过了引进处所功能所占的比重，“于”引进对象的功能比重有所增长；《国语》中“於”和“于”引进时间和引进对象的功能所占比重都比《左传》要高，根据语法表达由具体到抽象的演进规律来看，《国语》中的“于”和“於”都比《左传》有所发展。“於”所引进的宾语都不能省略，除个别用例外，宾语一般也都不能前置于“於”。[①]总体来看，两书“於”和“于”的使用和特点是大致趋同的。

第四节 “自”的比较

“自”在《左传》中出现361例，用作介词254例，占全部用例的70.4%；在《国语》中出现130例，用作介词72例，占全部用例的55.4%。“自”的介词用法在两书中是常见用法。除用作介词外，“自”还可以用作代词、动词、副词和连词等。[②]

赵大明指出：“自”在《左传》介词系统中属于功能相对简单的介词，主要是引进动作行为的起点或来源。根据引进成分的语义类型以及其与动作行为之间的语义关系，将“自”的功能进一步细化，描述详尽。本书参照赵著，将“自”的使用特点和分类简略条陈如下，以备下文与《国语》中的介词“自”进行对比。

一 引进动作行为起始的处所或来源

（一）用在所修饰动词之前的“自+处所”

赵著指出受“自宾”结构修饰的谓语中心语可以分为两个意义类

① 前文述及《国语》例（51），并举《左传》相似用例值得注意。这些用例比较少见，是否为当时习惯用语还是有规则的宾语前置，似还可以扩大语料范围，做进一步的分析。

② 赵大明指出：代词“自”可以用在动词之前作状语，“自”表示动作行为的方式。并提出这种代词用法的“自”同方式副词区别开的标准：（1）副词“自”与代词“自”的差别较大，多为“自然”“本来”之义，《左传》中未见这种用法。而“亲自”“亲身”之义跟表示自指的代词的意义联系更密切一些；（2）代词本身具有充当状语的功能，把它处理为代词就会使“自”的分类趋于简化。详见赵大明《〈左传〉介词研究》第419页，首都师范大学出版社2007年版。笔者认为当根据“自”在句中的语法功能和分布情况来判定作状语的“自”是用作代词还是副词，而不能单纯地从语义方面着手进行主观的分析。如果“自”本身已经从代词用法虚化出了副词用法，那么我们不能因为出于简化分类的需要而抹杀这种客观存在。而且表示“亲自”“亲身”的意义时，相对于表示自指的代词用法来说，已经表现出一定程度的虚化了。所以本书的处理意见是赵著归入代词的一部分“自”是用作方式副词的。我们认为“自”若为自指代词，则其后的谓语动词可以变化到代词之前，位置变化了不过不影响对句义的理解，而且应该理解为“自”表示“自己、自身”时就是动词的宾语；而副词强调的是对谓语动词的修饰功能，作状语以表现动作行为进行时的情态和方式，可以理解为“亲自、躬亲”的意思，“自然、本来”的副词用法是由此进一步引申而来的。

型，即含有位移义和不含位移义的动词或动词性词组。

第一类含有位移义的动词包括出、入、奔、行、还、归、反、逾、济、射、击、来奔、奔命等，表示动作行为在空间上的移动。第二类不含有位移义的动词包括戏、缚、揖、观、见、言、告、问等。这类动词本身虽不含有位移义，但是受到“自宾”组成的介词结构修饰之后，其所表示的动作行为也被赋予了一定的方向性，也可以表示一种位移。①

《国语》中用以引进动作行为的起始的处所或来源的“自”共31例，如：

(1) 郑伯将王自圉门入，虢叔自北门入，杀子颓及三大夫，王乃入也。(周语上)

(2) 桓公自莒反于齐，使鲍叔为宰。(齐语)

(3) 自卫过曹，曹共公亦不礼焉。(晋语四)

(4) 偏而在外，犹可救也，疾自中起，是难。(晋语六)

(5) 昔殷武丁能耸其德，至于神明，以入于河，自河徂亳，于是乎三年，默以思道。(楚语上)

《国语》中用于引进处所的“自宾”结构所修饰的动词也可以分为两种语义类型：一是含有位移义的动词，如入、至、反、出、还、归、过、徂等，较《左传》中动词用例为少；二是不含位移义的动词，如起、及、处等，动词也较少。

由于被“自宾”结构修饰的动词大多具有位移义或者被赋予了一定的方向性，中心动词有时可省略，于是又有如下例句②：

(6) 书曰“晋人杀栾盈”，不言大夫，言自外也。(襄公23.6)

(7) 师及齐师战于郊。齐师自稷曲，师不踰沟。(哀公11.1)

---

① 《左传》举例从略，详细举例见赵大明《〈左传〉介词研究》第421～422页，首都师范大学出版社2007年版。

② 以下《左传》4例系从赵著举例中摘引。详见赵大明《〈左传〉介词研究》第423页，首都师范大学出版社2007年版。

结合上下文，可以看出上述两例“自宾”结构之后省略了动词“入”和“攻”。以上是表示处所的“自宾”结构位于谓语动词之前的情况。[①] 介词“自”引介的成分有时可以置于“自”之前，并用助词“之”作标志；有时可以省略，《左传》例如：

(8) 康公，我之自出，又欲阙翦我公室，倾覆我社稷，帅我蝥贼，以来荡摇我边疆，我是以有令狐之役。(成公 13.3)

(9) 叔出季处，有自来矣，吾又谁怨？(昭公 1.2)

《国语》中未见相似用例。

(二) 用在所修饰动词之后的“自 + 处所”

赵著指出用在所修饰动词前后两种位置的“自 + 处所”之间的不同有两点：第一点“自 + 处所”位于所修饰的动词之后时，该动词只有一种语义类型，即只有含有位移义的动词一种，没有不含位移义的动词；第二点不同在于用在动词前的“自”的引进成分全部由体词性词语充当，而用在动词之后的引进成分既可由体词性词语充当，也可以由谓词性词语充当[②]，分析发现《国语》中“自”的同类用例体现出相同的特点。如：

(10) 王至自郑，以阳樊赐晋文公。(周语中)

(11) 先君叔振，出自文王，晋祖唐叔，出自武王，文、武之功，实建诸姬。(晋语四)

(12) 吴王还自伐齐，乃讯申胥。(吴语)

(13) 伐木不自其本，必复生；塞水不自其源，必复流；灭祸不自其基，必复乱。(晋语一)

从以上用例可以看出，《左传》和《国语》中用于谓语动词之后的

---

① 赵著将介词词组的语序、谓语核心动词的语义类型、介词词组同动词的语义关系以及省略动词的变例等情况做了细致的分类和说明，较有参考价值。

② 见赵大明《〈左传〉介词研究》第 424 页，首都师范大学出版社 2007 年版。

“自宾”结构在使用特点上是一致的，所修饰的谓语动词在语义特点上也是相似的：《国语》中全部 17 例用于谓语动词之后的“自宾”结构中，动词绝大多数都含有位移义，比如至、退、反、还、出等。

用于引进处所起点的“自”在《左传》中出现 175 次，占“自”全部介词用法的 68.9%，其中“自宾”结构用于谓语动词之前的 108 例，用于谓语动词之后的 67 例；《国语》中同类用法共出现 31 例，占“自”全部介词用法的 43.1%，其中用于谓语动词之前的 14 例，用于谓语动词之后的 17 例。可见《左传》中“自”引进处所起点是最主要的用法，而《国语》中的“自”引进起点虽然也是主要用法，不过优势不明显；《左传》中“自宾”结构以用于谓语动词之前为主，而《国语》中以用于谓语动词之后为主，这是比较明显的差异。

二 引进动作行为起始的时间或事件的时间起点

该类用法的“自”在《左传》中 41 例，占“自”全部介词用例的 16.1%；《国语》中 28 例，占“自”全部介词用例的 38.9%。《国语》中用例所占比重高于《左传》，且与引进处所起点用法的用例相当，而《左传》中引进处所起点的用例占明显优势。

赵著认为引进动作行为起始的时间或事件的时间起点的用法与引进处所用法的最大不同在于“表示时间起点的介词词组绝大多数都出现在所修饰的谓词性中心语之前的位置上，而《左传》中所有用例无例外地都用在谓语动词之前”。[①]《国语》用例如：

(14) 自今至于初吉，阳气俱蒸，土膏其动。(周语上)

(15) 对曰：“自今之谓。和闻之曰：‘直不辅曲，明不规暗，拱木不生危，松柏不生埤。’”(晋语八)

(16) 自是晋聘于鲁，加于诸侯一等，爵同，厚其好货。(鲁语上)

(17) 自后稷以来宁乱，及文、武、成、康而仅克安民。(周语下)

(18) 自今日以后，内政无出，外政无入。(吴语)

---

① 《左传》举例和说明从略，可详参赵大明《〈左传〉介词研究》第 425～427 页，首都师范大学出版社 2007 年版。

从《国语》的用例来看，这一类功能的“自宾”结构，全都位于谓语动词之前，与《左传》相同。“自”引进的时间词，都由体词性成分充当，未见“自”后引进成分是由谓词性词语充当者。“自是”共出现6例，都用于引进时间。“自＋时间”也可以修饰“往、来”等动词，表示时间的起始范围，比如例（17）、（18）。

三 引进动作行为或事件在范围上的起点

《左传》中35例，占“自”全部介词用例的13.8%；《国语》中13例，占全部用例的18.1%。两者相差不大。《国语》例如：

（19）夫政自上下者也。（周语中）

（20）自庶人以下，明而动，晦而休，无日以怠。（鲁语下）

（21）自上以下，谁敢淫心舍力？（鲁语下）

（22）自公以下至于庶人，其谁敢不齐肃恭敬致力于神！（楚语下）

从以上用例可以看出：“自”所引进的成分已不限于表示具体的空间地点，已经可以由一般的名词或抽象的集体概念来充任，这是“自”功能扩展的一个重要表现。下面我们来总结“自宾”成分表示时间或事件等起始范围的手段和方式。

“自……以来/以后/以往”“自……以上/以下/以至于”等是典型的表示起始范围的用法，《国语》中不乏其例。此外我们还发现以下用例：

（23）自伯、子、男有大夫无卿，帅赋以从诸侯。（鲁语下）

（24）自鹑及驷七列也。（周语下）

加上例（19），可以看出“自伯、子、男”、“自鹑及驷”和“自上下”，从语义上理解都表示一定的范围，而例（19）和（23）没有出现连接表示时间或空间终点的词语“以、至于、至于”等，而是直接将起点和终点并列，这应是先秦汉语介词“自”的一个特点。

四 引进动作行为的发出者

该类用法最少见，《左传》中 3 例，占“自”全部介词用例的 1.2%；《国语》中未见用例。《左传》例如[①]：

(25) 至于庄、宣，皆我之自立。夏氏之乱，成公播荡，又我之自入，君所知也。(襄公 25.10)

(26) 政自之出久矣，隐民多取食焉，为之徒者众矣。(昭公 25.6)

通过以上的分类进行两书介词“自”的比较，见表 1-6。[②]

表 1-6 《左传》《国语》“自”语法功能及占比对比

	《左传》	《国语》	总计
引进动作行为起始的处所	175 (68.9%)	31 (43.1%)	206 (63.2%)
引进动作行为起始的时间	41 (16.1%)	28 (38.9%)	69 (21.2%)
引进动作行为或事件范围起点	35 (13.8%)	13 (18.1%)	48 (14.7%)
引进动作行为的发出者	3 (1.2%)	0	3 (0.9%)
总计	254 (100%)	72 (100%)	326 (100%)

通过前文的分析与表 1-6 可以看出：《左传》中介词“自”的使用数量和所占比重都远超过《国语》；《左传》中“自”的介词用法以引进处所起点为最主要用法，共 175 例，占全部介词用例的 68.9%，有明显优势。《国语》中同类用例共 31 例，占全部介词用例的 43.1%，也是最主要的用法，只是优势不明显；用以引进时间起点的“自”在《左传》中出现 41 例，占 16.1%，而在《国语》中共出现 28 例，占全部用例的 38.9%，可见《国语》中此类用法的“自”比《左传》优势明显；引进范围起点的“自”在《左传》中出现 35 例，占 13.8%，在《国语》中出现 13 例，占 18.1%，两书相近；《左传》中“自”还可以用于引进动

① 例见赵大明《〈左传〉介词研究》第 430 页，首都师范大学出版社 2007 年版。

② 《左传》“自”的语法功能见次及比重数据采自赵大明《〈左传〉介词研究》第 430～431 页，首都师范大学出版社 2007 年版。

作行为的发出者，用例较少，而《国语》中未见此类用法。

在语法位置方面，《左传》中“自宾”结构位于所修饰谓语动词之前的共187例，占全部介词用例的73.6%；位于谓语动词之后的共67例，占26.4%；《国语》中位于修饰成分之前的共55例，占全部用例的76.4%；出现在所修饰成分之后的共17例，占全部用例的23.6%。两书相当，都以用于所修饰的谓语动词之前为主。

五 相关理论探讨

（一）“自+处所”用在所修饰成分之后的条件

赵著指出“自+处所”出现在修饰成分之后受一定条件限制：主要表现在其所修饰的动词结构比较简短，大多只有一个单音节动词。有两种情形的“自+处所”绝对不能出现在动词后面：一是动词后带了宾语；一是动词后面有其他介词词组充当补语。[①] 该看法与张赪关于“自+场所”的专门研究可相印证，张著针对先秦到西汉时期的介词整体情况以及介词词组词序发展演变进行了研究，着重分析了“自+场所”同所修饰成分（VP）的关系。指出“介词词组的位置和所修饰的中心成分的复杂与否有密切关系”。[②] 张著得到的统计（与赵著数据略有出入）如表1-7所示。

表1-7 张赪著作中对先秦语料“自+场所”与所修饰成分的位置关系统计

	“自+场所”在VP前	“自+场所”在VP后
VP为光杆单音节词	29	71
VP为非单音节结构	10	1
VP带宾语	51	0
VP带补语	19	0

由表1-7可以看出，“自+场所”在VP之后时，VP一定是简单的动词，几乎都是单音节光杆动词；VP形式稍复杂，“自+场所”一定在前。张、赵二人的结论不谋而合。

① 赵大明：《〈左传〉介词研究》第432~433页，首都师范大学出版社2007年版。

② 张赪：《汉语介词词组词序的历史演变》第33~34页，北京语言文化大学出版社2002年版。

至于《左传》中“自+处所”有26%的出现在动词之后，赵著指出这是“古老形式的遗留”，这种位置变化的原因在于“随着汉语的不断发展，语言结构逐步趋于复杂完善，原本处于动词后面的介词词组也逐渐前移，为其他成分让出动词之后的广阔空间”。笔者认为，这种词序的变化还应放到汉语介词词组词序发展的历时状态中去考察。至于“自+处所”（还包括其他一些介词也有类似的语序变化）为什么让位于宾语、补语而发生位置的变化，这一点更值得思考，从核心动词出发，核心动词与介宾结构以及宾语、补语的关系或许可以作为我们思考的出发点。

（二）《国语》中几例特殊的“自”

《国语》中“自”动词用法2例，即：

（27）忠不可暴，信不可犯，忠自中，而信自身。（晋语八）

据韦昭注：“忠自中”“而信自身”当为“自中出也”“身行信也”。韦昭在注解中加入“出”和“行”两个动词，由此而得出“自”相当于介词的结论，增字为训，非是。根据文意，“忠”和“信”为体词性成分，在句中作主语，两句话都是“主-谓-宾”结构，“自”在句中充当谓语动词，可理解为“出自、源自”。《国语》还有一些“自”后接宾语的结构，我们判定为介词，如例（4），再如：

（28）危自中起，难哉！（晋语一）

例（4）和例（28）中的核心谓语动词都是“起”，由此“自”的核心动词地位降格，而与宾语组成介宾结构，对核心谓语“起”起到修饰作用，这也符合判定动词和介词的标准之一：句中核心谓语动词必须出现，而且只能有一个。

《国语》中“自”还可以用作连词，仅1例：

（29）无礼则脱，寡谋自陷。入险而脱，能无败乎？（周语中）

据张以仁：自，犹则也。自与则为互文。自训为则，为承接词。《国语》别无同例。[①]

关于“自＋处所”用在所修动词之后的情况，我们着重分析一下例(13)。据张赪和赵大明的研究，“自＋处所”用在所修饰动词之后受到一定条件的限制，前文已有所述。例（13）中的动词“伐”、“塞”和“灭”，都不含位移义，而且这些动词都分别带宾语，分别是“木”、“水”和“祸”。赵大明认为：用于修饰成分之后的“自＋处所”，其后动词都是含有位移义的动词；同时指出“如果动词后面出现宾语，那么‘自＋处所’一定用在动词前面”。[②] 结合例（13）我们发现“自＋处所”前都有否定副词“不”，是一个明显的特点，是否由此引起了上述差别还有待扩大语料范围进行深入研究。

第五节 “为”的比较

赵著指出：《左传》中的“为”字共出现1653次，其中动词用法1365次，占82.6%；介词用法253次，占15.3%；助动词用法16次，占1%；另外还有人名用字19次，占1.1%。[③] 可见《左传》中“为”以用作动词和介词为主。《国语》中“为”字共出现648例，其中介词用法共77例，占全部用例的11.9%。

在“为”的介词用法中，要注意区分两种形式：一个是“为(wéi)”，主要用于引进动作施事；一个是“为（wèi)”，用于引进动作性的对象、目的和原因。它们是不同的两个介词。

① 见张以仁《〈国语〉虚词集释》第25页，“中央研究院”《历史语言研究所专刊》之五十五，台湾商务印书馆1968年版。

② 见赵大明《〈左传〉介词研究》第431～432页，首都师范大学出版社2007年版。

③ 赵著还指出：“爲”在《左传》中共出现1460次，“為”字出现193次。赵著考察了二者在《左传》中的全部用例，发现二者用法完全相同，有时在一个句子中会同时使用这两个不同的字，由此认为“‘爲’和‘為’只是写法不同的异体字。”见赵大明《〈左传〉介词研究》第385页，首都师范大学出版社2007年版。据《〈国语〉逐字索引》，《国语》中只见“為”，共647例。见刘殿爵主编、何志华执行编辑《〈国语〉逐字索引》第488页，香港商务印书馆1999年版。又《〈国语〉索引》统计《国语》中“爲”共646例，见李波、姚英编《〈国语〉索引》第136页，商务印书馆2013年版。从赵著，“爲”“為”不作区分。本书统计为648例。

一 介词为（wéi）的语法功能和特点

介词“为（wéi）”在《左传》中出现7例，在《国语》中出现9例，功能比较单一，即用在被动句里引进动作行为的施事。

赵著通过举例指出[①]：介词“为（wéi）”功能比较单纯，只引进动作行为的施事者；由介词“为（wéi）”及其引进成分组成的介宾词组全都用在所修饰的谓语成分之前；介词“为（wéi）”所引进的成分全都由体词性词语充当。

《国语》中“为（wéi）”也可以引进施事。例如：

（1）晋国故有大耻，与其君臣不相听以为诸侯笑也。（晋语六）

（2）人牺实难，己牺何害？抑其恶为人用也乎，则可也。（周语下）

（3）员不忍称疾辟易，以见王之亲为越之擒也。（吴语）

（4）赖富而民怨，乱国而身殆，惧为诸侯载，不可常也。（晋语二）

例句显示“为（wéi）”及宾语组成的介宾结构所修饰的动词包括“笑”（5例）、“戮”（1例）、“禽”（1例）、“载”（1例）和“用”（1例）。前三个动词表示“不幸或不愉快的事情”的语义较明显；例（2）中的“用”是指鸡在祭祀时被用作祭品，当然是不幸的遭遇；例（4）中的“载”据韦昭注为“载见于书为后世戒也”，也是一种不幸的遭遇。用法与《左传》相同。“为（wéi）宾”介词结构都出现在所修饰的谓语成分之前。

下面例句中的“为（wéi）”，赵著分析为助动词：

（5）若背其言，臣死，妻、子为戮，无益于君，不可悔也。（文公13.2）

---

① 《左传》举例详见赵大明《〈左传〉介词研究》第410页，首都师范大学出版社2007年版。

(6) 初，司马臣阖庐，故耻为禽焉，谓其臣曰："谁能免吾首?"(定公4.3)

(7) 荀罃曰："城小而固，胜之不武，弗胜为笑。"(襄公10.2)

(8) 若不能败，为辱已甚，不如还也。(成公6.11)

通过上面的例句，我们可以视这种用法的"为（wéi)"与用作引进动作施事的介词一样，后面所修饰的动词也出现了"笑""禽"，而且从语义上来说"戮"和"辱"也是表示不幸或不愉快的事情。正如赵大明所说，目前语法学界对此类"为（wéi)"字的用法和性质有不同看法，集中表现为两种观点：一是处理为表示被动的助动词；一是处理为介词，认为"为（wéi)"所引进的动作行为的施事省略了宾语而隐含不现。赵氏认同将"为（wéi)"处理为助动词的看法，其理由在于两点①：一是从出现频率看，直接用在动词之前的"为（wéi)"共出现16次，引进动作施事的"为"出现了7次，如果把它看作介词，那么省略了引进成分的用法超过了没有省略的用法，则不能算作正常现象；二是从"为"的发展演变来看，直接用在动词之前表示被动意义的用法，应当是从动词"为（wéi)"的基本意义"造成、变成"发展而来的。认为"为"经历了一个"动词 > 助动词 > 介词"的发展演变的过程。②

二 介词"为（wèi)"的语法功能和特点

赵著根据"为（wèi)"引进的对象与被修饰的谓语动词间的语义关系，将其引进的对象分为两小类，参照赵著的分类办法，分别对《国语》"为（wèi)"进行分类和描写。

（一）引进动作行为替代或受益的对象

赵著关于《左传》"为（wèi)"的分类和分析详见原文。《国语》

① 见赵大明《〈左传〉介词研究》第394页，首都师范大学出版社2007年版。

② 关于这个问题，笔者认为简单地从第一个理由来看，不足以证明"为"是用作助动词的，如果在《左传》之前或者同时期的文献中，已经存在"为"作为介词使用而省略了施事的情况，仅从《左传》统计的数据出发进行两种不同用法的比较是不严谨的，还需要扩大语料范围。关于第二点，我们认为赵大明的意见是可取的，"为"发展为助动词、介词，应该是经历了不同的线索，当然演变、发展的条件和动因也不一致。

用例如：

(9) 其为后世昭前之令闻也，使长监于世，故能摄固不解以久。(鲁语上)

(10) 叔仲昭伯曰："君之来也，非为一人也，为其名与其众也。"(鲁语下)

(11) 为我予之邑，今日必授，无逆命矣。(鲁语上)

(12) 教之春秋，而为之耸善而抑恶焉，以戒劝其心；教之世，而为之昭明德而废幽昏焉，以休惧其动；教之诗，而为之导广显德，以耀明其志。(楚语上)

(13) 将为丧举，闻丧而还，其谁曰非侮也？(鲁语下)

(14) 公父文伯之母欲室文伯，飨其宗老，而为赋《绿衣》之三章。(鲁语下)

与《左传》中的用法相同：《国语》中的介词"为（wèi）"在引进动作行为受益或替代的对象时，其所引进的成分组成也是多样的，可以是具体的人或事物，如例（9）、(10)；也可以由代词指代前文出现的人或事物，如例（11）、(12)，其中第一人称代词"我"出现频率较高，共11例，而《左传》中"为我"的介宾结构仅出现2例，这是值得注意的一点；"为"还可以引进谓词性成分，如例（13）；"为"引进的成分也可以承上省略，如例（14）。在《国语》中未见"为"所引进的成分前置于"为"的情况。"为"及其引进成分组成的介词词组全部用于所修饰成分之前。

（二）引进动作行为旁及的对象

《左传》4例，《国语》4例，数量都很少。《国语》例如：

(15) 恐宗庙之不扫除，社稷之不血食，敢问为此若何？(齐语)

(16) 桓公问曰："夫军令则寄诸内政矣，齐国寡甲兵，为之若何？"管子对曰："轻过而移诸甲兵。"桓公曰："为之若何？"(齐语)

(17) 吾不用子之言，以至于此，为之奈何？(越语下)

这一类用法的“为”的语法特点是：所引进的旁及对象是施事进行动作行为时所涉及的人或事物，属于动作的“与事”，“为”一般可以理解为“向、对”。《左传》中“为”后的引进成分种类较丰富，可以是代词，如“是”，可以是名词等；《国语》中“为”后引进的成分都是代词，如例中的“此”和“之”，这些代词所指代的旁及对象一般是前文所述的情况，由于内容或结构相对复杂，所以有时用代词指代。

（三）引进动作行为的目的或原因

据赵著，《左传》中该功能的“为”出现121次，占“为”全部介词用例246次的49.2%。《左传》引例从略。根据介宾结构与所修饰的动词的语义关系分为引进原因和引进目的两小类。“为”后所引进的成分可以是名词或代词；可以是谓词性成分；“为”所引进的成分在一定条件下可以前置于“为”；“为宾”介词词组有时候可以单独作判断句的谓语。①

《国语》“为”引进动作行为的原因的用例如：

（18）吾闻之，司寇行戮，君为之不举，而况敢乐祸乎！（周语上）

（19）君议五者以建政，为不易之故也。（鲁语上）

（20）夫国主山川，故川涸山崩，君为之降服、出次，乘缦、不举，策于上帝，国三日哭，以礼焉。（晋语五）

（21）臣立先臣之署，服其车服，为利故而易其次，是辱君命也，不敢闻命。（鲁语上）

（22）孤欲长处其愿，出令将不敢不成，二三子为令之不从，故求元君而访焉。（晋语七）

（23）夫事君者，不为外内行，不为丰约举，苟君之，尊卑一也。（楚语下）

（24）而今可以戒矣，夫贤者宠至而益戒，不足者为宠骄。（晋语六）

（25）简子见之，曰：“何为？”曰：“有所得犬，欲试之兹囿。”简子曰：“何为不告？”对曰：“君行臣不从，不顺。主将适蝼而麓

① 赵大明：《〈左传〉介词研究》第403页，首都师范大学出版社2007年版。

不闻，臣敢烦当日。”（晋语九）

《左传》中该类“为”的特点是：“为”引进的动作行为的原因大多由体词性词语充当，少数由谓词性成分充当。表示原因的“为宾”结构可以出现在三种语法位置上：位于主谓词组之前，主语省略时便直接用在所修饰成分之前；第二种语法位置位于主谓词组之间，充当全句的状语，二者之间往往有语气停顿，主语有时可以省略；位于主谓词组之后，充当判断句的谓语，二者之间一般也有语气停顿。

通过上引《国语》用例可见：“为”引进的成分大多是体词性成分，可以是名词、代词、中心词以“故”最为常见的体词性偏正词组、转化为体词性成分的主谓词组（如“令之不从”）、前置的疑问代词（“何”）等，从“为”引进的成分这一点来看，几乎与《左传》相同。“为”及其引进的宾语所组成的介宾结构的语法位置可以分为置于主谓结构之间、之前和之后三种，与《左传》也是相同的。

“为”字比较小结

我们用表格形式反映《左传》和《国语》两书中介词“为”的整体情况，我们将“为（wéi）”和“为（wèi）”分开来统计。“为（wéi）”用法和功能相对单一，不需再多做说明。

表1-8　《左传》《国语》介词“为（wéi）”和“为（wèi）”功能对比

	功能	《左传》	《国语》	合计
为（wéi）	引进动作行为的施事	7	9	16
为（wèi）	引进动作行为替代或受益的对象	121（49.2%）	40（58.8%）	161（51.3%）
	引进动作行为旁及的对象	4（1.6%）	4（5.9%）	8（2.5%）
	引进动作行为的目的或原因	121（49.2%）	24（35.3%）	145（46.2%）
小计		246（100%）	68（100%）	314（100%）

“为（wèi）”在《左传》中共出现246例，其中引进动作行为的对象125例，占全部介词用法的50.8%，引进动作行为的目的或原因121例，占全部用例的49.2%，两种功能使用数量和比例相当；“为（wèi）”

及其引进成分所组成的介宾词组共 215 例用在所修饰的谓语成分之前，占全部用例的 87.4%，共 31 例位于修饰成分之后，占全部用例的 12.6%，以用于所修饰的成分之前为主；“为（wèi）”在《国语》中出现 68 例，其中引进动作行为的对象共 44 例，占介词“为（wèi）”全部用例的 64.7%；引进动作行为的原因和目的共 24 例，占全部用例的 35.3%，用于引进动作行为的对象的数量和比重占有优势。

引进动作对象的“为（wèi）”所引进的成分全都由体词性词语充当，只有引进动作行为目的或原因的介词“为（wèi）”有时可以引进谓词性词语。

《国语》中的介词“为（wèi）”在引进成分、组成的介宾结构的位置以及语法功能等方面与《左传》几乎相同；《国语》中的“为宾”结构有 66 例用在所修饰的谓语成分之前，占全部用例的 97.1%，用在所修饰谓语成分之后的仅 2 例，占全部用例的 2.9%；《左传》中“为宾”结构也是绝大多数（占全部用例的 87.4%）位于所修饰谓语成分之前，另一小部分出现在所修饰的谓语成分之后。《左传》中“为（wèi）”及其宾语同样以用于所修饰成分之前为主，不过《国语》中这一特点更为突出。两书介词“为”用法基本相同。

第六节 “与”“及”的比较

一 “与”的比较

“与”在《左传》中共出现 848 次，其中用作介词 332 次，占全部用例的 39.2%，是《左传》“与”的所有用法中使用数量最多、占比最高的用法。“与”在《国语》中共出现 246 次，其中用作介词 110 例，占全部用例的 44.7%，《国语》中“与”的介词用法也是所有用法中使用数量最多、占比最高的用法。除用作介词外，两书中的“与”都还可以用作动词、连词和语气词。

赵大明在研究《左传》的介词“与”时，指出其最主要的语法功能是引进动作行为的对象，即施事进行动作时所涉及的动作参与者，也就是与事。又将“与”的功能细化为四类，即引进动作行为的协同者、引进动作行为关涉的对象、引进比较的对象和引进受益者。[①] 我们就这四类对两书中的“与”进行分析和比较。

（一）引进动作行为的协同者

《左传》中有109例，占“与”全部介词用例的32.8%；《国语》中有50例，占全部用例的45.5%。相对而言，《国语》中此类用法的使用比重高一些。如：

（1）赵文子与叔向游于九原。（晋语八）

（2）从而问之，冀芮之子也，与之归。（晋语五）

（3）肆与大夫觞饮，无忘国常。（越语下）

（4）我先君襄公不敢宁处，使叔孙豹悉帅敝赋，踦跂毕行，无有处人，以从军吏，次于雍渝，与邯郸胜击齐之左，掎止晏莱焉，齐师退而后敢还。（鲁语下）

（5）昔成王盟诸侯于岐阳，楚为荆蛮，置茅蕝，设望表，与鲜卑守燎，故不与盟。（晋语八）

根据赵大明的研究，引进动作行为的协同者的“与”及其引介的宾语组成的介宾结构所修饰的动词可以分为以下几种语义类型[②]。

行走居处类：如“出、入、如、乘、适、奔、驰、游、归、坐、立、居、处”等，如例（1）、（2）；

饮宴类：如“宴、燕、饮、食”等，如例（3）；

征伐攻守类：如“伐、攻、御、守”等，如例（4）、（5）；

事奉辅佐类：如“事、奉戴、相”等，《国语》无此类。

对比来看，《左传》中此类用例的“与宾”结构所修饰的谓语动词类型较多，动词用例较《国语》丰富。

除上述几类外，赵著还指出：有一些动词是表示施事跟与事共同进行的动作行为，可以用“一起做某事”来解释。有的动词本身就表示双方共同动作的意思，如“偕”等，有的动词之前有表示共同之意的修饰

① 赵大明：《〈左传〉介词研究》第359页，首都师范大学出版社2007年版。

② 赵大明：《〈左传〉介词研究》第361～362页，首都师范大学出版社2007年版。

语，如“同、皆、俱、偕”等。《国语》中也有相似用例。如：

（6）齐朝驾则夕极于鲁国，不敢惮其患，而与晋共其忧。（鲁语下）

（7）古之善用兵者，因天地之常，与之俱行。（越语下）

（8）于今八年，七合诸侯，寡人无不得志，请与子共乐之。（晋语七）

相较而言：《左传》中这种用法的动词为“偕”，而《国语》中为“共”；动词前表示“共同”意的起修饰作用的副词，《左传》中较多，有“同、皆、俱、偕”，《国语》中以“共”为常见，有时用“俱”等。《左传》比《国语》的表现形式灵活一些。

“与”所引进的成分有时可以省略不现，有时可以前置于“与”，两书中均有该特点。如：

（9）死者若可作也，吾谁与归？（晋语八）

（10）昔吾先君固周室之不成子也，故滨于东海之陂，鼋鼍鱼鳖之与处，而鼃黾之与同渚。（越语下）

（11）今将与狎主诸侯之盟，唯有德也，子务德无争先，务德，所以服楚也。（晋语八）

例（9）中“谁”为疑问代词，作宾语，都前置于“与”；例（10）中后两个“之”是起提宾作用的结构助词，在句中分别用以提起宾语“鼋鼍鱼鳖”和“鼃黾”，这在《国语》中还有其他表现，就此而言，宾语前置于“与”的特点，《国语》比《左传》表现形式多样一些、灵活一些；例（11）中“与”后的宾语省略了，可以根据上文补出省略了的内容。

（二）引进动作行为关涉的对方

赵大明认为这一功能是由引进动作行为协同者的功能扩展出来的。《左传》中有184例，占全部介词用例的55.4%；《国语》中有56例，占全部介词用例的50.9%。“与”的该类功能在两书中都是主要的功能。

《国语》例如：

(12) 少室周为赵简子之右，闻牛谈有力，请与之戏，弗胜，致右焉。(晋语九)

(13) 夫齐、鲁譬诸疾，疥癣也，岂能涉江、淮而与我争此地哉？(吴语)

(14) 阖庐不贯不忍，被甲带剑，挺铍搢铎，以与楚昭王毒逐于中原柏举。(吴语)

(15) 妲己有宠，于是乎与胶鬲比而亡殷。(晋语一)

(16) 郤至见邵桓公，与之语。(周语中)

(17) 欲行，而患之，与从者谋于桑下。(晋语四)

赵大明将《左传》中此类功能的“与”及其宾语所修饰的谓语动词的语义类型分为以下几种类型。

争斗类：如“战、争、遇、斗、搏、戏、讼”等。《国语》中也有同样语义类型的动词，如例（12）、（13）和（14），动词包括“战、争、伐、戏、毒逐、阵、整、帅”等。以“战、争”为常见。

交际类：《左传》中有“盟、平、出入、和亲、通、比、友、为好、为恶、为成、相恶、相能、有盟、有言、有质、有恶、相见”等。《国语》中出现的动词有“和、成、比、宁、违、有怨、相善、执雠”等，如例（15）、（16）。《国语》中的动词不如《左传》中丰富，不过表现形式在整体上是一致的。

言语类：《左传》中有“言、语、谋、要言”等。《国语》中“与”后多有言语类动词出现，其中“与之语/言”出现 10 例，如例（16），此外还常见动词“谋”，如例（17）。这一类动词在两书中表现出较大的一致性。

《左传》中的“与”引进的成分有时可以前置或省略，《国语》相同。不过《国语》中未见引进成分前置于“与”的用例。例如：

(18) 晋居深山，戎狄之与邻，而远于王室，王灵不及，拜戎不暇，其何以献器？(昭公 15.7)

(19) 知武子欲退，曰：“今我逃楚，楚必骄，骄则可与战矣。”(襄公 10.11)

(20) 平丘之会，晋昭公使叔向辞昭公，弗与盟。(鲁语下)

(21) 自此其父之死，吾蔑与比而事君矣！(晋语八)

(三) 引进比较的对象

《左传》中有 26 例，占全部用例的 7.8%；《国语》中有 3 例，占全部用例的 2.7%，在两书中用例相对都较少，都不是主要用法。如：

(22) 吾闻之外人之言曰：为仁与为国不同。(晋语一)

(23) 自今以往，知忠以事君者，与詹同。(晋语四)

(24) 民之恶死而欲贵富以长没也，与我同。(吴语)

赵著指出这一功能中受介词修饰的谓词性词语大多是具有“相同、相异、如何”等意义的动词或形容词，有时所比较的内容也可以放在“同”之后作宾语，这种用法在《左传》中常见。从《国语》的 3 个用例也可以看出这个特点。在这一功能中，《左传》中的使用数量或表现形式都比《国语》丰富。

(四) 引进受益者

《左传》中 7 例，占全部用例的 2.1%；《国语》中 1 例，占全部用例的 0.9%。用例都很少。如：

(25) 失鲁而以千社为臣，谁与之立？(昭公 25.6)

(26) 小人忌而不思，愿从其君而与报秦，是故云。[1] (晋语三)

“与”和副词“相”组成固定结构在《左传》中有 6 例，《国语》

① 或认为该例中的“与”可以理解为“相与、一起”，用作副词，见董立章《〈国语〉译注辨析》第 391 页，暨南大学出版社 1993 年版。该例中“从其君”和“报秦”是两个动宾结构组成的并列结构，我们认为其中的“与”用作介词，其所引介的宾语承前省略未出现，其宾语就是“从”的宾语“其君”，在这里“与”引进的是受益者，意为“小人”为其君“报秦”，这样更合文意。

中未见。详见表1－9。

表1－9 《左传》《国语》介词“与”语法功能及占比对比

	《左传》	《国语》	总计
引进动作行为的协同者	109（32.8%）	50（45.5%）	159（36.0%）
引进动作行为关涉的对方	184（55.4%）	56（50.9%）	240（54.3%）
引进比较的对象	26（7.8%）	3（2.7%）	29（6.6%）
引进受益者	7（2.1%）	1（0.9%）	8（1.8%）
固定结构“相与”	6（1.8%）	0	6（1.4%）
总计	332（100%）	110（100%）	442（100%）

结合表1－9可见，从语法功能方面来看，首先，两书中的介词“与”都以引进动作行为关涉的对方为主要功能，都超过了半数，《左传》中优势更为明显；其次是引进动作行为的协同者，《国语》中此类功能所占比重比《左传》高出很多，说明《左传》中此类功能扩展出的用法较多，而《国语》中此类功能还较多地保持原样；引进比较的对象和引进受益者功能在两书中用例都较少。总体看来，《左传》中的各类功能在表现形式的多样性和灵活性等方面都比《国语》要鲜明。

《国语》中介词“与”所引介的宾语全部都是体词性词语，与《左传》相同；“与”所引进的成分有时可以省略、有时可以前置于“与”，两书也相同。在语法位置方面，“与”及其引介的宾语所组成的介宾结构全部位于所修饰的谓语动词之前，以上几个方面在两书中都是一致的。

二 “及”的比较

“及”在《左传》中共出现725例，其中用作介词191例，占全部用例的26.3%①；在《国语》中共出现209次，其中介词用法共42例，占全部用例的20.1%。“及”除用作介词外，还可以用作动词和连词。详见表1－10。

① 赵大明：《〈左传〉介词研究》第309页，首都师范大学出版社2007年版。

表 1－10　《左传》《国语》"及"各词类见次

	《左传》	《国语》
动词	409（56.4%）	144（68.9%）
介词	191（26.3%）	42（20.1%）
连词	125（17.2%）	23（11.0%）
总计	725（100%）	209（100%）

"及"用作介词和连词，在《左传》中的使用数量和占比都比《国语》大，用作动词的"及"在《国语》中所占比重较高。下面我们就介词用法对两书的"及"进行分析和比较。

赵著指出："及"的介词用法在《左传》中已经分离出来，连词用法也已经从介词用法中分离出来，说明"及"的语法化程度已经相当高了。① 而从《左传》和《国语》"及"的动词用法所占比重可以看出，该时期"及"处在语法化的过程当中，动词用法还占据明显的优势，正处于新旧使用形式交替的过程当中。赵著将介词"及"的语法功能分为两大类：引进动作行为关联的对象和引进动作行为的时间。又将前者分为引进动作行为的协同者和引进动作行为关涉的对象两小类，将后者分为引进肯定性谓语性成分和引进否定性谓语成分两小类，计两大类四小类。② 我们据此对《国语》中的介词"及"进行分析，然后比较。

"及"引进动作行为关联的对象，《左传》中 98 例，占其全部介词用例的 51.3%；《国语》中 12 例，占其全部介词用例的 28.6%。根据"及"引进的动作参与者与动作施事之间的语义关系，"及"引进的对象又可分为以下两小类。

（一）引进动作行为的协同者

《左传》中有 17 次，占全部介词用例的 8.9%；《国语》中有 11 例，占全部介词用例的 26.2%，差距较明显。《国语》例如：

（1）既杀奚齐、卓子，里克及丕郑使屠岸夷告公子重耳于狄……

① 赵大明：《〈左传〉介词研究》第 332 页，首都师范大学出版社 2007 年版。

② 赵大明：《〈左传〉介词研究》第 332～347 页，首都师范大学出版社 2007 年版。

吕甥及郤称亦使蒲城午告公子夷吾于梁。(晋语二)

(2) 元年春，公及夫人嬴氏至自王城。(晋语四)

(3) 平公六年，箕遗及黄渊、嘉父作乱，不克而死。(晋语八)

(4) 三年，陈、蔡及不羹人纳弃疾而弑灵王。(楚语上)

此类用法的“及”可以理解为“和、跟、同”等。赵氏指出介词“及”及其宾语所修饰的谓语动词的共同语义特点是含有位移义、趋向义和驻扎义。《国语》用例中的动词也具有相同的语义特点。判断“及”为介词，需要借助文意，比如例(1)，结合前后文，从“我为子行之”“丕郑许诺”可以看出，丕郑是事件的参与者和协同者，而不是主要行为人，同理，下句中的“郤称”实际上也是随同者，据此可证“及”的介词性质。“及”所引进的是协同者同施事共同施行某一动作行为，上述用例中的动作行为比较具体，还有较抽象的用例，如：

(5) 加之以社稷山川之神，皆有功烈于民者也；及前哲令德之人，所以为明质也；及天之三辰，民所以瞻仰也；及地之五行，所以生殖也；及九州名山川泽，所以出财用也。非是不在祀典。(鲁语上)

“及宾”结构单独为一分句，在句中作为主语的构成成分，其后的谓语动词是由“所以 VP 也”形式构成的判断句，这是比较特殊的用例。主语是前文“凡禘、郊、祖、宗、报，此五者国之典祀也”中的“五者”，这是主语的核心部分，“及宾”表示伴随、协同的成分。

(二) 引进动作行为关涉的对方

《左传》中出现 81 例，占全部介词用例的 42.4%；《国语》中仅出现 1 例，占 2.4%。差距也很明显。《国语》例如：

(6) 秦伯使公子絷如师，师退，次于郇，辛丑，狐偃及秦、晋大夫盟于郇。(晋语四)

赵大明指出：这一类“及”及其宾语所修饰的谓语动词的语义特点

可以概括为含有交往义、争斗义等。其中涉及的动词只有5个，分别是“盟”（37例）、“平”（31例）、“战”（11例），“遇”和“谋”各1例。[①] 而《国语》中此类用法的数量极少，仅有1例，谓语动词为“盟”，可以归入“交往义”类。

“及”引进动作行为的时间，《左传》共出现93例，占其全部介词用例的48.7%；《国语》共出现30例，占其全部介词用例的71.4%。《国语》中“及”用以引进时间的功能占绝对优势，而《左传》中“及”引进时间与引进对象的数量和比重几乎相等。赵著将《左传》中引进时间的“及”分为引进肯定性谓词性词语和否定性谓词性词语两类，其中引进否定性谓词性词语的用例较少，《国语》中“及”引进的全部为肯定性谓词性词语，未见引进否定性谓词成分的用例，这是两书的差别。

1. 引进肯定性谓词性词语

《国语》例如：

(7) 及耕，深耕而疾耰之，以待时雨。(齐语)

(8) 王卒，及葬，子囊议谥。(楚语上)

(9) 及惠后之难，王出在郑，晋侯纳之。(周语上)

(10) 及清原之搜，使佐新上军。(晋语四)

(11) 及为卿，以辅成、景，军无败政。(晋语八)

(12) 及鲁侯至，仲孙蔑为介，王孙说与之语，说让。(周语中)

(13) 及其没也，谓之睿圣武公。(楚语上)

(14) 及臣之壮也，耆其股肱以从司马，苛慝不产。(晋语九)

从上述用例可以看出：与《左传》相同，《国语》中介词“及”所引进的成分可以是单个动词，如例（7）、(8)；可以是偏正词组，如例(9)、(10)；可以是述宾词组，如例（11）；可以是主谓词组，如例(12)、(13)。赵大明认为“及”及其引介的宾语所组成的介宾结构是句子的组成成分，可以用作状语、补语，有时可以用作定语，而不同意把

① 赵大明：《〈左传〉介词研究》第335页，首都师范大学出版社2007年版。

"及宾"结构看作一个分句，尤其是如例（12）、（13）、（14）这样的例句，宾语由主谓结构充当，很容易将其与分句混淆，赵著指出这些主谓词组已经体词化，有些有明显的体词化标记，如例（13）和（14）分别用"其"和"之"作为取消独立的标记。从整体来看，"及宾"结构只是句子的组成成分。①

2. 引进否定性的谓词性词语

《左传》出现3例，《国语》未见。例如：

（15）彼众我寡，及其未既济也，请击之。（僖公22.8）

（16）盍及其劳且未定也伐诸！（昭公21.6）

这一类用法中的谓词性词语都是由否定副词"未"修饰。

以下就两书介词"及"的语法功能和意义进行比较。如表1-11所示。

表1-11 《左传》《国语》中介词"及"语法功能及使用频率对比

		《左传》	《国语》	总计
引进对象	引进动作行为的协同者	17（8.9%）	11（26.2%）	28（12.0%）
	引进动作行为关涉的对方	81（42.4%）	1（2.4%）	82（35.2%）
引进时间	引进肯定性谓词性词语	90（47.1%）	30（71.4%）	120（51.5%）
	引进否定性谓词性词语	3（1.6%）	0	3（1.3%）
总计		191（100%）	42（100%）	233（100%）

两大类功能的"及"的出现次数和频率在《左传》中基本相当，分别出现了98次和93次，分别占全部介词用例的51.3%和48.7%；在《国语》中分别出现了12次和30次，所占比重分别为28.6%和71.4%，引进时间的功能占明显的优势。从表1-11可以看出，两书

① 赵大明研究指出《左传》中介词"及"引进时间时，有时可与介词"比"复合成复音介词"比及"，仍用于引进表示动作行为或事件发生的时间，见赵大明《〈左传〉介词研究》第347页，首都师范大学出版社2007年版。《国语》中未见"比及"用例。

中引进肯定性的谓词性词语的“及”所占比重都最高，而《国语》的优势相对明显；引进动作行为关涉的对方在《左传》中占明显优势，而《国语》中仅出现1例，所占比重很低；引进动作行为的协同者在《国语》中使用较多，在《左传》中所占比重较少；《国语》中没有用于引进否定性谓词性词语的用例。综上可见，两书中介词“及”存在较明显的差别。

第七节 “诸”的比较

“诸”在《左传》中共出现904次，可以用作代词、助词和合音词。有些学者也将“合音词”称为“兼词”。赵著指出：《左传》的合音词“诸”有两种：一是“之于”的合音，兼有代词和介词的功能；二是“之乎”的合音，兼有代词和语气词的功能。合音词出现283次，占全部用例的31.3%，其中兼有代词和介词功能的“诸”出现268次，占全部用例的29.6%，占全部合音词用例的94.7%。“诸”在《国语》中共出现275次，其中合音词“诸”出现27次，占全部用例的9.8%，远不及《左传》的使用频率高。另外《国语》中的合音词“诸”只有一种用法：只是“之于”的合音，没有出现“之乎”合音的用例。①

“诸”相当于“之于”的合音，其语法功能与介词“于”相同。《左传》中的“诸”不仅使用数量多，而且《左传》中“诸”的用法比《国语》也丰富、多变。

结合赵大明对《左传》中“诸”的分类，以下对《国语》进行分类并比较。

一 引进处所

（一）引进动作行为发生、进行的处所

《国语》例如：

（1）明日，王叔子誉诸朝。郤至见邵桓公，与之语。（周语中）

---

① 赵大明：《〈左传〉介词研究》第159~180页，首都师范大学出版社2007年版。

(2) 于是乎国人不蠲，遂弑诸翼，葬于翼东门之外，以车一乘。(晋语六)

《左传》中此类用例的“诸”前的谓语动词的语义类型，可以分为战争杀戮类、政事类、祭祀类、日常言行类等。《左传》中用例明显多于《国语》，谓语动词也较丰富，《国语》中的动词用例都可纳入上述几类当中，如例句中的“誉”“弑”，其他用例为“败”“行”“试”。

(二) 引进居处或停留的处所

《国语》例如：

(3) 于是乎君伐智而多力，怠教而重敛，大其私昵，杀三郤而尸诸朝。(晋语六)

《左传》中此类用法中的动词主要是居处驻扎类、停留停放类、死亡类等。《国语》中动词语义类相同，例(3)中谓语“尸”属停留停放类，另外两例谓语分别为“馆”，《左传》中也有“馆”的用例；“坐”属居处类。虽然《国语》用例少，不过语义类型与《左传》相同。

(三) 引进动作行为的趋向或达到的处所

《国语》例如：

(4) 肃慎氏之贡矢，以分大姬，配虞胡公而封诸陈。(鲁语下)

(5) 夫郤子之怒甚矣，不逞于齐，必发诸晋国。(晋语五)

《左传》中这一类用法中的谓语动词多是及物动词，可以带受事宾语，也有不及物动词带宾语的用例。《国语》的4个用例中，上述2例的动词都是及物动词，另外2例动词都是“归”，为不及物动词，《左传》中也有相似用例。

(四) 引进动作行为起始的处所

《国语》中未见用例。《左传》例如：

(6) 齐侯许之，使召诸陈，公次于郎以待之。(闵公 1.4)

这一类谓语动词主要有出发类和取得接受类，多是及物动词，也有个别不及物动词的用例。

(五) 引进动作行为经由的处所

《国语》未见用例，《左传》中仅 1 例：

(7) 王儋季卒，其子括将见王，而叹。单公子愆期为灵王御士，过诸廷，闻其叹。(襄公 30.6)

这种用法是从引进发生、进行的处所的用法中扩展而来的，用例很少。

以上两种功能在《国语》中不见用例，《左传》中用例也很少，应是“诸”从基础功能扩展来的新功能。

二 引进对象

(一) 引进动作行为的与事

《国语》例如：

(8) 君若使有司求诸故府，其可得也。(鲁语下)

(9) 桓公使请诸鲁，如鲍叔之言。(齐语)

(10) 栾氏之臣辛俞行，吏执之，献诸公。(晋语八)

(11) 夫齐、鲁譬诸疾，疥癣也，岂能涉江、淮而与我争此地哉？(吴语)

(12) 舟之侨告诸其族曰：“众谓虢亡不久，吾乃今知之。”(晋语二)

这一类用法中的谓语动词一般有言语类、请求类、给予类和一般动作类。除上述用例外，《国语》中的动词还有“请”、“问”、“访”、“移”、“寄”、“先”、“告”、“式”(用)、“试”等。其中“请”用例较多。《左传》中的动词用例多于《国语》，基本特点是一致的。

（二）引进动作行为的受事

《国语》未见用例，《左传》中仅有3例，使用频率较低。《左传》用例如：

(13) 夫固谓君训众而好镇抚之，召诸司而劝之以令德，见莫敖而告诸天之不假易也。(桓公13.1)

(14) 夏，晋荀首如齐逆女，故宣伯馀诸穀。(成公5.3)

这种功能的“诸”值得注意，赵大明指出这种引进受事的“诸”同引进与事的“诸”正好相反。我们看引进与事的例（12）和引进受事的例（13）的区别：例（12）中“诸”包含的“之”所指代的内容是舟之侨下文所说的内容，“之”与“其族”构成双宾语，其中“之”为直接宾语，“其族”为间接宾语；例（13）中“诸”包含的“之”所指代的内容是上文的“莫敖”，用作间接宾语，下文“天之不假易”是“告”的直接宾语，与例（12）正相反。此外，在理解中我们还能发现，引进与事的“诸”理解为“之于”，“诸”引进与事的功能同“于”引进与事的功能完全一致；而引进受事的“诸”虽可理解为“之于”，不过这时的“于”功能与介词“以”引进受事的功能相当，“诸”理解为“之以”更利于理解文意。例（14）与此相同。

由表1-12可见，“诸”在《左传》《国语》中的语法功能有差异：《左传》中的“诸”以引进处所为主，比引进对象的功能占优势，而《国语》中两项基本功能相差不多，而以引进对象为多；在引进处所的功能中，《国语》中“诸”的功能不如《左传》丰富，没有引进动作行为起始的处所和经由的处所两项功能。共有的其他三项在使用数量所占比重的排序方面，两书是一致的，不过《国语》中的三项之间差距较小，《左传》中差距较明显；两书中的“诸”都以引进动作行为的与事用例最多、所占比重最大，这是共同点。而《国语》中引进与事的功能所占优势最明显，没有引进受事的用法。总体看来，两书中的介词“诸”的基本功能即引进动作行为发生进行的处所和引进动作行为的与事两项是一致的，其他功能是在此基础上产生的。

表 1－12　两书合音词“诸”语法功能见次对比

		《左传》	《国语》	总计
引进处所	引进动作行为发生、进行的处所	82（30.6%）	5（18.5%）	87
	引进居处、停留的处所	22（8.2%）	3（11.1%）	25
	引进动作行为趋向、达到的处所	64（23.9%）	4（14.8%）	68
	引进动作行为起始的处所	12（4.5%）	0	12
	引进动作行为经由的处所	1（0.4%）	0	1
小计		181（67.5%）	12（44.4%）	193
引进对象	引进动作行为的与事	84（31.3%）	15（55.6%）	99
	引进动作行为的受事	3（1.1%）	0	3
小计		87（32.5%）	15（55.6%）	102
总计		268（100%）	27（100%）	295

赵著指出“诸”虽是“之于”的合音，不过因为其兼词的性质，所以“诸”与“于”最大的不同之处在于其语法位置：“于”及其宾语组成的介宾结构可以用于谓语动词之前，也可以用于其后，而“诸”及其宾语组成的及宾结构只能用于谓语动词之后。因为“诸”具有介词性质的同时，还兼有代词性质，两者共同决定其语法位置。《国语》中的“诸”及其引进的宾语组成的介宾结构也无一例外地用在谓语成分之后，这一点在两书中是共同的，同时也是“诸”用法的一个鲜明特点。

三　“诸”与“之于/之於”的关系

《左传》《国语》中“之”作为代词，前面有动词，后面有“于”“於”及其引进的宾语组成的介宾结构，构成“V·之·于/於·宾”的形式，这种形式中的“之于”在《左传》中出现 16 例，《国语》中 11 例；“之於”在《左传》中出现 6 例，《国语》中 18 例。其中绝大多数的“之于”和“之於”同于合音词“诸”。

（一）“V·之·于·宾”

值得注意的是，“之于”都可以替换为“诸”，也就是说合音词“诸”的语法功能与介词“于”是相同的。而两者之间可以替换的基础在于：“诸”和“之于”之前的核心谓语动词往往是一致的，在《左传》

和《国语》本身的用例中，同一个或同一类动词后引进相关成分时可以用“之于”，也可以用“诸”，这种替换有了语义基础。

(15) 孟氏执郈昭伯，杀之于南门之西，遂伐公徒。(昭公 25.6)

(16) 晋栾书、中行偃使程滑弑厉公，葬之于翼东门之外，以车一乘。(成公 18.1)

(17) 晋侯使韩穿来言汶阳之田，归之于齐。(成公 8.1)

(18) 公子胜愬之于楚。楚人执而杀之。(昭公 8.2)

(19) 楚自克庸以来，其君无日不讨国人而训之于民生之不易、祸至之无日、戒惧之不可以怠；在军，无日不讨军实而申儆之于胜之不可保、纣之百克而卒无后，训之以若敖、蚡冒筚路蓝缕以启山林。(宣公 12.2)

(20) 右师取昭叔于温，杀之于隰城。左师迎王于郑。王入于成周，遂定之于郏。(晋语四)

(21) 温之会，晋人执卫成公归之于周。(鲁语上)

(22) 廪于籍东南，钟而藏之，而时布之于农。(周语上)

(23) 其后伯禹念前之非度，厘改制量，象物天地，比类百则，仪之于民，而度之于群生，共之从孙四岳佐之。(周语下)

以上用例中的“于”可以引进动作行为发生、进行的处所，如例(15) 和 (20) 的前一个“之·于”；可以引进居处或停留的处所，如例(16) 和例 (20) 的后一个“之·于”；可以引进趋向或达到的处所，如例 (17) 和例 (21)；可以引进动作行为的与事，如例 (18)、(22)；可引进受事，如例 (19) 和 (23)。值得注意的是引进受事的用法，前文提到《左传》中的合音词“诸”可以引进受事，不过用例很少，例(19)、(23) 中的“之于”与“诸”的这种用法相同：例 (19) 中“训之于民生之不易、祸至之无日、戒惧之不可以怠”中“之”指代“国人”，用作间接宾语，“于”的内容是直接宾语，内容稍长。下文“申儆之于胜之不可保、纣之百克而卒无后”的特点与之相同，重点是下文还有“训之以若敖、蚡冒筚路蓝缕以启山林”的用例，其中“之”仍是代指“国人”，而此处用介词“以”引进受事，所以我们前文指出的合音词“诸”引进受事的用法相当于“于”引进受事的用法，而且理解为“之以”，更便于解释文意，这一例验证了前文的说法。例（23）中的“于”引进的宾语较例（19）而言简单、易于理解。

这些用法中代词“之”前的动词分布是这样的，《左传》和《国语》中共27例。

引进动作行为发生、进行的处所：杀（5例）、殛（2例）、焚、伐、逆；

引进趋向或达到的处所：归（7例）；

引进居处、停留的处所：葬、定；

引进与事：谮、愬、布；

引进受事：训、申儆、仪、度（2例）。

《左传》中“诸”的同类用法也有这些动词用例。从例句和归纳出的动词语义类别可以看出：“于”本身具备上述各项语法功能，所以“V·之·于·宾”这种结构形式中的“之于”类同“诸”，与“诸”的用法及特点相同。

（二）“V·之·於·宾”

这一类形式中，有些“之·於”同“诸”是有差别的，不可相互替换，如：

（24）礼之於政，如热之有濯也。濯以救热，何患之有？（襄公31.10）

（25）君王之於越也，繄起死人而肉白骨也。（吴语）

上述两个例句中“于”虽用作介词，不过“之”却不是用作代词，在这种用例中，“之”是结构助词，用在主语和谓语之间，使其成为句子的一部分。这种用法的“之·於”形式上与相当于“诸”的“之·於”完全相同，但实际语义有明显的区别。例如：

（26）声子将如晋，遇之于郑郊，班荆相与食，而言复故。（襄公26.10）

（27）卫侯如晋，晋人执而囚之于士弱氏。（襄公26.7）

(28) 夫莒太子杀其君而窃其宝来，不识穷固又求自迩，为我流之于夷。(鲁语上)

(29) 文子将请之于楚。(晋语八)

(30) 其母曰："必致之于王。"(周语上)

(31) 其达士，絜其居，美其服，饱其食，而摩厉之于义。(越语上)

《左传》中仅有2例，其中例（26）"於"引进发生、进行的处所，在《国语》中有异文："蔡声子将如晋，遇之於郑，飨之以璧侑"；例（27）是引进居处、停留的处所，《国语》中多有此类用例；例（28）是引进趋向或达到的处所；例（29）是引进起始的处所；例（30）是引进与事；例（31）引进受事。总体看来，《国语》中"之·於"的用法比《左传》丰富。

两书中此类的"之·於"共有用例16例，其中动词分布有以下几种。

引进发生、进行的处所：遇（2例）、败（2例）、戮；

引进居处、停留的处所：因；

引进趋向或达到的处所：流、使、投、寘；

引进起始的处所：请、虑、宣；

引进与事：致、卜；

引进受事：摩厉。

《左传》中"诸"前的动词也都有上述相应用例。由此可见这些用例中的"之·于"同"诸"也是相同的，可以替换。

通过以上比较可以发现，合音词"诸"用作介词时主要是与介词"于""於"的功能和用法相关。《左传》中"诸"共使用268例，"之·于""之·於"共使用22例，差距非常明显，可见《左传》中的这类表达以用"诸"为主，而少用"之·于""之·於"；《国语》中合音词"诸"出现27例，"之·于""之·於"用例共出现29例，由此可见《国语》中两者并用，而且使用数量几乎相当。两书差别比较明显。

四 附兼词"焉"的比较

"焉"可以用作兼词，不过与兼词"诸"有明显的不同，表现在几个方面。

第一，“诸”作兼词，相当于代词“之”和介词“于/於”的合音，“焉”作兼词相当于介词“于/於”和代词“之”等的合音。

第二，从“诸”“焉”兼有的代词性质来看，“诸”包含的代词只有“之”，一般都用于指代对象。而“焉”包含的代词除“之”以外，还有“是”“此”等，除指代对象外，还可以表示地点、处所等。

第三，从语义以及语法功能来看，兼词“诸”的语义侧重点在“于/於”，承担的是介词的功能。一般而言，“诸”后需要有其他成分才能足义，这些成分便是介词“于/於”引进的宾语，而兼词“焉”的语义侧重点在“之”“此”“是”等代词，承担的是代词的功能。这些代词作为“焉”前谓词性词语的宾语，句义已足，后面一般不需要其他成分。

第四，在语法位置上，“诸”一般用于句中，而“焉”一般用于句末。正是由于“焉”常用于句末，致使其所包含的指代词“之”“此”“是”的指代义逐渐弱化、脱落，最终演变为语气词。

何乐士对《左传》中的“焉”和“焉”前后的谓语中心成分做了详细的分类和分析①，指出：“在《左传》中，凡位于D前或D后的‘焉’解作‘于宾（以下用b代，宾语b包括代词宾语和非代词宾语）’有助于（或无损于）理解文意的，都是兼词。凡位于‘D于b’之后的‘焉’，不能再解作‘于b’的，都是语气词。绝大多数‘焉’都是兼词。”我们认为其判定“焉”兼词和语气词的意见和处理办法的可取之处在于：一方面何先生全面分析了“焉”及其前后的谓语核心，根据谓语动词的语义特点进行归类，从文中具体举例来看，把“焉”处理为兼词对理解文意是很有帮助的，而且有效地避免了对文意的误解；另一方面把有助于或无损于理解文意的“焉”都处理为兼词。因为“焉”的语气词用法是从兼词用法发展而来，这一时期正处在兼词向语气词转化的过程中，也就是有些用例中可能存在两解均可的现象，处理为兼词是比较谨慎的。本书对兼词“焉”不做重点处理，只对部分问题进行说明。

---

① 何乐士：《〈左传〉的“焉”》，见《〈左传〉虚词研究》（修订本）第319~369页，商务印书馆2004年版。

我们分析了《国语》中的“焉”，并与《左传》中的“焉”进行了全面的对照。“焉”在《国语》中出现323例，其中用作兼词288例，用作疑问副词或疑问代词25例，用作连词3例，用作助词共7例。将两书“焉”的用法进行分类，如表1－13所示。

表1－13 《左传》《国语》中合音词“焉”各词类见次

	兼词（指代词）	疑问词	助词	语气词*	关联副词	总计
《左传》	760（85.8%）	109（12.3%）	14（1.6%）	2（0.2%）	1（0.1%）	886（100%）
《国语》	288（89.2%）	25（7.8%）	7（2.2%）	0	3（0.9%）	323（100%）

*《左传》2例“焉”用作语气词，参见何乐士《〈左传〉的“焉”》，《〈左传〉虚词研究》（修订本）第362页，商务印书馆2004年版。

兼词“焉”用在谓语中心词之后，这些谓词性成分有：问、求、有、无、处、及、取、辞、与、服、纳、监、往、献、至、致、受、加、生、死、寄、集、顾、获、在、立、病、禀命、窜伏、礼、夕、大、甚等。这些谓词性词语同《左传》中的谓语多数可以对应。有些动词后面可以带宾语，然后再用兼词“焉”。

不过何先生的部分处理意见，尤其是将位于“D前”（谓语中心成分之前）的“焉”处理为兼词的观点，是值得商榷的。如：

（1）已氏曰：“杀女，璧其焉往？”（哀公17.5）

（2）是何祥也？吉凶焉在？（僖公16.1）

（3）朝者曰：“公焉在？”其人曰：“吾公在壑谷。”（襄公30.10）

（4）晋侯谓女叔齐曰：“鲁侯不亦善於礼乎？”对曰：“鲁侯焉知礼！”（昭公5.3）

（5）且人有君而弑之，吾焉得死之，而焉得亡之？（襄公25.2）

（6）吴争於楚，必有乱；有乱，则必归，焉能定楚？（定公5.7）

上述例句中的“焉”，何先生也都处理为兼词，并对其前面的动词进行了分类。我们认为前三例中的“焉”在句中用以提问，可以理解为疑问代词；后三例中的“焉”除了表示提问或反诘语气之外，还对谓语动词有一定的修饰作用，当为疑问副词。何乐士先生认为“焉”相当于介词于（於）加代词，代词包括“之”“此”“是”“安”“何”等，我们认为何文中认为“焉”包含的代词为“何”和“安”的应当具体分析为疑问代词和疑问副词。《国语》中有类似的用例，如：

（7）君定王室而残其姻族，民将焉放？（晋语四）

（8）不能修身而又不能宗人，人将焉依？（晋语四）

（9）吾非瞽、史，焉知天道？（周语下）

（10）夫差先自败也已，焉能败人。（楚语下）

这些用例同《左传》中“焉”的疑问词用例十分相近。将这类“焉”当作兼词稍显迂曲。

第八节　几组非常用介词的比较

一　“由（繇）”的比较

“由”在《左传》中共出现 86 例，其中介词用法 36 例，占其全部用例的 41.9%。此外还可以用作动词，还可作部分人名用字。“繇”在《左传》中共出现 8 例，其中 1 例用作介词，通“由”，其他用作名词。

“由”在《国语》中共出现 42 例，其中介词用法 9 例，占其全部用例的 21.4%。此外还可以用作动词、名词，与《左传》相似，不过用作介词所占比重比《左传》低。“繇”在《国语》中共出现 3 例，其中 1 例用作介词，通“由”，另外 2 例用作名词。介词“由”的语法功能有以下几种。

（一）引进动作行为起始的处所

《左传》中 5 例，其中“繇”作介词 1 例；《国语》中 1 例。如：

（1）臣负羁绁从君巡于天下，臣之罪甚多矣，臣犹知之，而况君乎？请由此亡。（僖公 24.1）

（2）自古以来，未之或失也。存亡之道，恒由是兴。（昭公 13.3）

（3）患之所生，污而不治，难而不守，所由来也。（昭公 1.2）

（4）齐子渊捷从泄声子，射之，中楯瓦，繇朐汰輈，匕入者三

寸。(昭公 26.4)

(5) 臣从君还轸，巡于天下，怨其多矣！臣犹知之，而况君乎？不忍其死，请由此亡。(晋语四)

介词“由（繇)”所引进的宾语可以由代词“是”“此”等充当，如例（1)、(2)、(4）和（5)，还可以组成“所”字结构，如例（3)，多为抽象的词语。“由（繇)”及其宾语组成的介宾结构都用在所修饰的谓语动词之前。《国语》例（5）与《左传》的例（1）为异文，“请由此亡”完全相同。

（二）引进动作行为起始的时间

《左传》中 3 例，《国语》中 2 例。如：

(6) 郑伯由是始恶于王。(庄公 21.1)

(7) 少康灭浇于过，后杼灭豷于戈，有穷由是遂亡，失人故也。(文公 11.8)

(8) 鄅瞒由是遂亡。(襄公 4.7)

(9) 天以命矣，复于寿星，必获诸侯。天之道也，由是始之。(晋语四)

(10) 若由是姬姓也，尚将列为公侯，以复先王之职，大物其未可改也。(周语中)

从以上用例可以看出，“由”后引进的宾语都是代词“是”，因为“是”不仅可以指代处所，而且可以指代时间和事件等，所以，在理解“由”的宾语“是”时，要根据具体文意来判断“由”引进的到底是处所、时间还是其他情况；以上 5 个例句中的“由宾”结构都用在所修饰的谓语动词之前。

（三）引进动作行为的发出者

《左传》中有 6 例，《国语》中未见。如：

(11) 男女之别，国之大节也，而由夫人乱之，无乃不可乎？

（庄公 24.2）

（12）今失诸侯，不可谓力；有敌而不从，不可谓武。由我失霸，不如死。（宣公 12.2）

（13）妖由人兴也。人无衅焉，妖不自作。（庄公 14.2）

《国语》中未见此类“由”的用例。从《左传》用例来看，“由”所引介的宾语全都是体词性的，可以是名词，如例（11）、（13），也可以是代词，如例（12）；这些介宾结构都用在所修饰的谓语动词之前。

（四）引进动作行为的原因

《左传》中 19 例，《国语》中 1 例。如：

（14）知伯不悛，赵襄子由是惎知伯，遂丧之。（哀公 27.5）

（15）楚人讨陈叛故，曰：“由令尹子辛实侵欲焉。”（襄公 5.7）

（16）彝器之来，嘉功之由，非由丧也。（昭公 15.7）

（17）夫六王、二公之事，皆所以示诸侯礼也，诸侯所由用命也。（昭公 4.3）

（18）骊姬既远太子，乃生之言，太子由是得罪。（晋语一）

赵大明将此类功能的“由”进行了大致分类说明：“由”的宾语为代词“是”，代指原因，如例（14），《国语》的例（18）与此例用法相同；介宾结构充当判断句谓语，句末有时有语气词，如例（15）；“由”引进的成分可以前置于“由”，也可以组成“所”字结构，如例（16）、（17）。《左传》中这一功能的“由”的用例超过其全部介词用例的半数，是最主要的用法，而《国语》中仅 1 例。此类中“由”及其宾语可以用在所修饰的谓语动词之前，也可以用于其后。

（五）引进动作行为的依据

《左传》中 4 例，《国语》中 6 例。如：

（19）由是观之，则实沈，参神也。（昭公 1.12）

（20）今君再在孙矣，内不闻献之亲，外不闻成之卿，则赐不

识所由入也。(哀公26.3)

(21) 今其胄见，神之见也，不过其物。若由是观之，不过五年。(周语上)

(22) 夫婚姻，祸福之阶也。由之利内则福，利外则取祸。(周语中)

(23) 天所崇之子孙，或在畎亩，由欲乱民也。畎亩之人，或在社稷，由欲靖民也。(周语下)

(24) 郑武、庄有大勋力于平、桓；我周之东迁，晋、郑是依；子颓之乱，又郑之繇定。[①] (周语中)

在这一类引进动作行为的依据的功能中，“由”引介的宾语可以是代词，如“是”“之”等，如例(19)、(21)、(22)；有时宾语可以省略不现，如例(23)；有时可以组成“所”字结构，如例(20)；例(24)“又郑之繇定”其正常语序和结构当为“又繇(由)郑定”，“之”起到提宾作用。结合文意，此处是富辰劝谏襄王之语，极言郑对周的功勋，层层递进。可见“定”是最后一个分句的核心谓语。这一功能的“由(繇)”及其宾语一般也是用在所修饰的谓语动词之前。

“由”在《左传》《国语》中绝对使用数量虽然不多，不过其语法功能相对齐全。赵大明指出：“(‘由’)属于《左传》介词系统中功能最齐全的介词。”另据其统计，《左传》中“由宾”介词词组用在谓语之前的共24例，用在谓语之后的13例，而且这13例后置用法都出现在用于引进动作行为的原因这项功能中，以用在谓语动词之前为主。[②]《国语》中介词“由”没有引进动作行为的发出者的功能；另外“由”及其宾语组成的介宾结构全部都用在所修饰的谓语动词之前，这一点跟《左传》也有较大区别。《国语》中“由”作介词时，后面的宾语80%都是代词，其中60%为“是”，还有两例为“此”和“之”，这些代词指代上文出现的成分。这一

① 张以仁据汪远孙《国语明道本考异》云：“公序本‘繇’作‘由’，古通。”见《国语斠证》第65页，台湾商务印书馆1969年版。根据张以仁的斠证，各藏本《国语》此例中有作“繇”者，有作“由”者，据此也可见二者实可相通。

② 分别见于赵大明《〈左传〉介词研究》第439页和第444页，首都师范大学出版社2007年版。

点在《左传》中也有所体现，“由”后宾语为代词“是”者，共12例，《左传》使用比例不如《国语》高。《国语》中介词“由”用例较少，不过其语法功能也是相对齐全的，也可以引进多种成分，与《左传》相近。

“所由”在《左传》中共出现8例，其特点是：在所有介词中，可与“所”构成“所”字结构的不多，其中有“以”和“由”。此外动词和介词的辨识标准和原则，可以在“由”的动词和介词用法中找到更多的验证，我们可以观察句中“由”同核心动词的关系，有时“由”可以直接充当核心动词，如：

(25) 信不由中，质无益也。(隐公3.3)

(26) 宣子于是乎始为国政，制事典，正法罪，辟狱刑[①]，董逋逃，由质要，治旧洿，本秩礼，续常职，出滞淹。(文公6.1) [杨伯峻注：由质要，使用契约、账目。]

上述两例中“由”充当谓语动词是显而易见的，例(26)中的“由”同前后文的“制、正、辟、董”“治、本、续、出”等相对为文，用为动词无疑。此外，作为动词的“由”前可以有副词修饰，而介宾结构之前一般没有修饰成分，《左传》介词“由”的37个用例中，只有2例“由宾”结构前分别由副词“恒”和“非”修饰，即上文例(2)和例(16)。[②]

---

① “辟狱刑”《十三经注疏》本作“辟刑狱”。阮元《校勘记》：“石经、宋本、岳本、纂图本、足利本作‘辟狱刑’，《考文提要》同。与《正义》合。《释文》作‘辟狱’，是亦‘狱’字在上也。”见阮元校刻《十三经注疏》(清嘉庆刊本)第4013页，中华书局2009年版。此据阮说。

② 赵大明对“由”的用法特点探讨得已经相当全面，本书就赵著个别用例提出不同意见。《诗》曰：“下民之孽，匪降自天。僔沓背憎，职竞由人。”(僖15.4)此例引自《诗经·小雅·十月之交》。据杨伯峻注：《诗》意盖谓下民之灾祸，匪由天降，人相聚面语则雷同附和，相背则增疾毁谤，故皆当由人而生也，杨说主要采自郑玄笺。回到原文，“职竞由人”同“匪降自天”对文，这一点可以参见陈奂《诗毛氏传疏》：“由，从也。‘由人’与‘自天’对文。职竞由人，言不从天降，而主从人之竞为恶也。”“匪”为否定副词，修饰谓语动词“降”，“职”意谓“只”，表示限定的范围副词，修饰谓语动词“竞”(争也)，所以这两句话实际是对举的，可以理解为“匪自天降”和“职由人竞”，所以我们认为“由”和“自”都是用作介词的。赵大明认定其为动词的看法是可以商榷的。杨伯峻说见《春秋左传注》第366页，中华书局1981年版。陈奂说见程俊英、蒋见元《诗经注析》第580页，中华书局1991年版。

二 “因”的比较

“因”在《左传》中共出现91例，可以用作动词、介词和连词，还有个别人名、氏名用例。其中用作介词39例，占其全部用例的42.9%。赵大明在研究中根据“因”引介的成分跟动作行为之间的语义关系，将介词“因”的语法功能分为四类，即引进动作行为的媒介、引进动作行为的依据或条件、引进动作行为的原因和引进动作行为凭借的时机。[①]据统计，“因”在《国语》中共出现22例，可以用作动词（10例）、人名（1例：董因）、连词（2例）。另有介词用法10例，占全部用例的45.5%。使用数量远少于《左传》，两书中介词所占比重相近。

（一）引进动作行为的媒介

《左传》中13例，《国语》中1例。如：

（1）雍巫有宠于卫共姬，因寺人貂以荐羞于公，亦有宠。（僖公17.5）

（2）其必因郑而归王子与襄老之尸以求之。（成公2.6）

（3）无终子嘉父使孟乐因魏庄子纳虎豹之皮以和诸戎。（晋语七）

赵大明指出《左传》中“因”引进的媒介大多由表示人物的词语充当，《国语》仅1例引进媒介的用例，也是表示人物的词语。“因”所引进的宾语都是体词性的，这些宾语一般不能省略，“因”与宾语组成的介宾结构都用在谓语之前。此类功能的“因”相当于“通过”。

（二）引进动作行为的依据或条件

《左传》中4例，《国语》中6例。如：

（4）天子建德，因生以赐姓，胙之土而命之氏。诸侯以字为谥，因以为族。（隐公8.9）

（5）二子因民之欲叛也，请朝众而盟。（昭公14.2）

① 赵大明：《〈左传〉介词研究》第459页、463页，首都师范大学出版社2007年版。

(6) 晋侯问卫故于中行献子。对曰："不如因而定之，卫有君矣。"(襄公 14.9)

(7) 自若以处，以度天下，待其来者而正之，因时之所宜而定之。(越语下)

(8) 人自生之，天地形之，圣人因而成之。(越语下)

(9) 浚民之膏泽以实之，又因而杀之，其谁与我？(晋语九)

从以上用例可以看出，这一功能的"因"引进的宾语有时可以省略，比如例 (4)、(6)、(8)、(9)，省略的宾语可通过上文补出；"因"还可以引进其他体词性宾语，如例 (5)、(7)。在两书所有 10 个例句中，"因"后宾语省略的共 6 例，其他 4 例宾语都是体词性宾语。"因"及其宾语组成的介宾结构都用在谓语动词之前。这类"因"可以理解为"根据、依据"。

(三) 引进动作行为的原因

《左传》中 17 例，《国语》中 1 例。

赵大明将此类用法的"因"分为两个小类：一是"因宾"结构用在所修饰的谓语动词之前；一是"因宾"结构用在判断句中作谓语。[1]《国语》的用例属于前者。如：

(10) 虽然，因子而死，吾无悔矣。我实不天，子无咎焉。(襄公 23.3)

(11) 君幼弱，六卿强而奢傲，将因是以习，习实为常，能无卑乎！(昭公 16.4)

(12) 孔父嘉为司马，督为大宰，故因民之不堪命，先宣言曰："司马则然。"(桓公 2.1)

(13) 行之克也，将以害之；若其不克，其因以罪之。虽克与否，无以避罪。(晋语一)

① 见赵大明《〈左传〉介词研究》第 465 ~ 466 页，首都师范大学出版社 2007 年版。此处《左传》引例亦摘自该书。

上述4例属于第一小类。可以看出，“因”后的宾语都是体词性的，有时可以省略，如例（13）。“因”与宾语组成的介宾结构都用在谓语动词之前。又如：

（14）襄仲聘于宋，且言司城荡意诸而复之。因贺楚师之不害也。（文公11.3）

（15）齐高偃纳北燕伯款于唐，因其众也。（昭公12.1）

上述用例为“因宾”结构用在判断句中作谓语。“因”后的宾语也是体词性的。这一类用法的特点在于：“因”及其宾语组成的结构都可以提至谓语前，用作状语，同直接用在谓语动词之前的“因宾”结构是一致的，我们认为在判断句中作谓语的这一用法是为了强调表示原因的状语，所以后置。这一类“因”可以理解为“因为、由于”。

（四）引进动作行为凭借的时机

《左传》中5例，《国语》中2例。如：

（16）既葬，诸侯之大夫欲因见新君。（昭公10.4）

（17）吴人加敝邑以乱，齐因其病，取讙与阐，寡君是以寒心。（哀公15.4）

（18）不哀丧而求国，难；因乱以入，殆。以丧得国，则必乐丧，乐丧必哀生。因乱以入，则必喜乱，喜乱必怠德。（晋语二）

“因”引进的宾语一般都是体词性词语，如例（17）、（18），有时宾语可以承前省略，如例（16）。“因”及宾语组成的介宾结构全都用在所修饰的谓语动词之前。这一类“因”可以理解为“趁着”。

综上，可以总结介词“因”在两书中的异同。

《左传》中的使用数量远超过《国语》，不过在两书用例中所占比重比较接近；《左传》中介词“因”以引进动作行为的原因为最主要的功能，共17例，占全部介词用例的43.6%；其次是引进动作行为的媒介，13例，占33.3%；然后是引进动作行为凭借的时机，5例，占12.8%；最少的是引进动作行为的依据和条件，4例，占10.3%。《国语》与此差异较大："因"最主要的功能是引进动作行为的依据或条件，6 例，占全部用例的 60%，占绝对优势；其次是引进动作行为凭借的时机，2 例，占 20%；再次是引进原因和引进媒介，各 1 例，各占 10%。与《左传》正好相反。

《左传》和《国语》中"因"及其宾语组成的介宾结构一般都用在所修饰的谓语动词之前，尤其是《国语》，全部都用在谓语之前。《左传》"因"引进动作行为的原因的功能中有一部分作为判断句谓语的用例是例外。

（五）附论关于"因"动词、介词和连词区分的思考

我们在赵大明研究的基础上，以《左传》为例，对"因"的动词和介词、介词和连词的区分问题提出一些自己的思考。

赵著在分析了"因"的动词、连词和介词各种用法之后，还探讨了区分"因"的动词和介词用法的标准问题，赵氏指出："我们把'因'划分为两种词性，主要是依据它的语法化程度。在它所出现的句法结构相同、出现频率不相上下时，着重看它自身的功能和意义转化程度的高低。这里主要通过观察中心动词（即后一动词）的施事在句法结构中充当什么成分来鉴别，看它究竟是全句的主语呢，还是'因'的宾语"，并在文后具体举例对上述标准进行了说明。[①] 本书通过对介词的观察和考察以及对"动词—介词—连词"这一虚化链条的理解，在此对赵先生的观点进行部分补充。经常处在连动式前一动词的位置是动词语法化为介词的必要条件，所以判定的手段或依据可以总结为以下几个方面。

第一，根据汉语句子只能有一个主要谓语的原则，然后根据句子所表达的语义判断出主要谓语，也就是赵著所说的"中心动词"，其余次要的谓语性成分则应当另加分析，可能是助动词，也可能已经虚化为介词；第二，根据语法化原则，判断连动式前一动词是否已经足够虚化；第三，观察连动式的两个动词的语义关系，尤其后一动词的语义类型是重要的参考标准，由此我们判断：如果两个动作行为是前后相继的关系，那么就是连动式，如果不是前后相继的动作行为，而其中一个动作行为实际上只是另一动作行为发生、发展时的伴随状态，那么可以判断其为

① 见赵大明《〈左传〉介词研究》第 468～471 页，首都师范大学出版社 2007 年版。

介词；第四，该词所带的宾语表示的语法意义也需要作为一个重要的参照标准，前一动词（或介词）加宾语形成的结构跟后一动词呈现的语法关系和语法意义可以进一步验查我们前面的判定是否充分。下面我们进一步说明上述判定标准的施行办法。

“因”作动词可以分为两种情况[①]，第一种情况实际由于“因”基本处在主要谓语的地位，所以比较容易判定其为动词，尤其是一些句法结构相同的词组或分句形成并列关系，更有甚者一些述宾结构形成对举，为我们的判定提供了重要依据。如：

（1）亲有礼，因重固，间携贰，覆昏乱，霸王之器也。（闵公1.5）

（2）若奉晋之众，用诸侯之师，因邾、莒、杞、鄫之怒，以讨鲁罪，间其二忧，何求而弗克？（昭公13.3）

（3）则天之明，因地之性，生其六气，用其五行。（昭公25.3）

（4）昭公无道，国人奉公子鲍以因夫人。（文公16.5）

赵著提到上述例句“因”组成的述宾词组直接作谓语或用在连谓结构的后一动词的位置上。从例句中我们可以看出：“因”在句中分别同“亲”“间”“覆”，“奉”“用”，“则”，“奉”等动词分别组成述宾词组，形成一种明显的对举，尤其表明其动词性质。例（4）中两个述宾结构中间还有连词“以”表示动作或事件前后相承的关系。这种情况的“因”因为处在明显的主要谓语动词的位置，从语法位置上、上下文的语法关系以及文意上，能够比较直观地看出其动词性质。

（5）昔爽鸠氏始居此地，季萴因之，有逢伯陵因之，蒲姑氏因之，而后大公因之。古若无死，爽鸠氏之乐，非君所愿也。（昭公20.8）

此例中“因”的用法和意义是在上述4例基础上的引申，可以理解

① 见赵大明《〈左传〉介词研究》第460～462页，首都师范大学出版社2007年版。

为“继承、沿袭”等，作动词使用仍是比较容易直观判断出的。

第二种情况就相对复杂一些，因为“因”组成的述宾词组用在连谓结构的前一动词的位置上，从语法位置上来看，正是处于动词语法化为介词的有效位置上，这很有可能引起动词的虚化，而且就《左传》时期介词的位置特点来看，处在谓语成分之前是最主要最常见的语序。所以这一种情况下，动词和介词的区分就显得不容易把握了，例：

A 类

(6) 秋，郑伯因栎人杀檀伯，而遂居栎。(桓公 15.6)

(7) 易牙入，与寺人貂因内宠以杀群吏，而立公子无亏。(僖公 17.5)

(8) 蔡公使须务牟与史猈先入，因正仆人杀大子禄及公子罢敌。(昭公 13.2)

(9) 王子朝因旧官、百工之丧职秩者与灵、景之族以作乱。(昭公 22.5)

(10) 十一月，展舆因国人以攻莒子，弑之，乃立。(襄公 31.8)

(11) 夫人因戴氏之族，以杀襄公之孙孔叔、公孙钟离及大司马公子卬，皆昭公之党也。(文公 8.6)

以上例句中的“因”是动词，而以下 B 类例句在语法形式、结构关系等方面与 A 类例句极为相似，表面上很难一下子辨析是动词还是介词，这时需要用进一步的手段进行干预。先看例句：

B 类

(12) 雍巫有宠于卫共姬，因寺人貂以荐羞于公，亦有宠。(僖公 17.5)

(13) 赵宣子使因贾季问酆舒，且让之。(文公 7.5)

(14) 无终子嘉父使孟乐如晋，因魏庄子纳虎豹之皮，以请和诸戎。(襄公 4.7)

(15) 季孙惧，使因大宰嚭而纳赂焉，乃止。(哀公 24.4)

(16) 越子以甲楯五千保于会稽，使大夫种因吴大宰嚭以行成。(哀公1.2)

(17) 公为支离之卒，因祝史挥以侵卫。(哀公25.1)

赵大明在分析上面的例句时，指出A类例句中的“‘因’的宾语只是施事进行这一动作时通过的媒介或借助的条件，那么就可以认定‘因’已经转化为介词了。”并提出：“反之，如果动作的施事是‘因’的宾语，这宾语又是全句的主语实现其目的所依靠的对象，那么就可以认定‘因’是连谓结构中的动词，还没有转化为介词。”① 这种说法是有参考价值的判定手段，而且赵先生指出这种判定方法只适用于《左传》所在的上古时期，这是很谨慎的态度。本书认为赵氏在区分动词、介词时采用观察中心动词与宾语的方法是行之有效的，不过赵氏所做的解释尚不够确切，从赵著中我们也可以看出：“施事进行这一动作时通过的媒介或借助的条件”和“主语实现其目的所依靠的对象”两种表述正是“因”作为介词时都具有的语法意义，从而导致在区分词性时容易陷入混淆，鉴于此，笔者试提出更进一步的判定方法，看是否行之有效。还是先从例句入手：A类的6个例句中，表面看来施事主语分别是“郑伯”、“易牙”、“须务牟与史猈”、“王子朝”、“展舆”和“夫人”，而从文意入手，我们可以看出“因”后的宾语不仅参与了连动结构的后一动作行为，更重要的是这些宾语才是施事的主体部分，这说明上述表面上的施事主语只是施行动作行为的一个很小的组成部分，实际上是依靠、利用后面的施事主体完成的后一动作，这种情况下的“因”动词性质非常明显。B类6个例句表面上的施事主语分别是“雍巫”、“赵宣子使”、“孟乐”、“季孙使”、“大夫种”和“支离之卒”，与A类不同点在于这些主语是后面动作行为的唯一施动者，不难看出上述主语分别施行了“荐羞于公”“问酆舒”“纳虎豹之皮”“纳赂”“行成”“侵卫”的动作和行为，而“因”后的宾语，则是他们施行动作行为时的一种伴随状态或伴随条件，这些宾语绝不直接参与后面的动作，由此可以断定“因宾”结构是介宾结构。这就是上文笔者提出的第四条标准，即前词所带

① 见赵大明《〈左传〉介词研究》第468～469页，首都师范大学出版社2007年版。

宾语是作为主体同施事主语一起施行后一动作行为，还是施事主语施行动作行为时的一种伴随状态或条件，也是判定的一项重要参考。当“因”后的宾语不再是具体的人物、群体，而是更加抽象的某项条件时，“因”的介词词性进一步得以加强，其动词和介词用法的分别就更加明显了，比如：

(18) 二子因民之欲叛也，请朝众而盟。(昭公 14.2)

(19) 若因祸以毙之，则闻命矣。(昭公 12.10)

有时在一定的上下文中，“因”的宾语用“之”指代，有时“之”字可直接省略，如：

(20) 冬，巴人因之以伐楚。(庄公 18.5)

例（20）和例（16）都说明，“因”后的宾语已经非常抽象，绝不是后面动作行为的施事者，所以也可以看出，“因”在《左传》时期已经完成了虚化，相对来说也已经是较富代表性的介词了。上面提出的判定手段是否真正可行，还需要在其他介词的判定中加以验证。

此外，据赵著可以看出“因”在《左传》中作为比较成熟的介词，还表现在“因宾”介词结构引进动作行为的原因时，其语序可以出现在谓语动词之后，比如：

(21) 襄仲聘于宋，且言司城荡意诸而复之。因贺楚师之不害也。(文公 11.4)

(22) 齐高偃纳北燕伯款于唐，因其众也。(昭公 12.1)

(23) 六年春，郑灭许，因楚败也。(定公 6.1)

不过赵氏指出“因宾”结构“用在判断句中作谓语”，这一点本书认为是可以商榷的。我们认为句子的核心谓语在前面，而且完全可以把这些“因宾”结构还原到句子核心谓语即“聘于宋”、“纳北燕伯款于唐”和“灭许”之前。放在后面的“因宾”介词结构实际上是一种后置的状语，这些句子也不是判断句，而是强调原因状语的一种权宜手段。

三 “用”的比较

“用”在《左传》中共出现284例，动词是其最主要的用法，此外还可以用作名词、介词和连词。“用”作介词共23例，占全部用例的8.1%。[①] 介词“用”可以引进动作行为的原因，共8例；引进动作行为的工具和手段，共4例；引进动作行为旁及对象，共3例。

据考察，“用”在《国语》中共出现162例，可以用作动词、名词和介词。其中介词用法共10例，包括两种语法功能，一是引进动作行为的原因，共6例；一是引进动作行为凭借的工具或对象，共4例。从语法功能来看，“用”在《国语》中与《左传》大致相当，不过《左传》中“用”还有引进动作行为旁及对象的功能，《国语》未见。

（一）“用宾”结构引进动作行为的原因

在《左传》中，“用”及其宾语在句中有两种语法位置：一是用于其所修饰的谓语动词之前作状语，共8例；一是用于判断句中作谓语，后面有语气词“也”煞尾，仅1例。如：

（1）我无所监，夏后及商。用乱之故，民卒流亡。（昭公26.10）

（2）我敝邑用不敢保聚，曰：“岂其嗣世九年而弃命废职？”（僖公26.3）

（3）穆公不忘旧德，俾我惠公用能奉祀于晋。（成公13.3）

（4）民有寝庙，兽有茂草，各有攸处，德用不扰。（襄公4.7）

（5）帝用嘉之，封诸汾川。（昭公1.12）

（6）今我欲徼福假灵于成王，修成周之城，俾戍人无勤，诸侯用宁，蝥贼远屏，晋之力也。（昭公32.3）

---

① 赵大明：《〈左传〉介词研究》第472页，首都师范大学出版社2007年版。赵著统计“用”的介词用法共23例，我们将其中的“是用”看作连词结构在连词章内加以比较，故此处统计“用”单独用作介词共15例。

上述用例中“用”的功能是引进动作行为的原因，“用”及其宾语组成的介宾结构都用于其所修饰的谓语动词之前。其中例（1）“用”后紧跟宾语，宾语是由体词性成分充当的。后面5例中介词“用”后没有宾语，或者说宾语都省略了。这种在句中省略了宾语的介词“用”，在语法位置上就很容易同“用”的连词用法相混。赵大明指出“用”的介词和连词用法的区别：“介词主要出现在句中主谓结构之间，而连词主要出现在分句与分句或句子与句子之间。”①

赵著认为当介词“用”的宾语为代词“是”时，就形成了表示原因的“是用”这个惯用词组。笔者认为“是用”这个结构在《左传》时期同“是以”的结构性质是一样的，起初都是介宾结构，只是同一般的介词在前、宾语在后的顺序有别，这些结构中宾语都在介词之前。而这种结构早在《诗经》时期便已存在并使用，《左传》中共8例“是用”，其中引《诗经》5例，因此我们认为在上古汉语晚期，这种结构已趋于固定，可以视作连词性结构。所以我们将这些结构处理作连词，详见连词章。由此也证明赵著所指出的“（‘用’）是汉语中几个比较古老的介词之一”。② 如：

（7）夏，郑杀申侯以说于齐，且用陈辕涛涂之谮也。（僖公7.2）

此例“用”引进的宾语也是体词性结构，用作判断句的谓语，赵著指明这种用法在《左传》中仅此1例。

再看《国语》中的全部6例：

（8）及夏之衰也，弃稷不务，我先王不窋用失其官。（周语上）

（9）皇天弗福，庶民弗助，祸乱并兴，共工用灭。（周语下）

（10）其在有虞，有崇伯鲧，播其淫心，称遂共工之过，尧用殛之于羽山。（周语下）

（11）若药不瞑眩，厥疾不瘳。若跣不视地，厥足用伤。（楚语上）

① 赵大明：《〈左传〉介词研究》第481页，首都师范大学出版社2007年版。

② 赵大明：《〈左传〉介词研究》第480页，首都师范大学出版社2007年版。

(12) 句践用帅二三之老，亲委重罪，顿颡于边。(吴语)

(13) 为使者之无远也，孤用亲听命于藩篱之外。(吴语)

通过用例可见：《国语》中介词“用”所引进的宾语全都是省略不现的，其宾语都可在前文找出，这一点与《左传》的例（2）~（6）的用法相同；另外“用”及其宾语组成的介宾结构都用在所修饰的谓语成分之前。相比《左传》用作判断句谓语的功能而言，《国语》中“用宾”结构的位置是单一的。

（二）“用宾”结构引进动作行为的工具或手段

《左传》例如：

(14) 夏书曰：“戒之用休，董之用威，劝之以九歌，勿使坏。”(文公7.8)

(15) 及闳中，齐氏用戈击公孟，宗鲁以背蔽之，断肱，以中公孟之肩。(昭公20.4)

(16) 鞅用剑以帅卒，栾氏退，摄车从之。(襄公23.3)

上引例句中的“用”都是引进动作行为凭借的工具或手段，其引介的宾语都是体词性词语。其中例（14）为引用《尚书》，而且“用宾”结构位于其所修饰的谓语之后，由此可见，在更早的时期，“用”的介词用法便相对完善了；例（15）中的“用戈”和后面的“以背”相对应，分别修饰谓语核心“击”和“蔽”，更确定“用”的介词性质。例（16）中“用”的宾语为名词“剑”，“以”表示修饰，“用剑”介词结构修饰谓语“帅兵”。我们从《左传》中检得另一例，与此例相似，即：

(17) 齐乌枝鸣曰：“用少莫如齐致死，齐致死莫如去备。彼多兵矣，请皆用剑。”(昭公21.6)

此例同例（16）中的结构看起来相同，不过例（16）中“用剑”为介宾结构，修饰的是谓语核心“帅卒”，而例（17）中“用剑”是动宾结构，区分两者的关键在于：例（17）中的“用”是核心谓语动词，它的前面可以受副词“皆”的修饰，这一点是介词和介宾结构所不具备的。

《国语》中“用”用于引进动作行为凭借的工具或手段的用例，如：

（18）若事幸而从我，我遂践其地，其至者亦将不能之会也已，吾用御儿临之。（吴语）

（19）若金，用女作砺。若津水，用女作舟。若天旱，用女作霖雨。（楚语上）

上引例句中的介词“用”引进的是动作行为凭借的对象，例（18）中的宾语“御儿”是地名，用来表示这个地方的人民，可以理解为“御儿人”；例（19）中“用”的宾语都是代词“女”，出现3例，组成的介宾结构都修饰谓语核心“作”。这些用例中的“用”引进的凭借的对象可以理解为抽象的工具或手段。

（三）“用宾”结构引进动作行为旁及的对象

《左传》例如：

（20）是谓“观国之光，利用宾于王”。（庄公22.1）

赵大明指出此类功能的“用”共3例，其功能大致相当于“于”。全部引自《周易》，而且都出自《左传》庄公二十二年。因为学界对此用法尚有争议，我们认同暂将其中的“用”视为介词的看法。《国语》中未见此类“用”的用例。

四 “从”的比较

“从”在《左传》中共有575例，可以用作动词、形容词、连词和人名用字等。其中介词用法15例，占全部用例的2.6%。在《国语》中共出现174例，也可用作动词、形容词、名词等。其中介词用法3例，占全部用例的1.7%。“从”的介词用法在两书中所占的比重都较低。“从”后引进的宾语可以是体词性成分也可以是谓词性成分。“从”与其所引进宾语组成的介宾结构一般都位于谓语动词之前。根据语义关系将介词“从”的语法功能分为以下三种。

（一）引进动作行为旁及的对象

《左传》中有6例,《国语》中有2例。如：

（1）群蛮从楚子盟，遂灭庸。(文公16.4)

（2）与宋为恶，诸侯必至，吾从之盟。楚师至，吾又从之，则晋怒甚矣。(襄公11.2)

（3）既成昏，晏子受礼，叔向从之宴，相与语。(昭公3.3)

（4）丁卯，宋向戌如陈，从子木成言于楚。(襄公27.4)

（5）今命臣更次于外，为有司之以班命事也，无乃违乎！请从司徒以班徙次。(鲁语上)

（6）武从二三子以佐君为诸侯盟主，于今八年矣。(晋语八)

赵大明指出：上述例句中的“从”还包含“跟随”的意味，但是“从宾”结构所修饰的谓语动词的语义类型值得注意：“盟”“宴”“成言”等具有交际和言语义的动词，其语义类型与“从”的“跟从”“跟随”义有重要而明显的区别。这些动作行为要涉及另一个参与者，这个参与者一般要由介词来引进，这时“从”便承担起介词的职责。《国语》中的两个用例即例（5）和（6）中核心谓语动词分别是“班”和“佐”，语义类型同“从”也有明显的区别，“从”可以看作为介词，用以引进谓语动词所表示动作行为的主要参与者。本书认为此2例中的“从”可以处理作介词。另外,《国语》中还有以下几例需注意：

（7）内史过从至虢，虢公亦使祝、史请土焉。(周语上)

（8）小人忌而不思，愿从其君而与报秦，是故云。(晋语三)

（9）昔先主文子少衅于难，从姬氏于公宫。(晋语九)

上引例句中的“从”有明显的动词意味，其中例（7）和（9）中的

"从"当为动词，这在《左传》中也有类似用例，赵著中有所提及。[①] 例（8）中"从其君"和"报秦"是并列的动宾结构，"从"的跟随义非常明显，其中"与"是介词，用以引进动作行为受益的对象，其后的宾语为"其君"，此处承上而省。我们认为赵大明辨析"从"的介词和动词的多重综合的标准是可靠的。[②]

（二）引进动作行为起始或经由的处所

《左传》中有 8 例，《国语》未见。如：

（10）晋灵公不君，厚敛以雕墙，从台上弹人，而观其辟丸也。（宣公 2.3）

（11）丙戌，单子从阪道，刘子从尹道伐尹。（昭公 23.3）

（12）三月，吴伐我，子洩率，故道险，从武城。（哀公 8.2）

（13）公如死鸟，析朱鉏宵从窦出。（昭公 20.4）

赵大明指出："介词'从'在近、现代汉语中成为引进起点功能的最主要承担者，但是在《左传》中它只出现了 8 次，当时这一功能主要由'于'、'於'、'自'等承担。"[③]

（三）引进动作的起始的时间

《左传》和《国语》各 1 例。

（14）恃险与马，不可以为固也，从古以然。（昭公 4.1）

（15）三十二年春，宣王伐鲁，立孝公，诸侯从是而不睦。（周语上）

---

① 赵大明指出：作为动词的"从"，其宾语可以隐含不现，其后可以出现充当补语的介词词组等，介词"从"不可能具备这样的特点，本书例（7）与此相类；赵氏还指出：后一个动词含有位移义或者跟位置义有关，那么前面的"从"当为"跟随、跟着"义的动词，本书例（9）与此同。其中"于"为动词，跟位置义相关。见《〈左传〉介词研究》第 456 页，首都师范大学出版社 2007 年版。

② 见赵大明《〈左传〉介词研究》第 457 页，首都师范大学出版社 2007 年版。

③ 见赵大明《〈左传〉介词研究》第 457 页，首都师范大学出版社 2007 年版。

例（15）中介宾词组引进动作行为的时间，宾语“是”为代词，指代上文的“宣王伐鲁，立孝公”，“从是”意为从这个事件开始，介宾结构位于谓语动词之前。此例中“从宾”结构同核心谓语“不睦”之间结合得还不很紧密，还有连词“而”连接。

综上比较可以看出，《左传》中介词“从”用例虽不多，不过语法功能丰富，其中引进动作行为旁及对象出现6例，占全部介词用例的40%，《国语》中2例，占全部介词用例的66.7%；《左传》中引进动作行为起点的“从”出现8例，占53.3%，《国语》中未见此类用例；《左传》和《国语》中用以引进动作行为起始时间的“从”各出现1例。两书中介词“从”用例都很少，这一时期的“从”还处在从动词向介词转化的过程当中，有些用例存在动词和介词区分的纠葛。从语法位置上来看，介词“从”及其所引进的宾语组成的介宾结构都出现在谓语动词之前，两书相同。

五 “当”的比较

赵大明指出：“当”在《左传》中共出现71例，用作介词共8例，占全部用例的11.3%。此外还可以用作动词（62例），形容词（1例）。[①] 我们统计“当”在《国语》中共出现26例，其中用作介词5例，占全部用例的19.2%，另外21例全部用作动词。“当”在两书中都是非常用介词。

我们将两书全部13条用例列举如下：

（1）臧宣叔怒曰：“当其时不能治也，后之人何罪？子欲去之，许请去之。”（宣公18.5）

（2）栾武子曰：“不可以当吾世而失诸侯，必伐郑。”（成公16.5）

（3）子囊曰：“不可，当今吾不能与晋争。”（襄公9.4）

（4）当是时也，晋不可敌，事之而后可。（襄公9.4）

（5）当夏四月，是谓孟夏。（昭公17.2）

---

① 赵著指出：“当”有两种读音：（dāng）和（dàng），前者共有68例，其中动词60例，介词8例；后者共有3例，其中动词2例，形容词1例。见赵大明《〈左传〉介词研究》第484页，首都师范大学出版社2007年版。

(6) 当子之身，齐人伐鲁而不能战，子之耻也，大不列于诸侯矣。(哀公11.1)

(7) 当今不可，众怒难犯。(哀公25.1)

(8) 当武王邑姜方震大叔，梦帝谓己："余命而子曰虞，将与之唐，属诸参，而蕃育其子孙。"(昭公1.12)

(9) 自先王莫坠其国，当君而亡之，君之过也。(楚语下)

(10) 其在周，程伯休父其后也，当宣王时，失其官守，而为司马氏。(楚语下)

(11) 佐制物于前代者，昆吾为夏伯矣，大彭、豕韦为商伯矣。当周未有。(郑语)

(12) 府之童妾未既龀而遭之，既笄而孕，当宣王时而生。(郑语)

(13) 天既降祸于吴国，不在前后，当孤之身，寔失宗庙社稷。(吴语)

赵大明指出：《左传》中的介词"当"的语法功能很单纯，只用于引进动作行为发生或进行的时间，"当"及其引进的宾语组成"当宾结构"，全都出现在其所修饰的谓语动词之前。"当"引进的成分大多是体词性词语，也有少数谓词性词语，整体介宾结构可以理解为"（正）在某个时候"。从上述用例可以看出，赵大明对《左传》介词"当"的特点总结同样适用于《国语》，后面5例为《国语》中"当"的介词用例，"当"也只用于引进动作行为发生或进行的时间；"当"引进的全部都是体词性词语，未见其引进谓词性词语的用例，而《左传》中例（8）引进的是主谓结构；《国语》中"当宾"结构全都用于谓语动词之前，这点与《左传》是完全相同的，由此说明在整个《左传》《国语》时期，"当"用作介词时，在语法位置上都是用在谓语动词之前。观察《国语》用例本身，例（9）中"当君"和前面的"自先王"是相对应的，都是介宾结构："自先王"意为"自从先王以来"，"当君"意为"在您（君王）在位的时候"，它们各自修饰谓语"莫坠其国"和"亡之"，与以上也正好相对，则"当"的介词义非常明显了；例（12）中"既龀"、"既笄"和"当宣王时"都是并列的表示时间的结构，前两者由"时间副词+动词"构成，"当宣王时"与例（10）的用法相同，都是介宾结构，三者之后的“而”表示对其后核心动词的修饰、限定，例（2）的用法与此相近；例（11）中的“当周”是介宾结构，与《左传》中的例(3)、(7)中的“当今”结构性质完全相同；例（13）中的“当孤之身”可以与上文的“在前后”相应，都是介宾结构，共同修饰“失宗庙社稷”这一动宾结构。而且同《左传》例（6）中的“当子之身”结构、意义完全相同，可以互相对照。《左传》和《国语》中的介词“当”在语法位置、语法功能和语法意义诸方面没有什么差别。

六 “暨”的比较

“暨”在《左传》中共出现3例，用作介词1例，连词2例；在《国语》中出现1例，用为动词。赵大明指出：“（‘暨’的连词和介词）这两种用法跟‘及’的连词和介词用法完全相同”，“介词‘暨’的功能是引进跟施事进行同一动作行为的参与者——与事”。[①] 如：

（1）七年春王正月，暨齐平，齐求之也。（昭公7.1）

此例中“暨”用作介词，引进的宾语为名词“齐”，表示动作行为的共同参与者，相当于现代汉语的介词“跟”“同”等；“暨”与宾语组成的介宾结构修饰动词“平”，用在谓语动词之前。赵氏指出“暨”作为介词的这项功能同“及”引进对象的功能完全相同。

《国语》中“暨”的用例为：

（2）若七德离判，民乃携贰，各以利退，上求不暨，是其外利也。（周语中）

韦昭注：“暨，至也。”《国语》中仅此一例，从文意和语法位置上看，此“暨”用为动词无疑。该例中的“暨”也和“及”是相通的，不过是“及”的动词用法，“及”用作动词时可以表达“至、到”的意义。

① 见赵大明《〈左传〉介词研究》第497～498页，首都师范大学出版社2007年版。

七 “逮”的比较

“逮”在《左传》中共出现7例，可以用作动词和介词，其中动词4例，介词3例，介词用法是由动词用法语法化而来的。介词“逮”都用以引进与动作行为有关的时间。[①] 如：

（1）昔逮我献公及穆公相好，戮力同心，申之以盟誓，重之以昏姻。（成公13.3）

（2）逮夜，至于齐，国人知之。（哀公6.6）

（3）逮吴之未定，君其取分焉。（定公4.3）

前两例中“逮”及其宾语构成的介宾结构用以引进动作行为所到达的时间；例（3）中的介宾结构用以引进动作行为借助的时机。从用例可见，“逮”所引进的成分一般是体词性的，比如例（2）、（3），也可以引进复杂的谓语结构，如例（1）；“逮”及其宾语组成的介宾结构都用在其所修饰的谓语动词之前。对例（1）的说解存在分歧，赵著提到了这一点：“‘逮’所引进的时间跟前面的时间状语‘昔’在意义上有矛盾，但是如果说话人站在更早时间的立场上，此处用介词‘逮’也勉强可以说通。”此例杨伯峻注：“逮本训及，章炳麟《左传读》谓此‘逮’训‘及’不可通，‘逮’当读为‘隶’，古也。‘昔逮’即‘古昔’。此说可通。”[②] 根据章、杨的意见，“逮”用作时间名词，与“昔”为同义复用。我们认为此例中的“逮”的意义和用法与介词“当”意义和用法相当，“昔”用以表示追溯的时间状语，“逮我献公及穆公相好”意为

① 赵大明：《〈左传〉介词研究》第491～492页，首都师范大学出版社2007年版。赵著还指出：“逮”的动词义有两条：一是“追及、赶上”，为基本义；二是“达到、及至”，为引申义。“达到、及至”义是介词用法的来源。

② 杨伯峻：《春秋左传注》第861页，中华书局1981年版。章太炎说云：“逮若训及，则不可通。字从隶，声当借为‘隶’。《书·吕刑》‘群后之逮在下’，《墨子·尚贤》引逮作‘隶’，是二字通之证。《释诂》云：‘隶，古、故也。’隶之训今，与故同为相反之谊，其与古同训，故则本谊。隶为故，则即为古矣。昔古，犹古昔。《曲礼》曰‘必则古昔。’此言昔古我献公及穆公也。”说见《春秋左传读》第449页，载《章太炎全集》（二），上海人民出版社1982年版。

"当我们的先君献公与贵国的穆公交好的时候"，整个结构前面用"昔"，正是表示以前同现在的比较。所以认定"逮"引进时间是可行的。

《国语》"逮"共 6 例，全都用作动词，未见介词用例。如：

(4) 定百事，立百官，育门子，选贤良，兴旧族，出滞赏，毕故刑，赦囚系，宥闲罪，荐积德，逮鳏寡，振废淹，养老幼，恤孤疾，年过七十，公亲见之，称曰王父，敢不承。(晋语七)

(5) 始命百官，施舍已责，逮鳏寡，振废滞，匡乏困，救灾患，禁淫慝，薄赋敛，宥罪戾，节器用，时用民，欲无犯时。(成公 18.3)

上述 2 例分别为《左传》和《国语》中记载晋悼公即位后所采取的一系列力图中兴的措施，所载史实相近，不过详略有别，部分用词也有差别。其中"逮"用作动词，与前后位置相同的动词形成排比句式。

八 "比"的比较

赵大明指出："'比'在《左传》中共出现了 59 次……介词 7 次，占（全部用例的）11.9%。"① 据统计，"比"在《国语》中共出现 36 例。其中"介词"用法 3 例，占全部用例的 8.3%。介词"比"与其介引的宾语组成"比宾"词组，语法功能比较单纯，仅用于引进动作行为的时间，相当于"等到"。② 我们将两书"比"的介词用例全部列举如下。

(1) 比葬，又有宠。(昭 10.5)

(2) 比置，三叹。(昭公 28.4)

(3) 比及宋，手足皆见。宋人皆醢之。(庄公 12.1)

(4) 比及葬，三易衰，衰衽如故衰。(襄公 31.4)

---

① "比"除用作介词外，据赵大明统计，还可以用作动词（19 次）、形容词（3 次）、名词（4 次）、人名地名物名（26 次）。见赵大明《〈左传〉介词研究》第 493 页，首都师范大学出版社 2007 年版。

② 见赵大明《〈左传〉介词研究》第 497 页，首都师范大学出版社 2007 年版。

(5) 比执事之间，恐无及也。(襄公16.5)

(6) 齐侯曰：“比君之驾也，寡人请摄。”(定公13.1)

(7) 比其复也，君无乃勤？(哀公21.2)

(8) 比至，三衅、三浴之。(齐语)

(9) 比其和之而来，故久。(晋语三)

(10) 召之，使佐食。比已食，三叹。(晋语九)

从上面两书中全部10个“比”的介词用例可以看出：“比”之后都是引进谓词性成分。其中例（1）、（2）、（8）的“比”引进单个动词；例（3）、（4）中引进动宾结构；例（10）中动词前有时间副词作修饰语；例（5）、（6）为引进主谓词组，中间加“之”，使整个主谓结构具有体词性质；例（7）、（9）引进的是主谓结构。两书中介词“比”所引进的成分都是谓词性成分；在语法位置上，“比宾”结构都是用于谓语动词之前。使用数量有差异，两书“比”的使用特点、语法功能和语法位置等没有差别。

九 “方”“乎”“那”的比较

（一）“方”的比较

“方”可以用作介词，用以引进与动作行为相关的时间，相当于“当”。《左传》中“方”共96例，用作介词仅1例，还可以用作名词、副词等，《国语》中59例，其中用作介词2例，还可以用作名词、副词等。

(1) 方事之殷也，有韎韦之跗注，君子也。识见不穀而趋，无乃伤乎？(成公16.5)

(2) 方事之殷也，有韎韦之跗注，君子也，属见不穀而下，无乃伤乎？(晋语六)

(3) 方臣之少也，进秉笔，赞为名命，称于前世，立义于诸侯，而主弗志。(晋语九)

其中《左传》中的例（1）和《国语》中的例（2）为异文。只是

"识见"和"属见"以及"趋"和"下"的区分。[①]"方"为"正当、正赶上"义。"事"和"殷"之间加上"之"，使谓词性成分体词化，"方"用于体词性成分之前，作介词，引进动作行为的时间，表示在某个时间发生某事。

例（3）中"方"同上两例的介词"方"用法特点相同。通过与下文的对比更能凸显其介词性质，该例下文是：

及臣之壮也，耆其股肱以从司马，苛慝不产。及臣之长也，端委韠带以随宰人，民无二心。（晋语九）

三个并列分句，表示在人生不同阶段时，运用的词语分别是"方"和两个"及"，由此对文并结合语法特点，"方""及"同后面体词性成分组成介宾词组，用在谓语成分之前以引进动作行为发生的时间，由此可以确定"方"作介词无疑。

（二）"乎"的比较

《左传》和《国语》中的"乎"分别有739例和363例，绝大多数都用作语气词。两书中"乎"用作介词数量极少，《左传》3例，《国语》1例。如：

（1）且谚曰："心苟无瑕，何恤乎无家？"（闵1.6）

（2）余羸老也，可重任乎？七日不克，必尔乎取之！（襄公10.2）［杨伯峻注："尔乎"犹言"于尔"，谓必取尔首以谢不克之罪。］

（3）无亦监乎若敖、蚡冒至于武、文，土不过同，慎其四竟，犹不城郢。（昭公23.9）

---

① 例句中"识"和"属"是时间副词，"刚才"义。《经传释词》《词诠》等均释"识"作"刚才"。张以仁认为《国语》中有"识"字，不过未见时间副词用例。《国语》中异文作"属"，《左传》中"属"无时间副词用例。见张以仁《从文法语汇的差异证〈国语〉〈左传〉二书非一人所作》，《"中央研究院"历史语言研究所集刊》1962年第34本上册。又见《张以仁先秦史论集》第87页，上海古籍出版社2010年版。"趋"和"下"表意也相同。

(4) 今吾刑外乎大人，而忍于小民，将谁行武？(晋语六)

赵著指出：“(‘乎’在《左传》中）只有1次介词用法，而且还出现在所引用的谚语当中”，“‘乎’在上古汉语里是个比较常见的介词之一，但在《左传》中却不用作介词。这一点前人已经注意到，认为可能是由于方言的原因”。[①] 我们认为例（2）、（3）中的“乎”也是典型的介词用法，同例（1）相同，用作引进动作行为的对象，例（2）中“乎”引进的宾语前置于介词，例（3）中“乎”宾语是主谓结构。《国语》例（4）中“乎”的介词用法也是非常典型的，据韦昭注：“外者，刑不及也”“忍行之于小民”，可见“乎”的用法可与下文的介词“于”形成对举，更凸显其介词性质。从以上用例可以看出，介词“乎”及其所引进的宾语组成的介宾结构都用于谓语动词之后，这是介词“乎”的最重要的特点，两书中是一致的。

（三）“那”的比较

《国语》中“那”仅出现3例，其中用作介词1例，即：

上天降祸于越，委制于吴。吴人之那不穀，亦又甚焉。(越语下)

“那”的用法、功能和意义相当于“于”，可以理解为：“吴王对我，更是无情。”“之”加在主语同介宾结构之间，取消其独立性，使其成为体词性成分。王引之指出：“《尔雅》曰：‘那，於也。’於，读如字。郭(璞）读为‘於乎’之‘於’。又云：‘那，犹今人言“那那”也。’皆非。”王引之认为郭璞解释《尔雅》中的“那”不确。[②] 张以仁据王引之说，指出《国语》此例的韦注引用了《尔雅》的说法。并引用韦昭注“那，於也”。王引之《经义述闻》卷二十六指出：“爰、粤、于、那、都、繇，於也。”同时指出：“那，於此为介词”“《国语》只此一见”。[③]“那”用作介词在上古汉语是非常少见的，或与地域方言有关。

---

① 见赵大明《〈左传〉介词研究》第23页，首都师范大学出版社2007年版。

② （清）王引之：《经传释词》（黄侃、杨树达批本）第131～132页，岳麓书社1985年版。

③ 张以仁：《国语虚词集释》第219页，“中央研究院”《历史语言研究所专刊》之五十五，台湾商务印书馆1968年版。

本章小结

下面用表格的形式将《左传》《国语》中所使用的介词、各个介词的主要语法功能和出现次数呈现出来。《左传》的介词系统，我们主要依据赵大明已有的研究结论，对部分内容稍做调整：赵著中分析《左传》介词系统共 18 个介词，统计“乎”仅 1 例介词用法，本书得出《左传》的“乎”有 3 例介词用法；另外加上介词“方”和“那”的比较。

一 两书介词系统的构成比较

从表 1－14 可以看出：《左传》和《国语》的介词系统的构成是基本相同的。按照使用数量的多少，“以”“于”“於”“与”这四个高频介词在两书中的使用数量多少的排序是一致的。除此之外，《左传》其他介词按使用数量排序依次是：“诸”“自”“为（wèi）”“及”“因”“由”“用”“从”；《国语》的排序是：“自”“为（wèi）”“及”“诸”“由”“因”“用”。两书用例在 10 例以下的非常用介词有“为（wéi）”、“当”“比”“乎”“方”。此外《左传》中独有“逮”和“暨”，《国语》中独有“那”。两书体量本身的差异，致使两书的用例数量差距比较明显。

二 两书介词语法功能的比较

语法功能单一的介词有：“与”、“为（wéi）”、“当”、“比”、“逮”、“乎”、“暨”、“方”和“那”。除了“与”之外，其他介词使用数量都很少。语法功能较为复杂的介词有“以”、“於”、“于”、“诸”、“自”、“为（wèi）”、“及”、“因”、“用”、“由”和“从”，这些介词使用数量相对都较多。《左传》和《国语》介词的语法功能基本上是一致的，只有极少数介词的功能在《国语》中没有用例，而且这些功能的介词在《左传》中的用例也不多。详见表 1－14。

表 1－14 《左传》《国语》介词系统语法功能及见次统计对比

	在《左传》和《国语》中的语法功能及出现次数（《左传》:《国语》）*						总计
	引进处所	引进时间	引进对象	引进方式	引进原因	固定结构	
以		21：8	482：159	793：470	166：58	694：463	2156：1158
于	1201：120	12：10	246：37			2：0	1461：167
於	839：369	29：21	735：427			160：85	1763：902
与			332：110				332：110
及		93：30	98：12				191：42
诸	181：12		87：15				268：27
自	210：44	41：28	3：0				254：72
为（wèi）			125：44		121：24		246：68
为（wéi）			7：9				7：9
因		5：2	13：1	4：6	17：1		39：10
由（繇）	5：1	3：2	6：0	4：6	19：1		37：10
用			3：0	4：4	8：6	8：0	23：10
从	8：0	1：1	6：2				15：3
当		8：5					8：5
比		7：3					7：3
逮		3：0					3：0
乎			3：1				3：1
暨			1：0				1：0
方		1：2					1：2
那			0：1				0：1
总计	2444：546	224：112	2147：818	805：486	331：90	864：548	6815：2600

＊为方便比较，本表采用了赵大明对《左传》介词的语法功能分类（见《〈左传〉介词研究》第19页），在此基础上稍有调整：①“於”的各功能见次详见表1－5。“於”有用于谓语动词前和后两种位置，表中“於”的出现次数为两种位置见次之和，其中引进谓语所作说明的范围或前提功能与引进处所功能的见次合并（与赵著相同，参第64页脚注①），引进时间和引进对象见次合并，得到本表数据。②“自”的具体见次详见表1－6。《左传》中“自”的功能分布详见赵大明《〈左传〉介词研究》第430～431页。其中引进动作行为起始的处所和引进范围起点的功能见次加以合并，得到本表数据。③“繇”介词用法同“由”，表中将二词的见次合并，其中“由”“繇”在《左传》《国语》中见次分别为36：9和1：1。④其他未做表格统计的介词的见次详见本书正文的相应描写。⑤本表《左传》介词出现次数主要依据赵大明的数据，本书统计《左传》中“乎”3见，多于赵著1见；“方”1见，故《左传》介词总次数多于赵著3例。

三 介宾结构语法位置的比较

介词及其所引进的宾语所组成的介宾结构既可以用于所修饰的谓语动词之前，也可以用于谓语动词之后。

我们将“于”“於”“诸”“乎”分为一小类，将其他介词分为另一小类。其区别在于：前四个介词及其引进的宾语所组成的介宾结构以用在谓语动词之后为主，而其余介词组成的介宾结构以用于谓语动词之前为主。其中有些介词及其宾语组成的介宾结构只能用于谓语动词之前，如：“与”“从”“比”“当”“暨”“逮”“方”，有些只能用在谓语动词之后，比如“於”“诸”“乎”。两书在这一点上体现出明显的一致性。不过也有部分用例存在不同，比如“由”“因”“用”等介词，《国语》中这些介词及其宾语全部用于谓语动词之前，而《左传》中存在用在谓语动词之后的用例。

总体来看，两书中用于谓语动词之前和之后的介宾结构使用数量和比重大致相当而以用在谓语动词之后稍多。详见表 1 - 15。

四 两书与《论语》《晏子春秋》《孟子》的介词比较

司马迁认为《左传》的作者是“鲁君子左丘明”，《国语》同《左传》又有十分密切的关系；目前学界普遍认同《晏子春秋》和《孟子》系用齐鲁方言创作而成，由此可见《左传》、《国语》、《论语》、《晏子春秋》和《孟子》的语言是具有比较研究的基础和价值的。本书将《左传》和《国语》的虚词研究结论与杨伯峻的《论语词典》、姚振武的《〈晏子春秋〉词类研究》、崔立斌的《〈孟子〉词类研究》等专书词类研究的成果进行比较，希望由此能够寻得证明它们关系的蛛丝马迹。

《论语》（以下简称《论》）的介词系统①：于^{8}、於^{200}、以^{96}、与^{40}、乎^{27}、诸^{18}、为^{17}、及^{4}、当^{2}；

《晏子春秋》（以下简称《晏》）的介词系统：以^{800}、于^{443}、於^{7}、与^{77}、乎^{60}、为^{45}、自^{13}、因^{7}、从^{6}；

---

① 本书有关《论语》《晏子春秋》和《孟子》的虚词研究结论分别采用杨伯峻、姚振武、崔立斌的相关著作。虚词后的上标数字表示该虚词在文献中的使用次数。

表 1－15　《左传》《国语》中介宾结构与谓语成分位置关系对比

	介宾结构语法位置的出现次数及频率				前后总计之比
	用于谓语成分之前		用于谓语成分之后		
	《左传》	《国语》	《左传》	《国语》	
“于宾”（1628）**	7（0.5%）*	0	1454（99.5%）	167（100%）	7：1621
“於宾”（2665）	228（12.9%）	122（13.5%）	1535（87.1%）	780（86.5%）	350：2315
“诸宾”（295）	0	0	268（100%）	27（100%）	0：295
“乎宾”（4）	0	0	3（100%）	1（100%）	0：4
小计（4592）***	235（6.7%）	122（11.1%）	3260（93.3%）	975（88.9%）	357（3.8%）：4235（45.0%）
“以宾”（3314）	1903（88.3%）	1008（87.0%）	253（11.7%）	150（13.0%）	2911：403
“自宾”（326）	187（73.6%）	55（76.4%）	67（26.4%）	17（23.6%）	242：84
“为宾”（330）	222（87.7%）	75（97.4%）	31（12.2%）	2（2.6%）	297：33
“与宾”（442）	332（100%）	110（100%）	0	0	442：0
“及宾”（233）	190（99.5%）	42（100%）	1（0.5%）	0	232：1
“由宾”（47）	24（64.9%）	10（100%）	13（35.1%）	0	34：13
“因宾”（49）	30（76.9%）	10（100%）	9（23.1%）	0	40：9
“用宾”（33）	17（73.9%）	10（100%）	6（26.1%）	0	27：6
“从宾”（18）	15（100%）	3（100%）	0	0	18：0
“比宾”（10）	7（100%）	3（100%）	0	0	10：0
“当宾”（13）	8（100%）	5（100%）	0	0	13：0
“暨宾”（1）	1（100%）	0	0	0	1：0

续表

	介宾结构语法位置的出现次数及频率				前后总计之比
	用于谓语成分之前		用于谓语成分之后		
	《左传》	《国语》	《左传》	《国语》	
“逮宾”（3）	3（100%）	0	0	0	3 : 0
“方宾”（3）	1（100%）	2（100%）	0	0	3 : 0
“那宾”（1）	0	1（100%）	0	0	1 : 0
小计（4823）	2940（88.6%）	1334（88.8%）	380（11.4%）	169（11.2%）	4274（45.4%）: 549（5.8%）
总计（9415）	3175（46.6%）	1456（56.0%）	3640（53.4%）	1144（44.0%）	4631（49.2%）: 4784（50.8%）

* 赵大明指出：此处用于谓语动词之前的 7 例“于宾”结构全部引自《诗经》。《左传》中的“于宾”全部用于谓语动词之后，见《〈左传〉介词研究》第 81 页，首都师范大学出版社 2007 年版。

** 此竖列中括号内的数字为每个介词在两书中出现次数之和。

*** 表中两处小计，第一处为两书中主要用于谓语成分之后的介宾结构见次，第二处为两书中主要用于谓语成分之前的介宾结构见次。为突出对比结果，两处小计及总计处附上占全部用例的比重。

《孟子》（以下简称《孟》）的介词系统：以[418]、于[32]、於[512]、与[98]、为[66]、乎[45]、自[27]、由[23]、诸[22]、及[11]、当[10]、从[3]、焉[1]。

从介词系统的构成来看：几部文献中出现的主要介词是相同的，而且使用频率的排序也是相近的。只是《左传》《国语》的介词系统更为完善一些，有一些介词是《论》《晏》《孟》所不具备的，不过相对而言使用数量都较少、使用频率不高。

在语法位置方面，《论》、《晏》和《孟》中少部分“于宾”结构可用在动词之前，一般都用在动词之后；“乎宾”和“诸宾”结构都用于谓语动词之后；其余介宾结构都以用在谓语动词之前作状语为主。比较可见在“介宾”的语法位置方面，这些文献共有的介词基本上是一致的。

不同点表现在：《论》《晏》的介词系统相对简单，其他三书介词系统都比较复杂；《晏》《孟》中的“于”不用于引进时间，跟《左传》《国语》稍有不同，不过《左传》《国语》中“于”引进时间的用例也都较少，使用频率不高，可见“于”引进时间的功能是次要的。

《晏》中多用“于”而少有“於”，《论》《孟》《国语》中都以“於”为主，“于”用例很少，而《左传》中“于”“於”数量相近。

“乎”在《论》《晏》《孟》中以用作语气词为主，分别为104例、163例、219例，介词用例分别为27例、60例、45例，可见“乎”的介词用法也是较常见的；而在《左传》《国语》中“乎”用作语气词占了绝对优势（见语气词比较），介词用例极少，这是最明显的不同。

第二章 《左传》和《国语》的连词比较

第一节 “而”的比较

“而”是古汉语中最常见、最主要的连词之一：使用数量多，语法功能丰富多样，用法复杂。何乐士对《左传》的连词“而”已经做过深入细致的研究[①]，本书依据何文的研究方法和步骤，着重对《国语》中“而”的连词用法进行考察和分析，同时注意同何文的研究结果进行比较。

连词“而”在《左传》中有3041例，在《国语》中有1517例，在其各自的连词系统中都是使用数量最多的一个连词。何乐士将《左传》连词“而”分为两大类：单句中的“而”和复句中的“而”，并指出：“单句划分的主要原则是主语的单一与否：如果‘而’连接的前后两项都属于同一个主语的动作或状态，则为单句。如果A和B（即前后两项）分别为两个主语的动作或状态，则为复句。”[②] 本书对单句和复句的划界问题不做过多的辨别，根据何文的分类意见，同时也出于比较的方便，我们对《国语》中的“而”进行了同样的分类，经过统计得出相关数据，并同《左传》中的相关数据用表2－1对比如下。

表2－1 《左传》《国语》中连词“而”分类统计

	《左传》		《国语》		总计	
	见次	频率	见次	频率	见次	频率
单句中的“而”	2464	81.0%	1276	84.1%	3740	82.0%

① 何乐士：《〈左传〉的连词“而”》，见《〈左传〉虚词研究》（修订本）第447～479页，商务印书馆2004年版。

② 何乐士：《〈左传〉的连词“而”》，见《〈左传〉虚词研究》（修订本）第447页，商务印书馆2004年版。

续表

	《左传》		《国语》		总计	
	见次	频率	见次	频率	见次	频率
复句中的“而”	418	13.8%	191	12.6%	609	13.4%
固定组合	159*	5.2%	50	3.3%	209	4.6%
总计	3041	100%	1517	100%	4558	100%

*何乐士统计《左传》中“而”词组215例，占连词用例的7.1%，何氏为描写方便，将“而又”“而遂”“而亦”等结合并不紧密的词组也纳入词组之列，我们将这些情况仍归入单句之中，因此本表中《左传》部分数据与何文中的“单句中的‘而’”略有差异，表中的“固定组合”只包括“既而”“而况”“而后”“而已”等组合。数据统计虽有出入，不过行文中对这些内容都有相关分析和比较。

从表2-1的数据比较可以看出：在《左传》和《国语》中，连词“而”都以用在单句中为主，所占比重都在80%以上，《国语》中的比重稍高；用在复句中的“而”在两书中所占比重相当。从两书的总体情况来看，这一时期汉语中的连词“而”是以用在单句中为主的。

一 用在单句中的“而”

连词“而”在单句中所连接的前后项可以由多种成分充当，前后两项可以都是谓词性词语，也可以都是体词性词语，也可以分别是体词性词语和谓词性词语，我们根据“而”所连接的前后项的语法性质进行分类，并与《左传》的相关研究结论进行比较。

（一）［动（A）·而·动（B）］

“而”连接的前后两项都是谓语动词，这两项动词都是由同一主语发出的，两项动词分别用A和B来表示。这是“而”最常见的用法，《左传》中出现2003例，占全部连词用例（3041例）的65.9%；《国语》中出现1034例，占全部连词用例（1517例）的68.2%。连接两项动词的“而”具有多种语法功能，可以表示两项之间的并列关系、顺承关系、转折关系等。

1. 表示并列关系

（1）先王之于民也，懋正其德而厚其性，阜其财求而利其器用，明利害之乡，以文修之，使务利而避害，怀德而畏威，故能保

世以滋大。(周语上)

(2) 昔君之不纳公子重耳而纳晋君，是君之不置德而置服也。(晋语三)

(3) 父事狐偃，师事赵衰，而长事贾佗。(晋语四)

(4) 惠公既即位，乃背秦赂。使丕郑聘于秦，且谢之。而杀里克。(晋语三)

上述4例中“而”连接的都是动词性结构，其所连接的前后两项之间是并列关系，其中例(2)中“而”连接的前后两项为同一个动词，前一个动词前有否定副词修饰，形成[不动·而·动]的格式，这种用法在《左传》和《国语》中都是比较常见的，不过一般情况下，“而”前后两项动词不是同一个动词，这一点我们在下文将专门讨论；例(3)是三项之间的并列，“而”仍表示并列关系，三项之间形成排比句式；例(4)的“而”前项是相对复杂的兼语式，动词“使”和“杀”的主语都是上文的“惠公”，“而”表示并列关系，是指惠公一方面对外让丕郑去秦国修好，一方面对内除掉里克，两者之间是并列的。

2. 表示顺承关系

(5) 吾子勉之，有宣子之忠，而纳之以成子之文，事君必济。(晋语六)

(6) 悼公与司马侯升台而望曰：“乐夫!”(晋语七)

(7) 鲁侯归而卒，及鲁人杀懿公而立伯御。(周语上)

表示顺承关系的“而”与表示顺承关系的“以”相似，所联系的前后两项谓语动词之间存在时间上的先后相承的关系。上面3个用例中“而”连接的都是动词性词语，有些动词形式较复杂。例(5)中“而”前项为动宾结构，后项可以看作动补结构，其中的“以”用作介词，“以成子之文”这一介宾结构是修饰谓语核心动词“纳”的；例(6)和例(7)的前一个“而”都是典型的表示顺承关系的用例，其中前后项很明显存在先后关系，先升台然后才能望，先归而后卒。“而”用于表示顺承关系是其常见用法之一。

3. 表示其他关系

(8) 秦师将袭郑，过周北门。左右皆免胄而下拜，超乘者三百乘。(周语中)

(9) 詹曰：“臣愿获尽辞而死，固所愿也。”(晋语四)

(10) 昔禹致群神于会稽之山，防风氏后至，禹杀而戮之，其骨节专车。(鲁语下)

(11) 二者不行，又重之以误人，而丧其君，有大罪三，将安适？(晋语三)

(12) 今虢公动匮百姓以逞其违，离民怒神而求利焉，不亦难乎！(周语上)

“而”连接两项动词性词语可以表示多种关系，上述例（8）和例（9）中“而”的前项表示后项的状态或方式；例（10）和例（11）的后项表示的是前项的结果，“而”连接前后项表示结果关系；例（12）中“而”连接的后项表示前项的目的。结果关系和目的关系之间的辨别方法，我们在连词“以”的比较中提及，“而”连接两项谓词性词语的用法和功能与“以”是相同的，所以我们认为“以”的辨别方法同样适用于“而”。值得注意的是例（10）的“杀而戮之”，相似的用例再如：

(13) 君不道于我，我欲以吾宗与吾党夹而攻之，虽死必败，君必危，其可乎？(晋语六)

(14) 及栾弗忌之难，诸大夫害伯宗，将谋而杀之。(晋语五)

(15) 郤至奉豕，寺人孟张夺之，郤至射而杀之。(成公 17.10)

何乐士分析例（15）时指出：表示动作及其结果的“A 而 B”式孕育着动补式。《左传》中“射而杀之”共 3 例，此外还有不少其他相似的用例，上引《国语》的例（10）、（13）和（14）分别有“杀而戮之”、“夹而攻之”和“谋而杀之”，还有其他一些用例。据初步观察，这类用例中“而”连接的后项动词多为“戮”和“杀”。从两书的具体用例来看，“而”前后两个动词之间的关系还不是很紧密，有时后项表示前项的结果，如例（10）和例（15）；有时后项表示前项的目的，如例（13）、（14），表示目的的明显标志是两例中前文“欲”和“将”的存在，“欲”“将”表示尚未发生，因此“而”的后项动词表示前项欲达到的目的。另外，认为这种用例孕育着动补式，我们认为发展为动补式需要一个必要条件：从考察的实际来看，只有“而”连接的前后两项都是光杆动词，而且两个动词必须同时支配相同宾语，这样“A 而 B”才有可能向动补式转化。

（二）［动·而·动］的否定形式

［动·而·动］具有多种否定形式，我们所说的否定形式包括整个结构的否定形式，也包括前后两项有一项使用或者两项都使用否定形式的用例。如：

（16）为礼而不终，耻也。中不胜貌，耻也。华而不实，耻也。不度而施，耻也。施而不济，耻也。耻门不闭，不可以封。（晋语四）

（17）今无故而加典，非政之宜也。（鲁语上）

（18）大臣享其禄，弗谏而阿之，亦必及焉。（周语上）

（19）其上贪以忍，其下偷以幸，有纵君而无谏臣，有冒上而无忠下。（晋语一）

（20）未殁而亡政，不可谓武；有子而弗胜，不可谓威。（晋语一）

（21）不谋而谏，不忠。不图而杀，不祥。（晋语三）

（22）昔吾之不纳公子重耳而纳晋君，是吾不置德而置服也。（晋语三）

上述用例中“而”所连接的前后两项之间至少有一项是否定形式，比如例（16）包括两种形式：“VP_1 而不 VP_2”（“为礼而不终”“华而不实”）和“不 VP_1 而 VP_2”（“不度而施”）；例（17）包括的否定形式是“无 NP 而 VP”（“无故而加典”），与其他用例的不同之处在于“无”在此例中用作动词，“故”是宾语，“而”连接的前项表示后项的状态或方式；例（18）是“弗 VP_1 而 VP_2”形式，例（19）是“有 NP 而无 NP”格式，与例（17）相近而又有所不同，“而”连接的前后两项都是动宾结构，动词语义为有无类动词；例（20）包括两类形式：“未 VP_1 而 VP_2”和“有 NP 而弗 VP”；例（21）为“不 VP_1 而 VP_2”形式；例（22）是“不 VP_1 而 VP_2”形式，特殊之处在于动词形式“VP_1”和“VP_2”是同一个动词，一般情况下“而”的这些否定形式中的动词不能是同一个动词，不过也有少数例外。上述多种所谓的否定形式可以进行总结和归纳，何乐士将《左传》中“而”的这类用例主要归纳为两类，即“VP_1 而/不（无、弗、勿、未）VP_2”和“不（无、弗、勿、未、匪）VP_1 而 VP_2”。实际上《国语》的用例都可以纳入这两种类型当中，只是表现形式有所变化，《左传》中也不乏上举变化形式。

前项动词与“而”之间有停顿的情况

“而”所连接的前项动词之后有时可能出现语气词，诸如“也”“矣”“焉”等，何先生认为这种形式表示“‘而’同前后两项动词连接程度不是相等的，它与 A 连接较松，主要是把 B 跟 A 连接起来”，笔者同意这种看法。《国语》中用于单句的此类用法共 26 例，《左传》中 32 例。如：

（23）夫晋侯非嗣也，而得其位，亹亹怵惕，保任戒惧，犹曰未也。（周语上）

（24）齐侯长矣，而欲亲晋。管仲殁矣，多谗在侧。（晋语四）

（25）使富都那竖赞焉，而使长鬣之士相焉，臣不知其美也。（楚语上）

这种形式的“而”多表示前后两项之间的转折关系，“而”可理解为“却、反而”。

（三）［形（A）·而·形（B）］或［形·而·动］、［动·而·形］

《左传》中有 149 例，占全部连词用例的 4.9%；《国语》中有 82 例，占全部连词用例的 5.4%，比重相近。如：

（26）其君骄而多私，胜敌而归，必立新家。（鲁语上）

（27）大家、邻国将师保之，多而骤立，不其集亡。（晋语一）

（28）吾闻之，申生甚好信而强，又失言于众矣，虽欲有退，

众将责焉。(晋语二)

(29) 柔而不屈，强而不刚，德虐之行，因以为常。(越语下)

(30) 游有乡，处有所，好学而不戏。(晋语七)

前三例分别为“形（A）而形（B）”、“形而动”和“动而形”的用例；例（29）、(30) 中有“形（A）而不形（B）”“动而不形”的用例，这说明“而”连接前后两项为形容词或分别为形容词、动词时，同样具有相应的否定形式，这也表明形容词谓语与动词谓语一样。我们可以统称为谓词性词语。

（四）［名·而·动］

《左传》中共出现171例，占全部连词用例的5.6%；《国语》中出现76例，占全部连词用例的5.0%，比重相近。“而”的前项是名词，后项是动词或谓语，可以分为两种：其一，“而”的前项在句中充当主语；其二，“而”的前项为时间名词。如：

(31) 匹夫专利，犹谓之盗，王而行之，其归鲜矣。(周语上)

(32) 君作而顺则故之，逆则亦书其逆也。(鲁语上)

(33) 亡人而国荐之，非敌而君设之，非天，谁启之心！(晋语四)

(34) 国君而雠匹夫，惧者从矣。(晋语四)

(35) 人有言曰：唯食可以忘忧。吾子一食之间而三叹，何也？(晋语九)

(36) 夫十年谋之，一朝而弃之，其可乎？(越语下)

上述用例中例（31）~(34) 中“而”之前的名词充当主语，这类用法的“而”大多数用以表示前后两项之间的假设关系，如例（31）、(32)；也可以表示转折关系，如例（33）、(34)；例（35）、(36) 中“而”前的名词由时间词语充当。相较而言，《左传》中“而”连接的前项为名词时，名词类别较丰富，不过使用数量都较少，如：

(37) 元年春，楚子围蔡，报柏举也。里而栽，广丈，高倍。(哀公1.1)

(38) 晋侯观于军府，见钟仪，问之曰："南冠而絷者，谁也？"（成公 9.9）

以上两例据何乐士分析，其中的名词分别为表示距离或表示衣冠的词语，在《左传》中各出现 1 例，《国语》中未见用例。

(五)［介宾·而·动］和［动·而·介宾］

《左传》中出现 50 例，占全部连词用例的 1.6%；《国语》中出现 26 例，占全部用例的 1.7%，两者比重接近，都是比较少见的用法。如：

(39) 比其和之而来，故久。（晋语三）

(40) 浚民之膏泽以实之，又因而杀之，其谁与我？（晋语九）

(41) 自先王莫坠其国，当君而亡之，君之过也。（楚语下）

上述三例中"而"的前项分别是"比宾"结构、"因（宾）"结构和"当宾"结构。其中的"比"、"因"和"当"都是介词，在介词章有专门介绍。除此之外，"而"前的介宾结构还有"以宾""及宾""与宾"等结构，这些形式在《左传》中均可找到相应的形式。两书的不同在于，《左传》除"介宾·而·动"以外还有"动·而·介宾"的形式，而"动·而·介宾"在《国语》中未见，不过这种用例在《左传》中仅出现 1 例，即：

(42) 今令尹不寻诸仇雠，而于未亡人之侧，不亦异乎！（庄公 28.3）

(六) 用例较少的结构形式

《左传》和《国语》中用例较少的其他几种形式包括：［数·而·动］、［名·而·名］/［动·而·名］、［（非）名/代·而·疑问代词］、［疑问词语·而·动］等。如：

(43) 夫战，勇气也。一鼓作气，再而衰，三而竭。（庄公 10.1）

(44) 君之出也处己，入也烦己，饥食其籴，三施而无报，故来。(晋语三)

上述两例是［数·而·动］格式，“而”前的词语由数词或数词结构充当，《左传》中数词直接作谓语，《国语》中此例与之有所不同。不过例（43）数词“再”“三”之后可依据前文补出省略的核心谓语“鼓”，这就出现了同例（44）相应的结构。再如：

(45) 夫郤氏，晋之宠人也，三卿而五大夫，可以戒惧矣。(周语下)

(46) 叔鱼生，其母视之，曰：“是虎目而豕喙，鸢肩而牛腹，溪壑可盈，是不可餍也。”(晋语八)

“而”可以用来连接两个体词性成分，这在《左传》和《国语》中均有体现，不过相对来说，用例是比较少的，尤其是“动而名”结构，两书各仅有 1 例。即：

(47) 夫以城来者，必将求利于我。夫守而二心，奸之大者也。(晋语九)

(48) 帅师者，受命于庙，受脤于社，有常服矣。不获而尨，命可知也。(闵公 2.7)

《国语》中［（非）名/代·而·疑问代词］这种结构仅出现 3 例，《左传》中只有 5 例。《国语》的全部用例都出自《晋语》。

(49) 天未丧晋，无异公子，有晋国者，非子而谁？(晋语四)

(50) 范匄自公族趋过之，曰：“夷灶堙井，非退而何？”(晋语六)

何乐士将此类分为两小类：第一类最后的疑问代词为“谁”，如《国语》的例（49），仅此 1 例，《左传》中有 3 例；另一类最后的疑问代词为“何”，如例（50），《国语》中有 2 例，《左传》中有 2 例。

《国语》中［疑问词语·而·动］的结构有8例，《左传》中有9例。

(51) 王曰："利何如而内，何如而外?"(周语中)

(52) 公惧曰："若何而可?"(晋语四)

(53) 骊姬曰："吾欲为难，安始而可?"(晋语一)

(54) 吾问于王孙包胥，既命孤矣；敢访诸大夫，问战奚以而可?(吴语)

(55) 秦人欲战。秦伯谓士会曰："若何而战?"(文公12.6)

(56) 子荡射子罕之门，曰："几日而不我从!"(襄公6.2)

(57) 牛谓叔孙："见仲而何?"(昭公4.8)

比较上述用例，《左传》中此类结构中的"疑问词语"可以是由"若何""若之何""几"与其他词语组成；而《国语》中此类结构与《左传》有相同之处：疑问词语都可以用"若何"，如例(52)；不过相对而言两书表现出的不同点较多：《国语》中的疑问词语有"何如""奚""安"等，相对丰富；《左传》中有［动·而·疑问词语］的用例，仅1例，而《国语》中未见。详见表2-2(连接成分对应正文的相应分类)。

表2-2 《左传》《国语》中用在单句中的"而"连接成分的见次比重对比*

		《左传》		《国语》		总计	
		见次	比重	见次	比重	见次	比重
(一)(二)	动而动	2003	83.3%	1060**	83.1%	3063	83.2%
(三)	形而形	69	2.9%	31	2.4%	100	2.7%
	形而动	59	2.5%	43	3.4%	102	2.8%
	动而形	21	0.9%	8	0.6%	29	0.8%
(四)	名(主语)而动	99	4.1%	37	2.9%	136	3.7%
	名而动(谓语)	73	3.0%	39	3.1%	112	3.0%
(五)	介宾而动	49	2.0%	26	2.0%	75	2.0%
	动而介宾	1	0.04%	0	0	1	0.03%

续表

		《左传》		《国语》		总计	
		见次	比重	见次	比重	见次	比重
（六）	数词而动	3	0.1%	2	0.16%	5	0.14%
	名而名	15	0.6%	19	1.5%	34	0.9%
	（非）名而代	5	0.2%	3	0.2%	8	0.2%
	疑问词而动	9	0.4%	8	0.6%	17	0.5%
总计		2406	100%	1276	100%	3682	100%

* 此表中统计两书用在单句中的“而”的见次和所占比重。其中比重为该项数量在单句全部使用量中的比例。其中《左传》的数据依据何乐士《〈左传〉的连词“而”》，何文统计用在单句中的“而”共2408例，结合其文内分析，实际共2406例，此表加以调整。

** 《国语》中的“而”使用在一般［动·而·动］结构中共1034例，另外有26例“而”出现在紧承“也”“矣”等煞句的小句后的分句句首，因此共计1060例。

以上是用在单句中的连词“而”的使用情况和特点，通过对《国语》的考察以及与《左传》的比较，我们发现“而”的基本使用形式或结构在两书中都是齐备的，此外，《左传》中还有一些比较特殊的使用形式，比如［名·而·谓］中名词除时间名词外还有表示距离和表示衣物的词语、［动·而·疑问词语］等形式是《国语》所不具备的，不过相对而言，这些形式用例都很少，其间的差别还是很细微的。

从各种形式的用例数量尤其是所占比重可以看出：在两书中，用在单句中的连词“而”都以连接谓词性词语为主，用例所占比重都达到用在单句全部用例的83%强，而且比重极为接近，这是“而”的连词用法的一大特点；相比而言，“而”用以连接其他成分的用例都较少，在两书中的比重也非常相近，表现出极强的一致性。

二 用在复句中的“而”

《左传》中共418例，《国语》中共191例。何乐士指出用在复句中的连词“而”“特点有二，一是标志分句主语的转换，二是配合文义表示分句之间的关系”。[①] 前文我们已经交代，划分单句和复句的标准是采用何先生的观点：看“而”连接的两项是否为同一主语。以此标准出

① 何乐士：《〈左传〉的连词“而”》，见《〈左传〉虚词研究》（修订本）第469页，商务印书馆2004年版。

发，则复句中的“而”当具备上述特点和功能。

（一）标志主语转换

（58）夫乐不过以听耳，而美不过以观目。（周语下）

（59）若晋以男戎胜戎，而戎亦必以女戎胜晋，其若之何！（晋语一）

从用例来看，“而”前后的主语明显地改换了，这类用例较易判断，因为前后分句的主语都出现了，找出句中主语即可。不过《国语》同《左传》一样，有一些“而”连接的后项中主语省略的情况，这就给判断带来了一定的麻烦，如：

（60）伐虢之役，师出于虞。宫之奇谏而（ ）不听，（ ）出。（晋语二）

（61）姜与子犯谋，（ ）醉而（ ）载之以行。（ ）醒，以戈逐子犯。（晋语四）

上述例句中括号内可以补出主语，这些主语省略了，不细加体会，很可能出现错误。相对来说，《国语》中“而”连接的后项省略主语的情况不像《左传》那样普遍。

（二）“而”表示分句间的各种关系

“而”可以表示顺承、并列、转折等各种语义关系，在复句的运用中也不例外。如：

（62）王遂置之，而嬖是女也，使至于为后而生伯服。（郑语）

（63）其享觐之币薄而言谄，殆请之也；若请之，必欲赐也。（周语中）

（64）诸侯有盟未退，而鲁背之，安用齐盟？（晋语八）

其中例（62）及上文的例（61）中的“而”表示前后的顺承关系；

例（63）及例（58）、（59）都表示并列关系；例（64）和例（60）表示转折关系。不过我们也发现顺承关系同转折关系的界限不是绝对的，比如例（60），我们可以看作转折关系，不过理解为顺承关系，即“宫之奇进谏在先、虞公不听在后”，也无不可。

何乐士指出《左传》中有1例“而”可用于表示选择，《国语》中未见“而”选择连词的用例。《左传》例为：

（65）毋宁使人谓子，“子实生我”，而谓“子浚我以生”乎？（襄公24.2）

（三）“而”与语气词的衔接

《左传》“而”用在复句中，它所连接的前面的分句句末可以有语气词“也”、“矣”、“乎”和“焉”等，《国语》中除“乎”之外，其他语气词都有相应用例。如：

（66）夫利，百物之所生也，天地之所载也，而或专之，其害多矣。（周语上）

（67）甚哉，善之难也！君改葬共君以为荣也，而恶滋章。（晋语三）

（68）晋公子生十七年而亡，卿材三人从之，可谓贤矣，而君蔑之，是不明贤也。（晋语四）

（69）周固羸国也，天未厌祸焉，而又离民以佐灾，无乃不可乎？（周语下）

例（66）、（67）中前一句的句末用语气词“也”，例（66）中“也”表示判断语气，例（67）表示陈述语气。何乐士认为《左传》中“而或”有两例，可以看作固定组合，“而或”有“却或”之义，表示转折。不过“而或”在这一时期用例较少，而且据考察“或”在这一时期一般都是用作无定代词的，因此笔者不主张将“而或”看成固定组合，而应将其视作一般用例，比如例（66），“而”可以表示假设关系，“或”用作无定代词，意为“如果有人专（垄断）利”，当然认为其中的“而”

表示转折关系也是讲得通的，只是理解为假设关系较合理。其中的“或”存在被分析为假设连词的可能，也就是认为此句中的假设语义是由“或”承担的，不过据笔者考察，先秦时期“或”的连词用法很少见，所以将其处理为无定代词或更符合语言实际[①]；例（68）中语气词“矣”是对已然情况的肯定陈述，用在句末表示前一句语义上的让步，从而更体现出“而”的转折意味；例（69）中的“焉”已经具有了语气词的作用，删除的话不影响原义，不过其指代作用尚未完全虚化，因此可以将其视为兼词。[②] 这样前面句末用兼词“焉”，紧承以连词“而”表示转折语义更为强烈。

通过以上比较，可以发现，连词“而”在两书中的使用存在很多共同点，这应是该时期“而”的连词用法的共同特点。不过《左传》《国语》两书表现出更多的一致性，尤其是从使用数量及所占比重的对比可以看出较多相近之处。

第二节 “以”的比较

我们在介词章内对《左传》和《国语》中“以”的用法进行了全面的统计，“以”可以用作介词、连词、动词和副词等。“以”用作连词在《左传》中出现1201例，占全部用例（3392例）的35.4%；在《国语》中出现517例，占全部用例（1690例）的30.6%。连词用例所占的比重在两书中是相近的。“以”的连词使用数量在两书中都是仅次于介词数量而居于第二位的。何乐士和赵大明对《左传》中的连词“以”都有比较详细地研究和考察，本书在他们研究的基础上，着重对《国语》中的连词“以”进行研究，进而与《左传》中的连词“以”进行比较。

从连词“以”所连接成分的语法性质来看，“以”可用于连接词、短语和句子等句法成分，绝大多数连接的两项均为谓词性成分，少部分

---

① 何乐士认为“而或”有“却或”之义，见《〈左传〉的连词“而”》，载《〈左传〉虚词研究》（修订本）第475页，商务印书馆2004年版。“或”在先秦汉语时期主要用作无定代词，也有少量副词用法，少见的连词用例也都是用作选择连词。具体研究结果可见刘利、周广干《“或”、“或者”的意义虚化过程及动因》，载《训诂学与词汇语义学论集》第93~108页，语文出版社2011年版。

② 见李小军《先秦至唐五代语气词的衍生与演变》，北京师范大学出版社2013年版。

也可以用以连接非谓词性成分和谓词性成分。

一 “以”连接非谓词性词语和谓词性词语

（一）连接介词词组与谓词性词组

《左传》中出现34例，占全部连词用例的2.8%；《国语》中出现12例，占全部连词用例的2.3%，用例都较少，所占比重都较低，只是两书所占比重相当。如：

（1）不哀丧而求国，难；因乱以入，殆。（晋语二）

（2）因骄以制人家，吾不敢。（晋语二）

（3）是以先王之祀也，以一纯、二精、三牲、四时、五色、六律、七事、八种、九祭、十日、十二辰以致之。（楚语下）

（4）今将先明而后祖，自玄王以及主癸莫若汤，自稷以及王季莫若文、武，商周之蒸也，未尝跻汤与文、武，为不踰也。（鲁语上）

上述前3例中“以”前的成分分别为“因乱”、“因骄”和“以一纯、二精、三牲、四时、五色、六律、七事、八种、九祭、十日、十二辰”。例（3）中的第二个“以”字是介词，宾语冗长，该例中第三个“以”是连词。在《左传》中也有相似用例：

（5）天子建德，因生以赐姓，胙之土而命之氏。（隐公8.9）

（6）我实不德，而以隶人之垣以赢诸侯，是吾罪也。（襄公31.6）

（7）自日中以争，至于昏，晋人许之。（昭公13.3）

例（5）同例（1）、（2）用法完全一致；例（6）同例（3）的用法是一致的，不过相比较来说介词“以”的宾语比较简单，其实质上的使用特点是一致的；例（7）和例（4）的相同之处在于：“以”前的成分都是介词“自”及其宾语组成的“自宾”结构，其后的成分都是动宾结构，动词为“及”，“至、到”的意义，因此“自……以/及……”与“自……以至/致……”这两种结构是相同的。两例的差别在于：例（4）中介宾结构同连词“以及”后面的成分之间没有间隔，而例（7）中介宾结构及修饰的动词在前，可以看作一个小分句，而例（4）可以看作例（7）的紧缩式。

（二）连接表示时间或处所的体词性词语与谓词性词语

《左传》中出现13例，占全部用例的1.1%；在《国语》中出现5例，占全部用例的1.0%。两书所占比重很接近。如：

（8）自卿以下至于师长士，苟在朝者，无谓我老耄而舍我，必恭恪于朝，朝夕以交戒我。（楚语上）

（9）使吾甲兵钝獘，民人离落，而日以憔悴，然后安受吾烬。（吴语）

（10）彼将有他志，余姑为之求士，而鄙以待之。（昭公20.2）

《国语》中这类用法的“以”所引进的前项内容都是表示时间的词语，没有表示处所的成分，《左传》中的例（10）“以”的前项是表示处所的成分。

（三）连接介词词组和方位词

《左传》中出现37例，占全部用例的3.1%；《国语》中出现15例，占全部用例的2.9%，所占比重相当接近。如：

（11）自今以往，知忠以事君者，与詹同。（晋语四）

（12）自今日以后，内政无出，外政无入。（吴语）

（13）是故天子祀上帝，公侯祀百辟，自卿以下不过其族。（晋语八）

（14）君子劳心，小人劳力，先王之训也。自上以下，谁敢淫心舍力？（鲁语下）

上述用例中，例（11）、（12）中“自宾以……”的结构在句中用以表示动作行为的时间；例（13）、（14）中“自……以……”的结构用于表示范围。《左传》中此类用例还可以用于表示处所，《国语》未见。如：

(15) 分曹地，自洮以南，东傅于济，尽曹地也。(僖公31.1)

比较发现，《左传》中连接介宾结构与方位词的“以”之后的方位词较为丰富，包括“往、来、上、下、东、西、南、北”[①] 等，而《国语》中“以”后的方位词主要是“上、下、往、后”，未见其他用例。

(四)“以”的固定组合

“以”可以同其他词语组成固定组合，比如“以及”“以至于”“以至于”“因以”等。《左传》中8例，占全部用例的0.7%；《国语》中8例，占全部用例的1.5%。如：

(16) 申生有罪，不听伯氏，以至于死。(晋语二)

(17) 乃使旁告于诸侯，治兵振旅，鸣钟鼓，以至于宋。(晋语五)

(18) 是不布利而惧难乎？故能载周，以至于今，今王学专利，其可乎？(周语上)

(19) 吾不用子之言，以至於此，为之奈何？(越语下)

上述用例中，例(16)“以至于死”表示结果；例(17)和(19)表示处所，例(19)的代词“此”是指前文的“会稽”；例(18)表示时间。《国语》中这类固定组合共8例，其中“以至于”5例、“以至於”3例；《左传》中“以至于”出现4例，“以至於”只出现1例。如：

(20) 右广初驾，数及日中，左则受之，以至于昏。(宣公12.2)

(21) 女既勤君而兴诸侯，牵帅老夫以至於此。(襄公10.2)

上述两例中“以至于(於)”连接的成分分别表示时间和处所。没有出现表示结果的用例。

① 何乐士：《〈左传〉的连词“以”》，见《〈左传〉虚词研究》(修订本)第208页，商务印书馆2004年版。

二 “以”连接两个谓词性词语

《国语》中连词“以”连接两个谓词性词语共477例，占全部用例的92.3%；《左传》中此类用法的“以”共出现1109例，占全部用例的92.3%，该用法“以”的使用数量在全部用例中所占的比重是一致的。连接两个谓词性词语是连词“以”最重要的语法功能。《国语》中的连词“以”所连接的前后项之间的关系包括以下几类：目的关系、结果关系、状态或方式关系、顺承关系和并列关系。何乐士、赵大明都从这一角度对《左传》中的连词“以”进行了描写。需要指出的是，上述分类是依据“以”所连接的前后项之间的语义关系来进行判断的，各种关系之间的界限并不是截然分明的。下面我们分别进行分析和比较。

（一）并列关系

《国语》中有29例，占全部连词用例的5.6%；《左传》中有73例，占全部连词用例的6.1%。《左传》中使用的绝对数量多，两书用例比重相差不大。并列关系的前后之间可以互换位置而不影响文意，“以”可理解为“并且、而且”。如：

（22）其上贪以忍，其下偷以幸，有纵君而无谏臣，有冒上而无忠下。（晋语一）

（23）晋国其谁不为子从，何必和？盍密和，和大以平小乎！（晋语八）

（24）夫越王好信以爱民，四方归之，年谷时熟，日长炎炎。（吴语）

（25）有五利以去五难，谁能害之？（昭公13.2）

（26）褚师段逆之以受享，赋《常棣》之七章以卒。（襄公20.6）

一般而言“以”连接的前后项都是谓词性词语，如上述例（22）~（25），谓词性词语可以由动宾结构充当，如例（23）、（24）、（25）；可以由形容词充当，如例（22）；值得注意的是例（26），此例赵著未引，特殊在于“以”连接的前后项都是体词性词语，由名词充当，“《常棣》

之七章以卒”意谓“《常棣》的第七章和最后一章”。这种连接并列的体词性词语的“以”，两书中仅此一例。

一般而言“以”只用于连接两项，如上举各例。有时可连接多项，但最多只能连接三项，连接三项时，“以”都用在最后两项之间，如：

(27) 九年春王三月癸酉，大雨霖以震，书始也。(隐公 9.1)

(28) 君抡贤人之后有常位于国者而立之，亦抡逞志亏君以乱国者之后而去之，是遂威而远权。(晋语八)

一般研究都认为例 (27)“大雨霖以震”中的“雨”为动词，“大雨霖”为一个动宾结构，同后项动词“震”并列。笔者认为此例当是三项并列，并列的三项是雨、霖和震。杨伯峻注文云：“霖雨为久雨，当不止一日。《经》作‘大雨震电’，《传》作‘大雨霖以震’，文异而义同，所谓错综成辞”。[①] 也就是“雨”久方成“霖”，《左传·隐公九年》有“自三日以往为霖”的记载，可见“霖”现而“雨”未止，两者可以同时出现，不过“雨”是成“霖”的必要条件。在“雨”“霖”的同时可以再出现“震”的天气。据此我们认为此为三项并列，这三项都是动词；例 (28) 的整体结构是“抡（选择）/VP 者”，其中“逞志亏君以乱国”是三项并列的成分：逞志、亏君、乱国。三项都由动宾结构充当，三项之间语义为并列关系。

可见，古汉语的连词系统是有所分工的：“以”绝大多数是连接谓词性词语，一般连接两项是并列关系。这和“及”“与”等连词正好相对：“及”“与”都以连接体词性词语表示其间的并列关系为主。这也从一个侧面反映出连词系统是自足的，其内部成员的语法功能是互补的。

（二）顺承关系

《国语》中 57 例，占全部用例的 11.0%；《左传》中 159 例，占全部用例的 13.2%。顺承关系主要表现在前后两项之间有时间或事理上先后相承的关系。“以”可理解为“于是”。如：

① 杨伯峻：《春秋左传注》第 64 页，中华书局 1981 年版。

(29) 为弧服者方戮在路，夫妇哀其夜号也，而取之以逸，逃于褒。(郑语)

(30) 毛以示物，血以告杀，接诚拔取以献具，为齐敬也。(楚语下)

(31) 晋既执诸侯之柄以临我，将成其志以见天子。(吴语)

《国语》中表示顺承关系的"以"连接的后一动词有些是位移义动词，如例（29）中的"逸"，此外还有"奔、出、行"等。赵大明指出《左传》中此类用例的动词多含位移义，比如"归、出、行、逃、出奔"等，但不仅限于此[①]，如例（30）、(31)，此外两书中还有一些给予类动词，如赐、与等。判断顺承关系不能仅从动词的语义类型出发，更主要的是看前后动词之间有无时间、事理的相承关系。

（三）结果关系

《国语》中 52 例，占全部用例的 10.1%；《左传》中 84 例，占全部用例的 7.0%。表示结果关系的"以"可以理解为"以至"或"以致"。如：

(32) 王不忍小忿而弃郑，又登叔隗以阶狄。(周语中)

(33) 武子之季、文子之母弟也。武子宣法以定晋国，至于今是用。文子勤身以定诸侯，至于今是赖。(晋语七)

(34) 寡君不佞，不能事疆埸之司，使君盛怒，以暴露于弊邑之野，敢犒舆师。(鲁语上)

以上前两例中"以"连接的前后两项都是由动词性词组充当，例(34)"以"前一项是兼语结构"使君盛怒"，其后的成分应是省略了使动词"使"和兼语"君"的结构，补充完整当作"以（使君）暴露于弊邑之野"。"以"表示结果时连接的前后项可由多种谓词性词语充当，包括分句。《左传》中用以表示结果关系的"以"除连接一般的谓词性结构外，表示结果关系的"以"可以在其所连接的连动结构和复句之间

① 赵大明:《〈左传〉介词研究》第 199 页，首都师范大学出版社 2007 年版。

交错使用，有时可以用在表示结果关系的复句之间，形成排比，如：

(35) 沈尹戌言于子常曰：“夫左尹与中厩尹，莫知其罪，而子杀之，以兴谤讟，至于今不已。……今吾子杀人以兴谤，而弗图，不亦异乎！……今又杀三不辜，以兴大谤，几及子矣。子而不图，将焉用之？”(昭公27.6)

(36) 城濮之役，晋无楚备，以败于邲。邲之役，楚无晋备，以败于鄢。(昭公5.4)

（四）状态或方式关系

《国语》中127例，占全部用例的24.6%；《左传》中230例，占全部用例的19.2%。状态或方式关系是指“以”连接的前项所表示的动作行为或性质状态是后项的状态或方式。[①]如：

(37) 及臣之长也，端委韠带以随宰人，民无二心。(晋语九)

(38) 若从君而走患，则不如违君以避难。(鲁语下)

(39) 武从二三子以佐君为诸侯盟主，于今八年矣。(晋语八)

(40) 我先君襄公不敢宁处，使叔孙豹悉帅敝赋，踦跂毕行，无有处人，以从军吏，次于雍渝。(鲁语下)

(41) 夫太子，君之贰也。恭以俟嗣，何官之有？(晋语一)

(42) 君若恣志以用重耳，四方诸侯，其谁不惕惕以从命！(晋语四)

例（37）中“端委韠带”是对后项动词“随”的一种修饰，表示状态；例（38）中“以”与前一分句的“而”相对，“以”连接的前项“违君”同前一分句的“从君”相对，同例“避难”和“走患”也是相对的，其语义重点在于强调“以”之后的“避难”，这与前一分句语义

① 赵大明提出了区分状态方式关系和目的关系、结果关系的办法：一是根据语义侧重点：状态方式关系侧重于后项谓词性词语表示的动作行为或状态；二是考虑前后动作行为之间的时间差：表示状态方式关系的前后两项动作是同时进行的。我们认为表示状态或方式关系的“以”所连接的前后两项最重要的判定方法是：是否有明显的“伴随”状态。

侧重强调“走患”相同，“从君”和“违君”是两种方式；例（39）、（40）“以”之前的动词是“从”“帅”，其中例（40）中的“踦跂毕行，无有处人”可以看作补充说明成分，全句可以按照“悉帅敝赋，以从军吏”来理解。赵大明指出《左传》中表示状态或方式关系的“以”前一个谓语中心常具有“奉陪、带领、跟随”义，常见的前项动词包括：“奉、抚、佐、相、辅、扶、携、帅、将、率、随、从、御”等。[①] 从《国语》的用例来看，特点与《左传》相近，只是《国语》中动词较少，除上两例外，还有“将、佐、奉、率”等；例（41）、（42）“以”的前项分别为“恭”和“惕惕”是形容词，以此表示后项的状态或方式，《左传》中亦不乏其例。总体看来，两书中表示状态或方式关系的“以”是相同的。

（五）目的关系

《国语》中212例，占全部用例的41.0%；《左传》中563例，占全部用例的46.9%。表示前后项之间的目的关系是连词“以”在两书中最常见的用法，可见表示目的关系是“以”最主要的语法功能。[②]如：

（43）令之不从，上之患也，故圣人树德于民以除之。（周语下）

（44）设之以国家之患而不疚，退问之其乡，以观其所能而无大厉，升以为上卿之赞。（齐语）

（45）不腆先君之币器，敢告滞积，以纾执事；以救弊邑，使能共职。（鲁语上）

（46）王不如设戎，约辞行成，以喜其民，以广侈吴王之心。（吴语）

（47）天子作师，公帅之，以征不德。元侯作师，卿帅之，以承天子。（鲁语下）

① 赵大明：《〈左传〉介词研究》第195～196页，首都师范大学出版社2007年版。

② 目的关系主要表现为后项是前项所欲达到或实现的目的，至于如何判定前后项是不是目的关系以及如何辨别目的关系同其他关系（主要是结果关系），何乐士和赵大明在研究《左传》中的“以”时都已经提出，此处不再赘举。

以上例（43）中“以”连接的是两个动宾结构；例（44）、（45）和（46）中“以”连接的是分句，其中例（45）、（46）是“以”连接的目的关系的并列使用；例（47）“以”用在复句当中，陈述两种并列的目的关系。上述用例“以”连接各项的类型在《左传》中都有相应的用例。再如：

（48）夫差先自败也已，焉能败人。子修德以待吴，吴将毙矣。（楚语下）

（49）今将反此义以报此祸，吾王敢无听天之命，而听君王之命乎？（越语下）

（50）子盍尽国以赂外内，无爱虚以求入，既入而后图聚。（晋语二）

上引3例，“以”连接的后项动词分别为“待”、“报”和“求”，再如例（44）中的“观”，这些动词本身都含有主观意图。何乐士总结道：“这类表示前面动作行为的目的的句子大都含有施动者的主观意图，当‘以’后为‘图’、‘求’、‘诱’、‘逞’、‘无（勿）’、‘说（悦）’、‘报’、‘待’、‘观’等含有主观意图的动词（或副词）时，表示目的的意味就更加明显。”何先生提出两条判定的方法：一是从语义内容上去理解主观意图；二是从形式上观察“以”前后谓词的特点。赵大明在此基础上加上了第三条：考虑“以”本身是否还有一定的表意作用。① 《国语》中这类用法的“以”连接的后项具有主观意图的动词除上面几个之外，还有“逞”“告”等，相比起来，《左传》中同类动词用例更为丰富。

在以上分析的基础上，将《左传》《国语》中连词“以”的各种语法功能进行统计和量化，得出表2－3。

① 何乐士说见《〈左传〉的连词“以”》，载《〈左传〉虚词研究》（修订本）第192页，商务印书馆2004年版。赵大明说见《〈左传〉介词研究》第188页，首都师范大学出版社2007年版。

表 2－3 《左传》《国语》中连词“以”语法功能分类对比

		《左传》		《国语》		总计	
		见次	比重	见次	比重	见次	比重
连接两项谓词性词语	表示目的关系	563	46.9%	212	41.0%	775	45.1%
	表示状态方式关系	230	19.2%	127	24.6%	357	20.8%
	表示结果关系	84	7.0%	52	10.1%	136	7.9%
	表示顺承关系	159	13.2%	57	11.0%	216	12.6%
	表示并列关系	73	6.1%	29	5.6%	102	5.9%
	小计	1109	92.3%	477	92.3%	1586	92.3%
连接非谓词性词语	连接介词词组和谓词	34	2.8%	12	2.3%	46	2.7%
	连接体词性词语和谓词	13	1.1%	5	1.0%	18	1.0%
	连接介词词组和谓词	37	3.1%	15	2.9%	52	3.0%
	小计	84	7.0%	32	6.2%	116	6.8%
	组成固定格式	8	0.7%	8	1.5%	16	0.9%
	总计	1201	100%	517	100%	1718	100%

从表 2－3 的统计数据可以看出，“以”用作连词在两书中都是以连接两项谓词性词语为主，两书的使用数量虽然存在较大差别，不过在各自全部连词用例中所占的比重是完全一致的。通过总计也可以看出，连词“以”以连接前后谓词性词语为主；连接非谓词性词语和谓词性词语以及组成固定格式的用法是“以”的次要功能，用量较少，所占比重低。

就连词“以”的语法功能来看，各项语法功能在使用数量和所占比重方面的排序在两书中保持高度一致：表示目的关系都是其最主要的功能，然后依次是表示状态方式、顺承、结果和并列的关系，有些功能的比重存在一些细微差别；在连接各种非谓词性词语和谓词性词语的用法上两书相应功能的比重也是非常接近的。

第三节　“则”的比较

“则”在《左传》中有 548 例，其中用作连词 466 例，占全部用例的 85.0%；在《国语》中有 418 例，其中用作连词 370 例，占全部用例的 88.5%，两书中“则”都以用作连词为主。相对其他连词而言，“则”

不仅用例多，而且用法较为复杂。由此可见，在这一时期的汉语当中，“则”虚化程度已经很高，是一个比较纯粹的连词了。除用作连词之外，“则”在两书中都有名词、动词和副词的用例，此不赅举。以下讨论连词“则”在两书中使用的异同。

“则”的连词用法比较复杂，可以用作让步连词、转折连词、假设连词和承接连词等。其中承接连词又可以分为顺承和逆承两类。以往关于连词“则”的研究尚未形成定论，对连词“则”的分类也没有统一的意见。我们认为关键在于对“则”承接连词的认识不够，表示承接关系是“则”的基本功能。就不同的连词用法，我们分别陈述和比较如下。

一 让步连词

《左传》中5例，《国语》中10例。让步连词“则”，表示对现有情况或已发生的事实的承认，“则”所在分句加以让步，后一分句陈述在已做出让步的情况下会出现的情况，一般带有转折的意味。“则”可以理解为“的确”“倒是”等。如：

（1）多则多矣，抑君似鼠。夫鼠，昼伏夜动，不穴于寝庙，畏人故也。（襄公23.8）

（2）涉佗曰：“夫子则勇矣。然我往，必不敢启门。”（定公10.4）

（3）周公及武公娶于薛，孝、惠娶于商，自桓以下娶于齐，此礼也则有。若以妾为夫人，则固无其礼也。（哀公24.3）

（4）子则贤矣。抑晋国之举也，不失其次，吾惧政之未及子也。（周语中）

（5）临下之乐则乐矣，德义之乐则未也。（晋语七）

（6）包胥曰：“善则善矣，未可以战也。”（吴语）

让步连词“则”都用在前一分句，后一分句有时有转折连词与之呼应，比如例（1）、（4）中的“抑”、例（2）中的“然”。例（3）和（5）中的第二个“则”也是转折连词，在同一例句中出现，就更加明确地体现了句义表达让步和转折的意味。例（6）中的“善则善矣”在同一语境中共出现4例。

二　转折连词

《左传》中24例，《国语》中10例。转折连词“则”表示语义上的转折，其表示转折的意味相对来说比较委婉，“则”所连接的后一部分与前一部分所要达到的目的和所陈述或预测的情况相反，可以理解为“却”。如：

(7) 晋卿不如楚，其大夫则贤，皆卿材也。(襄公26.10)

(8) 夫莒仆，则其孝敬，则弑君父矣；则其忠信，则窃宝玉矣。(文公18.7)

(9) 凡诸侯嫁女，同姓媵之，异姓则否。(成公8.11)

(10) 对曰：“小人恐矣，君子则否。”(鲁语上)

(11) 庄王既以夏氏之室赐申公巫臣，则又畀之子反，卒于襄老。(楚语上)

(12) 吾不能行也咫，闻则多矣。(晋语四)

例（7）在《国语·楚语上》有相应异文，两处所载几乎相同，即：“晋卿不若楚，其大夫则贤，其大夫皆卿材也。”其中的“则”表示转折的意味甚明；例（8）中第2个和第4个“则”是表示转折的，另外两个“则”为动词“取法、效法”义。例（9）和例（10）中的“则”相似，其后连接的成分是“否”，一般研究认为此类“否”实际上相当于“不+动词”，这两例中的“否”相当于“不媵”和“不恐”，使用特点相同；例（11）、（12）中的“则”同上下文对应而言，表示转折。此外再如上述例（3）、（5）中的第二个“则”字分别同前文让步连词“则”对应，也是很典型的转折连词用法。用作转折连词的“则”一般都用于主谓之间，这同其他转折连词是相同的，不过也有直接用于谓词性之前的用例，如例（8）。

三　假设连词

《左传》2例，《国语》未见。如：

(13) 孔叔言于郑伯曰:"谚有之曰:'心则不竞,何惮于病?'"(僖公7.1)

(14) 苟有益也,公子则往,群臣之子敢不皆负羁绁以从?(定公8.7)

"则"的假设连词用例相对来说是最少的。用作假设连词时,"则"位于主谓之间,可以理解为"如果"。假设的意味是"则"本身具备的,与用在假设条件关系复句或分句中的"则"不同,我们将在下文讨论。

四 承接连词

"则"的承接连词用法可以分为两类:顺承和逆承。顺承关系又可以分为两小类:一是"则"所连接的后一项表示前一项的结果,或者表示两项之间在时间、事理上有前后相承的关系;二是"则"所连接的后一项表示对前一项的介绍、说明、判断或解释。逆承关系同上文的转折关系有所不同,因为逆承实质上仍是一种承接关系,只是连接的前后项之间有相反或对比的意味。

(一) 顺承关系

1. "则"所连接的后一项表示前一项的结果,或者表示两项之间在时间、事理上有前后相承的关系

《左传》中274例,《国语》中249例。根据连词"则"所连接的成分的语法性质,可以分为三种:"则"用于连接句子的主谓成分、连接前后谓词性成分和连接分句或句子。

A. "则"用于连接主谓成分

《左传》11例,《国语》6例。如:

(15) 其所善者,吾则行之;其所恶者,吾则改之,是吾师也。(襄公31.11)

(16) 右广初驾,数及日中,左则受之,以至于昏。(宣公12.2)

(17) 楚有五败,晋不知乘,我则强之。(周语中)

(18) 夫妇贽不过枣、栗,以告虔也。男则玉、帛、禽、鸟,以章物也。(鲁语上)

上引用例中的“则”都用在主谓成分之间，表示相承的关系，其中例（16）中“则”表示时间上的前后相承，前面有“及日中”表示时间，其余几例表示事理上的相承关系。“则”可以理解为“就”“于是”。

B. “则”连接前后谓词性成分

《左传》131 例，《国语》165 例。如：

(19) 君行则守，有守则从。从曰抚军，守曰监国，古之制也。(闵公 2. 7)

(20) 沐则心覆，心覆则图反，宜吾不得见也。(僖公 24. 1)

(21) 秦，旧好也。置善则固，事长则顺，立爱则孝，结旧则安。(文公 6. 5)

(22) 彼出则归，彼归则出，楚必道敝。(昭公 30. 5)

(23) 夫兵戢而时动，动则威，观则玩，玩则无震。(周语上)

(24) 师轻而骄，轻则寡谋，骄则无礼。无礼则脱，寡谋自陷。(周语中)

(25) 夫圣王之制祀也，法施于民则祀之，以死勤事则祀之，以劳定国则祀之，能御大灾则祀之，能扞大患则祀之。非是族也，不在祀典。(鲁语上)

(26) 公子居则下之，动则咨焉，成幼而不倦，殆有礼矣。(晋语四)

这种用法的“则”前的谓词性成分一般都是由谓词性词语或谓词性结构充当，有时也可以由主谓结构充当，比如例（19）中第一个“则”前的“君行”、例（22）中的“彼出”和“彼归”、例（25）中的“法施于民”、例（26）中的“公子居”等。这种结构中前后谓词性成分之前有时可以根据上下文补出相应的主语。另外两书中此类用例的“则”常可用于两项对举或多项排比的语句当中。对举如例（19）、（20）、（22）和（26），前后两项的对举可以表示相近关系，也可以表示相反关系；排比如例（21）、（23）、（24）和（25）。尤其在《国语》当中，这种排比更为常见。我们认为这跟其“语”的文体性质有关，是说话和陈述的一种方式。其中例（24）中的“自”字较有个性，根据语义，可以推断“自”与“则”的用法一致，这一点前人已有提及。①

C. “则”连接分句或句子

《左传》132 例，《国语》78 例。如：

（27）宗邑无主，则民不威；疆埸无主，则启戎心；戎之生心，民慢其政，国之患也。（庄公 28.2）

（28）诸侯新服，陈新来和，将观于我。我德，则睦；否，则携贰。（襄公 4.7）

（29）季孙见之，则言季氏如他日；不见，则终不言季氏。（襄公 29.4）

（30）惠、襄辟难，越去王都。则有晋、郑咸黜不端，以绥定王家。（昭公 26.9）

（31）禘郊之事，则有全烝；王公立饫，则有房烝；亲戚宴飨，则有肴烝。（周语中）

（32）以丧得国，则必乐丧，乐丧必哀生。因乱以入，则必喜乱，喜乱必怠德。（晋语二）

（33）子女玉帛，则君有之。羽旄齿革，则君地生焉。（晋语四）

（34）不智，则不知民之极，无以铨度天下之众寡；不仁，则不能与三军共饥劳之殃；不勇，则不能断疑以发大计。（吴语）

例（27）在《国语》中有异文，例（33）在《左传》中有异文，其中“则”连接的前后项之间是顺承关系；例（29）和例（34）中有一种相对应的格式，可以总结为“不 VP_1 则不 VP_2”结构，其中的“则”连接前后两项否定性成分，仍表示顺承关系，不执行前一个动作或不实现前一种情况就不能执行下一步动作或实现下一步目标。这种用例的“则”也常出现在对举或排比的句子当中，比如例（28）、（31）和（32）。

2. “则”所连接的后一项表示对前一项的介绍、说明、判断和解释

《左传》46 例，《国语》29 例。如：

① 张以仁云：“《古书虚字集释》：‘自，犹则也。’自与则为互文。以仁按：自训为则，为承接词。《国语》别无同例。”见《国语虚词集释》第 25 页，“中央研究院”《历史语言研究所专刊》之五十五，台湾商务印书馆 1968 年版。

(35) 其人，则盗贼也；其器，则奸兆也。(文公18.7)

(36) 今称伐，则下等也；计功，则借人也，言时，则妨民多矣，何以为铭？(襄公19.4)

(37) 观之诗书，与民之宪言，则皆亡王之为也。(周语下)

(38) 越国南则楚，西则晋，北则齐，春秋皮币、玉帛、子女以宾服焉，未尝敢绝，求以报吴。(吴语)

这一类“则”同样可以用在对举或排比的句式当中，上述例（35）为对举格式，例（36）、(38）为排比句式；此用法的“则”有较为明显的形式标记，就是句末常有语气词“也”表达判断或解释语气，有时也可以用“矣”。《国语》中的例（38）“则”后为地名，这种用例在《左传》中是没有的。

(二) 逆承连词

《左传》16例，《国语》2例。

表示逆承关系的“则”连接的前后两项之间也表示时间或事理上的承接关系，只是其间侧重于表达相反或相对的承接关系，因此这种用法的“则”又不同于其转折连词用法。“则”所连接的后项表达的内容一般与前一项表达的内容相悖，有出乎意料的意味。如：

(39) 公使阳处父追之，及诸河，则在舟中矣。(僖公33.3)

(40) 桓子授甲而如鲍氏，遭子良醉而骋，遂见文子，则亦授甲矣。使视二子，则皆将饮酒。(昭公10.2)

(41) 华亥伪有疾，以诱群公子。公子问之，则执之。(昭公20.3)

(42) 赵宣子骤谏，公患之，使鉏麑贼之，晨往，则寝门辟矣，盛服将朝，早而假寐。(晋语五) [辟，据韦昭注为开。]

(43) 郤献子驾，将救之，至，则既斩之矣。(晋语五)

《国语》中的例（43）在《左传》中有异文，此外《左传》中此类用例的“则”前一项为动词“至”或“反”的共6例。这类用法的“则”前后项之间在语义上是相对或相反的。按照一般理解，前项表示的动作会有相应的后项表示的结果，表示一种理所当然，如例（42）中“晨往”，由于时间尚早，所以后项应该是“寝门”“关”，而实际却是“寝门辟（开）”，出乎意料，是逆承关系，他例同此。

（三）表示假设条件关系的承接连词

“则”的前一项表示条件，后一项表示在此条件下出现的结果，前一项往往有“若”“如”等表示假设条件的连词，有时不出现假设连词，在语义上有假设意味。这种用法的“则”仍是承接连词，整个句式使“则”暂时具备了表示假设条件的功能。这种句式可以概括为“若/如……则……”可以理解为“假如（如果）……那（就）……”《左传》96例，《国语》58例。根据“则”连接前后项的语法性质，可以分为三种：连接主谓结构、连接谓词性成分、连接分句或句子。如：

（44）先君有约言焉。若大国讨，我则死之。（宣公12.8）

（45）君作而顺则故之，逆则亦书其逆也。（鲁语上）

（46）义以出礼，礼以体政，政以正民，是以政成而民听。易则生乱。（桓公2.8）

（47）若匮，王用将有所乏，乏则将厚取于民。（周语下）

（48）其输之，则君之府实也，非荐陈之，不敢输也。其暴露之，则恐燥湿之不时而朽蠹，以重敝邑之罪。（襄公31.6）

（49）古而无死，则古之乐也，君何得焉？（昭公20.8）

（50）唯其所在，则致死焉。报生以死，报赐以力，人之道也。（晋语一）

（51）使死者无知，则已矣；若其有知，吾何面目以见员也！（吴语）

例（44）中的“则”和例（45）中的第一个“则”都用在主谓之间，前项表示假设，“则”用以表示在假设的条件下可能出现的情况，两例中前项有假设连词，分别为“若”和“而”；例（46）、（47）中“则”连接谓词性成分，两例中的前项谓词“易”和“乏”表示假设都需要结合上文文意理解；后面4例的“则”用以连接分句或句子，其中例（48）、（49）和（51）中都有假设连词，分别是“其”、“而”和

“使”，例（50）需结合文意判断。总体上来看，这种用法的“则”的前项一般都有假设连词，意合法表示的假设用例较少。

五 “则”与否定副词的搭配使用

“则”可以与部分否定副词搭配使用，表示一种选择关系，这些否定副词包括“不”“非”以及较特殊的“否”，组成“不……则……”或“非……则……”结构，可以理解为“不是……就是……”《左传》中3例，《国语》中12例。《国语》中此类“则”特点较鲜明。

(52) 非我无信，女则弃之。速即尔刑！（宣公15.2）

(53) 力能则进，否则退，量力而行。（昭公15.5）

(54) 其非官守，则皆王之父兄甥舅也。（晋语四）

(55) 非亲则顽，不可入也。其济、洛、河、颍之间乎！（郑语）

(56) 夫事君者，量力而进，不能则退，不以安贯贰。（晋语九）

(57) 臣观吴王之色，类有大忧，小则嬖妾、嫡子死，不则国有大难；大则越入吴。（吴语）

(58) 夫子践位则退，自退则敬，否则赧。（楚语上）

例（52）相对来说比较特殊，因为“则”的前后两项主语不一致，谓语动词不是由同一个人发出的，所以理解上可能产生错觉，不过此例仍是“非……则……”的用法，表示选择；例（53）和例（58）以及上文例（28）中的第二个“则”的前项都是“否”，从例（28）“否，则携贰”到例（53）、（58）我们可以看到“否”和“则”逐渐固化的过程。实际上例（28）中“否”和“则”之间不断句的话理解起来是一样的。“否”和“则”的运用相对灵活，尚未凝固，我们认为“否则”直到现在也尚未成词。不过“否则”比“不则”更具有固化成词的潜能，因为其使用频率高于“不则”，而且“不则”自古至今都没有成词的迹象；而“非”则完全不能直接与“则”一起连用。结合用例来看，例（54）中“则”连接的前后两项都是判断句，前项中有否定副词“非”修饰，前后两项形成选择关系，“非”和“则”后的成分相对来说比较复杂，而且在中间断句。而例（55）中同类结构减省为“非VP则VP”，这种格式一直用到现代汉语，而且它们连接的内容不限于名词，还可以是动词等。不过两书中都没有出现“非”后的谓词性成分省略，致使此结构直接转化为“非则”的形式，这种形式在古代汉语和现代汉语中都不存在。

再看例（56），其中“不”修饰谓词“能”，然后充当“则”连接的前项，例（57）中“不”修饰的谓词性成分省略了，可以用代词“然”来代替这一省略的谓词性成分，“然”指代前文的情况。于是就出现了“不然，则……”或“不然则……”的形式，例如：

（59）君若能以玉帛绥晋，不然，则武震以摄威之，孤之愿也。（襄公 11.5）

（60）凡诸侯有命，告则书，不然则否。（隐公 11.7）

“然”后可以停顿也可以不停顿，“然”在这些例句中都是代词用作谓语成分，受否定副词“不”的修饰，在“然”省略的情况下，就出现了类似例（57）这样的情况。“不则 VP”实际上是“不然（，）则 VP”的一种紧缩形式。

相对而言，“否”和“则”的连用生命力要强盛得多。实际上“否”是相当于“不 + 动词”的。也就是说例（53）和例（58）中的“否”分别相当于“（力）不能”和“不（自）退”，有时“否”还可以充当“则”所连接的后项成分，如例（60）。再如：

（61）裨谌能谋，谋于野则获，谋于邑则否。（襄公 31.10）

（62）对曰：“小人曰不免，君子则否。”（晋语三）

这些用例中的“否”实际上分别表示“不书”、“不获”和“不曰不免”。“则”的后项为“否”在两书中都不乏用例。由此可见，“否”的用法比“不”更为复杂。“否则”一直到现代汉语中都还在使用，不过一直都没有凝固成词，在理解上还保持着原初意义组合的痕迹。从上述用例我们也可以看出“否”、“不”和“非”在表示否定时的异同。《左传》和《国语》中的“则”与“不”，“非”和“否”的搭配使用的用法特点是一致的。表 2－4 为《左传》《国语》中连词“则”功能见次和比重对比。

表 2－4　《左传》《国语》中连词“则”功能见次和比重对比

		《左传》	《国语》	总计
让步连词		5（1.1%）	10（2.7%）	15（1.8%）
转折连词		24（5.2%）	10（2.7%）	34（4.1%）
假设连词		2（0.4%）	0	2（0.2%）
与否定副词的搭配（选择关系）		3（0.6%）	12（3.2%）	15（1.8%）
承接连词	顺承连词	320（68.7%）	278（75.1%）	598（71.5%）
	逆承连词	16（3.4%）	2（0.5%）	18（2.2%）
	假设条件的承接	96（20.6%）	58（15.7%）	154（18.4%）
	小计	432（92.7%）	338（91.4%）	770（92.1%）
总计		466（100%）	370（100%）	836（100%）

从表 2－4 可见，承接连词用法在《左传》和《国语》中都是连词“则”最主要的用法，所占比重都非常高，在所有连词用法中都具有绝对优势，而在承接连词用法中，两书又都以顺承连词用法为主，其次是用在假设条件句中的承接连词用法，逆承连词用例最少；与副词搭配使用的“则”用例相对较少，“则”表示选择关系；《左传》和《国语》中“则”都有让步连词和转折连词的用法，使用数量都比较少；《左传》中“则”有假设连词用法，而《国语》未见。

第四节　“与”“及”的比较

一　“与”的比较

《左传》中“与”共出现 848 次，用作连词 224 次，占全部用例的 26.4%；《国语》中“与”共出现 246 次，用作连词 72 次，占全部用例的 29.3%，两书中所占比重相当。此外，“与”在两书中还可以用作动词、介词和语气词。《国语》中连词“与”有两种功能：一是用作并列连词，一是和“其”组合为固定格式，用作选择连词。前者用以连接词或词组，后者连接分句。[①] 其中用作并列连词的有65例，跟“其”组合成“与其”用作选择连词的有7例。

（一）并列连词

连词“与”可以连接体词性成分，也可以连接谓词性成分。无论连接何种成分，“所组成的并列词组都是体词性的”。《国语》中并列连词“与”连接体词性成分共51例，连接谓词性成分共14例。

1. “与”连接体词性成分

“与”连接体词性成分组成的并列词组在句中可以充当定语（1例）、主语（11例）、介词宾语（6例），主要是用作动词的宾语（33例）。如：

（1）星与日辰之位，皆在北维。（周语下）

（2）夫曲沃，君之宗也；蒲与二屈，君之疆也，不可以无主。（晋语一）

（3）人之父兄食粗衣恶，而我美妾与马，无乃非相人者乎！（鲁语上）

（4）且吾闻以德荣为国华，不闻以妾与马。（鲁语上）

（5）以卫为主。反其侵地台、原、姑与漆里，使海于有蔽，渠弭于有渚，环山于有牢。（齐语）

上引5例，“与”连接的前后成分都是名词，其所组成的并列词组可以用作定语，如例（1）；可以用作主语，如例（2）；可以用作动词或介词的宾语，如例（3）中“美”是形容词用作谓语，例（4）用作介词宾语；例（5）中的并列词组用作“侵地”的同位语。再如：

（6）今将先明而后祖，自玄王以及主癸莫若汤，自稷以及王季莫若文、武，商、周之蒸也，未尝跻汤与文、武，为不踰也。

① 赵大明指出《左传》中的连词“与”有两项基本功能，“一是连接词或词组，表示其间的并列关系；二是跟‘其’组成固定格式，连接分句，表示选择关系”。见《〈左传〉介词研究》第353页，首都师范大学出版社2007年版。

(鲁语上)

(7) 君不道于我，我欲以吾宗与吾党夹而攻之，虽死必败，君必危，其可乎?(晋语六)

(8) 公说，乃行赂于草中之戎与丽土之狄，以启东道。(晋语四)

(9) 观之诗书，与民之宪言，则皆亡王之为也。(周语下)

(10) 吾闻君子唯独居思念前世之崇替，与哀殡丧，于是有叹，其余则否。(楚语下)

上引5例，“与”连接的是名词和体词性词组或前后都是体词性词组。所组成的并列结构仍然都是体词性的，在句中一般也用作介词或动词的宾语。例(6)、(9)、(10)是用作动词的宾语，其中例(9)和例(10)的“与”前有停顿，例(9)后一分句中有总括副词“皆”，由此我们可以判定“与”是连接并列成分的连词。例(10)中因为体词成分较长，所以“与”前有停顿，这在《左传》中有相似用例，如:

(11) 我先王赖其利器用也，与其神明之后也，庸以元女大姬配胡公，而封诸陈，以备三恪。(襄公25.10)

例(7)、(8)中的并列词组用作介词的宾语，例(7)中的介宾结构用在动词之前作状语起修饰作用，例(8)中的介宾结构用在动词之后作补语。《左传》中连词“与”的用法和功能与《国语》中的“与”非常相近。

2. “与”连接谓词性成分

《国语》中14例，“与”连接谓词性成分所组成的并列词组在句中也可以充当多种成分，可以用作主语(4例)、介词宾语(1例)和动词宾语(9例)。如:

(12) 怀与安，实疚大事。(晋语四)

(13) 今我不才而得勤与从，又何求焉?(晋语一)

(14) 我以武与威，是以临诸侯。未殁而亡政，不可谓武;有

子而弗胜，不可谓威。（晋语一）

“与”连接谓词性成分，组成的并列词组可以用作主语，如例（12），可以用作动词宾语，如例（13），可以用作介词宾语，如例（14）。又如：

（15）虽克与否，无以避罪。与其勤而不入，不如逃之。（晋语一）

赵著举出《左传》中与例（15）用法相同的“与”，如：

（16）三十年春，晋人侵郑，以观其可攻与否。（僖公30.1）

（17）吾得见与否，在此岁也。（襄公30.2）

“与”连接一个动词和“否”，赵著认为“否”用在谓词性词语后面，表示“不”加上这个谓词性词语的意思。① 相同用法在《国语》中的用例仅1见。再如：

（18）夏后卜杀之与去之与止之，莫吉。卜请其漦而藏之，吉。（郑语）

（19）杀晋君与逐出之，与以归之，与复之，孰利？（晋语三）

上引两例为多项谓词性成分的并列，例（18）用两个“与”连接三项并列成分用作动词宾语，例（19）三个“与”字连接四项并列谓词性成分，用作主语。其中谓词性成分都是动宾结构。可见“与”连接谓词性成分组成的并列词组在句中都是用作主语或宾语的，是体词性的并列词组。这一点在两书中的表现是一致的。

3. “与”连接并列词组的形式

《左传》和《国语》中“与”连接并列成分的形式有一些差别。

第一，用两个“与”连接三项并列成分，《左传》中有同样的用法，《左传》中“与”可以连接体词性成分，也可以连接谓词性成

---

① 赵大明：《〈左传〉介词研究》第355页，首都师范大学出版社2007年版。

分，如：

(20) 公鸟死，季公亥与公思展与公鸟之臣申夜姑相其室。(昭公 25.6)

(21) 夫弗及而忧，与可忧而乐，与忧而弗害，皆取忧之道也，忧必及之。(昭公 1.1)

《国语》中“与”只连接多项谓词性成分，如例（18）、（19）。

第二，《国语》中连词“与”没有与“及”在同一句话中出现表示不同层次并列的用法，《左传》仅有 1 例，即：

(22) 令尹炮之，尽灭郤氏之族、党，杀阳令终与其弟完及佗与晋陈及其子弟。(昭公 27.3)

相同点表现在：《国语》中多项并列时，“与”可以用在前两项之间，如例（6），也可以用在最后两项之间，如例（5），《左传》同。《国语》中的“与”连接多项时，用在前两项和后两项之间并不像“及”那样表现出高低层次，“与”连接的两项与第三项之间没有层次差别，都是并列的。这同赵大明指出的《左传》中的“与”和“及”的差别是一样的。此外，两书中的“与”都以连接并列的两项为主。

（二）选择连词

《国语》中“与”单用作选择连词 2 例，这一点赵大明也已提到。①“与”跟“其”组成固定格式，用作选择连词 5 例。如：

(23) 今臣一旦为狂疾，而曰“必赏女”，与余以狂疾赏也，不如亡！(晋语九)

(24) 若下摄上，与上摄下，周旋不动，以违心目，其反为物

① 赵大明指出：“‘与其’在后代演变成一个连词，但是在《左传》时代还是个固定词组，因为在同时期的《国语》等语料中，单独一个‘与’也具有这种功能。”见《〈左传〉介词研究》第 357 页，首都师范大学出版社 2007 年版。

用也，何事能治？（晋语一）

(25) 夫是，故民皆勉为善。与其为善于乡也，不如为善于里；与其为善于里也，不如为善于家。（齐语）

(26) 与其杀是人也，宁其得此国也，其孰利乎？（越语上）

“与”或“与其”用以表示选择时，后面分句往往有“不如”“宁其”等词语与之呼应，表示在比较中加以选择。这种用法在《国语》中有7例，占全部连词用例的9.7%，《左传》中有10例，占全部连词用例的4.5%，没有单独用“与”表示选择的例句。《国语》中此类用法比《左传》使用频率要高。

综上可见，《左传》和《国语》中的连词“与”，表示并列关系时，使用特点大致相同，在句中的语法功能也是一致的，可以连接体词性成分，也可以连接谓词性成分，不过组合成并列词组之后，在句中都是体词性的；在连接多项并列成分时，《国语》不如《左传》的表现形式多样，不过《左传》中多出的形式用例极少，只是偶见用法；用作选择连词时，多与“其”组成固定格式表示选择关系，后一分句多有“不如”“宁其”等与之呼应，不过《国语》中选择连词的使用频率较高一些；《国语》中“与”可以单独用作选择连词，《左传》中未见。

二　“及”的比较

“及”在《左传》共出现725例，可以用作动词、介词和连词。根据赵大明的研究：“（《左传》中的‘及’）其中动词409例，占全部‘及’的56.4%；介词191例，占26.3%；连词125例，占17.2%。由此可见，‘及’在《左传》中以动词用法为主，其次是介词和连词用法。”[①] 现就《国语》中“及”的连词用法进行分析，并将结论与赵大明研究所得到的《左传》中连词“及”的结论进行比较。

“及”在《国语》中出现209例，有动词、介词和连词用法。其中动词144例，占全部用例的68.9%；介词42例，占全部用例的20.1%；连词23例，占全部用例的11.0%。《国语》中的“及”以用作动词为

① 赵大明：《〈左传〉介词研究》第309页，首都师范大学出版社2007年版。

主，其次是介词和连词用法。《国语》中各类词性的整体使用情况及比重同《左传》是相近的。赵大明从三个方面对《左传》中的连词“及”进行了分析和说明，我们依据赵著的分类方法对《国语》中的连词“及”进行分析，并与《左传》比较。[①]

（一）连词“及”的语法功能

“及”作为并列连词，所连接的各成分之间当然是并列关系，各成分之间的地位是平等的，这是连词“及”的最主要的语法功能。《国语》中连词“及”连接的成分全部为体词性成分。其语法功能和《左传》中连词“及”是完全一致的。差别在于《左传》中的“及”有时可以连接谓词性词语，如：

（1）二十一年春，公如晋，拜师及取邾田也。（襄公 21.1）

此例中“拜师”和“取邾田”是两个动宾结构，它们之间是并列关系。虽然《左传》中“及”可以连接谓词性成分，不过谓词性成分之间仍是并列关系，这才是连词“及”语法功能的根本，在这一点上两书中的“及”没有差别。《国语》中未见“及”连接谓词性词语的用例，都用以连接体词性成分，如：

（2）郑伯将王自圉门入，虢叔自北门入，杀子颓及三大夫，王乃入也。（周语上）

（3）凡我父兄昆弟及国子姓，有能助寡人谋而退吴者，吾与之共知越国之政。（越语上）

（4）君若惠顾社稷，不忘先君之好，辱收其逋迁裔胄而建立之，以主其祭祀，且镇抚其国家及其民人，虽四邻诸侯之闻之也，其谁不儆惧于君之威，而欣喜于君之德？（晋语二）

---

① 赵大明主要从三个方面对《左传》的连词“及”进行分析：一是连词“及”的功能，二是“及”连接多个并列成分时的形式，三是“及”所连接的并列成分在意义上的特点。见赵大明《〈左传〉介词研究》第 328 页，首都师范大学出版社 2007 年版。

前两例中的“及”连接名词，例（4）中的连接体词性词组。《左传》中的虽可以连接谓词性成分，不过用例较少。所以连接并列的体词性成分是“及”最主要的功能。

（二）“及”连接并列成分的形式及意义上的特点

《国语》中的“及”连接两项并列成分的共18例；连接多项并列成分的共5例，其中“及”用在最后一个并列成分之前的有4例，用在并列的前两项之间的有1例。如：

（5）于是杀奚齐、卓子及骊姬，而请君于秦。（晋语二）

（6）王使太宰忌父帅傅氏及祝、史奉牺牲、玉鬯往献焉。（周语上）

例（5）中“及”连接多项并列成分时用在最后一项之前，例（6）中“及”用在第一项和第二项之间。在《左传》中“及”连接并列项的形式较多，赵大明总结了三种：一是用两个“及”连接三项同一层次的并列成分[①]，如：

（7）子重、子反杀巫臣之族子阎、子荡及清尹弗忌及襄老之子黑要，而分其室。（成公7.5）

二是“及”和另一个表示并列关系的连词“与”配合使用，以区别不同层次的并列关系。如：

（8）令尹炮之，尽灭郤氏之族、党，杀阳令终与其弟完及佗与晋陈及其子弟。（昭公27.3）

其中两个“与”连接三个并列成分，构成高层次的并列关系，“及”用以连接低层次的并列成分。并列连词“与”和“及”分工有所不同。

三是连接多项同一层次的并列成分，“及”只用在最后两项之间，

① 赵大明：《〈左传〉介词研究》第329～331页，首都师范大学出版社2007年版。

也可以用在前两项之间，如：

(9) 囚公子坚、公子尨及乐耳。郑及楚平。(文公 9.5)

(10) 己亥，焚雍门及西郭、南郭。(襄公 18.3)

《国语》中的连词“及”连接并列成分的形式比《左传》要单一得多。《左传》的前两种形式在《国语》中均未见用例，不过《左传》前两种形式也各仅有 1 例，这说明“及”连接并列成分仍是以第三种形式为主的，两书接近。赵氏指出“及”连接多项并列成分时，这些成分之间也是存在层次关系的。如例（10）中“雍门及西郭、南郭”中，“雍门”是内城，“西郭、南郭”是外城，所以，“及”用在前面，说明西郭、南郭是低层次的并列。[①] 同样，例（5）、(6）也体现了这一特点，例（5）中奚齐、卓子是较低层次的并列，然后又和骊姬并列；例（6）中祝、史是各有所司的官员，他们组成低层次的并列关系，然后同傅氏构成并列关系。以上是“及”在连接多项成分时的一个普遍特点。

（三）“及”所连接成分在句中的功能

《国语》中“及”与其所连接成分可以充当句子的主语，共 3 例，如上文例（3），再如：

(11) 燮及仪父施二帅而分其室。(楚语上)

一般情况下，“及”与其所连接的成分都是作为动词宾语或者作为兼语式中的兼语的，共 20 例，上文例（2）、(4）和例（5）皆为动词宾语，例（6）中作兼语，兼语例再如：

(12) 公许诺，尽逐群贼而使祁午及阳毕适曲沃逐栾盈，栾盈出奔楚。(晋语八)

① 说见赵大明《〈左传〉介词研究》第 331 页，首都师范大学出版社 2007 年版。

这些功能在《左传》中也有用例，在这一点上“及”在两书中是没有差别的。综上可见：《左传》和《国语》中的并列连词“及”在语法功能、使用特点、连接并列成分的形式以及连接并列成分组成的整体结构的句法功能方面几乎是一致的，只有细微的差异。

第五节 “然”及“然”系连词组合的比较

“然”系连词组合是指由“然”与其他语素组合成的结构、组合或复音词。主要包括然而、然则、然后等。

一 “然”的比较

“然”作转折连词，一般用在复句的后一分句句首或后一语段之首，表示对前文所述情况的转折，并引起下文的论述，可以理解为“但是”“可是”“不过”等。《左传》19 例，《国语》9 例。《左传》例如：

(1) 吾不能早用子，今急而求子，是寡人之过也。然郑亡，子亦有不利焉。(僖公 30.3)

(2) 今吾子之言，乱之道也，不可以为法。然吾子，主也，至敢不从？(成公 12.4)

(3) 叔出季处，有自来矣，吾又谁怨？然鲋也贿，弗与，不已。(昭公 1.2)

(4) 美哉！始基之矣，犹未也，然勤而不怨矣。(襄公 29.13)

(5) 楚将有之，然壅也。岁及大梁，蔡复，楚凶，天之道也。(昭公 11.2)

前三例中的“然”用于后一语段之首，表示对前文所述内容的转折。“然”所连接的成分可以是主谓结构，如例（1），此例中“然”后的分句有“亦”，可以看作与“然”呼应；有时主谓结构之间可以加入语气词“也”表示提顿，如例（3）；可以是体词性词语，如例（2）。后两例中的“然”是用于复句的后一分句句首，表示对前一句陈述内容的转折。前面有时有“犹”“将”等副词与“然”相呼应。“然”所连接的成分多是谓词性结构，有时句末有语气词作呼应。例（4）中的“矣”用于表示动态，表示已经发生或出现；例（5）中的“也”用于表示静态，表示将要出现或发生。此外，《左传》中的转折连词“然”后面还可以连接谓词或谓词性结构等。“然”以用在后一语段之首为主。《国语》例如：

（6）吾亦愿之。然吾观国人，其父兄之食粗而衣恶者犹多矣，吾是以不敢。（鲁语上）

（7）是以言至而无所讼之也，故陷于大难，乃逮于谗。然款也不敢爱死，唯与谗人钧是恶也。（晋语二）

（8）岂不如女言，然是吾恶心也，吾请去之。（晋语四）

（9）子虽兄弟于晋，然蔡吾甥也，二国孰贤？（楚语上）

（10）夫虽无四方之忧，然谋臣与爪牙之士，不可不养而择也。（越语上）

前两例中的“然”位于后一语段之首，其后连接的成分为主谓结构，可以带宾语，如例（6），此例前文有“亦”表示对前文内容的让步，并与“然”相对应；有时主谓结构中主语之后用语气词“也”表示提顿，如例（7），这与例（3）完全一致。后三例中，“然”用于复句后一分句句首，表示对前面分句陈述内容的转折，“然”一般都连接句子，如例（8）、（9）是判断句，例（10）中的主语为受事主语，同谓语之间有所停顿，也是句子形式，《左传》中例（2）和例（5）与此同，例（5）省略了主语。例（8）前文的“岂”，例（9）、（10）前文的“虽”，都表示让步，与“然”相呼应，这也是两书的共同点。

“然”用作转折连词，在两书中的语法位置、语法功能是完全一致的。“然”后所连接的成分在两书中都有所表现，前文有些呼应的词语在运用上也是类似的。总体看来，是没有差异的。

二　“然而”的比较

“然而”是一个连词性结构，由代词“然”和连词“而”组合而成，用以承上转折。刘利曾指出：“‘然而’是现代汉语常用的转折连词。从来源看，它的早期形式是一个由‘然’和‘而’组成的语素序列，序列中的两个成分原本都是可以分析的。”并进一步指出：“在‘然·而’序列中，‘然’的作用是回指前文，‘而’则用来引出一个意思相反的下文。”[①] 基于此，我们看《左传》（1 例）和《国语》（5 例）的特点。

(1) 臣岂不欲吴？然而前知其为人之异也。(昭公 15.2)

(2) 驹伯曰：“美哉！然而壮不若老者多矣。”(晋语六)

(3) 主其许之先，无以待危，然而不可徒许也。(吴语)

(4) 诸大夫莫子若也。然而民不能戴其上久矣，难必及子乎！(晋语五)

(5) 文公学读书于臼季，三日，曰：“吾不能行也咫，闻则多矣。”对曰：“然而多闻以待能者，不犹愈也？”(晋语四)

(6) 今君起百姓以自封也，民外不得其利，而内恶其贪，则上下既有判矣；然而又生男，其天道也？(晋语一)[②]

刘文中引用了前三例，将其分为两种不同类型：例（1）和例（3）为一种类型，结构相对简略，“而”后只有一个谓词短语；例（2）为一类，“而”后是主谓俱全的单句。[③] 由此我们可以把例（6）归为第一类，“然而”后连接的是谓词性成分，例（4）跟例（2）为一类，“然而”连接单句。例（5）有些特殊，其中“然而”又表示承接的意味。据楚永安的意见：“（‘然而’）是代词‘然’与顺承连词‘而’的结合，表

① 刘利：《“然而”的词汇化过程及其动因》，《北京师范大学学报》（社会科学版）2008 年第 5 期。

② 张以仁云：“《经传释词再补》云：《释词》引《礼记大传注》曰‘然，如是也。’有称‘然而’者。……‘然而’皆以‘然’字作‘如是’解，‘然’字一读，不与‘而’字连。”“以仁案：《释词》卷七‘然’下云：然而者，词之承上而转者也，犹言如是而也。(周法高)《称代编》云‘然而’解作‘如是而’，与《释词》说同。‘然而’一词，《国语》凡五见，多用以表转折。用作承上而又表转折者，只此一见。”见《国语虚词集释》第 85 页，“中央研究院”《历史语言研究所专刊》之五十五，台湾商务印书馆 1968 年版。

③ 刘利：《“然而”的词汇化过程及其动因》，《北京师范大学学报》（社会科学版）2008 年第 5 期。

示承上顺接，相当于‘（既然）这样，那么’、‘这样就’。”并举此例。[①]我们认为结合上下文来看，此例中的“然而”按照楚永安的理解更符合文意：此例中“然”用以指代“吾不能行也咫，闻则多矣”，也就是说“我不能亲身实践，听闻到的东西倒是不少”，“而”承接上文并引起下文“多闻以待能者”，即“既然这样，那么你多学一些去靠着能者施行，不也是比不读书强吗？”

“然而”可以表示承接。不过例（5）中的“然而”解释为转折连词结构也可说通：“而”表示承接时，可以表示顺承，也可以表示逆承。如果是逆承，那么自然就包含了转折的意味。由此看来，在“然”和“而”的组合中，“然”作代词是固定的，不过“而”用作连词，可以表示多种关系，其中包括并列关系、顺承关系、转折关系等，所以在理解“然而”组合时，还需要结合具体的上下文。

“然”所指代的内容都在前文，“而”用以表示转折，“然而”在这一时期还是个固定组合，尚未转化为连词。《左传》和《国语》时期的用例表明“然而”尚处在由固定组合向连词转化的过渡阶段，使用数量较少，其后连接的成分也相对简单。从两书的使用情况来看，《国语》又略为复杂，只是总体差异较小。

三 “然则”的比较

“然则”是一个连词性结构，由代词“然”和连词“则”组合而成，与“然而”类似，其中的“然”回指前文，“则”用于引起下文，在语义上表示顺承关系，可以理解为“既然这样，那么”“如果这样，那么”等。《左传》中15例，《国语》中13例。

“然则”一般用于复句后一分句句首，所在句子一般用于表示疑问、征询意见或判断，句末常有语气词“乎”“诸”“也”“矣”等与之相应，“然则”所连接的成分主要是谓词性成分。如：

（1）公曰：“然则莫如和戎乎？”（襄公4.7）

（2）王曰：“然则吾所求者无不可乎？”（昭公4.1）

---

① 楚永安：《文言复式虚词》第230页，中国人民大学出版社1986年版。

(3) 穆子曰："然则盟诸?"乃盟诸僖闳，诅诸五父之衢。(襄公11.1)

(4) 公曰："然则教无益乎?"对曰："胡为文，益其质。故人生而学，非学不入。"(晋语四)

(5) 君曰："然则若何?"(晋语三)

(6) 季平子曰："然则意如乎！若我往，晋必患我，谁为之贰?"(鲁语下)

(7) 处父曰："然则乱也，必及于子，先备诸。"(定公8.10)

(8) 武伯问于高柴曰："诸侯盟，谁执牛耳?"季羔曰："鄫衍之役，吴公子姑曹；发阳之役，卫石魋。"武伯曰："然则彘也。"(哀公17.6)

(9) 然则夫"支"之所道者，必尽知天地之为也。(周语下)

(10) 祓除其心，精也；考中度衷，忠也；昭明物则，礼也；制义庶孚，信也。然则长众使民之道，非精不和，非忠不立，非礼不顺，非信不行。(周语上)

两书中的"然则"都较多地用于对话当中，"然"的回指作用表示对对方所述情况的肯定或者表明已经获悉了对方传达的信息，如例(8)是武伯与季羔(高柴)的对话，季羔陈述了前几次会盟时"执牛耳"的人，武伯回答时用"然"表示对季羔所言的肯定，同时表明自己了解了情况，"则"后为表达自己的观点："既然这样，那么(这次)轮到彘了。"

"然则"多表示疑问，用以征询意见，如《左传》中的例(1)~(3)、《国语》中的例(4)、(5)。其明显标志在于句末往往有疑问语气词，如"乎""诸"，有时也可以表示推测的语气，比如例(6)"然则意如乎!"意为："既然这样，那么恐怕就是我意如了吧"；有时"然则"后直接连接"若何"，征询意见的语义非常明显，如例(5)，《左传》中也有"然则"直接连接"若之何"的用例，与此例相同。

"然则"连接的分句有时也用于表示判断，如后四例。例(7)和例(8)中的"也"有所不同：例(7)中的"也"主要用以停顿，例(8)中的"也"主要用于表示判断。例(7)表示对事理的判断，下一句中的“必”表明肯定的判断语气；例（9）中句末的“也”用以判断，“然”回指前文，其所指代的内容也就是下文做出判断的依据。下文判断：(则)“支”之所道者，必尽知天地之为。可见“然”所指代的便是上文提到的“昔武王克殷，而作此诗也，以为饫歌，名之曰‘支’，以遗后之人，使永监焉”。因为“支”有那样的作用，下文才能据以判断“‘支’之所道”应具备的性质。例（10）根据前文并列的四项判断句，总结“长众使民之道”，“然”即回指前文的判断句，“则”引出下文新的判断。

由此可见，《左传》和《国语》中的“然则”的使用特点和语法功能是一致的。两书用例相当，我们认为“然则”在这一时期虽然没有成词，不过使用频率已经较高了，使用频率增加，为其向双音词的转化提供了条件。

四 “然后”的比较

“然后”也是一个连词性结构，由代词“然”和时间名词“后”组合而成，一般用于表示两件事情在时间上的前后承接关系或者表示条件上的承接关系，可以理解为“这样以后”“（只有）如此，以后（才）”。《左传》中2例，《国语》中9例。如：

（1）若召季孙而不来，则信不臣矣，然后伐之，若何？（昭公31.2）

（2）仲尼观之，曰：“麟也”，然后取之。(哀公14.1)

（3）众说，必咎于其君。其君不听，然后诛焉。虽欲御我，谁与？(晋语三)

（4）夫固知君王之盖威以好胜也，故婉约其辞，以从逸王志，使淫乐于诸夏之国，以自伤也。使吾甲兵钝弊，民人离落，而日以憔悴，然后安受吾烬。(吴语)

（5）今君王既栖于会稽之上，然后乃求谋臣，无乃后乎？（越语上）

两书中“然后”所连接的成分全都是谓词性成分，有时谓语前面有副词等修饰语，如例（4）中的情态副词“安”，例（5）中的关联副词“乃”等；谓语后面一般都是带宾语的，上引除例（3）外，句中谓词性成分都是动宾结构，两书共11个“然后”用例，其中连接动宾结构的共8例，连接单个动词的3例；“然”用以回指上文，“然后”意为“这样，之后”，表示时间上的承接关系，如例（2）和例（5），也可以表示条件上的承接关系，如例（1）、（3）和例（4）。表示时间上的承接关系往往是已经发生了的事情、已经出现了的情况；表示条件上的承接关系往往尚未发生，而多用于表示假设或推断。多数情况下，表示时间和表示条件的承接并不容易截然分开，因为“然后”最基础的功能是用于表示时间上的承接。表示条件上的承接关系是从表示时间的承接引申出来的，所以其界限经常是不分明的。“然后”在两书中用法相同。

第六节 “且”的比较

“且”用作连词时用法较为复杂，可以表示多种关系，根据其所连接成分的关系包括递进连词、并列连词、承接连词和转折连词四类。详见表2-5。

表2-5 《左传》《国语》连词“且”各类用法见次比重对比

	《左传》	《国语》	总计
递进连词	137（43.5%）	46（50.5%）	183（45.1%）
并列连词	118（37.5%）	34（37.4%）	152（37.4%）
承接连词	54（17.1%）	6（6.6%）	60（14.8%）
转折连词	6（1.9%）	4（4.4%）	10（2.5%）
假设连词	0	1（1.1%）	1（0.2%）
总计	315（100%）	91（100%）	406（100%）

从表2-5可以看出两书中“且”用作连词时的分布情况：《左传》和《国语》中的连词“且”以用作递进连词为主，尤其是《国语》，递进连词用例有明显的优势；并列连词用法在两书中是仅次于递进连词的用法，在两书中所占比重也较高，且两书中并列连词用法所占的比重非常接近；承接连词是“且”的非常见用法，不过《左传》“且”用作承接连词数量较多，所占比重较《国语》为高；转折连词在两书中用例都

较少，所占比重都很低，两书也比较接近；《国语》中偶见1例“且”用作假设连词的用例，而《左传》未见。从总计情况来看，递进连词和并列连词的总和占全部连词用例的比重超过80%，两书中递进连词和并列连词之和所占比重也都超过了80%，其他几种用法用例之和不足20%。可见在《左传》《国语》时期，“且”以用作递进连词和并列连词为主。

一 递进连词

“且”用作递进连词，表示所连接的前后两个成分中后者在语义上比前者更进一层，可以理解为“况且”“而且”。《左传》中137例，《国语》中46例。先看《左传》用例。

(1) 宫之奇之为人也，懦而不能强谏。且少长于君，君昵之；虽谏，将不听。(僖公2.2)

(2) 今失诸侯，不可谓力；有敌而不从，不可谓武。由我失霸，不如死。且成师以出，闻敌强而退，非夫也。(宣公12.2)

(3) 子产辞邑，曰：“自上以下，降杀以两，礼也。臣之位在四，且子展之功也，臣不敢及赏礼，请辞邑。”(襄公26.4)

(4) 虽有饥馑，必有丰年。且吾闻之，能信不为人下，吾未能也。(昭公1.1)

(5) 唯卿备百邑，臣六十矣。下有上禄，乱也。臣弗敢闻。且宁子唯多邑，故死，臣惧死之速及也。(襄公27.3)

(6) 堕成，齐人必至于北门。且成，孟氏之保障也。无成，是无孟氏也。(定公12.2)

用作递进连词时，“且”后连接的成分在语义上要比其前面的分句更进一层，而且往往后面的内容是表意的重点所在。“且”后所连接的成分可以是省略了主语的谓词性成分，比如例（1）“少长于君”中“少”是副词修饰谓语核心“长”，“于君”是介宾结构，“于”引进比较的对象，整体作为“长”的补语，前面省略了主语“宫之奇”；例（2）中“成师以出”是“成师”和“出”的连动结构，“以”用作连词，前面也省略了主语，即“由我失霸”之“我”。两例都是承上省略。“且”后可以连接分句，也就是“且”可以用于分句句首，比如后四例，不过后四例又有不同：例（3）“且”后的“子展之功也”是判断句，主语没有出现，是因为在对话中承上省略，这一点与前两例相同，而从句法结构上来说有所区别；例（6）较例（3）是一个完整而典型的判断句式；例（4）“吾闻之”为一个主谓结构，“闻”的内容在下文，此处用“之”指代了，这也是一种分句形式；例（5）“且”后连接一个因果复句。由上可见，《左传》中递进连词“且”连接的成分是富于变化的，不是单一的分句，这是“且”的一个重要特点。再看《国语》用例：

（7）治民恶事，无以赋令。且无故而料民，天之所恶也，害于政而妨于后嗣。（周语上）

（8）国之存亡，天命也，童子何知焉？且不及而言，奸也，必为戮。（晋语六）

（9）夫为人子者，惧不孝，不惧不得。且吾闻之曰：“敬贤于请。”孺子勉之乎！（晋语一）

（10）公使囚之，且使国人贺梦。（晋语二）

（11）余，罪戾之人也，又何患焉？且不见我，君其无悔乎！（晋语四）

（12）郑也贼而乱国，不可失也！且战而自退，退而自杀；臣得其志，君失其刑，后不可用也。（晋语三）

从以上《国语》中“且”的递进连词用例来看，“且”后连接的成分也较多样：例（7）、（8）中连接的是判断句，两个判断句的主语都是由谓词性结构充当的，“无故而料民”和“不及而言”中“而”都表示修饰关系，是偏正结构。此例与《左传》中的例（2）非常相近；例（9）用“之”来指代动词“闻”的内容，这与例（4）是一致的；例（10）中“且”连接一个兼语句式，这一点在《左传》中有相似例句，如：

（13）是会也，晋侯召王，以诸侯见，且使王狩。（僖公28.9）

例（11）和（12）中“且”连接的是省略主语的谓词性成分，例（11）中“不见我”的主语是“君”，在下文中紧接着出现，主语蒙后而省，例（12）中主语不必强调，“战而自退”中“而”用以表示转折，“战”和“自退”是两个对应的谓词性成分。

由此可见，“且”用作递进连词时，可以连接分句也可以连接省略了主语的谓词性结构，谓词性结构可以比较简单，也可以相对复杂，其主语一般在上下文中另有交代，所以“且”表示递进语义时，其后的主语可以省略。《左传》和《国语》中的递进连词“且”的使用特点是相同的。

二　并列连词

“且”用作并列连词时连接的前后两项也可以是多种成分，表示两项之间的并列关系，可以理解为“同时”“并且”。《左传》中 118 例，《国语》中 34 例。“且”的并列连词用法是两书中使用数量仅次于递进连词的用法。《左传》例如：

（14）饮此，则有后于鲁国；不然，死且无后。(庄公 32.4)

（15）宋公疾，大子兹父固请曰：“目夷长且仁，君其立之!”(僖公 8.5)

（16）十二月，会于淮，谋鄫，且东略也。(僖公 16.6)

（17）五年春，王使荣叔来含且赗，召昭公来会葬，礼也。(文公 5.1)

（18）楚子围郑，旬有七日，郑人卜行成，不吉；卜临于大宫，且巷出车，吉。(宣公 12.1)

（19）三月，献狄俘。晋侯请于王，戊申，以黻冕命士会将中军，且为大傅。(宣公 16.1)

（20）军志有之，“先人有夺人之心，后人有待其衰”。盍及其劳且未定也伐诸！(昭公 21.6)

通过以上用例可以看出：“且”用作并列连词时所连接的前后两项在结构上是并列的，即前后两项的句法结构相当或相同。这与“且”的递进连词用法有所不同：递进连词连接的后项要比前项意义更进一层，只要能表更进一层的语义，前后项之间在构成上并不要求结构相同，而且就上面两书中递进连词的实际用例来看，前后两项的句法结构往往是不相同的。因为在很多情况下通过单个词语来表达语义的递进确是有些困难，而且容易引起误解，而通过相对复杂的分句或相关结构来表达，能使语义进层的意味更为明显、更为强烈。

“且”所连接的成分构成方式也是多样的。从用例来看，例（14）中前后两项都是动词；例（15）为形容词谓语；例（16）“谋鄫”和“东略”看似不并列：前者是动宾结构，后者是方位词作状语修饰动词，其实质上都以动词为中心，仍可视作动宾结构；例（17）“含”和“赗”都是名词，在句中充当谓语，两者很明显是并列的；例（18）中的“且”连接的成分是“临于大宫”和“巷出车”，两者之间是并列关系，都是强调动词谓语，一为“临”一为“出”，前者介宾结构作补语，后者“巷”是名词作状语，用在动词之前修饰“出车”，据杜预注：“出车于巷，示将见迁，不得安居。”[①] 所以“巷出车”当理解为“出车于巷”，其结构与“临于大宫”完全相同，两者之间仍是并列关系，它们组成的动词结构整体用作“卜”的宾语；例（19）“以黻冕命士会将中军，且为大傅”为兼语结构，“士会”为兼语，“命”为动词，“以黻冕”为介宾结构修饰动词。“且”所连接的前后成分“将中军”和“为大傅”是典型的动宾结构并列式，体现了“且”连接前后两项语义并列且结构相当的规则；例（20）中“且”所连接的两项与例（14）相类，“劳且未定”整体上用作谓语，“其”是主语，这一点也是值得注意的。理解并辨析清楚“且”的语法功能才能更好地分析句法，进而更准确地理解文意。综上可见，《左传》中“且”连接的前后成分的构成种类是多样的，而且前后两项之间句法结构一般都是相同的。《国语》例如：

（21）今自大毕、伯士之终也，犬戎氏以其职来王，天子曰：“予必以不享征之，且观之兵。”其无乃废先王之训而王几顿乎！（周语上）

---

① 见杨伯峻《春秋左传注》第718页，此处并注：“临，哭也。大宫，太祖之庙也。”中华书局1981年版。

(22) 君盍请卫君以示亲于诸侯，且以动晋？(鲁语上)

(23) 今海鸟至，己不知而祀之，以为国典，难以为仁且智矣。(鲁语上)

(24) 若使太子主曲沃，而二公子主蒲与屈，乃可以威民而惧戎，且旌君伐。(晋语一)

(25) 今若休忧于狄，以观晋国，且以监诸侯之为，其无不成。(晋语二)

(26) 知程郑端而不淫，且好谏而不隐也，使为赞仆。(晋语七)

(27) 夫国大而有德者近兴，秦仲、齐侯，姜、嬴之隽也，且大，其将兴乎？(郑语)

整体上看来，“且”连接的前后成分的构成也是多样的，而且前后项在句法结构上一般也是并列的，基本都是相同的，这一点与《左传》中的并列连词“且”没有两样。例（21）中“以不享征之”和“观之兵”在结构上是存在差别的，不过两种结构的核心部分都是动宾结构：前一项介宾结构“以不享”是动宾结构“征之”的状语，“观之兵”中“之”相当于“其”，“观之兵”也是动宾结构，所以两者结构在实质上仍是相同的；例（22）“以示亲于诸侯”和“以动晋”中的“以”是连词，“示亲于诸侯”和“动晋”两项与前文的“请卫君”之间是连动关系，“请卫君”在前，“以”用以连接动作行为的结果。“于诸侯”是“示亲”的补语，“于”用以引进动作行为的直接宾语，“示亲”和“动晋”是并列的关系；例（23）“仁”“智”都是形容词，为并列关系；例（24）“而”和“且”都是并列连词，“威民”“惧戎”和“旌君伐”三项是动宾结构并列。这种用“而”和“且”表达三项动词性结构并列的用法在《左传》中未见，在《国语》中还有两处用例①，例（25）“以观晋国”和“以监诸侯之为”中“以”为介词，其宾语是前文的“休忧于狄”，“以”引进动作行为的凭借，两侧的核心结构都是动宾结构；例（26）中“且”连接的前后两项都是用连词“而”连接的并

① 《国语》同时用“而”“且”表达三项成分并列的用例还有：（1）今子内固而外宠，且善否莫不信（晋语一）。（2）乃归女而纳币，且逆之（晋语四）。与文中的例（24）相同，这类用例中“而”“且”连接的都是谓词性成分，还可以深入考察。

列结构。[①] 此例中“端而不淫，且好谏而不隐”是“且”连接的并列关系，作为一个较高层次，整体用作“知”的直接宾语，“且”连接的前后两项“端而不淫”和“好谏而不隐”各自是第一层次的并列关系。由此我们推测，“且”用作并列连词与“而”用作并列连词是有所区别的，这种区别类似于并列连词“及”和“与”的差别，即“且”连接的并列项是更高层次上的并列，“而”所连接的并列项是低一层次的并列。在表达具有层次之分的并列关系时“且”和“而”一般是不可互换的。另外“且”和“而”的并列连词用法同“及”和“与”的并列连词用法的差别在于：“且”和“而”连接的并列成分以谓词性成分为主，有时也可以连接体词性成分，不过组合成的并列结构在句中充当谓词性成分，常可用作谓语或与谓语相关的成分；“及”和“与”多是连接并列的体词性成分，而且组合成的并列结构在句中充当体词性成分的语法功能，可用作主语、宾语等，这是两组连词明显的区别。例（27）中的“且”稍显特别，前文“国大而有德者”是并列结构，下文的“且”连接的前后两项分别是对“而”所连接成分的解释，不过位置调换了，这一点也能说明其间是并列关系：“姜、嬴之隽也”是判断句，是对“有德者”的解释，“大”是对“国大”的解释，此例的特别之处在于“且”所连接的两项之间结构不是并列的，前项为判断句，后一项为形容词谓语，不过将“大”认为是对主语“秦仲、齐侯”性质的判断也是可以的。

从上面的用例可以看出：“且”用作并列连词在《左传》《国语》两书中，其所连接的前后两项的语法成分构成都是多样的，不过多是谓词性成分，有时也可以是分句之间的并列；“且”连接的两项在句法结构上基本上都是相同的，只是有个别例外。“且”在两书中的使用特点十分相近。

三 转折连词

“且”用作转折连词，表示连接的前后两项之间在语义上的转折关系，可以理解为“却”“但”，在两书中用例都较少。《左传》中 6 例，《国语》中 4 例。

---

① 据韦昭注：端，正也。淫，邪也。可见“端”与“不淫”表意相当，实为并列关系。“好谏而不隐”意为善于直谏而不加隐讳，其间也是并列关系。

(28) 君之惠，不以累臣衅鼓，使归就戮于秦，寡君之以为戮，死且不朽。(僖公33.3)

(29) 君有二心于狄，曰："晋将伐女。"狄应且憎，是用告我。(成公13.3)

(30) 今天降祸灾于周室，余一人仅亦守府，又不佞以勤叔父，而班先王之大物以赏私德，其叔父实应且憎，以非余一人，余一人岂敢有爱？(周语中)

(31) 子惠顾亡人重耳，父生不得供备洒扫之臣，死又不敢莅丧以重其罪，且辱大夫，敢辞。(晋语二)

(32) 辞曰："非所愿也。若得归骨于楚，死且不朽。"(楚语上)

《左传》中"且"作转折连词的用例除例（29）之外，其余5例皆为"死且不朽"，如例（28）。"死"和"不朽"一般理解上应该是相反的，中间用"且"表示转折，相当于"却"。《国语》例（32）与此例同，这种用法在《左传》《国语》时期是比较常见的。值得注意的是，例（29）和例（30）中的"应且憎"的用法，《国语》中还有一例"应且憎"的用例，与此同。有些学者认为其中"且"为并列连词，"应且憎"可以理解为"一边答应一边感到憎恨"。[①] 我们认为此解可以商榷。例（30）中的"且"，张以仁认为："韦注'应，犹受。憎，恶也。言晋文虽当私赏，犹非我一人也。'则'且'表转折，为转接连词，犹口语'却'。《晋语八》'若以君官从子之私，惧子之应且憎也。'，'且'亦犹'却'，与此例同。"[②] 笔者同意张氏的说法。例（29）中的"应且憎"与此例相当，从上文的"君有二心于狄"可以看出，狄人对君王的做法是侧重于"憎"的，也就是说他们虽然"应"（接受了、答应了），但是他们心底是"憎"（抵触的、憎恶的）的，两个动词之间既非并列关系也非递进关系，而是在语义上侧重一种转变，从而引出下文的"是用告

① 何乐士等将此例中的"且"列为并列连词，见何乐士等编著《古代汉语虚词通释》第433页，北京出版社1985年版。陈克炯也将此例中的"且"视为并列连词，见《〈左传〉详解词典》第27页，中州古籍出版社2004年版。

② 张以仁：《国语虚词集释》第22页，"中央研究院"《历史语言研究所专刊》之五十五，台湾商务印书馆1968年版。

我”。所以将“且”理解为转折连词，更切合文意。两书中共出现3例“应且憎”的用例，笔者认为都当如此解释。例（31）中的“且”有些学者将其归为递进连词，认为“辱大夫”同前文所述的事实有语义上的递进关系，这种看法也是可以说得通的，不过我们认为这种递进可以看作一种语义上的逆转，里克派屠岸夷请重耳返国为君，重耳的回答述及国君生前、死后自己的表现，语义强调自己做得很不好，所以这里用“且”表达转折语义：“（我这样做不好）却还让您屈尊来请我，我只能冒昧地推辞您的好意。”处理为转折连词更利于对文意的理解。

用作转折连词的“且”在《左传》和《国语》中有10例，其中“死且不朽”这一固定格式便有6例，两书中都使用，《左传》中更为常见；“应且憎”中的“且”也应看作转折连词，两书中也都有用例，共3例；《国语》中的例（31）虽然仅1见，不过从文意理解来看与其他用例没有差别。由此可见两书中用作转折连词的“且”保持较强的一致性。

四 假设连词

“且”可以用作假设连词，可以理解为“如果”“假如”。用例极少，两书中仅《国语》1见，即：

（33）伯华曰：“外有军，内有事。赤也，外事也，不敢侵官。且吾子之心有出焉，可征讯也。”（晋语八）

此例“且”用在分句句首，张以仁认为“且训为若，为假设连词”[①]此例译文为：伯华回答说：“国家对外用兵设有军官，对内治国设有文职。我呀身为对外用兵的军官，不敢超越职权。如果您决心用我出师征讨，可公开宣召我征询意见。”[②] 由此可见“且”是用作假设连词的。《国语》仅此1例，《左传》中未见假设连词用例。

---

① 张以仁指出：“《补正》（吴曾祺《国语韦解补正》）曰：‘谓己主外事，若有出军之事，可招而问之，他非所知也’，其说是也。且训为若，为假设连词。谓若有出军之事也。《国语》只此一见，别无同例。”见《国语虚词集释》第160页，“中央研究院”《历史语言研究所专刊》之五十五，台湾商务印书馆1968年版。

② 见董立章《〈国语〉译注辨析》第528页，暨南大学出版社1993年版。

通过上文的比较，“且”的连词用法在《左传》和《国语》中是比较常见的，不过其连词用法相对复杂，不限于某一类，而是可以用作多种连词。两书中均有递进连词、并列连词和转折连词的用法，《国语》还有假设连词用例1见，《左传》中未见假设连词用例。递进连词在两书中都是“且”的最主要的用法，使用数量最多、所占比重最高；并列连词也是“且”的重要用法，用例和比重仅次于递进连词，而且两书中使用的比例几乎完全相同；转折连词的用例在两书中表现出极强的一致性。而且这几种连词用法的使用特点、语法功能等方面在两书中基本上都是相同的，没有特别明显的差别，表现出较强的统一性。

第七节 “若”“如”的比较

一 “若”的比较

“若”用作连词时以假设连词为主，还可以用作选择连词，相对用例较少。《左传》中“若”用作连词共362例，其中假设连词357例[①]，选择连词5例；《国语》中“若”用作连词共238例，其中假设连词237例，选择连词1例。

（一）假设连词

“若”在《左传》和《国语》中都以用作假设连词为主。“若”一般用于谓词性成分之前，少数也可以用于分句句首或主语谓语之间。也就是说，“若”可以连接谓词性成分、分句，表示假设，相当于“如果”“假如”。根据上述三种语法位置将两书中“若”的假设连词用法进行分析和比较。

1. “若”用于主语谓语之间

《左传》中85例，占其全部假设连词用例的23.8%；《国语》中55例，占其全部假设连词用例的23.2%。两书中比重相当接近。如：

① 高本汉统计《左传》中“若”表“假使”义共334例，见高本汉著，陆侃如译《左传真伪考》，载《〈左传真伪考〉及其他》第63页，上海商务印书馆1936年版。本书统计比高氏多出23例。

(1) 寡人若朝于薛，不敢与诸任齿。(隐公 11.1)

(2) 我伪逃楚，可以纾忧。夫合诸侯，非吾所能也，以遗能者。我若群臣辑睦以事君，多矣。(成公 16.5)

(3) 君若以德绥诸侯，谁敢不服？君若以力，楚国方城以为城，汉水以为池，虽众，无所用之。(僖公 4.1)

(4) 君若辱有寡君，在楚何害？修宋盟也。君苟思盟，寡君乃知免于戾矣。君若不有寡君，虽朝夕辱于敝邑，寡君猜焉。(昭公 3.7)

(5) 单若有阙，必兹君之子孙实续之，不出于他矣。(周语下)

(6) 今若休忧于狄，以观晋国，且以监诸侯之为，其无不成。(晋语二)

(7) 君若求置晋君而载之，置仁不亦可乎？君若求置晋君以成名于天下，则不如置不仁以猾其中，且可以进退。(晋语二)

(8) 战若不胜，则晋国之福也；战若胜，乱地之秩者也，其产将害大，盍姑无战乎！(晋语六)

“若”用于主谓之间，谓语形式是多样的，可以是动宾结构，如例(4)、(5)；可以是动补结构，如例(1)、(6)；可以是介宾结构修饰动词，如例(3)中的“以德绥诸侯”，有时动词可以承前省略，如例(3)中的“以力”后面省略了“绥诸侯”，承前省略；可以是单个动词，如例(8)；也可以是动宾结构的复合，表示动作的相承，如例(7)。较特殊的是例(2)，结合前后文意，其中“我”表示复数，意为“咱们”，包括听话人（栾武子）在内。“若”后是一个主谓结构作谓语，意为“咱们（大家）如果群臣和睦以侍奉国君，这就足够了”。以上可见谓语形式的灵活多样。

“若”用于主谓之间可以表示单一的假设，如例(1)、(2)、(5)和例(6)；“若”还经常用于对举的假设当中，对举大致可以分为两类：一是谓语动词所陈述内容是对举的并列成分，比如例(3)中“君若以德绥诸侯”与“君若以力（绥诸侯）”是两种不同手段的对举，例(7)中“君若求置晋君而载之”与“君若求置晋君以成名于天下”是两种不同目的的对举。“若”用在两个分句中表示假设，两项假设之间是并列的；一是谓语动词肯定与否定的对举，比如例(4)中“君若辱有寡君”

和“君若不有寡君”的对举，是指“有”和“不有”的对举，两个“若”之间还出现“苟”的用例，可见“若”和“苟”表示假设的对应关系，例（8）中“战若不胜”和“战若胜”的对举，是其中谓语动词肯定否定的对举，其间语义关系仍然是并列的。这两种对举的情况在两书中均有所体现，没有差别。

2. “若”用于分句句首

《左传》中49例，占全部假设连词用例的13.7%；《国语》中59例，占全部假设连词用例的24.9%。二者比重有差别，《国语》比《左传》高。如：

(9) 若晋取虞，而明德以荐馨香，神其吐之乎？(僖公5.8)

(10) 若吾子之德，莫可歌也，其谁来之？(文公7.8)

(11) 若我可，不必亡一大夫；若我不可，不必亡一公子。(哀公6.6)

(12) 若民不怨而财不匮，令不偷而动不携，其何事不济！(周语上)

(13) 若楚之克鲁，诸姬不获阙焉，而况君乎？彼无亦置其同类以服东夷，而大攘诸夏，将天下是王，而何德于君，其予君也？若不克鲁，君以蛮、夷伐之，而又求入焉，必不获矣。不如予之。(鲁语下)

(14) 使死者无知，则已矣；若其有知，吾何面目以见员也！(吴语)

上引6例中，“若”都是用于句首，有时句子结构比较特殊，如例(10)，表面看来，“吾子之德”是体词性成分，“若”用在前面表示假设，则语义不足。所以对此偏正结构还得进行进一步陈述，即“莫可歌也”，中间可不停顿，这样“若”连接的成分才能是一个完整的句子。这一类句子也可以出现对举的用例，如例（11）、(13)、(14) 都是用于谓语动词肯定、否定的对举；实现对举的主要方式是在动词谓语之前用否定副词进行修饰，比如例（11）和（13），其中有“不”表示否定；例（14）中“若”与上一句中的“使”呼应，都表示假设；“若”也常用于对举的情况，如例（11）、(13) 和（14）。例（11）中“我可”和

“我不可”相对，主谓俱全。例（13）“若楚之克鲁”同“若不克鲁”相对，后面分句省略了主语“楚”。例（14）中“使死者无知”和“若其有知”相对，后者用“其”来指代前文的“死者”，“若”和“使”都用作假设连词，也是相对的。“若”的这一特点都比较鲜明，两书中是一致的。

从整体上来看，位于句首的假设连词“若”在两书中的使用没有差别，《国语》中使用频率稍高。

3. “若”用在隐含或省略了主语的谓词性成分之前

《左传》中223例，占全部假设连词用例的62.5%；《国语》中123例，占全部假设连词用例的51.9%。《左传》《国语》中都以此类用法最常见，《左传》出现频率更高。如：

（15）欲与大叔，臣请事之；若弗与，则请除之，无生民心。（隐公1.4）

（16）士会辞，曰：“晋人，虎狼也。若背其言，臣死，妻、子为戮，无益于君，不可悔也。”秦伯曰：“若背其言，所不归尔帑者，有如河！”（文公13.2）

（17）我以不贪为宝，尔以玉为宝。若以与我，皆丧宝也，不若人有其宝。（襄公15.8）

（18）若因祸以毙之，则闻命矣。若不废君命，则固有著矣。（昭公12.10）

（19）夫神一不远徙迁，若由是观之，其丹朱之神乎？（周语上）

（20）若为元侯之所，以怒大国，无乃不可乎？（鲁语下）

（21）若以君之灵，得复晋国，晋、楚治兵，会于中原，其避君三舍。若不获命，其左执鞭弭，右属櫜鞬，以与君周旋。（晋语四）

（22）非所愿也。若得归骨于楚，死且不朽。（楚语上）

（23）用之寔难，已之易矣。若谏，君则曰：“余左执鬼中，右执殇宫，凡百箴谏，吾尽闻之矣，宁闻他言？”（楚语上）

上述用例中，“若”所连接的谓词性成分前面的主语有些是不必说出或无须说出的，这些主语可以理解为泛指的，陈说道理时普遍通用的，如例（16）、（18）、（19）、（23）；在有些对话中，“若”及其连接成分的主语是对话的一方，这时候的主语大多可以省略，如例（15）、（17）、（20）~（22）。不过这两种情况的区别并不是很明显，有些在对话当中的主语可能不必说出，不过也完全可以是因为主语是听话人而省略。“若”用于假设复句当中，多数是用于对话当中，这些情况下句中的主语往往省略。

“若”后所连接的谓词性成分可以是单个动词，如例（23）；有时动词前有修饰成分，如例（15），动词“与”前有否定副词“弗”。例（17）、（19）中的动词前是介宾结构充当修饰语；可以是动宾结构，如例（16）、（18）、（20）等；有些是动词后面有相应的补语，如例（22）中“于楚”介宾结构即为动宾结构“归骨”的补语，前面的“得”是助动词。通过观察，各种谓词性成分在两书中均有用例，可见两书在“若”后连接的谓词性成分是一致的。

通过上述内容的比较，我们发现“若”用作假设连词时，就语法位置而言，《左传》和《国语》都有三种不同的语法位置：用于主谓之间的“若”在两书中使用比重几乎相同；用于分句句首的“若”，《国语》用例的比重比《左传》稍高；用于隐含了主语的谓词性成分之前的“若”，《左传》用例比重就比《国语》稍高一些。就整体使用特点来看，“若”用作假设连词在两书中的使用特点基本一致，没有实质差别，在很大程度上反映出共同点。两书中假设连词“若”语法位置分布统计对比见表2－6。

表2－6　《左传》《国语》中假设连词“若”语法位置分布统计对比

	《左传》	《国语》	总计
用于主谓之间	85（23.8%）	55（23.2%）	140（23.6%）
用于分句句首	49（13.7%）	59（24.9%）	108（18.2%）
用于隐含主语的谓词性成分之前	223（62.5%）	123（51.9%）	346（58.2%）
总计	357（100%）	237（100%）	594（100%）

可见，两书中假设连词“若”都以用在隐含主语的谓词性成分之前

为主，都在半数以上；《左传》中位于主谓之间的“若”比用于分句句首的“若”用例多，而《国语》中这两类用例相差不多。

（二）选择连词

“若”用作选择连词，相当于“或”“或者”，用例很少。《左传》中5例，《国语》中仅1例。如：

（24）其以丙子若壬午作乎！水火所以合也。（昭公17.5）

（25）君之在晋也，志父为主。请君若大子来，以免志父。（哀公17.3）

（26）宋为无道，绝我小国于周，以我适楚，故我常从宋。晋文公为践土之盟，曰：“凡我同盟，各复旧职。”若从践土，若从宋，亦唯命。（定公1.1）

（27）若得保其首领以殁，唯是春秋所以从先君者，请为“灵”若“厉”。大夫许诺。（楚语上）

上引例句中的“若”作选择连词，所连接的成分是并列关系，可以连接体词性成分，如例（24）、（25）和（27）；也可以连接谓词性成分，比如例（26）。例（27）在《左传》中有异文，即：

（28）若以大夫之灵，获保首领以殁于地，唯是春秋窀穸之事、所以从先君于祢庙者，请为“灵”若“厉”。大夫择焉。（襄公13.4）

异文记载楚子（楚恭王）就自己死后谥号问题对亲信大臣的遗嘱，两书所载非常相近，只是个别词语有差别。《国语》仅此1例，“若”连接的是体词性成分，《左传》中“若”不仅可以连接体词性成分，还可以连接谓词性成分，稍有差别。

“如”“若”在上古部分典籍中呈现的分布及特点的异同，高本汉在《左传真伪考》中便已关注，后来胡适、卫聚贤和冯沅君等，在高本汉研究的基础上对此问题有所修正，认识有所提高。本书在前贤研究的基础上，主要就《左传》和《国语》中“如”“若”组合的结构进行全面的比较。《左传》《国语》《论语》《孟子》“如”“若”所在结构见次比较见表 2 -7。

表 2 -7 《左传》《国语》《论语》《孟子》"如""若"所在结构见次比较

	《左传》	《国语》	《论语》	《孟子》
如何	4	3	0	3
何如	24	10	20	18
如之何	1	0		
如……何	1	0	23	20
若何	30	28	0	0
何若	0	0	0	0
若之何	64	20	0	0
若……何	24	6	0	0
奚若	0	1		
不若	4	18		11
不如	90	26	12	12
莫若	1	12		
莫如（此）	20	8		
如此	5	4		
奈何	2	7		
奈之何	0	0		
奈……何	0	3		
何×如之	3	0		
譬之如×	2	3		
譬如	4	3		

注：表 2 -7 中统计的词组或结构可以进行更深入的比较，此处举出，留待以后研究。表中《论语》《孟子》相关结构出现的次数根据高本汉统计而得，其中空白未见数字之处为高文未加统计，本书暂未统计。详见高本汉著、陆侃如译《左传真伪考》，载《〈左传真伪考〉及其他》第 64 ~ 65 页，上海商务印书馆 1936 年版。

二 "如"的比较

"如"一般用作动词，也可以用作副词、连词等，还可以用在人名当中。"如"在《左传》中有 738 例，用作连词 11 例，占全部用例的 1.5%。其中用作假设连词 9 例①，转折连词 1 例，并列连词 1 例；在

① 如果除掉引用《诗经》中的假设连词"如"，《左传》中尚有 5 例假设连词，高本汉统计"如"的"假使"义共 3 例，见高本汉著、陆侃如译《左传真伪考》，载《〈左传真伪考〉及其他》第 63 页，商务印书馆 1936 年版。本书统计比高氏多出 2 例。

《国语》中有142例，未见连词用例。《左传》例如：

(1) 十二月，陈五父如郑莅盟。壬申，及郑伯盟，歃如忘。洩伯曰："五父必不免，不赖盟矣。"(隐公7.6)

(2) 夏，恒星不见，夜明也。星陨如雨，与雨偕也。(庄公7.2)

(3)《诗》曰："君子如怒，乱庶遄沮。君子如祉，乱庶遄已。"(宣公17.2)

(4) 左右曰："有喜而忧，如有忧而喜乎?"(宣公17.5)

(5) 宾曰："君不忘先君之好，施及下臣，贶之以大礼，重之以备乐。如天之福，两君相见，何以代此？下臣不敢。"子反曰："如天之福，两君相见，无亦唯是一矢以相加遗，焉用乐，寡君须矣，吾子其入也!"(成公12.4)

例(1)中的"如"用作转折连词，表示语意的转折，相当于"而""却"。[①] 例(2)中的"如"历来有争议，或认为是动词，意为"好像"；或认为是并列连词。赵著举此例，认为"与"引介的是与事，"'陨星'跟与事'雨'互相伴随落下，分不清主从"。[②] 如果将"如"理解为动词，那么后一句"与雨偕也"就不好解释了。本书暂将"如"处理作并列连词。例(3)~(5)中的6个"如"均用作假设连词，相当于"如果""假如"等。例(3)引《诗经》，《左传》9例假设连词"如"中4例为引《诗》；例(4)当理解为"有了喜事反而忧愁，如果有了忧事反倒要高兴吗?"其中"而"表示转折，"如"表示假设；例(5)中的两例"如天之福"意为"如果上天降福"，当为习惯表达。"如"后所连接的成分多为谓词性成分，如例(3)、(4)；有时也可以连接主谓结构，如例(5)，其中"之"为动词，"天之福"意谓"上天赐福"，"之"有"到、往"义。

---

① 杨伯峻认为："《说文》引'如'作'而'，'如'、'而'两字古多通用。歃而忘，谓临歃而意不在盟。或以为忘其盟辞，不确。"见《春秋左传注》第55页，中华书局1981年版。

② 赵大明：《〈左传〉介词研究》第360页，首都师范大学出版社2007年版。

第八节　“虽”“故”的比较

一　“虽”的比较

“虽”用作让步连词，用以连接分句与分句，一般表示对某种事实的承认，进而引起下一分句的语义转折。后一分句语义转折的表现形式比较多样，可以是反问形式，可以有转折连词“然”“而”“亦”“犹”等与之呼应，也可使用否定形式表示对前文所陈述情况的反动或转折等，形式多样。“虽”可以理解为“虽然”“尽管”“即使”等。“虽”作让步连词在《左传》中出现 145 例，《国语》中出现 68 例。以下根据“虽”所在分句或后一分句的形式特点进行大致分类和分析比较。

（一）“虽”连接的后一分句为反问句

《左传》中 30 例，《国语》中 17 例。《左传》例如：

（1）长恶不悛，从自及也。虽欲救之，其将能乎！（隐公 6.4）

（2）以陈、蔡之密迩于楚，而不敢贰焉，则敝邑之故也。虽敝邑之事君，何以不免？（文公 17.4）

（3）是先君宗卿之嗣也，大国又以为请。不许，将亡。虽恶之，不犹愈于亡乎？（成公 14.1）

（4）聊、摄以东，姑、尤以西，其为人也多矣。虽其善祝，岂能胜亿兆人之诅？（昭公 20.6）

其中例（2）中的“虽”有学者认为是语气助词，在句中没有意义，我们认为尚可商榷：此例中“何以不免”表面看来是一般疑问语气，而实际上通过上下文我们得知它承担的是反问语气。此例前文交代的是郑国的子家在信中告诉晋国赵宣子的内容，是说郑国向来同晋国友睦，不会对晋国怀有二心，不会亲附楚国，而且陈、蔡两国紧挨着楚国，却没有亲附楚国而是同晋国结盟，这也是郑国发挥的作用。所以此处提出“虽敝邑之事君，何以不免”的说法，因为前文还交代晋侯在黄父阅兵，对郑国恐有不利，所以此例用“不免”发问。沈玉成的译文作：“为什么唯独敝邑这样事奉贵国国君反而不能免于患难呢?"[①] 我们认为译文比较贴合原文,"虽"仍有让步意味:"即使我们已经这样竭力侍奉您了",下文的"何以不免"包含反问语气"却为什么不能免于灾祸哪?"由此认为"虽"还是发挥让步连词的作用。另外,如果认为"虽"为语首助词,去掉"虽"后,"敝邑之事君"为体词性结构,句意未足,于义不合。"虽"当为让步连词。例(1)和例(3)"虽"的后一分句都是由语气词"乎"表达反问语气的反问句,表达转折的语义比较明显;例(4)中有语气副词"岂"来表达反问形式。《国语》例如:

(5)今晋寡德而安俘女,又增其宠,虽当三季之王,不亦可乎?(晋语一)

(6)吾言既往矣,岂能欲行吾言而又爱吾身乎?虽死,焉避之?(晋语二)

(7)劳师于戎,而失诸华,虽有功,犹得兽而失人也,安用之?(晋语七)

上引3例中后一分句的反问语气都比较明显,分别由表反问的语气词"乎"、表反问的语气副词"焉""安"来承担。与《左传》基本一致。在运用反问形式表达转折语义时,还有部分用例较为特殊,如:

(8)罕夷曰:"尨奇无常,金玦不复。虽复何为?君有心矣。"(闵公2.7)

(9)盾曰:"弃人用犬,虽猛何为!"(宣公2.3)

(10)公曰:"轻其所任,虽危何害?"(晋语一)

(11)伯氏苟出而图吾君,申生受赐以至于死,虽死何悔!(晋语二)

这一类用例同后一分句为反问句的形式相似,不过是在同一句内有"虽",同时也有反问形式,共同点在于表达反问语气都是用语气副词

① 沈玉成:《左传译文》第161页,中华书局1981年版。

“何”，如果我们在“虽×”和“何×”之间断句的话，那么这些例句就与上文中的表示反问句式的例句形式相同了。我们认为这种形式是反问句的一种变式。

（二）“虽”连接的后一分句为否定句

《左传》中26例，《国语》中15例。如：

(12) 违命不孝，弃事不忠。虽知其寒，恶不可取。子其死之！(闵公2.7)

(13) 光杀戎子，尸诸朝，非礼也。妇人无刑。虽有刑，不在朝市。(襄公19.5)

(14) 与其戍周，不如城之。天子实云，虽有后事，晋勿与知可也。(昭公32.3)

(15) 以吾观之，兵在其颈，不可久也。虽吾王叔，未能违难。(周语中)

(16) 今我任晋国之政，不毁晋耻，又以违蛮、夷重之，虽有后患，非吾所知也。(晋语六)

上述两书中的“虽”的用例，其后一分句均为否定形式，用否定形式以与前一分句的“虽”相应，“虽”表示让步，否定分句表达在让步的基础上仍未能实现让步情况下应该或理应办到的事情或实现的状态。如例（13）中“虽有刑”是对“妇人无刑”做出的让步，下一分句为“不在朝市”，意为就算妇人有刑戮之责，也不应当“尸诸朝”，因此是在让步“虽有刑”的基础上未能实现“不在朝市”。这一使用特点两书中是相同的。

（三）“虽”连接的后一分句有“犹”“必”“然”“亦”“将”等相呼应

《左传》中21例，《国语》中6例。如：

(17) 傅傻曰：“虽克郑，犹有知在，忧未艾也。”(哀公2.3)

(18) 寡君有甲车四千乘在，虽以无道行之，必可畏也。况其

率道，其何敌之有？（昭公13.3）

（19）于大国，虽公子，亦上卿送之。（桓公3.6）

（20）周若无咎，苌叔必为戮。虽晋魏子亦将及焉。（周语下）

（21）夫齐侯将施惠如出责，是之不果奉，而暇晋是皇，虽后之会，将在东矣。（晋语二）

（22）臣闻之贾人，夏则资皮，冬则资絺，旱则资舟，水则资车，以待乏也。夫虽无四方之忧，然谋臣与爪牙之士，不可不养而择也。（越语上）

在这一类用法中，两书的差别在于：《左传》中有6例是后一分句用“犹”来呼应，占此类用例总量的30%。意为“即使/尽管……（却）还是……”表示前后相对的意义，如例（17）。而《国语》中未见“犹”与“虽”呼应的用例；“必”的运用也体现出明显不同：《左传》中后一分句有“必”与“虽”呼应的共10例，占此类用例的50%，数量最多，《国语》中仅1例，差距明显；《国语》多用“亦”和“将”，共4例，而《左传》用“亦”4例，未见用“将”的用例；《国语》后一分句用“然”，《左传》未见。可见在这些对应词语的选用上两书存在差异。

（四）后一分句表达的内容与“虽”连接的内容相反或相对

《左传》中8例，《国语》中3例，如：

（23）晋卿不如楚，其大夫则贤，皆卿材也。如杞梓、皮革，自楚往也。虽楚有材，晋实用之。（襄公26.10）

（24）德之休明，虽小，重也。其奸回昏乱，虽大，轻也。（宣公3.3）

（25）臣闻之曰：“善有章，虽贱赏也；恶有衅，虽贵罚也。”（鲁语上）

后一分句中有与“虽”连接分句相对或相反的内容，如上引各例中，“楚有材”应当是“楚用之”，而实际上却是“晋实用之”；“虽小”应当是“轻”，“大”应当是“重”，而实际上却相反：“虽小”却“重也”，“虽大”却“轻也”；“贱”当“罚”，“贵”当“赏”，而实际也是相反。由此也可以看出前后分句之间的转折关系。

(五)“虽”后为否定句，表示让步

《左传》中13例,《国语》中1例。如:

(26) 虽微先大夫有之，大夫命侧，侧敢不义?(成公16.5)

(27) 告之以文辞，董之以武师，虽齐不许，君庸多矣。(昭公13.3)

《国语》中的用例即前文例(22)。《左传》中此类“虽”用例明显多于《国语》，句式方面，“虽”后可以省略主语而直接连接谓语成分，如例(26)，也可以用在分句句首之前，如例(27)；《国语》中仅此1例，“虽”所在分句前有语首助词“夫”以提起注意，后面连接省略了主语的谓语成分。

“虽”所在分句是否定句，后面的分句可以运用反问形式、否定表达或“必”“亦”等词语多种手段与“虽”所在分句对应。①

(六)“虽”用于主谓之间

《左传》中38例,《国语》中17例。如:

(28) 今民各有心，而鬼神乏主；君虽独丰，其何福之有?(桓公6.3)

(29) 右师讨，犹有戍在。桓氏虽亡，必偏。(成公15.4)

(30) 如是，则兄弟虽有小忿，不废懿亲。(僖公24.2)

(31) 敝邑虽羸，若早修完，其可以息师。(昭公5.8)

(32) 彼虽不信，闻我授甲，则必逐我。(昭公10.2)

(33) 夫君臣无狱，今元咺虽直，不可听也。(周语中)

(34) 余听狱虽不能察，必以情断之。(鲁语上)

(35) 子虽兄弟于晋，然蔡吾甥也，二国孰贤?(楚语上)

(36) 越人必来袭我，王虽悔之，其犹有及乎?(吴语)

① 我们的分类只是择取其最明显的特征进行的，各小类之间的界限不是截然分明的，其间多存在交叉。

用于主谓之间的“虽”相对于用于句首和用于谓语成分之前的“虽”数量为少，使用特点与以上两种“虽”是一致的。从以上例句可以看出，“虽”用于主谓之间时，后一分句可以用反问句，如（28）、（36）；可以有“必”“然”等连词与“虽”呼应，如例（29）、（32）、（34）和（35），其中《国语》中后一分句有转折连词“然”的有1例，《左传》中未见；可以用否定句表达转折语义，如例（30）、（33）；有时也可以用相反或相对的词语呼应，如例（31），“虽赢”与“息师”是相对的。由此可见，用于主谓之间的“虽”与用于谓语成分之前和用于句首的“虽”在使用特点上是相同的。

有时，“虽”前有表示时间的词语，后面再连接谓语成分，用于表示对以后会出现的情况的假设或推断。《左传》和《国语》中分别有1例和2例，例：

（37）于是乎克而弗取，将又存之，违天而长寇雠，后虽悔之，不可食已。（哀公1.2）

（38）若违于德而以贿成事，今虽先歃，诸侯将弃之，何欲于先？（晋语八）

（七）“虽然”“虽微”

该时期汉语中“虽然”尚未成词，仍是固定组合，由让步连词“虽”和指示代词“然”组成，一般作为复句中的一个独立分句运用，其后引出让步之后所要陈述的转折语义。可以理解为“即使如此”“虽然如此”。《左传》中7例，《国语》中4例。如：

（39）微子，则不及此。虽然，子杀二君与一大夫，为子君者，不亦难乎？（僖公10.2）

（40）盈曰：“虽然，因子而死，吾无悔矣。我实不天，子无咎焉。”（襄公23.3）

（41）申生不敢爱其死，虽然，吾君老矣，国家多难，伯氏不出，奈吾君何？（晋语二）

(42) 王曰:“虽然,不穀愿闻之。”[①] (晋语四)

例 (39) 和 (41) “虽然” 中的 “然” 所指代的内容是上一句所陈述的内容,即 “微子,则不及此” 和 “申生不敢爱其死”;另外两例中 “虽然” 都用在对话当中,“然” 指代的内容都在上文,“虽然” 对对方所陈述内容的作出让步,然后提出自己有转折意味的观点。

《国语》中有 “虽微” 2 例。据王叔岷先生说,解为 “岂特”,意为 “不单” “不仅”。[②] 如:

(43) 夫子承楚国之政,其法刑在民心而藏在王府,上之可以比先王,下之可以训后世,虽微楚国,诸侯莫不誉。(楚语下)

(44) 耻大国之士于中原,又杀其君以重之,子思报父之仇,臣思报君之雠。虽微秦国,天下孰弗患?(晋语三)

我们采用王叔岷先生的说法,“虽微” 是由 “虽” 和 “微” 组合表达 “虽然没有” “即使没有” 的意义引申为表达 “不单” “不仅” 之意的。

通过对以上分类的分析和比较,总结《左传》和《国语》让步连词 “虽” 的使用特点以及在两书中的异同如下。

第一,《左传》《国语》中的 “虽” 用于主谓之间分别有 38 例和 17 例,在两书中所占比例分别为 26.2% 和 25%,相当接近。用于主谓之间的 “虽” 在两书中的使用是没有差别的。

第二,“虽” 在使用时,其后一分句表达转折语义时的形式在两书中都是多样的,而且各种形式在两书中均有相应的表现形式,只是各形式使用数量有差别,其他无差别。

第三,“虽” 的后一分句中有时使用相应的词语与之呼应,这些词

---

① 张以仁指出:“虽然,犹口语 ‘虽然如此’,《国语》其例凡三见。” 见《国语虚词集释》第 129 页,“中央研究院”《历史语言研究所专刊》之五十五,台湾商务印书馆 1968 年版。通过我们检索发现《国语》中共有 4 例 “虽然”,以正张氏之说。

② 王叔岷:《古书虚字新义》,载庆祝李济先生七十岁论文集编辑委员会编辑《庆祝李济先生七十岁论文集》上册第 181 ~ 182 页,台湾清华学报社 1965 年版。

语的选用在两书中有所差别：《左传》中以“必”“犹”为主，也出现了“亦”，不见“将”。《国语》中以“将”“亦”为主，同时使用“必”“犹”，数量较少，《国语》中使用“然”表示转折，《左传》未见。

第四，“虽然”在两书中的使用特点是完全相同的，《国语》有“虽微”的用例，《左传》未见。

由此可见，就整体使用特点、语法功能和语法意义来说，两书中的“虽”存在一些细微差别。

二 “故”的比较

“故”用作因果连词，一般用于复句的后一分句句首，连接的是结果分句，可以理解为“所以”“因此”。《左传》中366例，《国语》中174例。[①]“故”在结果分句中一般位于句首；用于主谓之间的“故”在两书中用例都较少。根据“故”所连接成分的语法性质对其分类，并就两书“故”的同类用法进行比较。

（一）“故”用于主谓之间

《左传》中4例，《国语》中8例。《国语》中的使用数量较多。如：

（1）惠公之薨也，有宋师，太子少，葬故有阙，是以改葬。（隐公1.10）

（2）师宵掠，以邾子益来，献于亳社，囚诸负瑕，负瑕故有绎。（哀公7.4）

（3）言之大甘，其中必苦。谮在中矣，君故生心。（晋语一）

（4）自臣之祖，以无大援于晋国，世隶于栾氏，于今三世矣，臣故不敢不君。（晋语八）

（5）遇兆，挟以衔骨，齿牙为猾，戎、夏交捽。交捽，是交胜也，臣故云。（晋语一）

① “故”在《左传》中有678次，在《国语》中有284次。除用作连词之外，还常用作名词，表示“原因”“事情”“旧制、惯例”等，也可以用作形容词，表示“原来的”，有时还可以用作时间副词等。不过两书中的“故”都以用作因果连词为最常见用法。另有固定组合“是故”（“兹故”）也用作因果连词。

这一类用法中，“故”后都为谓语动词，《国语》中有6例主语都是“臣”，其后的谓语有5例是“曰”或“云”，为同类词语，这在以进谏、劝诫为主的《国语》中是常见的，“故”后的谓语可以带宾语如例（3）、（4），也可以不带宾语。不带宾语时，“故”所连接的成分表示总结，如例（5）“臣故云”，所“云”的内容在前文已经出现，所以就不需再带宾语了。《左传》中同类用例数量较少，且“故”后皆为动宾结构。

（二）“故”用于分句句首

《左传》中137例，《国语》中59例。如：

（6）宋武公生仲子，仲子生而有文在其手，曰为鲁夫人，故仲子归于我。（隐公1.1）

（7）宋襄公即位，以公子目夷为仁，使为左师以听政，于是宋治。故鱼氏世为左师。（僖公9.7）

（8）初，子驷为田洫，司氏、堵氏、侯氏、子师氏皆丧田焉。故五族聚群不逞之人，因公子之徒以作乱。（襄公10.9）

（9）昔武王数纣之罪以告诸侯曰：“纣为天下逋逃主，萃渊薮。”故夫致死焉。（昭公7.2）

（10）闰月乙卯晦，栾书、中行偃杀胥童。民不与郤氏，胥童道君为乱，故皆书曰“晋杀其大夫”。（成公17.12）

（11）冬，杞叔姬卒。来归自杞，故书。（成公8.9）

前3例容易理解，从句法形式一见便知。例（9）杜预注曰“人欲致死讨纣”，其中“夫”据杨伯峻注为“夫，犹人也”。“夫”为代词，可以理解为“人人”，这样此例也就明确了。例（10）和例（11）在《左传》中较有特点，简要陈述如下。

例（10）中“皆”作为范围副词，修饰的不是“书”而是“曰”。对照《春秋》经文公十七年载曰：“晋杀其大夫郤锜、郤犨、郤至”，可见此处的范围副词“皆”的语义指向当为“书曰”的宾语“晋杀其大夫”。所以“书”仍是名词，系指《春秋》。此处记载胥克之子胥童（胥氏）与晋国郤氏之间的争斗，胥童胜出灭三郤，栾书、中行偃畏逼，又杀郤氏之后被任命的卿胥童。《左传》解释此处为：“民不与郤氏，胥童道君为乱”，所以《春秋》记载统一都说的是“晋杀其大夫”。例（11）看起来是“故”后连接谓语成分，此例我们理解为“书”后省略了宾语，因为宾语在前文已经提到。对照《春秋》原文，“书”的内容是“杞叔姬卒”，传文对此经文稍做解释“来归自杞”，下文“故书”实际上应该是“故书书之”。《左传》中“故书”共出现15例，其后有宾语的11例，包括“之”和“曰宾”；有时“书”后接“以宾”结构，2例，宾语“九月”“官”，理解起来这个“书”似乎同“使”用法相似，本身带有两重意思；不带宾语的2例。为了明显地体现《左传》的这一用法特点，我们把这种用例也都归结到“连接分句”类中。

《左传》此类用例中，有不少用例是引用《诗》《书》，原文多做“故《诗》曰”“故《书》曰（之）”等。这是非常符合《左传》“传”《春秋》的特点的，这部分内容多为解释《春秋》经文的内容，《春秋》中出现或描写的内容，《左传》多以“书”来表示《春秋》，“书”不唯指《尚书》等。《国语》例如：

（12）神飨而民听，民神无怨，故明神降之，观其政德而均布福焉。（周语上）

（13）故先王之教曰：“雨毕而除道，水涸而成梁，草木节解而备藏，陨霜而冬裘具，清风至而修城郭宫室。”故《夏令》曰：“九月除道，十月成梁。”（周语中）

（14）昔者之伐也，兴百姓以为百姓也，是以民能欣之，故莫不尽忠极劳以致死也。（晋语一）

（15）五家为轨，故五人为伍，轨长帅之；十轨为里，故五十人为小戎，里有司帅之；四里为连，故二百人为卒，连长帅之；十连为乡，故二千人为旅，乡良人帅之；五乡一帅，故万人为一军，五乡之帅帅之。三军，故有中军之鼓，有国子之鼓，有高子之鼓。（齐语）

（16）昔瓦唯长旧怨，以败于柏举，故君及此。今又效之，无乃不可乎？（楚语下）

《国语》此类用例中较少见到引用古语、古书的用例，如例（13），这一点与《左传》有明显不同。其他用例中是较为明显地连接分句的用例，用法特点与《左传》是相同的。例（14）中的“莫”用作否定性的不定代词，指“没有人”；从例（15）可见，“故”所连接的分句同前一分句是密切相连的，语义上的因果联系尤为明显。

（三）“故”用于谓语成分之前

《左传》中225例，《国语》中107例。

谓语成分之前的主语可能隐含，也可能承上文而省略。谓语形式多样，可以是动词也可以是动宾结构；动词前后还可以有修饰成分或附加成分，如副词、补语等；也可以是名词、形容词等体词性成分充当谓语，也有介宾结构用作谓语的例子。《左传》例如：

（17）冬，葬晋景公。公送葬，诸侯莫在。鲁人辱之，故不书，讳之也。（成公10.7）

（18）寡君愿事卫君，卫君之来也缓，寡君惧，故将止之。（哀公12.4）

（19）平侯与楚有盟，故封。其子有二心，故废之。（昭公21.7）

（20）夫舞，所以节八音而行八风，故自八以下。（隐公5.7）

（21）宋多责赂于郑。郑不堪命，故以纪、鲁及齐与宋、卫、燕战。不书所战，后也。（桓公13.2）

（22）城濮之役，王思之，故使止子玉曰：“毋死。”不及。（文公10.3）

（23）楚费无极害朝吴之在蔡也，欲去之，乃谓之曰：“王唯信子，故处子于蔡。子亦长矣，而在下位，辱，必求之，吾助子请。”又谓其上之人曰：“王唯信吴，故处诸蔡，二三子莫之如也，而在其上，不亦难乎？弗图，必及于难。”夏，蔡人逐朝吴，朝吴出奔郑。王怒，曰：“余唯信吴，故置诸蔡。且微吴，吾不及此。女何故去之？”（昭公15.2）

以上用例中，例（17）、（18）中“故”后的谓语成分前分别由副词“不”“将”修饰，例（17）谓语成分后不带宾语，《左传》中“不书”出现11例，其后带宾语的有6例；例（18）动词后有宾语；例（19）

中“故封”和“故废之”相应，一个不带宾语，一个带宾语；例（20）“自八以下”是介宾结构作谓语；例（21）谓语“战”前有多重结构，整体是“与宾”介词结构，“与”之前为“以宾”介词结构，其中又有连词“及”连接并列成分；例（22）为省略了兼语的“使”字兼语式；例（23）中第一个“处”后有宾语“子”，然后还有介宾结构“于蔡”作补语，第二个“处”和动词“置”后有兼词“诸”，相当于“之于”，“之”为宾语，“于”与后面的地名构成介宾结构用作补语，用法与上例“处”相同。《国语》例如：

（24）古之明王不失此三德者，故能光有天下，而和宁百姓，令闻不忘。（周语中）

（25）过由大，而怨由细，故以惠诛怨，以忍去过。（晋语六）

（26）其君子思其君，且知其罪，曰：“必事秦，有死无他。”故不和。比其和之而来，故久。（晋语三）

（27）夫六，中之色也，故名之曰黄钟，所以宣养六气、九德也。（周语下）

（28）公说，故使魏绛抚诸戎，于是乎遂伯。（晋语七）

（29）是以言至而无所讼之也，故陷于大难，乃逮于谗。（晋语二）

“故”以用在谓语成分之前为主，谓语成分包括动词，如例（26）中的“和”，有些为较为复杂的动宾结构，如例（24）；也可以是介宾结构修饰动词，如例（25），或者为副词修饰动词，如“不和”；有时“故”后连接连动结构，如例（27），《左传》中有类似例句；可以连接兼语结构，如例（28），《左传》同；例（29）中“于宾”结构作为动词“陷”的补语；有时也可以是形容词充当谓语，如例（26）中的“久”。

可见，《左传》和《国语》中因果连词“故”用于谓语成分前时，其所连接的成分形式较多，在两书中基本相同。

“故”作因果连词在《左传》《国语》两书中的使用表现出较强的一致性，如表 2－8 所示。

表 2-8 《左传》《国语》连词“故”语法位置分布和比重统计

	《左传》	《国语》	总计
用于主谓之间	4（1.1%）	8（4.6%）	12（2.2%）
用于分句句首	137（37.4%）	59（33.9%）	196（36.3%）
用于谓语成分之前	225（61.5%）	107（61.5%）	332（61.5%）
总计	366（100%）	174（100%）	540（100%）

从表 2-8 来看，《左传》和《国语》中的因果连词“故”用在谓语成分之前的数量占全部用例的比重高度一致；“故”用于主谓之间在两书中用例都较少，而《国语》中这一类用法比《左传》所占比重高，前文已经提到这一差异的原因大概与《国语》的体例和内容有关；“故”用在分句句首在两书中所占比重相差也不大。从表 2-8 以及前文的统计来看，因果连词“故”在两书中差别很小，用法特点和功能几乎完全相同。

第九节 “况”“苟”的比较

一 “况”的比较

递进连词“况”在《左传》中出现 47 例，在《国语》中出现 10 例。“况”一般用于复句的后一分句，引进更进一层的语义，多以反问的形式加以强调，可以理解为“何况”“况且”。《左传》例如：

（1）蔓草犹不可除，况君之宠弟乎？（隐公 1.4）

（2）桓、庄之族何罪？而以为戮，不唯偪乎？亲以宠偪，犹尚害之，况以国乎？（僖公 5.8）

（3）思其人，犹爱其树，况用其道而不恤其人乎！（定公 9.2）

（4）众之不可已也。大夫为政，犹以众克，况明君而善用其众乎？（成公 2.8）

（5）子皮曰：“夫子礼于死者，况生者乎？”（襄公 30.10）

（6）诸侯事晋，未敢携贰；况卫在君之宇下，而敢有异志？（昭公 13.3）

(7) 人皆臣人，而有背人之心，况齐人虽为子役，其有不贰乎？(哀公15.4)

(8) 施将惧不能任其先人之禄，其况能任大国之赐？(昭公7.8)

《左传》中连词“况”前的分句有“犹”“犹尚”与之对应，如例(1)~(4)，后四例则需借助文意的理解来体会“况”连接成分在语义上的递进。

“况”后所连接的成分包括体词性成分，如例（1）、(5)；还有谓词性成分，一般都是动宾结构，如例（3）、(4)；还有介宾结构，如例(2)，其后的动词“偪”，承前省略了；还有主谓结构，如例（6）、(7)。有时“况”前面还有代词“其”，如例（8），《左传》共两例，一般情况下“其”放在“况”之后，上举两例较特殊。

前五例中“况”所在分句句末都有“乎”，例（6）、(7）中“况”后为一般陈述，紧接的是反问句式，有语气副词“其”，例（8）本身含有反问语气。《国语》例如：

(9) 夫粲，美之物也。众以美物归女，而何德以堪之？王犹不堪，况尔小丑乎？(周语上)

(10) 夙夜征行，不遑启处，犹惧无及。况其顺身纵欲怀安，将何及矣！(晋语四)

(11) 夫义人者，固庆其喜而吊其忧，况畏而服焉？(鲁语下)

(12) 诸侯宗庙之事，必自射牛、刲羊、击豕，夫人必自舂其盛。况其下之人，其谁敢不战战兢兢，以事百神！(楚语下)

“况”的前一分句中有“犹”与之对应的，如例（9）、(10)，其他两例需结合文意理解其递进意味；“况”后连接的成分为体词性成分，如例（9）、(12)，连接谓词性成分如例（11)，连接主谓结构如例(10)；“况”所在分句句末有疑问语气词的，如例（9）、(11)，分句用其他方式表示反问语气的，如例（10）和（12）。

通过用例我们总结“况”在《左传》《国语》中用作连词的使用特

点并比较其异同。

第一，“况”一般位于后一分句句首，前面有时有其他词语与之相呼应，尤其是“犹”“犹尚”等。《左传》中前一分句有“犹”“犹尚”的共26例，占全部用例的55.3%，《国语》中3例，占全部用例的30%，相比较而言，《国语》中“况”的这一使用特点不如《左传》中的“况”鲜明而有个性。

第二，“况”后所连接的成分可以是体词性词语或词组，可以是谓词性词语或词组，也可以是主谓结构。表示递进关系，与前一分句陈述的情况或事件相比，“况”后连接的成分都包含有“更甚”的意味，在意义上更进一层。《左传》中“况”后所连接的成分包括体词性成分24例、谓词性成分15例、介宾结构3例、主谓结构5例；《国语》中“况”连接体词性成分4例、谓词性成分3例，主谓结构3例。可以看出“况”后都以连接体词性成分为主，而《左传》这一特点更为明显，《国语》中“况”后连接的成分不如《左传》多样。

第三，“况”所在后一分句往往表示反问语气，其中又以句末有反问语气词“乎”为主。《左传》中“况”所在分句句末用反问语气词“乎”的共37例，用语气词“焉”的1例，还有7例“况”所在分句为陈述句，而紧跟其后的分句是反问形式，多有“其”、“岂”和“敢”等语气副词，还有2例“况”表达一般陈述，表示语义上的递进；《国语》中4例句末用“乎”，1例用“焉”，5例为其他反问表达形式，其中也有“其”“敢”等语气副词。在这一点上两书的“况”表现出较明显的差异。

二 “而况”的比较

“而况”作为一个连词性结构，是连词“而”和“况”的连用形式，其语法功能与作用与单用的“况”相同，一般也用于复句的后一分句，引出递进的语义，句末以反问的形式加以强调。《左传》中16例，《国语》中14例。《左传》例如：

(1) 谚曰“无过乱门”，民有乱兵，犹惮过之，而况敢知天之所乱？(昭公19.8)

(2) 大国行礼焉，而不服；在大犹有咎，而况小乎？(襄公4.2)

(3) 先王违世，犹诒之法，而况夺之善人乎！(文公6.3)

(4) 苟有明信，涧、溪、沼、沚之毛，蘋、蘩、薀、藻之菜，筐、筥、锜、釜之器，潢、汙、行潦之水，可荐于鬼神，可羞于王公，而况君子结二国之信，行之以礼，又焉用质？(隐公3.3)

(5) 夫司寇行戮，君为之不举，而况敢乐祸乎？(庄公20.1)

(6) 弈者举棋不定，不胜其耦；而况置君而弗定乎？必不免矣。(襄公25.15)

从《左传》中的上述用例可以看出：前三例中，前一分句都有“犹”与“而况”相呼应，后三例前一分句中只能通过对句意的理解来明确“而况”的语法作用和意义；例（2）、（3）、（5）和例（6）中“而况”所在分句句末都有表示反问的语气词“乎”，其他两例句末虽然没有“乎”，不过有其他反问的形式，例（1）用“敢”，例（4）用“焉”，都用来表示反问；“而况”后连接的成分中，例（2）为体词性成分，例（4）为主谓结构，其余四例均为谓词性结构。例（5）与在《国语》中的异文基本相同，即“吾闻之，司寇行戮，君为之不举，而况敢乐祸乎！”(周语上)。其他《国语》用例如：

(7) 民有怨乱，犹不可遏，而况神乎？(周语下)

(8) 君骄泰而有烈，夫以德胜者犹惧失之，而况骄泰乎？(晋语六)

(9) 木有枝叶，犹庇荫人，而况君子之学乎？(晋语九)

(10) 犹有散、迁、懈慢而著在刑辟，流在裔土，于是乎有蛮、夷之国，有斧钺、刀墨之民，而况可以淫纵其身乎？(周语上)

《国语》中“而况”的使用特点包括：“而况”所在分句句末都有表示反问的语气词“乎”；前一分句有时也有“犹”相应，如前三例，例（10）需通过句意来理解；“而况”所连接的成分主要是体词性成分，如例（7）和（9），其余为谓词性结构，如例（8）和例（10）。

由此总结“而况”的使用特点及在两书中的异同。

第一，“而况”所在分句的前一分句有时有“犹”与之相应，《左传》中有7例，《国语》中有8例，《国语》中使用的数量和比重超过了《左传》，特点鲜明。

第二，“而况”所连接的成分以体词性成分和谓词性成分为主。《左传》中“而况”所连接的成分中，体词性成分主要是名词，共8例，谓词性成分主要是动宾结构，共7例，还有1例为主谓结构；《国语》中“而况”所连接的成分中，体词性成分主要是名词占优势，共10例，另外4例为谓词性成分，未见其他成分。两书在这一点上差别较为明显，与“况”所连接成分在两书中的差别也有很大不同。

第三，“而况”所在的分句句末往往有语气词“乎”表示反问语气，此外还有一些其他表示反问的形式。《左传》中“而况”所在分句句末有表示反问的语气词“乎”的用例共12例，另外4例运用“其”“敢”“焉”等词语，或者句子本身含有反问语气；《国语》所有“而况”的用例中，句末都是由语气词“乎”表示反问，比《左传》更为规则、严整。可见两书中“而况”的使用存在一定差别，“而况”在两书中的使用特点与“况”的使用特点差别较大：“而况”和“况”在两书中的使用呈现大致互补的关系。

三 “苟”的比较

“苟”用作假设连词，一般用在复句的前一分句句首，可以理解为“假如”“如果”“要是”等。《左传》中出现59例，其中10例“苟”前面有施事主语或表示时间的名词，表示更换主语或强调假设的情况发生的时间；大部分“苟”后所连接的成分省略了主语，因为前文已经出现，或者不必说出，共49例，占全部用例的83.1%；《国语》中出现24例，其中4例“苟”的前面出现主语，省略主语的共20例，占全部用例的83.3%。《左传》《国语》中的“苟”以用在句首为常，占绝对优势，两书中的比例十分相近。《左传》例如：

(1) 君子曰：“苟信不继，盟无益也。”(桓公12.2)

(2) 魏绛请施舍，输积聚以贷。自公以下，苟有积者，尽出之。(襄公9.9)

(3) 夫差使人立于庭，苟出入，必谓己曰："夫差！而忘越王之杀而父乎?"(定公 14.5)

(4) 先民有言曰："无秽虐士。"备使奉尸将命，苟我寡君之命达于君所，虽陨于深渊，则天命也，非君与涉人之过也。(哀公 15.2)

(5) 诸侯有讨于郑，未捷；今苟有衅，从之，不亦可乎？(僖公 7.3)

(6) 盟以厎信，君苟有信，诸侯不贰，何患焉？(昭公 13.3)

前四例"苟"用在句首，主语都没有出现。"苟"后所连接的成分基本上都是稍为复杂的谓词性结构，以动宾结构为主，如例（1）、(2)，也可以是简单动词，比如例（3），也可以是主谓结构，如例（4）。例(3)、(4)"苟"之前出现时间名词或主语，主语或时间是需要强调的，因而在句中出现。例（5）下文管仲对曰："君若绥之以德，加之以训，辞，而帅诸侯以讨郑。郑将覆亡之不暇，岂敢不惧？若揔其罪人以临之，郑有辞矣，何惧?"，其中用"若"与上文"苟"相应，明确其假设连词用法。例（6）中"苟"前有主语，后接成分也是动宾结构。可见"苟"后连接的成分以谓词性成分为主。《国语》例如：

(7) 闻畏而往，闻丧而还，苟芈姓实嗣，其谁代之任丧？(鲁语下)

(8) 武公伐翼，杀哀侯，止栾共子曰："苟无死，吾以子见天子，令子为上卿，制晋国之政。"(晋语一)

(9) 越人饰美女八人纳之太宰嚭，曰："子苟赦越国之罪，又有美于此者将进之。"(越语上)

(10) 国乱民扰，大夫无常，不可失也。非乱何入？非危何安？幸苟君之，子唯其索之也。[1]（晋语二）

---

① 该例需要注意。该例在上海古籍出版社《国语》本中断句作"幸苟君之子，唯其索之也"。我们认为这是值得商榷的。徐元诰认为："幸苟，苟也。谓苟得为晋君，子可听秦之求索也。"见徐元诰《国语集解》第 293 页，中华书局 2002 年版。根据"苟"一般的使用特点，其后所连接的成分一般不能是体词性成分，而此例如果断句为"幸苟君之子"，则"君之子"为体词性成分，是不符合其使用特点的。

《国语》中的“苟”所连接的成分以谓词性成分为主，如例（8）、（9），例（10）中“君”为体词性成分作谓语；可以连接主谓结构，如例（7）。“苟”可以用于主谓之间，如例（9）。另外《国语》中还有1例与之对应，即：

（11）夫事君者，不为外内行，不为丰约举，苟君之，尊卑一也。（楚语下）

由此可见“苟”后往往是谓词性成分、动宾短语等，如果是体词性成分，那么该体词性成分往往活用，如例（11）。

“苟”用作假设连词，《左传》和《国语》除了数量差距外，在使用特点和语法功能方面是相同的。

四 “若苟”的比较

“若苟”用作假设连词，同“苟”单用时的特点和功能是一致的，《左传》中出现2例，《国语》未见。

（1）群臣帅赋舆，以为鲁、卫请。若苟有以借口，而复于寡君，君之惠也。（成公2.3）

（2）君若苟无四方之虞，则愿假宠以请于诸侯。（昭公4.1）

“若苟”的用法、功能和“苟”完全一样。“若苟”可以用于句首，如例（1），也可以用在主谓之间，如例（2）。其后所连接的成分都是动宾结构。

第十节 “是”组双音连词的比较

一 “是故”的比较（附“兹故”）

“是故”可以表示结果或推断，也可以表示前后事件或情况的承接关系，一般用于表示结果的分句句首，有时位于主语之后，相当于“所以”“因此”，用法特点与“故”几乎相同。《左传》中出现16例，《国语》中出现47例。我们根据“是故”在句中的语法位置，将两书中的“是故”进行如下分类和比较。

(一)“是故”用于主谓之间

《左传》中3例，《国语》中1例。如：

(1) 寡君是故使吉奉其皮币，以岁之不易，聘于下执事。(襄公28.8)

(2) 以君之出也处己，入也烦己，饥食其粜，三施而无报，故来。今又击之，秦莫不愠，晋莫不怠，斗士是故众。(晋语三)

用于主谓之间的“是故”在两书中没有差别。

(二)“是故”用于分句句首

《左传》中8例，《国语》中24例。如：

(3) 能者养之以福，不能者败以取祸。是故君子勤礼，小人尽力。(成公13.2)

(4) 不明弃共，百事不终，所由倾覆也。是故明王之制，使诸侯岁聘以志业，间朝以讲礼，再朝而会以示威，再会而盟以显昭明。(昭公13.3)

(5) 川壅而溃，伤人必多，民亦如之。是故为川者决之使导，为民者宣之使言。(周语上)

(6) 夫礼，所以正民也。是故先王制诸侯，使五年四王、一相朝。(鲁语上)

(7) 于是天下诸侯知桓公之非为己动也，是故诸侯归之。(齐语)

(8) 丕郑曰：“我无心。是故事君者，君为我心，制不在我。”(晋语二)

(9) 夫鬼神之所及，非其族类，则绍其同位，是故天子祀上帝，公侯祀百辟，自卿以下不过其族。(晋语八)

“是故”所在分句的前一分句往往是陈述一种事理，为所要表达的实际内容进行铺垫，比如例（3）～（6）及例（9），前面的分句都是陈述的事理，有些选取形象的比喻以引出所要表达的内容，如例（5）先以“川壅而溃，伤人必多”来作喻，进而引出“为民”（治理民众）和“为川”的相同之处，以达到劝谏的目的。用在分句句首的“是故”在两书中的特点没有差别，只是《国语》中使用数量明显多于《左传》。

（三）“是故”用于谓语成分之前

《左传》中5例，《国语》中22例。此类可以看作主语不必说出或承前文省略了。如：

（10）且要盟无质，神弗临也。所临唯信，信者，言之瑞也，善之主也，是故临之。明神不蠲要盟，背之，可也。（襄公9.8）

（11）民有好恶、喜怒、哀乐，生于六气，是故审则宜类，以制六志。（昭公25.3）

《左传》中用于谓语成分之前的“故”连接的都是动宾结构，也可以是动词结构组成的联合结构。例（10）前文有“神弗临也”与下文的“是故临之”相对应，可以看出“是故”后省略的主语是前文的“神”，例（11）前文“生于六气”中“于宾”结构实际上引介的是动作行为的源头，指百姓的“好恶、喜怒、哀乐”是从六气派生，“是故”后省略的主语是“统治者”，在对话中隐含了。《国语》例如：

（12）民之所急在大事，先王知大事之必以众济也，是故祓除其心，以和惠民。（周语上）

（13）是故使申生伐东山，衣之偏裻之衣，佩之以金玦。（晋语一）

（14）小人忌而不思，愿从其君而与报秦，是故云。（晋语三）

（15）是故败吴于囿，又败之于没，又郊败之。（越语上）

（16）公说，是故以曹田、卫田赐宋人。（晋语四）

（17）是故战胜而不报，取地而不反，兵胜于外，福生于内，用力甚少而名声章明，种亦不如蠡也。（越语下）

从以上《国语》中的用例可以看出，“是故”之后的谓语成分构成较丰富、形式也较灵活：可以是单个动词，如例（14）中的“云”，动词“云”的宾语在前文，是所说的内容，此处用“是故”加以总结，例（17）中的“战胜”，也没有宾语，不过“取”与之并列，动词“取”有宾语“地”；“是故”后的动词一般都是带宾语的，除例（14）外都是动宾结构；有时谓语成分前面有修饰成分，比如例（12）和例（16）中的“以和”和“以曹田、卫田”都是介宾结构，修饰动词“惠”“赐”，分别用于引进动作行为的凭借和涉及的对象；也可以是较复杂的动宾结构的组合，比如例（12）和例（17），尤其例（17）“是故”后是5个动词结构的并列；有时动词结构之后有补语，如例（15）中的“于囿”是引进动作行为发生的地点，用在动词之后作补语。谓语动词之前的主语与《左传》中的用例相同，有些承前省略了，有些则不必做出交代。可见《国语》中“是故”数量较多，用法比《左传》中的同类用法形式多样。详见表2－9。

表2－9 《左传》《国语》中“是故”语法位置分布及比重统计

	《左传》	《国语》	总计
用在主谓之间	3（18.8%）	1（2.1%）	4（6.3%）
用在分句句首	8（50.0%）	24（51.1%）	32（50.8%）
用在谓语成分之前	5（31.2%）	22（46.8%）	27（42.9%）
总计	16（100%）	47（100%）	63（100%）

从表2－9可见：《左传》和《国语》中的因果连词“是故”都以用于分句句首为主，这类“是故”在两书中的使用没有差别，极为相近；《国语》中用于主谓之间的“是故”仅出现1例，与《左传》差距较为明显，不过使用特点方面没有差别；用在谓语成分之前的“是故”在《国语》中不仅数量多，在使用特点方面也比较灵活，所连接的谓语成分形式灵活多样，《左传》中用例较少，且使用方面也不如《国语》中的变化多。两书中的因果连词“是故”的使用特点和语法功能在很大程度上是一致的。

（四）“兹故”

《国语》中有1例“兹故”，《左传》未见。例为：

武丁于是作书，曰："以余正四方，余恐德之不类，兹故不言。"（楚语上）

"兹故"用于谓语成分之前，主语为前文的"余"，其用法与"是故"完全一致。我们认为"兹故"是"是故"类化的结果。"兹"和"是"都是代词，此类用例与"是""兹"的代词用法相关。

二 "是以"的比较（附"此以"）

"是以"是代词"是"和介词"以"组合成的固定结构。"是"作介词"以"的宾语。"是以"的基本意义是表示动作行为的原因，可以理解为"（由于）这个原因"或"因此"。[①] 本书参照赵大明的研究方法和步骤对《国语》中的"是以"进行分析，再与《左传》进行比较。

《国语》中"是以"共出现67例，根据"是以"在句中的位置，我们将《国语》中"是以"的用例分类如下。

（一）"是以"用于主谓之间

《国语》中用于主语谓语之间的"是以"共17例。如：

（1）君子是以患作。（鲁语下）

（2）于是败楚师于鄢陵，栾书是以怨郤至。（晋语六）

（3）夫幸非福，非德不当雍，雍不为幸，吾是以惧。（晋语九）

赵大明指出《左传》中"是以"位于主谓之间时的使用特点是：在单句中时，"是"所指代的对象一般都在上文中；"是以"用在意义上有关联的复句中时，"是"指代的动作行为的原因大体就是其他分句所表示的内容。[②] 比如：

---

① 赵大明认为："'是以'和'此以'是由介词'以'及其引进的代词'是'和'此'组成的固定格式，其中'是'和'此'前置于'以'。"他还指出："在《左传》中，'是以'出现162次，占全部介词'以'2156次的7.5%；'此以'出现了3次，仅占0.14%。"见赵大明《〈左传〉介词研究》第270页，首都师范大学出版社2007年版。

② 赵氏此说及例句见赵大明《〈左传〉介词研究》第270～271页，首都师范大学出版社2007年版。

(4) 子重是以怨巫臣。(成公7.5)

(5) 陈不救火，许不吊灾，君子是以知陈、许之先亡也。(昭公18.3)

通过上述《国语》用例，我们看出赵氏总结的特点同样适用于《国语》中用于主谓之间的“是以”：前两例为用在单句中的“是以”，“是”指代的内容都在前文；例（3）用在关联复句中的“是以”，“是”指代的内容是前面分句所陈述的内容。《左传》和《国语》中的“是以”在这一类用法上是相同的。

（二）“是以”用于分句句首

《国语》中的“是以”用于分句句首，共17例。如：

(6) 明神不蠲而民有远志，民神怨痛，无所依怀，故神亦往焉，观其苛慝而降之祸。是以或见神以兴，亦或以亡。(周语上)

(7) 优笑在前，贤材在后。是以国家不日引，不月长。(齐语)

(8) 其用不从，其生不殖，不可以封。是以古者先王日祭、月享、时类、岁祀。(楚语下)

“是以”所在的分句在意义上同其前面的句子是紧密相关的，不是孤立的。赵著认为这些例子中的“是以”使得分句与分句之间的联系更为明确，主要是因为“是”所指代的内容就在前文。对比《左传》例句：

(9) 上之人能使昭明，善人劝焉，淫人惧焉，是以君子贵之。(昭公31.5)

(10) 是以民服事其上，而下无觊觎。(桓公2.8)

例（10）中的“是以”看似孤立，实际上“是以”连接的句子是处在一个更大的句群当中的，“是”可以指代前文多个句子所表达的内容。《国语》例（7）同，前面的“优笑在前，贤材在后”只是“是”指代的一部分内容。由此可见《左传》和《国语》中位于句首的“是以”用法特点也是相同的。

（三）“是以”用于谓语成分之前

《国语》中此类“是以”共33例。如：

（11）夫管夷吾射寡人中钩，是以滨于死。（齐语）

（12）言不可食，众不可弭，是以深谋。君若不图，难将至矣！（晋语二）

（13）今吾子有栾武子之贫，吾以为能其德矣，是以贺。（晋语八）

（14）其父子、昆弟不相能，夫概王作乱，是以复归于吴。（吴语）

上述例句中，“是以”之后的谓语成分可以是动补结构，如例（11）、（14）；可以是单个动词，如例（13）；动词前可以有其他修饰成分，如例（14）。“是以”直接用在谓语成分之前，这一特点与用作因果连词的“故”“是故”等一致，一般都是承前省略了主语，或者在有些语境中主语不必说出。“是”所指代的内容一般都在前文。《左传》《国语》中“是以”语法位置分布见次统计见表2-10。

表2-10 《左传》《国语》中“是以”语法位置分布见次统计*

	《左传》	《国语》	总计
用于主谓之间	58（35.8%）	17（25.4%）	75（32.7%）
用于分句句首	29（17.9%）	17（25.4%）	46（20.1%）
用于谓语成分之前	75（46.3%）	33（49.2%）	108（47.2%）
总计	162（100%）	67（100%）	229（100%）

*表2-10中《左传》部分的数据和比重的统计为赵大明的结论。

从表2-10可以看出：《左传》和《国语》中的“是以”在用法特点上几乎是相同的：都用以连接结果分句；在语法位置方面，两书中的“是以”都是以用在谓语成分之前为主，该类用法占全部例句的比重分别为《左传》46.3%，《国语》49.2%，《国语》中此用法特点较为明显；《左传》中用于主谓之间的“是以”较《国语》使用更广，所占比重更大，用于分句句首的“是以”在《左传》中最少；《国语》中用于主谓之间和用于分句句首的“是以”平分秋色，总体看来，“是以”在两书中有很多共同点。

“是以”最初只是一个表示原因的介词词组，作用跟“以”引进动作行为原因的功能大致相当。在“是以”这个介宾结构中，最重要的还是介词“以”。“是”作为指示代词，是对文句中出现的某些事件、情况或人物的代称，这也符合语言的经济原则。赵大明还根据“是以”的上述三种语法位置，对“是以”由介宾结构词组逐步凝固为一个连词进行了考证。我们发现在《左传》《国语》时期，“是以”的位置已经相当灵活，而且由于以用在句首为主，这一语法位置导致其有了进一步虚化的可能，于是就有了重新分析的可能和必要。在使用频率方面，这一时期的“是以”相对来说已经被比较广泛地运用了。综合来看，这一时期正是“是以”由介宾结构凝固为连词的重要发展阶段。

（四）“此以”

“此以”在《左传》中出现3例。赵大明指出：“‘此以’出现的不多，而且只出现在同一段文字当中，因而可以不把它作为一种固定格式，但是它的用法跟‘是以’的第二类相同，所以我们认为这只是一种类化的结果。”[①] 如：

（17）是以将赏，为之加膳，加膳则饫赐，此以知其劝赏也。将刑，为之不举，不举则彻乐，此以知其畏刑也。夙兴夜寐，朝夕临政，此以知其恤民也。三者，礼之大节也。（襄公26.10）

该例中“此以”都用于谓语成分之前，而且谓语成分都是结构完全相同的并列动宾结构。笔者同意赵大明认为“此以”是由“是以”类化而来的说法。《国语》中未见“此以”，可见与凝固程度已经相当高的“是以”比较来看，“此以”在这一时期较少见，尚未凝固成固定结构。

三 “是用”的比较

“是用”是由介词结构发展而来的，连接结果分句，位于分句句首

---

① 赵著中“是”的“第二类”实际上是指“用在隐含了主语的谓语动词之前”这一类，本书顺序有所改动。赵说见《〈左传〉介词研究》第273页，首都师范大学出版社2007年版。

或主语之后，相当于现代汉语的“因此”。“用”为介词，引进动作行为的原因，“是”为指示代词，用以指代文句中的原因，“是”前置于“用”，其演变途径当与“是以”相类。《左传》中“是用”有8例，《国语》未见。

《左传》中的“是用”在句法位置中只有两类用法，一是用于主谓之间，有2例；一种是用于谓语成分之前，有6例。如：

(1) 苟信不继，盟无益也。《诗》云：“君子屡盟，乱是用长”，无信也。(桓公12.2)

(2) 狄应且憎，是用告我。楚人恶君之二三其德也，亦来告我曰：秦背令狐之盟，而来求盟于我：“昭告昊天上帝、秦三公、楚三王曰：‘余虽与晋出入，余唯利是视。’不穀恶其无成德，是用宣之，以惩不壹。”诸侯备闻此言，斯是用痛心疾首，暱就寡人。(成公13.3)

《左传》中8例“是用”中5例为引《诗》，如例(1)，“是用”是一个古老的结构，《诗经》中屡见；《左传》中仅使用3例“是用”，见例(2)，这三处“是用”都用于省略了主语的谓语之前，谓语动词都带宾语。最后一处“是用”前有承接连词“斯”，相当于“则”，这一特点不见于其他因果连词，属“是用”较特殊的1例。《国语》中未见“是用”的用例。

第十一节　用例较少的连词的比较

一　“抑”的比较

《左传》中“抑”共出现31例，可以用作动词、语气副词和语首助词，共8例，用作连词22例，固定组合“抑亦”1例；《国语》中“抑”共出现23例，也可以用作动词、语气副词和语首助词，共8例，用作连词共15例，未见“抑亦”用例。

“抑”用来连接复句中的分句与分句，可以用作选择连词和转折连词，有时还可以用作假设连词。

（一）转折连词

《左传》中“抑”作转折连词有13例，《国语》中有8例。“抑”用在转折复句中，一般用于表示转折的分句之首，相当于“可是”“但是”“不过”等，如：

（1）二三子之劳也，臣何力之有焉？抑臣愿君安其乐而思其终也。（襄公11.5）

（2）虽其不善，吾亦知之；抑以利故，不能去，是吾过也。（昭公20.4）

（3）人牺实难，己牺何害？抑其恶为人用也乎，则可也。人异于是。（周语下）

（4）孤始愿不及此，孤之及此，天也。抑人之有元君，将禀命焉。[①]（晋语七）

“抑”用于表示转折的复句句首，其后引导的成分可以是句子，有时也可以是体词性结构、谓词性结构或主谓结构等。上引例句中，“抑”有明确的语法位置：都是位于分句句首，表示文意上的转折。从形式上来看，转折分句的前一分句往往表示语义上的让步，这种让步意味着既可以用反问形式来表达也可以用一些让步连词如“则”等来表达，有些则只能通过对文意的理解来做判断。“抑”用在后一分句句首提转下文，转折意味相对轻微，不致太过突兀。

（二）选择连词

《左传》中“抑”作选择连词有4例，另有“抑亦”1例；《国语》中“抑”用作选择连词7例，未见“抑亦”。如：

（5）郑虽无腆，抑谚曰“蕞尔国”，而三世执其政柄，其用物

---

① 张以仁言及此例，引周法高《中国古代语法·造句编》：表转折句或用“抑”，或用“然”，或用“而”，或省略呼应字，其义均同。见《国语虚词集释》第33页，《“中央研究院”历史语言研究所专刊》之五十五，台湾商务印书馆1968年版。

也弘矣，其取精也多矣。(昭公7.9)

(6) 不知天之弃鲁邪，抑鲁君有罪于鬼神故及此也？(昭公26.4)

(7) 侍者曰："若有殃焉在？抑刑戮也，其夭札也？"(鲁语上)

(8) 床笫之不安邪？抑骊姬之不存侧邪？(晋语一)

(9) 不知天将以为虐乎，使翦丧吴国而封大异姓乎，其抑亦将卒以祚吴乎，其终不远矣。(昭公30.3)

《左传》中选择连词"抑"有1例未用在选择问句中，而是用在陈述句中，即例（5），看似表示选择，不过在语义上有递进的意味：前一句"郑虽无腆"意为郑国虽然不强大，"抑谚曰'蕞尔国'"意为或者就像俗话所说的是"小小的国家"，两者之间在表达选择的同时也存在语义上的递进关系，不过"抑"理解为"或者"是准确的，这种用在陈述句中表示选择的"抑"很少见；其他3例中"抑"表示选择都用在选择复句中，而且用在后一分句句首，前后分句都有相应的疑问语气词，如"邪""也""乎"等，如例（6）。《国语》中选择连词"抑"使用特点是："抑"一般都是用于后一分句句首；"抑"所在分句的前一分句句末一般有表示选择疑问的语气词，如"乎""耶""邪"，而"抑"所在的分句句末有疑问语气词与之对应，比如"也""乎""邪""耶"等，如上文例（7）、(8)，有时表示选择关系的复句的两个分句句末的语气词不必一致。其中例（7）中的"抑"用作选择连词却用于首句句首，这一点在《左传》和《国语》中都未见相似用例，张以仁认为首句的"抑"和次句的"其"是位置倒换了。[①] 这一例当属例外。《左传》和《国语》中的选择连词"抑"用法基本是一致的，不过各有1处例外，值得注意。

"抑亦"所连接的前后分句句末都有语气词"乎"，跟"抑"单用时的特点是一致的，可以理解为"还是"。两个"其"字所指代的内容不

---

① 张以仁《国语虚词集释》第56页："'抑'作为选择连词，《国语》例皆居次句之首。该例居前句之首，与他例不合。"张氏认为"'抑'、'其'互倒"，不过也提到"惜无作证"。见《国语虚词集释》，《"中央研究院"历史语言研究所专刊》之五十五，台湾商务印书馆1968年版。

同，前者是指前文的“天”，后者是指吴国。“抑亦”前有主语，这也是罕见的。

（三）假设连词

《左传》中“抑”用作假设连词共5例，《国语》中未见。如：

（10）子之教，敢不承命！抑微子，寡人无以待戎，不能济河。（襄公11.5）

（11）晋侯使叔向告刘献公曰：“抑齐人不盟，若之何?”（昭公13.3）

（12）孤不佞，不能媚于父兄，以为君忧，拜命之辱。抑君臣日战，君曰“余必臣是助”，亦唯命。（昭公22.2）

例（10）中“抑”用以表示假设，可以理解为“如果”“要是”，“微”是否定词，“没有”。此例中不仅有假设语义，其中还包含着语义上的递进，前文意为“您的教导，我怎么敢不接受命令”，紧接着文意更进一层：更何况要是没有您，我就不能正确对待戎人，就不能渡过黄河了。杨树达、杨伯峻、陈克炯等学者认为例（11）中的“抑”用作音节助词，无义。[①] 我们认为值得商榷：此处“抑齐人不盟”是晋侯让叔向征询刘献公的意见时说的话，当是以商量、咨询的口吻提出来的，而且后面有“若之何”。刘献公的回答则是“告之以文辞，董之以武师，虽齐不许，君庸多矣”，最后总结一句“迟速唯君”，从其回答来看，用了一个值得注意的词语：“虽”，表示让步，当理解为“即使”，所以叔向的问话应当是包含假设意味的，大概刘献公尚未得知“齐人不可”的情况，从而提出“虽齐不许”，也就是“就算齐国不允许”情况出现后应该采取的对策，根据下文的记载出现了“齐人惧”且回答说“迟速唯君”的结果，可见叔向是按照刘献公的指点去处理的，因此根据前后文意我们认为“抑”应当是表示假设的。此例应当理解为“如果（要是）齐人不答应结盟，我们该怎么办?”所以“抑”理解为假设连词能更好

① 杨伯峻注：“抑，语首助词，无义。说详《词诠》。”见《春秋左传注》第1354页，中华书局1981年版。陈克炯说见《〈左传〉详解词典》第574页，中州古籍出版社2004年版。

地与下文衔接。例（12）中的“抑”表示假设，“如果”，较易理解。沈玉成的译文为“君臣之间每天作战，如果君王说‘我一定要帮助臣下’，也只能唯命是听”。[①] 我们认为“日”理解为“每天”不确，也不合文意，而沈氏译文提到了“如果”，从文句来看，只有“抑”能承担表示假设语义的“如果”一义。如果把“日”理解为“有朝一日”，则“抑”的假设语义就更为明显了。

由上述用例和分析可见：《左传》和《国语》中的连词“抑”以用作选择连词和转折连词为常。《左传》中转折连词用法最多，选择连词和假设连词用量几乎相同，《国语》中转折连词和选择连词用量几乎相同，转折连词数量的优势不如《左传》明显，且没有假设连词用法，这是两书中“抑”连词用法的差别。

二　“所”的比较

“所”用作假设连词，多用于誓词当中，一般用于句首，可以理解为“假设”“如果”。《左传》中13例，《国语》中2例。

何乐士指出：“‘所’作假设连词大都出现在誓词中，构成〔所·动·者，有如……〕句式。假设连词‘所’与语气词‘者’互相配合，有‘如果……（的话）’一类意思。共11例。”[②] 何文举例为：

> （1）丁丑，崔杼立而相之，庆封为左相，盟国人于大宫，曰：“所不与崔、庆者——”晏子仰天叹曰：“婴所不唯忠于君、利社稷者是与，有如上帝！”乃歃。（襄公25.2）

此例中有两例“所”，前一个“所”只是誓词的前半部分，其后内容被晏婴打断，而直陈了自己誓言的部分。再如：

> （2）宣子喜，曰：“而杀之，所不请于君焚丹书者，有如日！”（襄公23.3）

① 沈玉成：《左传译文》第474页，中华书局1981年版。

② 见何乐士《〈左传〉的“所”》，载《〈左传〉虚词研究》（修订本）第248页，商务印书馆2004年版。

(3) 余所有济汉而南者，有若大川！(定公3.4)

(4) 凡诸侯之大夫违，告于诸侯曰："某氏之守臣某，失守宗庙，敢告。"所有玉帛之使者则告；不然，则否。(宣公10.2)

(5) 公子曰："所不与舅氏同心者，有如河水。"沈璧以质。(晋语四)

(6) 所不掩子之恶，扬子之美者，使其身无终没于越国。子听吾言，与子分国。不听吾言，身死，妻子为戮。(越语下)

总体看来，《左传》中用作假设连词的"所"不仅数量多，表现形式也比较多样：〔所·动·者〕结构之前有时可以出现主语，也就是宣誓之人，比如例(1)、(3)。

《国语》中的例(5)在《左传》中的异文为：

(7) 公子曰："所不与舅氏同心者，有如白水！"投其璧于河。(僖公24.1)

两书中"所"后的谓词性结构大致是相同的，基本上都是否定表达，意为"如果不（能）……（的话）"。《左传》中有9例谓词性结构前面有否定词语，《国语》中的2例均为否定表达，这是一个共同特点。"所"用作假设连词的语法功能和使用特点在两书中是一致的。

三 "因"的比较

"因"用作因果连词，用以连接两个谓词性成分或者两个分句，表示前后成分之间顺承或因果的关系，可以理解为"于是""就""因此"等。《左传》中9例，《国语》中1例。

陈克炯将"因"的连词用法分为两类：因果连词和顺承连词。其中因果连词又可以分为表示原因和表示结果两小类；顺承关系主要表现为前项是后项的原因。赵大明在研究《左传》介词"因"时，对"因"的连词用法进行了统计和分析。将"因"大致分为两类：一是用在谓语成分之前，一是用在主谓之间。两者都可以表示顺承或因果关系。[①] 例如：

（1）诸侯以字为谥，因以为族。（隐公 8.9）

（2）秋八月，公及齐侯、邾子盟于顾。齐人责稽首，因歌之曰："鲁人之皋，数年不觉，使我高蹈。唯其儒书，以为二国忧。"（哀公 21.2）

（3）公欲以越伐鲁而去三桓，秋八月甲戌，公如公孙有陉氏。因孙于邾，乃遂如越。（哀公 27.4）

（4）因使人告于吴王曰："天以吴赐越，孤不敢不受。以民生之不长，王其无死！"（吴语）

（5）大人之忠俭者，从而与之，泰侈者因而毙之。（襄公 30.13）

（6）文、武、成、康之建母弟，以蕃屏周，亦其废队是为，岂如弁髦，而因以敝之。（昭公 9.3）

前四例中的"因"直接用于谓语性成分之前，其中例（1）、（2）、（4）连接的是分句，例（3）连接的是句子和句子，表示前后分句与分句或句子与句子之间的顺承或因果关系。后两例中"因"用在主谓之间，表示承接关系。

四 "其"的比较

"其"用作假设连词一般用于分句句首，相当于"如果""假如"，《左传》中 4 例，《国语》中 1 例。"其"还可以用作选择连词，《国语》中 1 例，《左传》未见。如：

（1）不敢输币，亦不敢暴露。其输之[②]，则君之府实也，非荐陈之，不敢输也。其暴露之，则恐燥湿之不时而朽蠹，以重敝邑之

---

① 陈、赵二人之说分见于陈克炯《〈左传〉详解词典》第 282 页，中州古籍出版社 2004 年版；赵大明《〈左传〉介词研究》第 462～463 页，首都师范大学出版社 2007 年版。

② 杨伯峻注："其犹若也，假设连词。"见《春秋左传注》第 1187 页，中华书局 1981 年版。

罪。（襄公 31.6）

(2) 叔向辞之，曰："大夫之事毕矣，而又命孤。孤斩焉在衰绖之中，其以嘉服见，则丧礼未毕；其以丧服见，是重受吊也，大夫将若之何？"[1]（昭公 10.4）

(3) 抑人之有元君，将禀命焉。若禀而弃之，是焚谷也；其禀而不材，是谷不成也。（晋语七）

(4) 若有殃焉在？抑刑戮也，其夭札也？（鲁语上）

前两例是《左传》中"其"的假设连词用法，例（3）是《国语》中单用作选择连词的用法。前两例中的"其"在使用上的最明显特点有两处：一是前后两句对举；二是"其"所在分句的后一分句都有"则"与之呼应。例（1）前文言及"不敢输币，亦不敢暴露"是两种情况，根据文意，下文的"输之"和"暴露之"都是没有发生的事情，所以前面的"其"当理解为"如果""要是"，用以分述"不敢"的原因。例（2）"其"后连接动词性谓语，前面的"以嘉服"和"以丧服"是介宾结构作修饰语，"见"尚未发生，所以用假设连词"其"来分别陈说两种情况，"则"与之呼应，表示假设成立可能出现的结果。由此可见两例中的"其"用作假设连词最合文意。

例（4）中的"其"用作选择连词，与前文的"抑"相应，"抑"常可用作选择连词，此例中"抑刑戮"和"其夭札"是对应的，用在选择问句当中，可以理解为："如果发生灾祸会在哪方面呢？是身受刑戮、有杀身之祸呢？还是短命夭折，或遭疫而亡呢？"[2] 其中"也"用在选择问句当中表达疑问语气，相当于"呢"，"其"与"抑"相应，都用作选择连词。

五 "纵"的比较

"纵"用作让步连词，可以理解为"即使""纵然"。"纵"及其所连接的成分都用在前一分句，以引起下文的论述或提问，其用法与

① 杨伯峻注："此假设句，其为假设连词。"见《春秋左传注》第 1319 页，中华书局 1981 年版。

② 见董立章《〈国语〉译注辨析》第 191 页，暨南大学出版社 1993 年版。

“虽”的让步连词用法相近。《左传》中7例，《国语》中2例。如：

(1) 吾一妇人而事二夫，纵弗能死，其又奚言？(庄公14.3)

(2) 纵吾子为政而可，后之人若属有疆埸之言，敝邑获戾，而丰氏受其大讨。(昭公7.8)

(3) 生不能事，死又离之，以自旌也。纵子忍之，后必或耻之。(定公1.3)

(4) 诸侯有盟未退，而鲁背之，安用齐盟？纵不能讨，又免其受盟者，晋何以为盟主矣，必杀叔孙豹。(晋语八)

(5) 纵臣而得全其首领以没，惧子孙之以梁之险，而乏臣之祀也。(楚语下)

“纵”所连接的成分可以是谓词性成分，比如例(1)、(4)；也可以连接分句，如例(2)、(3)、(5)。《左传》中“纵”后连接的谓词性成分主要是动宾结构，共4例，连接分句3例；《国语》中1例连接分句，1例连接动词结构。“纵”在句中表示让步，在两书中的用法是没有差别的，只是数量有所差别。

此外，《左传》中“从”有让步连词用例，“从”通“纵”，使用特点和语法功能与“纵”没有区别，《国语》中未见。如：

(6) 役人曰：“从其有皮，丹漆若何？”(宣公2.1)

“从”同“纵”用法一致，其后连接分句，理解为“即使”“纵然”，《左传》中仅此一见。此例赵大明也曾提到，指出：“连词‘从’一般用在让步假设复句中前一个分句的开头，为‘纵使，即使’之义，后代写作‘纵’。这种用法仅出现了1次。”①

六 “用”的比较

“用”作因果连词一般都用于分句或句子之首，可以理解为“因此”

① 赵大明：《〈左传〉介词研究》第453页，首都师范大学出版社2007年版。

“因而”。“用”在上古汉语时期主要用作动词，介词和连词用法不是主要用法。这一时期大致还处在“用”由动词向介词、介词向连词虚化的过程当中。赵大明指出：“连词‘用’是由介词‘用’进一步语法化而来的。”并指出，《左传》中“用”的因果连词用法共出现8例，占全部“用”出现次数（284次）的2.8%[①]；经过统计和分析，《国语》中“用”作因果连词仅2例，占全部“用”出现次数（162次）的1.2%。由此可见，“用”的因果连词用法在两书中用例都是极少的，所占比重也很低。如：

（1）不协之故，用昭乞盟于尔大神以诱天衷。（僖公28.3）

（2）陈知其罪，授手于我。用敢献功。（襄公25.10）

（3）携王奸命，诸侯替之，而建王嗣，用迁郏鄏。（昭公26.9）

（4）用即命于周。是使之职事于鲁，以昭周公之明德。（定公4.1）

（5）吾先君得之也，必有以取之；其亡之也，亦有以弃之。用能援持盈以没，而骤救倾以时。（吴语）

（6）今伯父有蛮、荆之虞，礼世不续，用命孤礼佐周公，以见我一二兄弟之国，以休君忧。（吴语）

用作连词的“用”都位于句首，前一分句陈述原因，“用”所连接的分句表达由上述原因引起的结果。赵大明分析介词“用”时，提到了“用”的介词跟连词的关系，并提出了区分介词和连词的方法和标准[②]，而且列举了《左传》中的另外4个例句。[③] 从两书中所有10个“用”的

---

① 关于“用”的语法化大致过程以及《左传》中因果连词“用”的数据统计分别见赵大明《〈左传〉介词研究》第479页和第472页，首都师范大学出版社2007年版。

② 赵大明指出：“（介词）‘用’的引进成分隐含不现的用法，在上古汉语里很常见。它跟连词‘用’的区别就是，介词主要出现在句中主谓之间，而连词主要出现在分句与分句或句子与句子之间。”见《〈左传〉介词研究》第481页，首都师范大学出版社2007年版。

③ 赵大明列举的《左传》中另外4个“用”的连词用例为：（1）螭魅罔两，莫能逢之。用能协于上下，以承天休（宣公3.3）；（2）亦悔于厥心，用集我文公，是穆之成也（成公13.3）；（3）在帝夷羿，冒于原兽，忘其国恤，而思其麀牡。武不可重，用不恢于夏家（襄公4.7）；（4）至于幽王，天不吊周，王昏不若，用愆厥位（昭公26.9）。见《〈左传〉介词研究》第479页，首都师范大学出版社2007年版。

连词用例可以看出，“用”都位于句首，同引介动作行为原因的介词“用”关系非常密切，其语法化过程当如赵著所说，即：“引进动作行为原因的介词‘用’有时用在句首，所引进的成分又常常隐含不现，久而久之便转化成了连接分句与分句或句子与句子，表示因果关系的连词，大致相当于后世的‘因而’、‘因此’之类。”[①]《左传》和《国语》中因果连词“用”没有差别。

七 “有”的比较

“有”一般都用作动词，有时可以用作构词词头。有些学者将“有”作为连词来处理[②]，这种意见有可取之处，不过“有”的连词用法同我们一般所说的连词用法是有差别的：“有”的连词功能主要是用于连接整数和零数，是数量表达范畴中专用的“连词”。连词“有”在《左传》中有6例，《国语》中有8例。[③] 如：

（1）卫之遗民男女七百有三十人，益之以共、滕之民为五千人。（闵公2.5）

（2）十二年春，楚子围郑，旬有七日。（宣公12.1）

① 赵大明：《〈左传〉介词研究》第479页，首都师范大学出版社2007年版。

② 马建忠指出：“凡数书零位，率参以‘有’字，言更有加也。有云‘有’者‘又’也。凡零位不言数，以‘余’字概之”，见《马氏文通》第124页，商务印书馆1983年版。杨树达认为：“有”属于“陪从连词”，“读去声，专用于数词整数与余数之间”。见杨树达《高等国文法》第314页，商务印书馆1984年版。杨伯峻认为“有”属于“平列等立连词”，见杨伯峻著、田树生整理《古今汉语词类通解》第325～327页，北京出版社1998年版。杨伯峻也曾指出：“‘有’又作‘又’用，可作副词或连词。”“从古书看，‘有’作‘又’而作连词的，只限于两数之间，上为整数，‘有’下为余数。”“余数或是具体数字……或不是具体数字……都是一样。”见杨伯峻《古汉语虚词》第295～296页，中华书局1981年版。杨伯峻、何乐士《古汉语语法及其发展》同此。

③ 值得注意的问题在于：“有”用以连接整数和零数以记载年、月在《春秋》中是极为常见的。据统计：《春秋》中“十”后加零数，中间用“有”连接，后面再加“年、月”者共214例。只限于记载“年”“月”，可见在《春秋》时期，这是一种非常常见的整数零数的表达方式，而在《左传》《国语》时期，这种记录方法使用范围虽扩大了，不过使用的绝对数量却少了很多。《春秋》中连词“有”的使用统计如下：“十有二月”共60例；“十有一月”32例；“十年一月”19例；“十有二年”16例；“十有三年”15例；“十有四年”13例；“十有五年”14例；“十有六年”13例；“十有七年”12例；“十有八年”12例；“十有九年”8例，共214例。

(3) 臣生之岁，正月甲子朔，四百有四十五甲子矣，其季于今三之一也。(襄公 30.3)

(4) 昔武王克商，光有天下，其兄弟之国者十有五人，姬姓之国者四十人，皆举亲也。(昭公 28.3)

(5) 昔孔甲乱夏，四世而陨；玄王勤商，十有四世而兴。帝甲乱之，七世而陨。后稷勤周，十有五世而兴；幽王乱之，十有四世矣。(周语下)

(6) 昔卫武公年数九十有五矣，犹箴儆于国。(楚语上)

(7) 今夫差衣水犀之甲者亿有三千，不患其志行之少耻也，而患其众之不足也。(越语上)

(8) 仲尼在陈，有隼集于陈侯之庭而死，楛矢贯之，石砮其长尺有咫。(鲁语下)

从上述用例可以看出，《左传》《国语》中的“有”不仅用于连接十位与个位之间，还可以连接百位、万位以及其他整数与零数，比如例(1)、(3)~(7) 等例，《春秋》中“有”限于连接十位与个位，而在《左传》《国语》时期，数字范围有所扩大了；还可以连接表示时间的“旬”与零数等，如例 (2)；《国语》中表示长度单位的“尺”与“咫”也用“有”来连接，出现 2 次，如例 (8)；此外这种表达还可以用以记载其他时间名词，甚至部分普通名词，比如“世”“人”等，可见适用范围明显也比《春秋》扩大了；在《左传》《国语》中纪年的表达已经很少用“有”了，比如例 (2) 的“十二年”。

通过上述用例可以看出“有”作为数量表达的专有连词，在两书中的用法是一致的。

八 见于《左传》未见于《国语》的连词的比较

(一)“兹”

“兹”用在分句句首，用作因果连词。承接上文以说明事情发展的后果，相当于“是以”“因而”“因此”等。《左传》3 例，《国语》未见。如：

于是乎节宣其气，勿使有所壅闭湫底以露其体，兹心不爽，而昏乱百度。(昭公1.12)

此例据杨伯峻注：“兹，若解为此，固可通，然王引之《经传释词》谓此兹字为‘承上起下之词，犹今人言致令如此也’。杨树达先生则云：‘此种用法，乃是“兹用”之省略。’昭公二十六年传‘师有济也，君而继之，兹无敌矣’；又‘晋为不道，是摄是赞，思肆其罔极。兹不穀震荡播越，窜在荆蛮’，诸兹字皆同此用法，义同‘是以’。”① 由此可见，“兹”用作因果连词。

（二）“斯”

“斯”可以用作承接连词，一般用于分句句首，相当于“则”“就”。《左传》中出现5例，《国语》中未见。

（1）君子曰：“知惧如是，斯不亡矣。”(成公7.2)

（2）天以七纪，戊子逢公以登，星斯于是乎出，吾是以讥之。(昭公10.1)

（3）吴师来，斯与之战，何患焉？且召之而至，又何求焉？(哀公8.2)

“斯”在上古汉语中一般用作指示代词。上述例句中的“斯”用作连词，功能和用法同“则”十分相近。“斯”一般用于句首，如例（1）、(3)，也可以用在主谓之间，如例（2）。“斯”后连接的成分都是谓词性成分，动词前常有修饰成分，这是连词“斯”的使用特点。

（三）“暨”

赵大明在研究《左传》的介词“暨”时，分析了“暨”的连词用法。“暨”在《左传》中一共有3例，其中2例用作连词，即：

（1）冬，母弟辰暨仲佗、石彄出奔陈。(定公10.6)

① 杨伯峻：《春秋左传注》第1220页，中华书局1981年版。

(2) 十一年春，宋公母弟辰暨仲佗、石驱、公子地入于萧以叛。(定公 11.1)

(3) 宋公之弟辰暨仲佗、石驱出奔陈。(《春秋》定公 10.12)

(4) 十有一年春，宋公之弟辰及仲佗、石驱、公子地自陈入于萧以叛。(《春秋》定公 11.1)

赵著引用了《春秋》中的用例（3）、（4），并与《左传》进行对比，认为《左传》中的例（2）将《春秋》中的“及”换成了“暨”，“说明在作者心目中，这两个字的用法是没有区别的，所以才互换使用”。[①] 赵氏认为“暨”与“及”完全相同还有另外一种表现，在于：“及”所连接的具有并列关系的词语在意义上是具有主次之分和层次之别的。而从上述连词用例可以看出，“暨”所连接的前后项之间也是具有层次之别的，《春秋》的例（4）中用“及”连接前后不同层次的人，而《左传》中例（2）对经文的注解运用了“暨”，由此可见二者是根本相同的。

《左传》中“暨”就已经有了连词用法，可见在先秦时期，“暨”的语法化程度已经较高了，我们认为“暨”的虚化过程与机制和“及”的虚化是相同的。

（四）“即”

《左传》中“即”用作假设连词 1 例，《国语》中未见。“即”用作假设连词位于句首，相当于“如果”“假设”。

示子服惠伯，曰：“即欲有事，何如？”(昭公 12.10)

杨伯峻注：“即，假设连词，若也。”[②]《左传》中仅此 1 例。

（五）“将”

“将”在《左传》《国语》中可以用作动词、时间副词，也可以用作连词，不过用例极少。《左传》中 1 例，《国语》未见。如：

---

① 赵大明：《〈左传〉介词研究》第 498 页，首都师范大学出版社 2007 年版。

② 杨伯峻：《春秋左传注》第 1337 页，中华书局 1981 年版。

既而文公见之，与之兰而御之。辞曰："妾不才，幸而有子。将不信，敢征兰乎？"公曰："诺。"生穆公，名之曰兰。（宣公3.6）

杨伯峻注："将可作假设连词，假若之义。"①

（六）"第"

"第"可以用作假设连词，用于分句前表示假设，可以理解为"如果""假如"。《左传》中"第"仅1例用作假设连词，《国语》中"第"共2例，未见连词用例。现将3例一并分析如下。

（1）胜如卵，余翼而长之。楚国，第我死②，令尹、司马非胜而谁？（哀公16.5）

此例中，"第"连接主谓结构，意为"如果我死了"，后一分句用反问的形式以加强肯定的语气。

（2）夫宫，音之主也。第以及羽，圣人保乐而爱财，财以备器，乐以殖财。（周语下）

（3）夫六，中之色也，故名之曰黄钟……由是第之：二曰太蔟……三曰姑洗……（周语下）

《国语》中"第"的用例仅上述两例，都用作动词，当理解为"按次第""依次"。与《左传》中的用例有明显的差别，用例较少。

（七）"庸"

"庸"作承接连词用于分句句首，连接谓词性成分，相当于"于是""就"。《左传》中仅1例，《国语》中未见。例：

---

① 杨伯峻：《春秋左传注》第673页，中华书局1981年版。

② 杨伯峻注："杜预以'楚国第'为句，注云，'用士之次第'，实误。今从武亿《经读考异》。第为假设连词，谓在楚国，若我死，令尹或司马必胜也。"见杨伯峻《春秋左传注》第1701页，中华书局1981年版。

我先王赖其利器用也，与其神明之后也，庸以元女大姬配胡公，而封诸陈，以备三恪。（襄公25.10）

“庸”后连接的内容紧承其前面所陈述的内容，表示顺承关系。此例理解为：“我们先王嘉奖他能制作器物对人有利，并且是虞舜的后代，就（于是）把大女儿太姬匹配给胡公。”[①] “庸”在《左传》《国语》中常用作名词、动词，有时用作语气副词，用作承接连词仅在《左传》中出现1例，说明这一时期还处在语法化的过程当中，连词是新兴用法，用例还相当少。

（八）“或”

“或”在上古汉语时期，以用作无定代词为主，也可以用作推度副词或时间副词，连词用例很少见。[②] 据我们研究发现，“或”在《左传》中仅1例假设连词用法，用于主谓之间，可以理解为“如果”“一旦”。《国语》中未见用例。例：

君之卿佐，是谓股肱。股肱或亏，何痛如之？（昭公9.5）

此例中的“或”，从语义上可以理解为“如果、一旦”，其表示假设的意味已经比较明显。“或”的假设连词用法在上古汉语时期已经出现，不过尚处于萌芽阶段，所以用例极少。

（九）“自”

“自”用作假设连词，相当于“假设”“如果”，在《左传》中仅1例，《国语》未见。如：

唯圣人能外内无患。自非圣人，外宁必有内忧，盍释楚以为外惧乎？（成公16.5）

---

① 此例译文参沈玉成《左传译文》第328页，中华书局1981年版。

② 参见刘利、周广干《“或”“或者”的意义虚化过程及动因》，载王宁主编《训诂学与词汇语义学论集》第93～108页，语文出版社2011年版。

此例据杨伯峻注："自，假设连词，若也，多用于否定句。自非，假若不是。"① 《国语》中有2例"讵"，与《左传》此例"自"连词用法相同。"自"可与下文《国语》连词"讵"的举例相比照。

九 见于《国语》未见于《左传》的连词

（一）"使"

"使"可以用在复句的前一分句，用作假设连词，可以理解为"假如""如果"。《左传》中未见，《国语》中1例，即：

> 夫差将死，使人说于子胥曰："使死者无知，则已矣；若其有知，吾何面目以见员也！"（吴语）

"使"用在前一分句句首，后面分句有"则"与之呼应。此例中"使死者无知"和"若其有知"相对，"其"是指前文的"死者"，"使"和"若"用法功能一致，都是假设连词。《左传》中没有出现"使"的假设连词用例，《国语》中仅有1例。

（二）"讵"

《国语》中有2例"讵"的用例与《左传》中假设连词"自"的用法相同，即：

> （1）且唯圣人能无外患又无内忧，讵非圣人，不有外患，必有内忧，盍姑释荆与郑以为外患乎！（晋语六）
>
> （2）且唯圣人能无外患，又无内忧，讵非圣人，必偏而后可。（晋语六）

例（1）和上文《左传》"自"的连词用例为异文，"自"与"讵"是相对的，其意义和功能应当相近。张以仁在《〈国语〉虚词集释》中举出各家之说：韦注：讵，犹自也；《经传释词》：讵，犹"苟"也。谓苟非圣人；《词诠》：假设连词，苟也；裴学海《古书虚字集释》：讵，

① 杨伯峻：《春秋左传注》第882页，中华书局1981年版。

犹若也。作“若或”之义。张以仁认为：“下文‘讵非圣人，不有外患，必有内忧’，成公十六年《左传》‘讵’作‘自’，意亦同也。是韦注自有所本，《补正》未知也。《释词》云‘成公十六年《左传》作“自非圣人”，意亦同也。’‘自’亦假设连词，与‘苟’、‘若’之义并同。”[①]由此我们认为《国语》中的两例“讵”和《左传》中“自”的用法一致，都是用作假设连词。用在复句的前一分句，与“非”连用，可以理解为“如果不是”“假如不是”。

本章小结

一 连词系统的构成及功能分布

根据连词的语法功能，可以将连词分为两大类：联合连词和主从连词。联合连词包括并列连词、选择连词、递进连词和承接连词；主从连词包括转折连词、让步连词、假设连词和因果连词。一共 8 个小类。两书连词系统组成如表 2 - 11 所示。

通过前文的分析和比较并结合图表，可以看出：《左传》《国语》两书中的连词有很多功能都是单一的，比如：及、虽、然、况、故、苟、用、因、其、所、纵、斯、自等，连词的组合功能一般都是单一的，如与其、然而、然则、然后、而况、是故、是以、是用、若苟等。两书中具有多重语法功能的连词有：而、以、则、且、若。总体看来，两书中连词系统的组成成员是相近的。由表 2 - 11 最右侧“总计”一栏可见：《左传》中使用而在《国语》中没有出现的连词（组合）有：如、兹、斯、是用和若苟。不过这些连词（组合）在《左传》中的用例也是较少的。《国语》中有些连词是《左传》中没有使用的，比如讵、使，用例也很少。

就使用数量多少而言，《左传》用例在 20 例以上的连词的排序依次是：而、以、则、故、若、且、与（其）、是以、虽、及、苟、况、抑；《国语》中连词的排序是：而、以、则、若、故、且、与（其）、虽、是

---

① 张以仁：《〈国语〉虚词集释》第 150 ~ 151 页，“中央研究院”《历史语言研究所专刊》之五十五，台湾商务印书馆 1968 年版。

表 2-11 《左传》《国语》连词系统对比[*]

	连词在《左传》《国语》中的使用数量（《左传》:《国语》）								总计
	联合连词（组合）				主从连词（组合）				
	并列	选择	递进	承接	转折	让步	假设	因果	
则		3∶12		336∶280	24∶10	5∶10	98∶58		466∶370
且	118∶34		137∶46	54∶6	6∶4		0∶1		315∶91
及	125∶23								125∶23
与/与其	214∶65	0∶2/10∶5							224∶72
若		5∶1					357∶237		362∶238
如	1∶0				1∶0		9∶0		11∶0
虽						145∶68			145∶68
然					19∶9				19∶9
然而					1∶5				1∶5
然则				15∶13					15∶13
然后				2∶9					2∶9
抑（亦）		5∶7			13∶8		5∶0		23∶15
况			47∶10						47∶10
而况			16∶14						16∶14
故								366∶174	366∶174
是故								16∶47	16∶47
是以								162∶67	162∶67

续表

	连词在《左传》《国语》中的使用数量（《左传》:《国语》）								总计
	联合连词（组合）				主从连词（组合）				
	并列	选择	递进	承接	转折	让步	假设	因果	
是用								8:0	8:0
苟							59:24		59:24
若苟							2:0		2:0
用								8:2	8:2
因								9:1	9:1
其							4:1		4:1
兹								3:0	3:0
纵（从）						8:2			8:2
斯				5:0					5:0
所							13:2		13:2
自（讵）							1:2		1:2
总计	458:122	23:27	200:70	412:308	64:36	158:80	548:325	572:291	2435:1259

* 表中没有统计“以”和“而”，我们主要从使用形式或内容上的特点去考察“以”和“而”在两书中的异同，没有具体统计各类功能的数据。不过从连词系统整体来看，“而”是两书中用例最多的连词，“以”的使用数量仅次于“而”，两者都是古汉语连词系统中最重要、最常见的连词。此外，我们在前文指出“则”用于表示假设条件时本质上仍是属于承接连词的，不过在统计时，我们将其表示假设条件的功能单独提取出来，以示“则”已具备假设条件连词的用法和功能。表中统计两书“则”假设连词用例为98:58，《左传》“则”见次包括自身假设连词2例和用于假设关系复句96例；《国语》“则”表假设都用于复句之中，共58例。统计时将两类数据合并，故得98和58例。见表2-4。

以、是故、苟、及。两书基本上是一致的。

表2－11所示为《左传》和《国语》连词系统的异同之处。根据连词在句中的语法功能进行分类，将统计所得的各类连词的使用数量进行两书间的比较，由此不仅可以直观地看出《左传》和《国语》两书连词系统的组成，还可以明确各个连词语法功能的分布情况。

二 两书连词语法特点的比较

（一）连词所连接的对象

连词连接的对象可以是词语、短语，也可以是分句或句子。连接的词或短语可以由体词性词语充当，也可以由谓词性词语充当，各个连词所连接的成分存在个体差异。

“而”“以”“则”“与”“及”“且”“若”“之”这些连词用于连接词或短语，其中“与”“及”“若”“之”等以连接体词性词语为主，同时有少量连接谓词性词语的用例。“而”“以”“则”“且”可以连接体词性和谓词性词语，而且连接形式多样，前后可以同是体词性词语或谓词性词语，也可以前后体词、谓词互异。除“则”“若”之外，其他连词连接的成分都可以构成并列关系，“与”“及”还可以连接多项并列成分。这在两书中是一致的。

用于连接分句或句子的连词相对较多，除并列连词“及”“与”“之”之外，其他连词均可以用于连接分句或句子，这是两书的共同点，也是这一时期连词的一大特点。

（二）连词在句中的语法位置

连词及其连接的前后成分在句中的语法位置也是富于变化的，因个体而异。有些连词只能用于主语之前或句首，有些只能用于主语之后，有些在句中的位置灵活不居。从整体看来，《左传》和《国语》中同时使用的连词在句中各个相应的语法位置都有用例，有些连词在两书中相同的语法位置上的使用数量所占比重是非常接近的，这体现出在一般情况下，两书连词在句中的语法位置有较强的一致性。

（三）连词及其连接成分在句中的语法功能

“与”“及”作为并列连词，它们连接的前后成分组成并列词组之后，在句中都是体词性的，可以充当主语、宾语等。它们在两书中的使用基本一致，包括“与”和“及”连接并列成分时的差别也是一致的。

“然”“然而”“然则”“然后”等连词或组合，在两书中的语法位置一般都是位于句首，用以提起下文，表示转折或承接的语法功能在两书中是完全一致的。

“且”可以表示多种关系，在两书中按使用数量多少依次都是递进连词、并列连词、承接连词和转折连词。不过《国语》中有1例假设连词用法，这是《左传》中没有的。“且”用作递进连词时一般位于后一分句句首，其后的主语可以省略；用作并列连词时，可以连接多种成分，在两书中一般多是谓词性成分，有时也可以表示分句的并列关系；用作转折连词的“且”在两书中的用例几乎可以互相对照，更可见其间的一致性；《国语》中虽有1例假设连词用例，不过用例极少，不足以让我们对“且”在两书中的一致性产生怀疑。

“若”在两书中都是以作假设连词为主。“若”用在主谓之间和用在分句句首在两书中所占比重都比较小。两书的“若”都以用在隐含了主语的谓词性成分之前为主。值得注意的是，《国语》中未见“如”的连词用法，这是两书之间一个比较明显的差别。

“虽”是单纯的让步连词，在句中可以用在主谓之间，也可以用在分句句首或隐含了主语的谓词性成分之前，“虽”所在分句的下一分句往往有相应形式与之相呼应，这在两书中是基本相同的。

“故”是单纯的因果连词，两书中“故”的语法位置都以用在隐含了主语谓词性成分之前为主，而且在两书中所占比重完全一致，其次是用在分句句首，用在主谓之间的“故”在两书中用例都很少。“故”在两书中的使用是高度一致的。“是故”“是以”“是用”等连词性组合的用法特点和语法功能同“故”相同。不过在语法位置方面有所差别：“是故”以用在分句句首为主，“是以”以用在谓词性成分之前为主。不过这些位置在两书中的表现是基本一致的。《国语》中未见“是用”用例，是两书的一点差别。

“况”是单纯的递进连词，其所连接的成分是多样的，两书都以连接体词性成分为主。一般而言，“况”前一分句多有“犹”“犹尚”，句末多有反问语气词“乎”与之相呼应，这一使用特点在两书中是一致的。“而况”的用法和特点同“况”相似，在两书中也是一致的。不过《国语》的“而况”用例比“况”多，而《左传》中“况”的用例较多，这是一点细微的差别。

“苟”是单纯的假设连词，其后连接的成分主语一般都不出现，“苟”一般是用在主语之后的。“苟”所连接的一般都是谓词性成分，不能是体词性成分，这在两书中是一致的。

“抑”在两书中用作转折连词，都位于分句句首。用作选择连词时“抑”在两书中一般都用在问句当中，不过《左传》中有1例用在陈述句中，而且“抑”有假设连词用法，《国语》中未见。

“自”和“讵”用作假设连词分别只出现在《左传》和《国语》当中，两者的用法和功能是一致的。

《国语》中“使”可以用作假设连词，不过仅出现1例。《左传》中的连词“暨”“兹”“将”“斯”“第”“庸”“或”等连词是《国语》中没有的。

两书中都存在的用例较少的连词在用法特点和语法功能方面体现极强的一致性。

三 两书与《论语》《晏子春秋》《孟子》的连词比较

（一）连词系统构成方面的比较①

《论》连词系统：而^{311}、则^{121}、以^{44}、虽^{31}、斯^{31}、如^{20}（假设连词16）、与^{18}、且^{12}、然后^{9}、而后^{9}、故^{7}、苟^{6}、与其^{6}、抑^{5}、然则^{3}、是以^{3}、是故^{2}、若^{1}（表示他转）、然而^{1}、是用^{1}、纵^{1}、使^{1}、所^{1}。

《晏》连词系统②：而、以、与、且、则、因、且夫、而后、然后、况/而况^{8}、然则^{12}、顾^{1}、然而^{6}、于是^{17}/于是乎^{1}/於是^{3}、故^{127}、是故^{11}、

① 《〈晏子春秋〉词类研究》中部分连词没有具体的使用数量统计，本书只能就使用特点进行比较。另外认为有些词语如“遂”“乃”等用作连词，本书暂时将其处理作关联副词，未加以比较；《〈孟子〉词类研究》将“乃”计入连词，将“之”处理作连词，本书分别处理为关联副词和助词，特此说明。

② 姚振武对《晏子春秋》连词系统的描写中，有一部分连词未统计使用次数，限于精力，本书未对《晏》一书的连词逐一统计，此处未标明见次的连词即为姚文中未作说明之处。这部分连词仅限于几部典籍有无该词的比较。

是以[63]、若[30]、若使[3]、若乃[1]、令、得令[1]、苟[11]、使[3]、虽/虽然[22]、虽使[1]。

《孟》连词系统：而[769]、则[421]、故[104]、虽[52]、以[50]、如[36]、与[28]、斯[23]、苟[20]、且[20]、况[14]、若[12]、使[5]、抑[5]、为[1]、及[1]、将[1]、因[1]（崔著将复音连词放在相关单音连词目下）。

从表2－11中《左传》《国语》两书的连词系统构成来看，这几部文献中的连词构成是大致相同的。使用频率较高的连词都包括：而、则、故、以、虽、与、且。

（二）连词语法功能方面的比较

不同的连词在各书中所具有的相同的功能是连词的基本功能，各书大致相近。只是具体连词在使用中有些具备基本功能，有些在基本功能的基础上发展了新的功能。通过比较我们发现这些连词所连接的成分大体上都是相同的。连词及其所连接的成分在句中的语法位置和语法功能没有实质差异。

有几个不同之处值得我们注意：《论》《孟》中“如”用作假设连词是比较常见的，《论》未见“若”的假设连词用例，《孟》中也很少用“若”表示假设（仅3例）；《左传》《晏》《国语》中“若”用作假设连词较常见；《晏》《国语》中不见“如”用作连词，《左传》中“如”虽有假设连词用例，不过用例很少。

《左传》《国语》中“及”用作并列连词相对来说是比较常见的，可《论》《晏》中未见“及”的连词用例，《孟》中仅有1例并列连词用法。

《论》《孟》中“斯”用作表示假设条件和结果关系的连词，使用频率较高，《左传》中只有5例，而《晏》《国语》中则未见“斯”的连词用例。

《左传》《国语》中都有“用”“其”用作假设连词的用例，《论》、《左传》和《国语》都有“所”作假设连词的用例，也都有“纵（从）”用作让步连词的用例，使用频率不高，不过《晏》《孟》中皆未见。从上述比较来看，《左传》《国语》之间的关系是非常密切的。几部文献之间表现出来的异点是相对较明显的。

第三章　《左传》和《国语》的语气词比较

第一节　“也”的比较

“也”是一个十分重要而用法极为复杂的语气词，在《左传》和《国语》中都是使用数量最多的语气词。《左传》中出现 3564 次，《国语》中出现 1599 次。何乐士指出：“《左传》的‘也’共出现 3564 次，是语气词中出现次数最多的一个，约占《左传》语气词总次数（5191 次）的 68%。它的主要作用是表示语音停顿，同时根据它在句中的位置，配合上下文义表示各种语气。”[①] 根据我们的统计，《国语》中的所有语气词用例是 2413 例，“也”在所有语气词中所占的比重为 66.3%，与《左传》中语气词“也”所占的比重非常接近。本书着重对《国语》中的语气词“也”进行全面的分析、统计，然后就语法位置、语法功能以及使用特点等方面与何乐士研究《左传》的“也”的内容进行比较。[②]

一　《国语》的语气词“也”

《国语》中“也”共 1599 例，全部用作语气词。现根据“也”前句法成分的特点进行分类。

（一）用于句中成分之后和从句之后的“也”

处于此类语法位置的“也”在《国语》中有 399 例，根据“也”句

---

① 说见何乐士《〈左传〉的语气词“也”》，载《〈左传〉虚词研究》（修订本）第 412 ~ 446 页，商务印书馆 2004 年版。又见何乐士《古汉语语法研究论文集》第 248 ~ 286 页，商务印书馆 2000 年版。

② 值得注意的问题在于：“有”用以连接整数和零数以记载年、月在《春秋》中是极为常见的。文中《左传》“也”的研究结论和数据统计依据何乐士的成果。

法位置的特点，可以细分为以下小类。

1. 用于主语之后，共44例，其中用在单句中31例，用于从句中13例

主语是专有名词，用以指代第三者，“也”多用于谈话中涉及对第三者的评价当中。如：

（1）卜右，庆郑吉。公曰：“郑也不逊。”（晋语三）

有时专有名词前出现其他成分，以加强相关语气，如：

（2）然款也不敢爱死，唯与谗人钧是恶也。（晋语二）

“然”在句中表示转折，“也”在句中有加强句意的转折意味。

有时主语为说话人自称，也是用作专有名词，这一种用法在《国语》和《左传》中都很常见，如：

（3）行人子朱曰：“朱也在此。”叔向曰：“召子员。”子朱曰：“朱也当御。”[①]（晋语八）

何乐士论及《左传》用于表示第一人称自指的主语之后的“也”时认为：“说话人自称时常在自己的名字中取后一字加‘也’，未见在‘吾’、‘余’、‘我’后加‘也’的用法。”[②]《国语》中未见用例，可见人称代词之后加“也”的现象是比较罕见的，是当时语言的一个重要特点。我们认为用于说话人自称的人名多表示自谦，在对话中体现尊重对方的原则，是当时的习惯表达；该特点还可能与“吾”等人称代词的使用特点有关。

有时主语是偏正结构，后面加上“也”，表示停顿并提起下文：

---

① “朱”是“行人子朱”的自称，为第一人称，此例与《左传》襄公二十六年用例“朱也当御”完全相同。

② 何乐士：《〈左传〉的语气词“也”》，见《〈左传〉虚词研究》（修订本）第434页，商务印书馆2004年版。

(4) 昔者之战也，非二三子之罪也，寡人之罪也。(越语上)

《左传》同类结构中“也”前的主语可以指第三者，可以是第一人称自称，也可以是普通名词，普通名词前可以加“是”“此”等指示；《国语》同类结构中，主语可以指第三者，也可以是第一人称自指，不过未出现普通名词前面加指代词的情况，也有偏正结构充当主语的例句。这一类句式的特点在于：“也”一般位于主语和谓语之间，表示停顿的同时还带有一定的判断意味。

有些用例采用否定的表达形式，如：

(5) 起也将亡，赖子存之，非起也敢专承之，其自桓叔以下嘉吾子之赐。(晋语八)

否定词用在主谓结构之前，有时此类句式的否定表达可以将否定词置于谓语之前：

毛也不在位，不敢闻命。(晋语四)

2. 用在动词宾语之后，共 10 例，其中用在单句中 7 例，从句中 3 例宾语为专有名词，如：

(6) 二三子可以贺我矣！吾举厥也而中，吾乃今知免于罪矣。(晋语五)

宾语为名词短语，前有指示代词“是”“此”。如：

(7) 王将弃是类也而与刬同。天夺之明，欲无弊，得乎?[①] (郑语)

---

① “也”和“而”连在一起，我们认为也可以从中间断句，例如“吾欲使阳处父傅讙也而教诲之，其能善之乎?”(晋语四)，上海古籍出版社 1978 年版《国语》此例中“也”属上读，“而”属下读。此例相同。

《左传》中此类结构中的动词宾语也有专有名词和名词短语两类，《国语》与之相同。不过《左传》中有两个并列宾语连用的例句，《国语》中未见，如：

（8）是岁也，狄伐鲁，叔孙庄叔于是乎败狄于咸，获长狄侨如及虺也、豹也，而皆以名其子。（襄公30.3）

何乐士指出："'也'不仅表示语音停顿和历数语气，而且把'虺'、'豹'区别开来，使人一看而知其为两人。"[①]

3. 用在介宾短语之后，共17例

（9）夫越王之不忘败吴，于其心也侙然，服士以伺吾间。（吴语）

（10）及臣之壮也，耆其股肱以从司马，苛慝不产。（晋语九）

《国语》中此类结构中的介词主要为"于""以""及"，其中"及"用例较多，所使用的介词比《左传》同类结构中的介词要少，《左传》中的介词有：与、以、于、因、为、及等，用例也比较多，这是较明显的差别。

4. 用在兼语之后，共3例

（11）君使黡也兴齐、鲁之师，请俟之。（晋语六）

（12）吾子其奉许叔以抚柔此民也，吾将使获也佐吾子。（隐公11.3）

与《左传》的例（12）进行对照，何乐士认为"吾将使获也"不能成句，与后面的部分不能断开，"也"附属于兼语"获"，表示对兼语的强调。同理，《国语》中的例（11）"也"前后也不能断开，只能附属于兼语"黡"。《左传》中还有1例兼语用例，动词为"谓"，《国语》另2

① 何乐士：《〈左传〉的语气词"也"》，见《〈左传〉虚词研究》（修订本）第436页，商务印书馆2004年版。

例中的动词是“令”“使”，都是兼语式中常见的动词。

5. 用在句首表时间或事件的名词、名词短语之后，共17例

可以与表示时间的词语组成“今也”“始也”结构，《左传》中还有“古也”的用例，《国语》中未见。

(13) 始也，吾以治国为易，今也难。(晋语四)

还可以用在表示时间或事件的名词短语之后，7例，如：

(14) 是岁也，海多大风，冬暖。(鲁语上)

(15) 是行也，鲁人以莒人先济，诸侯从之。(鲁语下)

《国语》中该类名词短语全部由“是”加名词组成，其中名词有“岁”“时”“日”“行”，此外还有表示事件或事物的“事”“物”“人”等；《左传》中名词短语前除“是”外，还有“此”，名词有“岁”“夜”“役”“行”，两书非常相近。

6. 用在表示范围或条件的〔主·之·于·宾〕结构之后，共4例

(16) 君王之于越也，繄起死人而肉白骨也。(吴语)

《左传》中此类结构用例也很少，与《国语》没有差别。

7. 用在〔主·之·谓〕结构之后，共86例

(17) 昔者，圣王之治天下也，参其国而伍其鄙，定民之居，成民之事，陵为之终，而慎用其六柄焉。(齐语)

(18) 臣闻之：国家之将兴也，君子自以为不足；其亡也，若有余。(晋语九)

(19) 夫三季王之亡也宜。民之主也，纵惑不疚，肆侈不违，流志而行，无所不疚，是以及亡而不获追鉴。(晋语一)

(20) 且夫栾氏之诬晋国久也，栾书实覆宗，弑厉公以厚其家，若灭栾氏，则民威矣。(晋语八)

其中例（17）、（18）是位于分句句末中的用例，例（19）、（20）是位于句中的用例。这一类用例中，有时〔主·之·谓〕之前有表示时间的词语或词组，如例（17）；有时整个〔主·之·谓·也〕结构作前文的宾语，比如例（18）：“也”用在“国家之将兴”之后，表示停顿，并提引下文“君子自以为不足”，作为一个分句，而下文的“其亡也”实际上应该是“国家之将亡也”的省略和变形，与“若有余”构成下一分句，这两个并列关系的分句共同构成前文“臣闻之”中“之”所指代的同位成分，这是很有特点的一个例句；〔主·之·谓·也〕结构之前有时有语首结构助词，比如“夫”“且夫”等，如例（19）、（20）。《左传》中有与《国语》相似的用例，如：

（21）宋殇公之即位也，公子冯出奔郑。（隐公 4.3）

（22）王闻群公子之死也，自投于车下。（昭公 13.2）

（23）礼之可以为国也久矣，与天地并。（昭公 26.11）

有意思的是例（23）的上文：

（24）公曰：“善哉！我不能矣。吾今而后知礼之可以为国也。”（昭公 26.11）

例（24）中“也”用于句末，主要用于表示判断的语气。前一句中“哉”用于表示感叹语气，而“矣”是与句末的“也”相对应的，表示对未出现情况的一种推测，是指“我（恐怕）做不到了”。而“也”表示一种肯定判断的语气，正与“矣”相对。例（23）中的“也”用于句中，表示提顿的同时提引下文，与下文的谓语成分“久矣”紧密衔接，此处的“矣”则表示对客观存在的情况的陈述。例（22）同《国语》中的例（18）相对，只是没有指示代词“之”，“也”的用法特点相同。关于〔主·之·谓·也〕和〔主·之·谓〕两种结构的差别，何乐士指出：“二者虽都可以作句中主语，动及介的宾语，复句中表原因、条件、时间等的从句，但一个明显的区别是，〔主·之·谓〕式常可与其他动词谓语句并列组成复句”，“而‘也’式（〔主·之·谓·也〕）却极少见这种用法，其主要作用是作从句。”[①] 通过观察我们发现这一区别在《国语》中表现得也非常明显。

8. 用在〔其·动〕之后，共48例

(25) 耳之察和也，在清浊之间；其察清浊也，不过一人之所胜。(周语下)

(26) 今其来也，刚强而力疾，王姑待之。(越语下)

(27) 杨食我生，叔向之母闻之，往，及堂，闻其号也，乃还。(晋语八)

位于句中的“也”用在“其·动”之后，起提顿作用。用于分句句末的“也”如(25)、(26)，也起到提顿作用，因为“其·动·也”表意未足，还需要下文进行补充说明或进一步陈述。例(27)中的“其号”作动词“闻”的宾语。例(25)中的“其察清浊也”和上文的“耳之察和也”对应为文，可见“其”相当于“耳之”，而且《国语》中有不少这种前后对应的文句，再如：

(28) 吾先君得之也，必有以取之；其亡之也，亦有以弃之。(吴语)

(29) 昔夏之兴也，融降于崇山；其亡也，回禄信于聆隧。商之兴也，梼杌次于丕山；其亡也，夷羊在牧。周之兴也，鸑鷟鸣于岐山；其衰也，杜伯射王于鄗。是皆明神之志者也。(周语上)

例(28)中的“其亡之也”和“吾先君得之也”相应，“其”相当于“吾先君”；例(29)中数对相应的用语都是：“×之兴也”和“其亡也”，足见其中“其”相当于“×之”。将〔主·之·谓·也〕和〔其·动·也〕分别进行研究利于我们的描写和研究，不过也容易忽视其中的关联，因此，我们不能简单地将它们进行分类，还需要注意类别

① 何乐士：《〈左传〉的语气词“也”》，见《〈左传〉虚词研究》(修订本)第439页，商务印书馆2004年版。

之间的关联。

《左传》中同类结构用法与此十分相近。如：

(30) 楚昭王知大道矣。其不失国也，宜哉！(哀公6.4)

何乐士文中引此例为“其不失国也宜哉！”从句意的理解上，“也”后是有停顿，不加逗号，没有显明的停顿标志，则说明语速较急，有明显的停顿标记，则语速有所缓和，这还是比较适合这一类评论性质话语的特点的。

(31) 栾书怨郤至，以其不从己而败楚师也，欲废之。(成公17.10)

(32) 仲尼闻魏子之举也，以为义，曰：“近不失亲，远不失举，可谓义矣。”又闻其命贾辛也，以为忠。(昭公28.3)

《左传》中的〔其·动〕可以整体上作为动词或介词的宾语，如例(31)为介词“以”的宾语，表示原因，例(32)为动词“闻”的宾语，与《国语》中例(27)相同。不过《国语》中的〔其·动〕未见用作介词宾语的例子，这是同类结构在两书中的差别。

9. 用于从句句末的“也”，共167例

“也”用于从句句末表达各种语气，同时有提起下文的作用。“也”可以用于各种从句句末。如：

(33) 今王作钟也，听之弗及，比之不度，钟声不可以知和，制度不可以出节，无益于乐，而鲜民财，将焉用之！(周语下)

此例上文云“王将铸无射”，此处为单穆公进谏之语，尚未铸“无射”，而且下文有“将焉用之”与之对应，可见表述的是未发生的情况，仅是对可能出现的情况的推测，“也”字配合“今”字来表达假设语气。

(34) 行之克也，将以害之；若其不克，其因以罪之。(晋语一)

(35) 日，吾来此也，非以狄为荣，可以成事也。(晋语四)

上引用例中，“也”表示停顿，同时提引下文，在句中表达各种语气，例（34）表达假设语气，例（35）表达一般陈述语气。再如：

(36) 与其为善于乡也，不如为善于里；与其为善于里也，不如为善于家。(齐语)

(37) 若有殃焉在？抑刑戮也，其夭札也？(鲁语上)

上两例中“也”用在选择分句中，与“与其”“抑”等表示选择的连词相配合表达选择语气。

(38) 夫执玉卑，替其贽也；拜不稽首，诬其王也。(周语上)

(39) 夫《鹿鸣》，君之所以嘉先君之好也，敢不拜嘉。《四牡》，君之所以章使臣之勤也，敢不拜章。(鲁语下)

(40) 君子不自称也，非以让也，恶其盖人也。(周语中)

上引三例中“也”分别用于判断句句末，其间是并列关系，“也”表达判断语气。例（40）中“非以让也”在表达否定判断语气的同时，与“恶其盖人也”对应，可以看作“非（是）……而（是）……”结构，也可表示选择。

(41) 夫周，高山、广川、大薮也，故能生是良材，而幽王荡以为魁陵、粪土、沟渎，其有悛乎？(周语下)

(42) 君改葬共君以为荣也，而恶滋章。(晋语三)

上引两例中“也”表示判断语气并提引下文，下文“故”和“而”分别表示因果关系和转折关系。有时下文可以用疑问或反问的形式来与之对应，如：

(43) 且秦、楚匹也，若之何其回于富也。(晋语八)

我们将《国语》中用于句中成分和从句后的“也”的使用数量和所占比例的情况进行统计，并直接引用何乐士先生对《左传》的相关研究成果①，将两者列表统计如表 3－1 所示。

从表 3－1 的统计可以看出：《左传》和《国语》两书中用于句中成分和从句后的“也”所处的位置主要的差别在于位于“主·之·谓”之后和位于从句之后两项上。总体看来，《国语》中用于从句之后的“也”所占比例较大，而用于“主·之·谓”之后的“也”所占比重便相对较小。在使用特点以及“也”的语法功能方面，是没有差别的：“也”后有停顿，然后提引下文，配合文意表达各种语气。这是“也”的最重要的语法特点。

表 3－1 《左传》《国语》用于句中成分和从句后的语气词“也”见次比重对比

	《左传》		《国语》	
	数量	百分比	数量	百分比
主语之后	69	10.2%	44	11.0%
动词宾语之后	14	2.1%	10	2.5%
兼语之后	2	0.3%	3	0.75%
介宾短语之后	29	4.3%	17	4.3%
句首名词（短语）之后	36	5.3%	17	4.3%
[主·之·于·宾] 之后	3	0.4%	4	1.0%
[主·之·谓] 之后	190	28.2%	86	21.6%
[其·动] 之后	81	12.0%	48	12.0%
从句之后	246	36.5%	167	41.8%
与其他虚词连用在成分或从句后	4	0.6%	3	0.75%
总计	674 *	100%	399	100%

* 何乐士文中统计《左传》中用于句中成分和从句之后的“也”共 645 例，有误。根据表中数据，该项总计应为 674 例。见何乐士《〈左传〉的语气词“也”》，见《〈左传〉虚词研究》（修订本）第 445 页，商务印书馆 2004 年版。

① 何乐士对《左传》中“也”各项用法的统计见《〈左传〉的语气词“也”》，《〈左传〉虚词研究》（修订本）第 445～446 页，商务印书馆 2004 年版。

（二）“也”用在单句或复句后一分句句末

用在单句句末或复句后一分句句末的“也”总是位于谓语之后①，共1183例。根据“也”所表达的语气和“也”前谓语成分的性质，我们对《国语》用在单句和复句后一分句的“也”进行分类。②

1. 用于单句句末，共256例

根据“也”助成的语气，又可分为以下几小类。

A. “也”表示判断语气，共84例

这类“也”只出现在名词性谓语和动词谓语之后。此类句子的特点是：名词或名词性成分用作主语，名词性谓语对主语的身份、特点、性质等表示判断。

a. 出现在名词性谓语之后，60例。如：

（44）施伯，鲁君之谋臣也，夫知吾将用之，必不予我矣。（齐语）

（45）康叔，文之昭也。唐叔，武之穆也。（晋语四）

（46）夫粲，美之物也。众以美物归女，而何德以堪之？（周语上）

（47）余，褒之二君也。（郑语）

这一类结构形式上的特点在于：前面的主语可以由名词、名词性成分或者代词等充当，有时主语之前有语首助词“夫”，有时可以是两个同类结构并列，其中的名词性谓语多是并列关系。

b. 出现在动词谓语之后，24例。如：

（48）夫祀，昭孝也。各致齐敬于其皇祖，昭孝之至也。（鲁语上）

（49）是五王者，皆有元德也，而有奸子。（楚语上）

“也”用于动词谓语之后，用动词谓语以实现对前面主语的判断。

---

① 何乐士指出：“‘也’无论是在单句之末或复句后面分句之末，都是位于谓语的后面。”见《〈左传〉的语气词“也”》，见《〈左传〉虚词研究》（修订本）第413页，商务印书馆2004年版。

② 此处对《国语》例句的分类采用何乐士对《左传》同类的“也”进行分类的办法。

B. 表示解释或说明语气，共 80 例

此类的特点在于："也"前的成分以名词性谓语和动词性谓语为主，分别有 35 例和 39 例。"也"前的成分也可以是形容词谓语或数词谓语等，只是用例较少，共 6 例。这些谓语成分主要是对主语或前文所陈述的情况进行进一步解释或说明，"也"表达解释或说明的语气。

(50) 狄，封豕豺狼也，不可猒也。(周语中)

(51) 以君避臣，辱也。且楚师老矣，必败。何故退？(晋语四)

(52) 夫为其君动也。君若宥而反之，夫犹是也。(齐语)

(53) 公子亲筮之，曰："尚有晋国。"得贞屯、悔豫，皆八也。(晋语四)

(54) 以小怨寘大德，吾不义也，将入杀之。(楚语下)

上述五例中"也"前的谓语分别由不同成分充当，可见用以表示解释、说明语气的"也"之前的谓语构成比较复杂：例（50）是名词性谓语；例（51）是动词谓语；例（52）是动词谓语，动词前有介宾结构"为其君"，引进动作行为涉及的对象；例（53）中"八"为数词谓语；例（54）中"不义"为形容词谓语。可见表示解释说明语气的"也"前的谓语成分比用于表示判断语气的"也"前的谓语构成要复杂多样。

C. 表示陈述语气，共 37 例

这类用法中的"也"用于表达一般的陈述语气，"也"前的谓语成分以名词性谓语和动词谓语为主，有些用例中可以由助动词充当谓语，这些谓语成分在句中是对主语的一般陈述。如：

(55) 令之不从，上之患也，故圣人树德于民以除之。(周语下)

(56) 诸大夫莫子若也。然而民不能戴其上久矣，难必及子乎！(晋语五)

(57) 文子归，令之勿砻也。匠人请皆斫之，文子曰："止。"(晋语八)

(58) 未可也，蠡闻之，上帝不考，时反是守，强索者不祥。(越语下)

例（55）中由名词性成分充当谓语；例（56）、（57）是动词谓语，而且动词谓语前都有否定副词修饰，例（56）中的“莫子若”正常语序为“莫若子”，“子”作为宾语在否定句中前置，例（57）中的“令之勿砻”中的“之”是值得我们注意的，根据前后文义，此“之”不应当是指“匠人”，“之”在此处用作“砻”的宾语，在句中前置了，这是值得注意的，还可以参见本书“之”字一节。动词谓语可以带宾语也可以不带宾语；例（58）为助动词充当谓语，前面有否定副词。

D. 表示历数语气，共 6 例

“也”前全部为动词谓语，这些谓语是对主语所具有的性质、功能等的历数，“也”表示历数语气的同时，还可以在历数的几种情况之间起到语音停顿的作用。

（59）元间大吕，助宣物也。二间夹钟，出四隙之细也。三间仲吕，宣中气也。四间林钟，和展百事，俾莫不任肃纯恪也。五间南吕，赞阳秀也。六间应钟，均利器用，俾应复也。（周语下）

其中的动词谓语有些是比较简单的动宾结构，如“助宣物”“出四隙之细”“宣中气”“赞阳秀”，有些比较复杂，如“和展百事，俾莫不任肃纯恪”“均利器用，俾应复”。

E. 表示命令、劝诫、祈使等语气，共 13 例

这一类中的“也”用于句末有明显的表示命令、祈使语气的作用，“也”前的谓语都由动词性成分充当。

（60）醉而怒，醒而喜，庸何伤？君其入也！（鲁语下）

（61）王乃之坛列，鼓而行之，至于军，斩有罪者以徇，曰：“莫如此以环瑱通相问也。”明日徙舍，斩有罪者以徇，曰：“莫如此不从其伍之令。”（吴语）

在这类表示劝诫、命令或祈使语气的用法中，其中 11 例都是用否定形式来表示的，以表示劝令不能或不应该去做的意义。只有 2 例是肯定表达，主要表示祈使语气，如例（60）中，动词前有表达祈使语气的副词“其”，“也”在句末用以加强这种语气。

F. 表示疑问、询问或反问语气，共 33 例

这类用例中的“也”前有疑问副词或疑问代词，“也”用在句末表示疑问或反问语气。谓语可以由疑问代词或其他名词性成分等充当。

(62) 公曰：“臣杀其君，谁之过也?”大夫莫对。(鲁语上)

(63) 太子曰：“君赐我以偏衣、金玦，何也?”(晋语一)

(64) 穆子叹而谓其左右曰：“吾何德之务而有是臣也?”乃使行。(晋语九)

(65) 吾不善，子亦告我，何其速也?(晋语八)

例(62)中“谁之过”是名词性谓语，《左传》中有例“谁之剑也?”与此相同。例(63)中“何”为疑问代词作谓语，这种疑问代词“何”后加语气词“也”表示疑问的用例很常见；例(64)中疑问代词“何”修饰名词“德”，整体作为“务”的宾语使用；例(65)中“何”和“其”尚未结合为副词，而是“何”为疑问代词，修饰“其速”这一主谓结构。

G. 表示感叹语气，共 3 例

(66) 展禽曰：“越哉，臧孙之为政也!”(鲁语上)

(67) 内外无亲，其谁云救之?吾不忍俟也!(晋语二)

2. 用在复句后一分句句末

用在复句后一分句句末的“也”同样可以用于表达各种语气，共 927 例。其用法特点同位于单句句末的“也”没有太大差别，只是所处的句法环境有所变化。根据“也”助成的语气，可分为以下几类。

A. 表示判断语气，共 320 例

此类“也”前的谓语成分以名词性谓语和动词谓语为主，有少量的形容词谓语用例，还有极个别的代词谓语用例，如：

(68) 若七德离判，民乃携贰，各以利退，上求不暨，是其外

利也。夫狄无列于王室，郑伯南也，王而卑之，是不尊贵也。狄，豺狼之德也，郑未失周典，王而蔑之，是不明贤也。(周语中)

(69) 凡黄帝之子，二十五宗，其得姓者十四人为十二姓。姬、酉、祁、己、滕、箴、任、荀、僖、姞、儇、依是也。(晋语四)

(70) 食土不均，地之不修，内有辱于国，是子也；军士不死，外有辱，是我也。(吴语)

(71) 我为楚卿，而赂盗以贼一夫于晋，非义也。(楚语上)

例（68）中“是其外利”“是不尊贵”“是不明贤”都是动词谓语，动词后面有宾语，“郑伯南”“豺狼之德”是名词性谓语；例（69）中的“是”是很有特点也很值得注意的一个词，我们知道在上古汉语中，“是”一般都用作代词，而没出现系词用法。所以此例中“是”应当是指代上述“十二姓”，句中表面上看没有谓语动词，而实际上代词“是”充当了谓语，可以理解为“是（是）”，后一个“是”是判断动词，因此“也”在句末表示判断的意味就更加明显了；例（70）可与例（69）对照，其中“是”也是代词，用以指代“食土不均，地之不修，内有辱于国”和“军士不死，外有辱”两种情况，“是”本身含有判断的意味，后面的“子”和“我”实际上应当分析作宾语，这两例中的“是”似乎已经处在向系词转变的过程中了；例（71）中“义”是形容词谓语，前面有否定副词表示否定，“也”表示加强否定判断的语气。

B. 表示解释、说明语气，共 324 例

其中的谓语成分以动词谓语为主，共 233 例；其次为名词性谓语，55 例；此外还有一些介宾结构谓语（26 例）、助动词谓语（4 例）、形容词谓语（5 例）和代词谓语（1 例）等，用例相对较少。“也”在句末配合文意表达解释或进一步说明的语气。

(72) 我不佞，虽不识义，亦不阿惑，吾其静也。(晋语一)

(73) 夫若是，贼之兆也，非吾宅也，离则有之。(晋语一)

(74) 抑挠志以从君，为废人以自利也，利方以求成人，吾不能。(晋语二)

(75) 厉公之所以死者，唯无德而功烈多，服者众也。(晋语六)

(76) 夫为其君动也。君若宥而反之，夫犹是也。(齐语)

(77) 若不胜狄，虽济其罪，可也。(晋语一)

上引几例中谓语成分分别为：动词谓语、名词性谓语、介宾结构谓语、形容词谓语、代词谓语和助动词谓语。这些词语在句中充当谓语，本身是对前文内容或主语的一种解释和说明，有时也可以先将解释说明的成分放在前面，下文再引出解释、说明的对象。

C. 表示陈述语气，共 120 例

(78) 其土又小，大国在侧，虽欲纵惑，未获专也。(晋语一)

(79) 各致齐敬于其皇祖，昭孝之至也。(鲁语上)

(80) 吾闻君子不去情，不反谗，谗行身死可也，犹有令名焉。(晋语二)

(81) 晋国故有大耻，与其君臣不相听以为诸侯笑也，盍姑以违蛮、夷为耻乎。(晋语六)

上述例句都是一般陈述句，“也”配合前面的谓语成分表达陈述语气，其中谓语以动词谓语用例最多，其次是名词性谓语，此外还有部分介宾结构谓语、形容词谓语和助动词谓语等，用例相对较少。

D. 表示历数语气，共 107 例

(82) 精意以享，禋也；慈保庶民，亲也。(周语上)

(83) 今郑失次犯令，而罪一也；郑擅进退，而罪二也；女误梁由靡，使失秦公，而罪三也；君亲止，女不面夷，而罪四也：郑也就刑！(晋语三)

(84) 守情说父，孝也。杀身以成志，仁也。死不忘君，敬也。孺子勉之！(晋语二)

(85) 知魏绛之勇而不乱也，使为元司马。知张老之智而不诈也，使为元候。知铎遏寇之恭敬而信强也，使为舆尉。知籍偃之惇帅旧职而恭给也，使为舆司马。(晋语七)

在表示陈述语气的用例中，谓语可以由动词、名词充当，与其他类别的不同之处在于：有很多数词充当谓语的情况，如例（83）；例（84）中为形容词充当谓语，三种情况是并列的；例（85）中动词谓语的宾语结构较长，四个分句语义和结构都是并列的。

E. 表示疑问、询问或反问语气，共35例

（86）将天下是王，而何德于君，其予君也？（鲁语下）

（87）孰是人斯，而有是臭也？贞为不听，信为不诚。（晋语三）

（88）人有言曰："杀老牛莫之敢尸。"而况君乎？二三子不能事君，安用厥也！（晋语六）

表达疑问或反问语气的用例中，前面一般都有疑问代词或疑问副词，如上述几例中的"其"、"而"和"安"等副词，在此类用例中，还可见不少疑问代词"何"的用例，"也"在句末加强疑问或反问的语气。

F. 命令、劝诫、祈使语气，共8例

（89）有御楚之术而有守国之备，则可也；若未有，不如往也。（鲁语下）

（90）余将致政焉，以成其怒，无以内易外也。（晋语五）

此类用法中多有表示劝令的词语，以使用否定副词为常，否定词有"不""无"（勿）等，有时是运用表示肯定的语气副词"其"等。

G. 表示感叹语气，共13例

（91）今吾子之戒吏人曰"陷而入于恭"，其满之甚也。（鲁语下）

（92）子得所求而不从之，何其怀也！（晋语五）

何乐士研究《左传》的语气词"也"用法特征和语法功能之后总结："'也'的基本作用是表示语音停顿，同时根据不同的上下文和它在句中的不同位置，表达不同的语气。”[①]《国语》中“也”的用法与《左传》整体接近，只有细微差异。

二 《左传》《国语》中“也”的比较

根据以上对《国语》中语气词“也”的举例、分析以及相关数据的统计，将统计结果与《左传》中的语气词“也”的相关数据进行对照，得出表3－2、3－3、3－4，我们逐一进行说明。

表3－2 单句、复句中的“也”在《左传》《国语》中的见次对比

		《左传》		《国语》	
		数量	百分比	数量	百分比
单句之末（或中）		811	22.8%	346	21.6%
复句之末	从句之末	436	12.2%	326	20.4%
	复句之末	2317	65.0%	927	58.0%
	小计	2753	77.2%	1253	78.4%
总计		3564	100%	1599	100%

表3－2是对“也”所处的句法环境进行的统计，从表中数量和所占比重的对比可以看出：《左传》和《国语》中的“也”用在单句和复句中的数量相差比较明显，不过就其在所有语气词用例中所占的比例来说，两书十分相近，用在单句句末（或中）所占比重都比较少，占全部用例的1/5稍多，而用于复句后一分句句末或从句句末的“也”在两书所有用例中所占的比重是非常接近的。从“也”出现的句法环境分析，两书几乎没有差别。

表3－3 《左传》《国语》用于各类谓语之末的“也”对比

	《左传》		《国语》	
	数量	百分比	数量	百分比
名词性谓语之末	1162	40.0%	458	38.4%
动词谓语之末	1455	49.9%	582	48.8%

① 何乐士：《〈左传〉的语气词“也”》，见《〈左传〉虚词研究》（修订本）第442页，商务印书馆2004年版。

续表

	《左传》		《国语》	
	数量	百分比	数量	百分比
形容词谓语之末	84	3.0%	47	3.9%
助动词谓语之末	42	1.3%	11	0.92%
数词谓语之末	31	1.0%	24	2.0%
代词谓语之末	13	0.4%	23	1.9%
介宾谓语之末	71	2.4%	38	3.2%
与其他虚词连用的句末	59	2.0%	9	0.76%
总计	2917	100%	1192	100%

从表3－3可以看出，《左传》中的“也”之前的各种谓语成分，在《国语》中都能找到相应用例，且各类谓语成分在全部用例中所占的比重都非常接近，只是在语气词连用方面，《国语》不如《左传》的用例丰富，而且所占比重较小。

表3－4 《左传》《国语》句末“也”表达各种语气统计

	《左传》		《国语》	
	数量	百分比	数量	百分比
判断语气	1355	46.8%	408	34.2%
解释、说明语气	1089	37.0%	405	34.0%
陈述语气	155	5.3%	158	13.3%
历数语气	109	3.7%	113	9.5%
命令、劝诫、祈使等语气	98	3.4%	21	1.8%
疑问、询问及反问语气	69	2.4%	71	5.9%
感叹语气	42	1.4%	16	1.3%
总计	2917	100%	1192	100%

从表3－4可以看出，《左传》中判断语气所占比重最大，使用数量最多，其次是解释、说明语气，这是《左传》中出现最多的两种语气，再次还可以表示陈述、历数、命令祈使和疑问反问等语气，《国语》中的“也”同样可以用于表达这些语气，而且也是以判断语气和解释、说明语气为主。《左传》中判断语气的用例所占的比重比《国语》高很多；表示解释说明的语气在两书中使用数量悬殊而所占比例相近；此外《国

语》中用于表示陈述、历数和疑问反问等语气的用例都比《左传》要多，所占的比重也均高于《左传》，我们推测这个使用特点应当是与《国语》记“语”的性质相适应的。

《左传》和《国语》中的“也”的共同特点是：它可以伴随文意表示判断、解释、陈述、感叹、疑问、反问等多种语气。“也”作为《左传》和《国语》中最常见和使用最多的语气词，两书在“也”的使用特点方面表现出极大的相似性。

第二节 “矣”的比较

“矣”一般都位于句末，用作语气词。《左传》中“矣”共出现828例，全部用作语气词。《国语》中“矣”共出现385例，也全都用作语气词。[①] 两书中的“矣”一般都用于句末，也有极少数用于句中的例子。“矣”用在句末，多用于表达陈述或推测的语气，有时随着上下文意的变化，也可以表达相应的其他语气。本书就《左传》和《国语》中的语气词“矣”进行如下分类对比：首先，“矣”一般出现在陈述句或疑问句句末，而以陈述句为主，两书中用于疑问句句末的“矣”都很少；其次，将用于陈述句句末的“矣”按照肯定陈述和否定陈述分为两大类；最后，在肯定陈述和否定陈述中再根据句子所表达的是已然情况还是未然情况进行分类，在已然和未然的分类中，有些内容是可以视作判定已然、未然的标志的，这些将在文中加以呈现。

一 用于疑问句句末的“矣”

“矣”用于疑问句的用例在《左传》和《国语》中都很少，表明“矣”一般不用于表达疑问语气。此类用法在《左传》中出现9例，其中3例是语气词“矣乎”连用；《国语》中共出现8例，其中也有3例是语气词“矣乎”连用。我们认为“矣乎”连用时，主要是由“乎”来表达疑问语气，“矣”用在其他成分之后，表达陈述或推测语

① 本书的统计数据包括与其他语气词连用的“矣”，其中《左传》中“矣”与其他语气词连用共9例，《国语》中有3例。书中统计数据将连用情况排除。因为有专门一节进行研究，此处从略。

气。例如：

(1) 弃父之命，恶用子矣？有无父之国则可也。(桓公 16.5)

(2) 若诸侯皆然，费人无归，不亲南氏，将焉入矣？(昭公 13.1)

(3) 若卫叛晋，晋五伐我，病何如矣？(定公 8.7)

(4) 今信蛮、夷而弃之，夫诸侯之勉于君者，将安劝矣？(鲁语下)

(5) 今君之德宇，何不宽裕也？恶其所好，其能久矣？(晋语四)

(6) 纵不能讨，又免其受盟者，晋何以为盟主矣，必杀叔孙豹。(晋语八)

(7) 公曰："可矣乎？"子犯曰："民未知礼，未生其共。"(僖公 27.6)

(8) 吾若善逆彼以怀来者。吾又执之，以信齐沮，吾不既过矣乎？(宣公 17.1)

(9) 今陈侯不念胤续之常，弃其伉俪妃嫔，而帅其卿佐以淫于夏氏，不亦嬻姓矣乎？(周语中) [嬻：侮辱、亵渎]

(10) 公曰："可矣乎？"对曰："民未知信，盍伐原以示之信？"乃伐原。曰："可矣乎？"对曰："民未知礼，盍大搜，备师尚礼以示之。"(晋语四)

上述例句都是"矣"用于疑问句句末的例子，可以看出《左传》《国语》中用于疑问句句末的"矣"在使用上表现出极大的一致性。例(1)~(6)是"矣"单用于疑问句句末的情况。"矣"用于疑问句句末时，前面都有疑问代词或疑问副词来承担疑问表达，"矣"在句末加强疑问语气。常见的疑问代词两书中都有"何"，如例(3)和例(6)，此外还有"恶"，如例(1)；疑问副词则有"安""焉""其"(相当于"岂")等，用于表达反问语气。例(7)~(10)是"矣"和"乎"连用的例子，例(7)和例(10)为两书的异文语料，都用"可矣乎"，其中"矣"紧跟在"可"之后，是对已然情况的陈述，相当于"可以了"，其后的"乎"才是疑问语气的承担者，相当于现在的疑问语气词"吗"；

例（8）中的“既”和例（9）中的“亦”说明都是发生过或已经出现了的情况，所以“矣”在理解时仍属上读，和已然情况的表达紧密衔接：“吾不既过矣”意为“我们已经犯错了”，“不亦媟姓矣”意为“不是侮辱同姓了吗”，结合前文来理解也是已经发生了的事实。“矣”在例中都表达陈述语气，和“乎”所表达的语气是分开的。尤其是例（9）的下文有“不亦简彝乎”和“不亦媟姓矣乎”相对应而没有用“矣”，更能明显地说明“矣”和“乎”表达的语气各有侧重。

由此可见，用于疑问句句末的“矣”在《左传》和《国语》两书中的使用是没有差别的。

二 用于陈述句中的“矣”

“矣”用于句末，可以表示对现实情况的说明、对已然存在的事实的陈述，也可以用于表示对将要发生的情况或未然情况的陈述或推测。本书将《左传》《国语》中的语气词“矣”分为用于肯定陈述和否定陈述两大类，再将肯定陈述和否定陈述分为表示已然和未然两部分，看其中“矣”的分布情况和使用特点，并进行比较。

《左传》中的“矣”用于肯定陈述句中共695例，其中对已然情况的陈述共547例，对未然情况的陈述或推测共148例；用于否定陈述句的共115例，其中表示对已然情况的否定有39例，表示对未然情况的否定或推测有76例。《国语》中的“矣”用于肯定陈述句中共305例，其中表示对已然情况的陈述有222例，表示对未然情况的陈述或推测有83例；用于否定陈述句中共69例，其中表示对已然情况的否定有20例，表示对未然情况的否定和推测有49例。详见表3－5。

表3－5 《左传》《国语》用于陈述句句末的“矣”分布对比*

			《左传》	《国语》	总计
肯定陈述	表已然	无标记	460（56.8%）	165（44.1%）	769（64.9%）
		有标记	87（10.7%）	57（15.2%）	
	表未然	无标记	31（3.8%）	22（5.9%）	231（19.5%）
		有标记	117（14.4%）	61（16.3%）	
小计			695（85.8%）	305（81.6%）	1000（84.5%）

续表

		《左传》	《国语》	总计
否定陈述	表已然	39（4.8%）	20（5.3%）	59（5.0%）
	表未然	76（9.3%）	49（13.1%）	125（10.6%）
小计		115（14.1%）	69（18.4%）	184（15.5%）
合计		810（100%）	374（100%）	1184（100%）

*此表分类在肯定陈述中所谓的“有标记”是指在句中有相应的表示已然或未然的词语，多是时间副词；“无标记”是指在分析过程中只能依据文意进行理解才能判断出已然、未然的情况。这种分类只是为了描写的方便和更为细致，标记的“有”和“无”只是相对的，没有确定的客观标准。两者都不是绝对的。

从表3-5的数据和所占比重的统计可以看出：《左传》和《国语》中的“矣”都以用在肯定陈述句中为主，所占比重都超过了80%，《左传》中的比重更高一些；两书中的“矣”表达已然情况、表示对已经出现情况的陈述所占比重较大；在肯定陈述句中，一般都是无标记的，也就是说“矣”是表达已然还是未然更多的需要借助对文意的理解来判定。

（一）两书用于肯定陈述句中“矣”的比较

1. 表示对已然情况或现实情况的说明和陈述

《左传》中有547例，《国语》中有222例。

A. 句中无其他标记的陈述已然情况的“矣”

《左传》中460例，占全部语气词用例的56.9%；《国语》中165例，占全部语气词用例的44.1%，在两书中都是数量最多、所占比重最大的用法。先看《左传》例：

（11）小人有母，皆尝小人之食矣；未尝君之羹，请以遗之。（隐公1.4）

（12）战于长勺。公将鼓之。刿曰：“未可。”齐人三鼓。刿曰：“可矣！”齐师败绩。（庄公10.1）

例（11）中，“尝”和“未尝”相对，“矣”表示对发生过的事情或者对现实实际情况的陈述，而且“皆”作为范围副词，其指向是动词“尝”的宾语“小人之食”，也能体现出是对已然情况的客观陈述。例

(12) 中“未可”与“可矣”相对，“未可”陈述刚刚过去的情况，“可矣”则是与刚刚相对的现在的情况。再如：

(13) 始吾敬子；今子，鲁囚也，吾弗敬子矣。(庄公 11.4)

例 (13) 中，“也”用在名词性谓语之后表示判断，“矣”表示对现实情况的陈述，前面的时间词“今”也说明“矣”是陈述现在的情况。

(14) 虢射曰：“期年狄必至，示之弱矣。”夏，狄伐晋，报采桑之役也。(僖公 8.2)

(15) 不及十年，原叔必有大咎。天夺之魄矣。(宣公 15.7)

上引两例中的“必”用作推测语气副词，表示对未来可能发生事情的推测，看似属于表述未然情况，而实际上后一分句中的“矣”在例 (14) 中是在陈述当前的情形：“不追寇”，也就是示弱；在例 (15) 中是表述出现“有大咎”的现有的原因：“天”(已经)“夺之魄”。

(16) 及期而往，告之曰：“许我罚有罪矣，敝于韩。”(僖公 10.3)

《左传》中另有两例“余得请于帝”，意为：我已经请求天帝而且得到同意。此例与之略同。

(17) 子有四方之志，其闻之者，吾杀之矣。(僖公 23.6)

(18) 晋侯在外，十九年矣，而果得晋国。险阻艰难，备尝之矣；民之情伪，尽知之矣。(僖公 28.3)

(19) 君以蛮夷伐国，国几亡矣，请纳之。(哀公 26.1)

上述两例从语义上来理解，“矣”都表示对已然实情的一种确认和陈述。例 (18) 中的“备”“尽”都是表示总括类的范围副词，在句中都指向所修饰的动词谓语的宾语，即“之”。“之”指代的分别是“险阻艰难”和“民之情伪”，用范围副词说明这些已经发生过了，是在追述和总结以往的事情。例（19）中的“几”是指“几乎、差一点”，由此可见，“矣”表述的是已经发生的情况。

(20) 夫莒仆，则其孝敬，则弑君父矣；则其忠信，则窃宝玉矣。(文公 18.7)

“则其孝敬”“则其忠信”中的“则”为动词，意为“取法、效法”；后一分句中的“则”表示转折，“矣”用在句末表明陈述的是已经发生的情况，是既成事实。

(21) 子重使大宰伯州犁侍于王后。王曰：“骋而左右，何也?”曰：“召军吏也。”“皆聚于中军矣。”曰：“合谋也。”“张幕矣。”曰：“虔卜于先君也。”“彻幕矣。”曰：“将发命也。”“甚嚣，且尘上矣。”曰：“将塞井夷灶而为行也。”“皆乘矣，左右执兵而下矣。”曰：“听誓也。”“战乎?”曰：“未可知也。”“乘而左右皆下矣。”曰：“战祷也。”伯州犁以公卒告王。苗贲皇在晋侯之侧，亦以王卒告。(成公 16.5)

此例连用了 7 个“矣”字，又连用了 9 个“也”字，可见“也”和“矣”的分工是很明显的。有学者指出：“‘也’大都用于叙述静态事物的句子；而‘矣’则多用于叙述动态事物的句子。‘也’大多表达对事物的是非判断；而‘矣’却常表达事物已成怎样或将成怎样。”① 从此例中也可以看出“也”所在的分句中，都是表达判断语气，这一点是“矣”所不具备的，这是二者最明显的差别。此外，“矣”所在的分句是表达“动态”的“进行过程”，表示正在进行，而“也”是对这种动态的判断，可以看作静态的，笔者赞同何乐士等人的看法。

看《国语》中的同类例句：

---

① 何乐士、敖镜浩、王克仲、麦梅翘、王海棻：《古代汉语虚词通释》第 695 页，北京出版社 1985 年版。

（22）吾见晋君之容，而听三郤之语矣，殆必祸者也。（周语下）

此例“矣”和“也”形成对比，“矣”所在的句子动词“听”和上一句的“见”是并列的，是陈述已经发生过的事，“也”用于句末，表示推断，和“殆必”相对应。

（23）此大夫管仲之所以纪纲齐国，裨辅先君而成霸者也。子而弃之，不亦难乎？齐国之政败矣，晋之无道久矣，从者之谋忠矣，时日及矣，公子几矣。（晋语四）

此例中的“矣”前的谓词性成分“败”、“忠”、“及”和“几”作为对主语的评价，显然是发生过的情况，“矣”用于陈述并加以总结和评价。

（24）武从二三子以佐君为诸侯盟主，于今八年矣，内无苛慝，诸侯不二。（晋语八）

（25）昔卫武公年数九十有五矣，犹箴儆于国。（楚语上）

上两例中的“矣”分别同前面的“于今”“昔”表示时间的词语对应，表示从往至今，用于追述。

（26）天应至矣，人事未尽也，王姑待之。（越语下）

此例同《左传》的例（11）、（12）相近，“至矣”和“未尽也”相对，前者表示已经发生，后者表示尚未发生。

通过两书的用例可以看出：通过对文意的理解可以明确地体会到“矣”表示已然情况或现实情况的陈述语气，“矣”的这种用法在两书中没有差别。

B. 句中有相关标记的陈述已然情况的“矣”

《左传》中 87 例，《国语》中 57 例，使用数量不多，在全部用例中所占的比重也不高。如：

(27) 今君命大子曰仇，弟曰成师，始兆乱矣。兄其替乎！(桓公2.8)

(28) 及卫地，韩献子将斩人，郤献子驰，将救之。至，则既斩之矣。(成公2.3)

(29) 虞之世数未也，继守将在齐，其兆既存矣。(昭公8.6)

(30) 公使阳处父追之，及诸河，则在舟中矣。(僖公33.3)

(31) 一既往矣，后之不知，其次必此。(周语下)

(32) 君既许我杀太子而立奚齐矣，吾难里克，奈何！(晋语二)

(33) 诸大夫莫子若也。然而民不能戴其上久矣，难必及子乎！(晋语五)

(34) 从者将以子行，其闻之者吾以除之矣。(晋语四)

(35) 昔吾逮事庄主，华则荣矣，实之不知，请务实乎。(晋语六)

从上面的用例可以看出，“矣”陈述已然情况的标记词语主要是一些时间副词，《左传》中此类标记词语有时间副词“既”“尝”“已”，关联副词“乃”、形容词“久”和表示顺承或者表示让步的连词“则”等，其中以“既”“则”“久”“乃”常见；《国语》中此类词语有时间副词“既”“尝”“以”“已”，关联副词“乃”、形容词“久”和连词“则”，与《左传》中所使用的词语几乎完全相同。两书中各自还使用了一些独特的用词，如《左传》中的“始”，《国语》中的推断语气副词“果”“信”等。两书只是在词语的选择和使用方面有细微的差别。

2. 表示对未然或可能发生的情况的陈述或推测

《左传》中有148例，《国语》中有83例。

A. 句中无其他标记的陈述或推测未然情况的“矣”

《左传》中有31例，《国语》中有22例。如：

(36) 公使谓之曰：“尔何知？中寿，尔墓之木拱矣。”(僖公32.3)

(37) 句践将生忧寡人，寡人死之不得矣。(哀公20.3)

(38) 君若正卒伍，修甲兵，则大国亦将正卒伍，修甲兵，则难以速得志矣。君有攻伐之器，小国诸侯有守御之备，则难以速得志矣。(齐语)

(39) 晋公子善人也，而卫亲也，君不礼焉，弃三德矣。臣故云君其图之。(晋语四)

上述例句是两书中没有其他标记而只能通过对文意的理解来确定文句是陈述或推测未来可能出现的情况的用例。这一类句子主要出现在假设句中，表示对可能出现的情况或将要发生的情况的假设，这些推断的出发点和着眼点主要在于当前出现的现实情况，以此作为依据进行推测。

B. 句中有其他标记的陈述或推测未然情况的“矣”

《左传》中有117例，《国语》中有61例。如：

(40) 为其少故也，吾将授之矣。使营菟裘，吾将老焉。(隐公11.8)

(41) 令尹将死矣，不及三年。求逞志而弃信，志将逞乎？(襄公27.4)

(42) 内史过往，闻虢请命，反曰：“虢必亡矣。虐而听于神。”(庄公32.3)

(43) 楚始得曹，而新昏于卫，若伐曹、卫，楚必救之，则齐、宋免矣。(僖公21.4)

(44) 居者为社稷之守，行者为羁绁之仆，其亦可也，何必罪居者？国君而雠匹夫，惧者其众矣。[①] (僖公24.1)

① 沈玉成《左传译文》将此例的“而”视作转折连词“却”，我们认为可以商榷。此处“而”当作假设连词“如果”，是竖头须希望文公的仆人代为进谏的话。“而”表假设，则后面的“其”表示一种对将假设情况的推测更显得顺理成章。这也正跟《经义述闻》的观点是一样的。杨伯峻《春秋左传注》第416页：“‘其’各本作‘甚’。《释文》云：‘甚众，或作其众。’王念孙云：‘《晋语》作“惧者众矣”，则作“其众者”是也。’”王引之《经义述闻》卷十七：“臣之罪甚多矣”“行者甚众”“惧者甚众矣”条，列王念孙之说：僖二十四年传“臣负羁绁从君巡于天下，臣之罪甚多矣”“甚”当作“其”。“臣之罪其多矣”，语义已足，不必言甚多也。《晋语》作“臣从君还轸，巡于天下，怨其多矣！”是其证。又“行者甚众，岂唯刑臣？”“甚”亦当作“其”。言君若念旧恶，则行者其众矣。其者，将然之词。此时尚未有行者，不得言甚众也。《释文》曰：“一本甚作其”，是其证。又“国君而雠匹夫，惧者甚众矣”。“甚”亦当作“其”。《释文》曰：“惧者其众矣”本或作“甚众矣”，《晋语》作“惧者众矣”，则作“其众”者是也。其，表将然之词，的确是非常准确的。

《左传》中用以表示陈述或推测未然情况的句末的“矣”，与前面的标记共同发挥作用，表推测或陈述的语气。这些形式标记主要有：时间副词“将”“且”，推测语气副词“必”“其”等，还有表示假设关系的连词“若”、“而”和“则”等。尤其是例（43）中，几个词语相应使用，“始”“新”都表示刚刚发生过，而下文的“若”、“必”和“则”非常连贯而形象地描绘出可能出现的情况。“若”表示假设，“必”表示推断，“则”表示前面情况实现之后会出现的结果是“齐、宋免”，“矣”在句末加强这种推测语气。

（45）夫利，百物之所生也，天地之所载也，而或专之，其害多矣。（周语上）

（46）任大恶三，行将安入？子其行矣，我姑待死。（晋语三）

（47）若我以君避臣，而不去，彼亦曲矣。（晋语四）

（48）先主之所属也，尹铎之所宽也，民必和矣。（晋语九）

《国语》中同类表达所用的标记词语主要有：副词“将”“必”“其”，连词“而”“若”“则”等，与《左传》基本相同。可见“矣”不仅在两书中的该类用法相近，其中帮助判断的形式标记几乎完全相同。此处值得我们注意的问题在于：我们所说的“标记”不是绝对的，即使有些词语看起来像“标记词语”，不过我们还是需要结合上下文才能进行判断；有些没有标记的却也可以在上下文找到与标记相关的内容，所以这里的“标记”并非硬性的判断条件，很多情况下是灵活的。

（二）用于否定陈述句中“矣”的比较

1. 表示对已然情况的否定陈述

《左传》中有39例，《国语》中有20例。如：

（49）杞、鄫何事，相之不享于此久矣，非卫之罪也，不可以间成王、周公之命祀，请改祀命。（僖公31.5）

（50）子产见左师曰：“吾不患楚矣。汰而愎谏，不过十年。”（昭公4.3）

（51）宣子田于首山，舍于翳桑，见灵辄饿，问其病。曰：“不

食三日矣。”食之，舍其半。（宣公 2.3）

（52）微我，晋不战矣！楚有五败，晋不知乘，我则强之。（周语中）

（53）蛮、夷、戎、狄，其不宾也久矣，中国所不能用也。（楚语上）

（54）王呼之曰：“余不食三日矣。”畴趋而进，王枕其股以寝于地。（吴语）

从上面的用例可以看出，表示对已然情况的否定陈述主要的途径是使用否定副词，从而对谓语进行否定。“矣”在句末表达陈述语气，有时是追述，比如例（52）。例（51）和例（54）句法结构几乎完全相同。可见两书这种用法的“矣”是没有差别的。

2. 对未然情况的否定陈述或推测

《左传》中有 76 例，《国语》中有 49 例。如：

（55）君若不施大惠，寡人不佞，其不能以诸侯退矣。（成公 13.3）

（56）子产归，未至，闻子皮卒，哭，且曰：“吾已！无为为善矣。唯夫子知我。”（昭公 13.3）

（57）为我予之邑，今日必授，无逆命矣。（鲁语上）

（58）从政者不可以不戒，亡无日矣！（晋语一）

（59）范蠡辞于王曰：“君王勉之，臣不复入越国矣。”（越语下）

此类中“矣”都用于表示对未来不会出现某种情况的陈述，虽然没有固定的标记，不过像例（58）“×无日矣”的说法在《左传》和《国语》中是常见的，意为某种情况的发生没有多长时间了，“矣”在句末加强这种急促的否定陈述语气。例（56）中“无为为善矣”是有特点的一个例句：“无”是否定副词，前一个“为”是介词，其后所引介的对象承前省略，后一个“为”是动词，“善”是其宾语，意思是指“将不会有人为（我）做有利的事了”。“矣”在句末强调这种否定意味。

“矣”字小结

以上主要从句法环境方面就相关内容对两书中的语气词“矣”进行

了分析和比较。根据“矣”之前的谓语成分的不同类型，我们对《左传》和《国语》中的“矣”进行了另一角度的分析和比较，如表 3－6 所示。

表 3－6 显示出：“矣”之前的谓语成分在《左传》和《国语》中都是以动词谓语为主，都占绝对优势，其次是形容词谓语，用量和所占比重虽然比动词谓语少得多，不过相较于其他类型来说，形容词谓语在运用上也是占有明显优势的。这两项谓语类型合计用例占所有语气词用例的比重在《左传》和《国语》中分别为 87.2% 和 89.6%，比例相当接近。其他谓语类型使用数量都很少，所占的比重也很小，在两书中这些谓语类型总计使用的数量仅占到各书的 10% 左右，两书中“矣”都表现出这一特点。

表 3－6 《左传》《国语》用于各类谓语之后的语气词“矣”见次比较

	《左传》	《国语》	合计
动词谓语之后	571（69.0%）	244（63.4%）	815（67.2%）
形容词谓语之后	151（18.2%）	101（26.2%）	252（20.8%）
名词性谓语之后	32（3.9%）	10（2.6%）	42（3.5%）
助动词谓语	17（2.1%）	7（1.8%）	24（2.0%）
数量结构谓语	23（2.8%）	12（3.1%）	35（2.9%）
介宾结构谓语	29（3.5%）	8（2.1%）	37（3.1%）
代词谓语	4（0.5%）	3（0.8%）	7（0.6%）
副词谓语	1（0.1%）	0	1（0.08%）
总计	828（100%）	385（100%）	1213（100%）

通过前面谓语成分使用数量和所占比重的比较也能看出“矣”和“也”之间的差别：“也”之前以动词谓语为主，不过名词性谓语的数量和比重紧随其后，动词谓语并不如“矣”的优势明显；“矣”之前的名词性谓语用例很少，而“也”之前名词性谓语使用数量较多，由此可见，“也”是以判断语气为常的，而“矣”则以动态谓语为主；“矣”之前的形容词谓语用例也比较多，而“也”之前的形容词谓语用例很少。由上述三种在“矣”和“也”之前的主要谓语成分的比较可以看出：“矣”以用于动态或描述性的谓语之后为主，“也”以用于判断、说明性的谓语之后为主。

《左传》和《国语》中的语气词"矣"在使用方面都以用在肯定陈述句中为主，而肯定陈述中又以用于表述已然情况或已经发生事实的情况为主，同时"矣"在两书中都有表述未然的肯定陈述和表达否定陈述的用例，各种比例都是基本趋同的；"矣"在使用中往往需要结合文意的理解来判断是已然还是未然的情况，不过也有一些用词可以帮助我们进行简便、快捷的判断，这些用词在两书中的使用几乎都是相同的，互见于对方，这是很重要的一个特点；在"矣"之前的各种谓语成分所占比重上，两书也表现出较强的一致性。

第三节 "乎"的比较

"乎"一般位于句末，用作语气词，可以表示疑问语气、反问语气、慨叹语气、祈使语气等。在《左传》和《国语》中，除介词用法外，"乎"都用作语气词。据统计，《左传》中"乎"共有738例，其中用作介词仅1例，另有"於是/此乎"77例[①]，用作语气词共660例；《国语》中"乎"共有363例，单独用作介词的仅1例，"於是/此乎"有63例，用作语气词299例。语气词是"乎"的最主要用法。根据"乎"出现的句法环境，将其句法格式大致分为以下数类，并以图表形式将《左传》《国语》中的"乎"进行类比。[②] 见表3-7。

表3-7 《左传》《国语》"乎"所处各类语法位置见次对比

		《左传》	《国语》	总计
相对固定的结构或句式	无乃/毋乃·不可/……·乎	36（5.5%）	28（9.4%）	64
	不（亦）/无……乎	79（12.0%）	28（9.4%）	106
	而（况）/（而）况……乎	47（7.1%）	18（6.0%）	66
	可（不）……乎	54（8.2%）	25（8.4%）	77

① "於是乎""於此乎"同介词"於"关系密切，"乎"的少量介词用例，在介词部分已经分析。

② 我们只是出于描写和比较的方便而根据"乎"出现的句法环境进行大致的分类，各类之间的界限并不是非常分明，有些例句可以划分到某一类中，也可以划分到另一类中。这种分类虽然不甚分明，不过不会影响我们就两书中"乎"所表达的各种语气进行比较，这是本书的关键。

续表

		《左传》	《国语》	总计
相对固定的结构或句式	能（无/不）……乎	46（7.0%）	11（3.7%）	57
	其/岂……乎	215（32.6%）	88（29.4%）	302
	何/盍（不）……乎	12（1.8%）	21（7.0%）	33
	敢（不）……乎	20（3.0%）	8（2.7%）	28
	庶（几）/将/欲……乎	25（3.8%）	10（3.3%）	35
	然则……乎	6（0.9%）	3（1.0%）	9
小计		540（81.8%）	240（80.3%）	780
一般情况	表祈使、决断语气	10（1.5%）	10（3.3%）	20
	表示慨叹、感叹语气	5（0.8%）	4（1.3%）	9
	表示一般疑问语气	62（9.4%）	35（11.7%）	97
	表示反问语气	16（2.4%）	10（3.3%）	26
	表示推测语气	3（0.5%）	0	3
	其他	24（3.6%）	0	24
小计		120（18.2%）	59（19.7%）	179
总计		660（100%）	299（100%）	959

从表3－7可以看出，“乎”出现在相对固定的句法结构中的用例在《左传》和《国语》中各为540例和240例，占各自全部语气词用例的比例都超过了80%。可见，语气词“乎”的运用有较为整齐的规律，其所表示的语气意义跟固定的句法结构形式有密切的关系，有些已经成为习惯表达。以下逐条进行举例分析。

一 用于固定结构中的“乎”

（一）无乃/毋乃·不可/……·乎

这种结构的基础形式为“无乃不可乎”，“毋乃不可乎”与其相通，另有“无乃……乎”为其扩展形式。《左传》中该结构共有36例，其中“无乃不可乎”20例，“毋乃不可乎”2例，“无乃……乎”14例；《国语》中该结构共28例，其中“无乃不可乎”14例，“无乃……乎”14例，没有“毋乃不可乎”用例。其句式“无乃不可乎”在同类结构中的出现比例都在50%以上，使用优势比较明显。[①] 例如：

(1) 先君有共德，而君纳诸大恶，无乃不可乎？（庄公24.1）

(2) 夫子礼于贾季，我以其宠报私怨，无乃不可乎？（文公6.8）

(3) 不讨有罪，曰“将待后”，后有辞而讨焉，毋乃不可乎？（宣公15.3）

(4) 今以小忿弃之，是以小怨置大德也，无乃不可乎！（周语中）

(5) 夫太子，君之贰也，而帅下军，无乃不可乎？（晋语一）

(6) 今吾子疆理诸侯，而曰“尽东其亩”而已，唯吾子戎车是利，无顾土宜，其无乃非先王之命也乎？（成公2.3）

(7) 臣不敢爱死，无乃求去忧而滋长乎！臣是以惧，敢不听命？（昭公20.5）

(8) 鲁免其疾，而君又收之，无乃害乎？（定公9.3）

(9) 王将防斗川以饰宫，是饰乱而佐斗也，其无乃章祸且遇伤乎？（周语下）

(10) 诸侯之事晋者，鲁为勉矣。若以蛮、夷之故弃之，其无乃得蛮、夷而失诸侯之信乎？（鲁语下）

(11) 是以带甲万人事君也，无乃即伤君王之所爱乎？（越语上）

从《左传》《国语》的例句可以看出：“无乃/毋乃不可乎”可视为固定格式，可以理解为“恐怕不行/好吧”“恐怕不可以吧”，多用于对话中，表示劝谏。“无乃”“毋乃”本身用作表示推测的语气副词，在这种结构中，语气词“乎”用于句末，用以加强推测语气，如前五例，两书中“无乃/毋乃不可乎”在使用上没有差别。

需要注意的是，洪成玉先生曾指出：“‘无乃……乎’为《左传》

① 张以仁统计《国语》“无乃”凡31见。“多表推测语气。与今语‘只怕’之义相似。下文多有‘乎’字与之呼应。”针对“其无乃废先王之训而王几顿乎？”一例中的“无乃”前面的“其”，张氏释为指示代词，相当于“这”或“那”，并指出“故‘其无乃’连文时，必在句首。‘无乃’独用，则可居句中”。其说是。说见张以仁《国语虚词集释》第1~2页，“中央研究院”《历史语言研究所专刊》之五十五，台湾商务印书馆1968年版。

《国语》两书的习惯用语，其中尤以‘无乃不可乎’最为常见。”“《论语》《孟子》等书没有这种句式，至少‘无乃不可乎’这种习惯用语，不仅上述著作中没有，先秦其他著作中也只是偶有所见。”① 洪氏此说为我们的比较提供了重要参照：一方面《左传》《国语》之间关系非同一般；另一方面两书不同于“鲁语”。

“无乃……乎”同样是表示推测语气，有时推测语气中还隐含着反问的意味。推测语气相对委婉，而反问语气稍显强硬，所以进行劝谏时，带有协商意味的推测语气更容易为人所接受，这种推测语气实质上是说话人对某种情况的委婉否定，“无乃……乎”推测或否定的情况可能就在“无乃……乎”之前，而有些却必须回到上文中寻找线索。例（6）中“其无乃非先王之命也乎”中“非先王之命也”是一个否定判断句式，“其”为代词，代指前文陈述的某一情况，“毋乃”用来表示推测，“乎”在句末以加强推测语气，“无乃……乎”所否定的内容就是“其”所指代的“唯吾子戎车是利，无顾土宜”这种情况；例（7）“无乃求去忧而滋长乎”是紧承前文的情况而来的，前文提到“公请于华费遂，将攻华氏”，宋元公要攻打华氏，这时华费遂提议道“（您既然有命令了，）我不敢爱惜一死，（不过您如果这么做，）恐怕是本打算去掉忧虑而不得，反而会使忧虑更快地滋长吧”。括号内的内容是原文中隐含的部分，“无乃……乎”所否定的内容必须回到上文才能找到；例（8）“无乃害乎”是说“恐怕是祸害吧”，也就是对前文“而君又收之”的否定，也就是说“君”不应该“收之”；例（9）、（10）用法同例（6）相似，“无乃……乎”否定的内容就是“其”所指代的前面的内容，比较容易理解；例（11）中“是以带甲万人事君”是总结上文的情况，是指如果贵君认为越国罪不可赦，而准备灭亡越国，那么我们越国人就准备破釜沉舟，做最坏的打算，有五千越国死士将同贵国作战，这种情况下他们就会以一敌二，这样我们就有万人与贵国周旋了，“（如果这样的话）恐怕就会伤害到贵君所珍爱的东西了吧”。“乎”在句末加强了这种推测的语气，又带有一丝决绝的语气。从这里也可以看出语义对语气的影响，

① 洪成玉：《〈左传〉〈国语〉的语言比较》，载《语文论集》（二）第139页，外语教学与研究出版社1986年版。

语气有时是比较灵活的，一句话可能包含有多种语气。《左传》《国语》两书中的“无乃……乎”，有时前面有“其”，用以指代这一结构所要否定、所认为不可行的情况，如例（6）、（9）、（10）；有些“无乃……乎”紧承前文而中间稍有停顿，所否定的内容就在前面，如例（8）、（11）；而有些则需要从上文去寻找线索，如例（7）。

（二）不亦/犹……乎

“亦”是表示类同的关联副词，“不亦……乎”可以理解为“不也是……的吗”，其中的“乎”表示反问语气，“不亦”修饰的谓语成分一般是简单的动词或形容词，比如“可”“难”等。《左传》中共有 79 例，其中“不亦/犹……乎”单独用作一个分句共 76 例，是对前一分句或前几个分句所陈述情况的评议，只有 3 例紧接在评议的话题之后；《国语》中共有 28 例，其中 27 例都是单独为一分句，只有 1 例紧接在评议话题之后。“不亦”所修饰的谓语成分一般也是简单的动词或形容词，如“可”“难”等。

（12）不如逃之，无使罪至。为吴大伯，不亦可乎？（闵公 1.6）

（13）虽然，子杀二君与一大夫，为子君者，不亦难乎？（僖公 10.2）

（14）今宫室崇侈，民力雕尽，怨讟并作，莫保其性，石言，不亦宜乎？（昭公 8.1）

（15）天实置之，而二三子以为己力，不亦诬乎？（僖公 24.1）［诬：欺骗］

（16）叔孙未乘路，葬焉用之？且冢卿无路，介卿以葬，不亦左乎？（昭公 4.8）［杨伯峻注：左，邪也，不正也。］

（17）夫令名，德之舆也；德，国家之基也。有基无坏，无亦是务乎！（襄公 24.2）［杨伯峻注：无亦务是之倒装句。无用法同不。务，专力。］

（18）宣子曰：“齐桓、晋文不亦是乎？”（昭公 13.2）

（19）晋侯谓女叔齐曰：“鲁侯不亦善于礼乎？”（昭公 5.3）

（20）君得其欲，太子远死，且有令名，为吴太伯，不亦可乎？（晋语一）

(21) 子杀二君与一大夫，为子君者，不亦难乎？(晋语三)

(22) 吾过而里革匡我，不亦善乎！是良罟也，为我得法。(鲁语上)

(23) 狄之广莫，于晋为都。晋之启土，不亦宜乎？(晋语一)

(24) 君若求置晋君而载之，置仁不亦可乎？(晋语二)

(25) 今陈侯不念胤续之常，弃其伉俪妃嫔，而帅其卿佐以淫于夏氏，不亦嬻姓矣乎？(周语中)

(26) 然战而擅舍国君，而受其问，不亦大罪乎？(晋语六)

从两书例句观察该结构的特点如下。

第一，两书中“不亦”所修饰的谓语成分有些是高频词语，有些用例则较少。《左传》进入该结构的谓语成分分布如下：可（27 例）、难（17 例）、宜（10 例）、诬（3 例）、异（2 例）、远（2 例），出现 1 次的词语有：善、识、惑、美、左、锐、伤、是、务、偪，此外“不犹……乎”为此类结构的扩展形式，其后的谓词性成分全部为“愈”，共出现 5 例；《国语》中的谓语成分相对简单，分布情况是：可（12 例）、难（9 例），出现 1 次的词语有：宜、善、危、惠，另外还有 3 例为体词性成分充当谓语。总体看来《左传》中该结构中的谓语成分的构成比《国语》中的要丰富。不过就高频词语而言，两书中的“可”“难”充当谓语都是最常见的形式，此外“宜”“善”在两书中都有用例。

第二，例（18）、（19）中“不亦……乎”前面有评议话题在分句中作主语，即“齐桓、晋文”、“鲁侯”和“国”，例（18）由代词“是”充当谓语成分，意思是“不也这样吗”；例（19）中“不亦”修饰的谓语成分相对复杂，是动补结构，《左传》中同类结构还有 1 例复杂谓语也是动补结构，即“不亦远于礼乎”（文公 15.4）。此外例（17）中的“是”实际上是“务”的宾语，也应看作复杂的动宾结构作谓语。

第三，《国语》中的例（20）、（21）分别和《左传》中的例（12）、（13）为异文，用词几乎完全相同。例（24）中“不亦可乎”前面有评议对象“置仁”，动宾结构作主语，用法与《左传》例（18）、（19）相同。例（25）和例（26）是由体词性词语“嬻姓”“大罪”充当谓语成分，此外还有“不亦简彝乎？”（周语中），一共 3 例，这在《左传》中少见。其中例（25）句末“矣”“乎”连用，其中“矣”是表示对将来可能出现情况的推断，“乎”用以表示反问语气。

由此可见，两书的不同点在于：《左传》中进入该结构充当谓语的词类范围较广，除了动词、形容词之外，还有代词“是”，基本上都是《国语》所不具备的，不过使用数量都仅有1例；《国语》中出现3例体词性成分充当谓语的例子，《左传》除代词“是”之外未见其他用例；《左传》该类结构中的谓语成分有2例是相对复杂的动补结构，《国语》中全是简单的谓语成分。如：

（27）桓、庄之族何罪？而以为戮，不唯偪乎？（僖公5.8）

（28）使归而废其使，怨其君以疾其大夫，而相牵引也，不犹愈乎？（襄公13.7）

（29）得罪于二大国，必亡。病，不犹愈于亡乎？（襄公10.5）

例（27）“不唯偪乎”意为“不仅仅是因为被逼迫吗”，此例中“唯”用作范围副词，同“亦”有所不同，不过我们认为结构形式相同，故列于此；例（28）、（29）“不犹愈乎”“不犹愈于亡乎”中的“愈”意为“强”，“犹”可表类同，与“亦”的用法相类。前者承前文省略了“愈”的补语，即所比较的对象，后者“愈”的补语“于亡”一并出现。之所以前者能省略，是因为所比较的对象在前文，而后者“愈”的补语是提出的一种新情形，故而不能省略。我们认为“不犹……乎”也是“不亦……乎”的扩展形式。因此，还有一点不同在于《左传》中存在“无亦……乎”、“不犹……乎”和“不唯……乎”的变式，《国语》中未见。

（三）（而）况……乎

“而”、“况”和“而况”可用作表示递进关系的连词，表示语义更进一层。该结构常出现于下一分句，前面的分句中常有“犹”“尚”等连词与之呼应，分句句末常有语气词“乎”用以加强反问语气。该结构在《左传》中共出现47例，其中“况……乎”34例，“而况……乎”12例，另有“而……乎”1例；《国语》中“况……乎”4例，“而况……乎”14例，以“而况……乎”更为常见。

(30) 吾子孙其覆亡之不暇，而况能禋祀许乎？(隐公 11.3)

(31) 君与之归。一惭之不忍，而终身惭乎？(昭公 31.2)

(32) 夫事君者险而不怼，怨而不怒，况事王乎？(周语上)

(33) 今我不击，归必狃。一夫不可狃，而况国乎！(晋语三)

(34) 君骄泰而有烈，夫以德胜者犹惧失之，而况骄泰乎？(晋语六)

《左传》《国语》中“况”“而况”之后的成分可以是名词，如例(33)中的“国”，另外还有“君”“天”“神”等比较常见；可以是动宾或介宾结构，比如例(30)、(32)，例(34)中的“骄泰”实际上是“以”的宾语，承上一分句省略了介词“以”；还可以是偏正结构，如例(31)中的“终身惭”，再如“君之宠弟”“君子之学”等，两书中的这些成分都是以体词性成分为主。通过上述例句的比较，两书中的这一类结构在用法和功能特点方面没有差别。

(四) 可(不)……乎

这一类结构相对来说较为灵活，前面可以有主语，“可”用作助动词，前面可以有状语等修饰成分，有时“可”能直接用在“乎”前，作谓语，我们也统计在这种结构之下。“乎”用在句末表示疑问语气，《左传》中有 54 例，《国语》中有 25 例。如：

(35) 虽欲勉之，狄可尽乎？(闵公 2.7)

(36) 祀，国之大事也，而逆之，可谓礼乎？(文公 2.5)

(37) 夫子之在此也，犹燕之巢于幕上。君又在殡，而可以乐乎？(襄公 29.13)

(38) 对曰：“犹可辞乎？”王曰：“可哉！”(宣公 11.5)

(39) 孟孙善守矣，其可以盖穆伯而守其后于鲁乎！(鲁语上)

(40) 其母既死，其子又有谤，可不谓枯乎？(晋语二)

(41) 虽勉之，狄可尽乎？(晋语一)

(42) 公曰：“可矣乎？”对曰：“民未知信，盍伐原以示之信？”乃伐原。(晋语四)

(43) 今既免大耻，而不忍小忿，可以为能乎？(鲁语下)

"可"前有主语，如例（35）、（41），两例为异文，主语"狄"是受事主语；"可"前有修饰成分，如例（38）、（39）；"可以""可（不）谓"可以视作"可"的扩展形式，两书中都有相关用例，比如例（36）、（39）、（40）和（43）；"可"能单独作谓语，置于"乎"前，如例（42），例（42）中"可"与句末"矣乎"连用，表示对已经存在的情况的疑问，相当于"可以了吗/足够了吗"；例（38）中的对话，可以看出"乎"和"哉"的关系："乎"表示提问，"哉"用在答语中表示肯定回答，而且这类问句，一般都是用"可"来回答。《左传》《国语》中用在这一类结构中的"乎"都是表示一般的疑问，用法非常相近，没有差别。

（五）能（无）……乎

实际上这一类结构同"可……乎"十分相近，其中"能"与"可"相同，都用作助动词，不同点在于，"能"出现的这种结构中，前面一般没有主语，而直接用作分句，对前面分句所叙述的情况进行提问，前面一般也没有修饰语，不过也有个别例外。该结构在《左传》《国语》中分别有46例和11例。又《左传》中"能无……乎"在这种结构中占优势，共有26例，占比在50%以上，《国语》中4例，占1/3以上。否定词不限于"无"，还可以用"勿"。如：

（44）吾与先君言矣，不可以贰。能欲复言而爱身乎？（僖公9.4）

（45）入险而脱，又不能谋，能无败乎？（僖公33.1）

（46）多陵人者皆不在，知伯其能久乎！（哀公27.3）

（47）所怒甚多，而不备大难，以是教王，王能久乎？（周语上）

（48）吾言既往矣，岂能欲行吾言而又爱吾身乎？（晋语二）

其中例（46）中有主语；例（48）中也有修饰语"岂"，二者相通；"能……乎"有些表示一般疑问，有些根据上下文则表示反问，而"能无……乎"则都用以表示反问，这是二者的差别。两书中的这类结构只是在使用数量上存在差别，各种用法特点则均有呈现，没有差别。

（六）何/盍……乎

《左传》中该结构共12例，其中"何……乎"6例，"盍……乎"6

例；《国语》中此类结构共21例，其中“何……乎”5例，“盍……乎”共16例，以“盍……乎”形式为主。该类结构在句中表示疑问，一方面“何”或“盍”用作疑问副词承担了部分疑问语气，“盍”的用法相当于“何不”；另一方面位于句末的“乎”承担了部分疑问语气，有加强疑问语气的功能。

(49) 告之以临民，教之以军旅，不共是惧，何故废乎？（闵公2.7）

(50) 临祸忘忧，忧必及之。盍纳王乎！（庄公20.1）

(51) 霸主将德是以，而二三之，其何以长有诸侯乎？（成公8.1）

(52) 伯氏不出，奚齐在庙，子盍图乎！（晋语一）

(53) 先主为重器也，为国家之难也，盍姑无爱宝于诸侯乎？（晋语九）

(54) 若皆雠君。则何上下之有乎？（楚语下）

有的情况下，“何”“以”连用，“何”是“以”的宾语，如例(51)；“何故”与此不同，“故”是“何”的疑问对象，“何故”意为“什么原因”，如例（49）；该结构之前有时可以出现施事主语，比如例(52)；有时该结构之前有其他连接成分，如连词“则”等，如例（54）；“何/盍”后的成分以谓词性成分为主，此处所举6例中均为谓词性成分，其中例（54）表面看来比较特殊，而实际上“上下”是“有”的宾语，在提宾结构助词“之”的作用下被提前了，实质上仍是“有”的宾语。从以上用例和统计来看，《国语》中的“盍……乎”的运用远比“何……乎”要广泛，《左传》中两者平分秋色，在用法特点和语法功能方面，两书之间没有差别。

（七）敢（不）……乎

该结构在《左传》中共出现20例，其中“敢不……乎”7例；《国语》中共出现8例，其中“敢不（无）……乎”3例。该结构一般用于表示反问语气，“乎”相当于现代汉语表示反问的“吗”。实际上“敢”与“可”“能”相似，用法上都作助动词，出现的句法环境和结构也是大同小异，所以我们可以看到这几种结构中都有与肯定形式相对应的否定形式，只是否定形式的表现有所不同，比如在“可……乎”中，否定形式比较少见；而“能……乎”结构中的否定形式使用就相对普遍了，尤其是“能无……乎”在《左传》中出现了26例，占到一半以上。“敢……乎”的否定形式用例较少。如：

(55) 吾无其功，敢有其实乎？吾小人，不可以厚诬君子。(成公3.10)

(56) 能而欺其君，敢享其禄而立其朝乎？(鲁语下)

(57) 献子曰：“敢不分谤乎！”(晋语五)

(58) 吾王敢无听天之命，而听君王之命乎？(越语下)

“敢不……乎”表示相对委婉的反问语气，比如例（57）；另外还有变式，如例（58）“敢无……乎”。在否定词的选择上倾向于使用“不”“无”，前面几种结构也有同样的特点，由此可见，在上古汉语中，“不”“无”都是最重要、最常见的否定词。有的例句也可用于表示一般的疑问语气，比如：

(59) 寡人惧不免于晋，今君曰“将有乱”，敢问天道乎，抑人故也？(周语下)

其中“乎”用在表示选择的问句之中，与后一分句的“也”意义和功能都是相关的。“敢”用于修饰谓词“问”，此时“乎”应理解为现代汉语表示选择疑问的“呢”。

（八）庶（几）/将/抑……乎

为了描写和比较的方便，我们将此类词语归为一种类型，实际上它们之间存在的差别还是比较明显的。“庶（几）”一般用于表示推测；“将”用于表示对未来情况的推测；“抑”在两书中各出现1例，句末有语气词“乎”，表示选择疑问语气。

(60) 于舜之功，二十之一也，庶几免于戾乎！(文公18.7)

(61) 自今无有代其君任患者，有一于此，将为戮乎？(成公 2.3)

(62) 文子使王孙齐私于皋如，曰："子将大灭卫乎？抑纳君而已乎？"(哀公 26.1)

(63) 子何辞苦成叔之邑，欲信让耶，抑知其不可乎？(鲁语上)

(64) 若无然，民将能登天乎？(楚语下)

(65) 亦曰："庶几有益于鲁国乎！"(鲁语下)

在这一类结构中，"庶（几）/将/欲/抑……乎"可以表示一般疑问，如例（61）；可以表示选择问，如例（62）、(63)；有时可以表示一般疑问语气，如例（64）；"庶几……乎"用于表示推测语气，如例（60）、(65)。《左传》中"将……乎"共 17 例，其中包含一些复杂的结构，比如"将"前有主语而且后面的谓语成分比较复杂。有"庶（几）……乎"7 例，"抑……乎"1 例；《国语》中有"庶（几）……乎"5 例，"将……乎"4 例，"抑……乎"1 例。《左传》中以"将……乎"使用频率最高，"庶（几）……乎"次之；而《国语》中整体使用数量不多，其中以"庶（几）……乎"为主，不过优势并不明显。两书中"抑……乎"使用频率很低。

（九）其/岂……乎

这种结构在《左传》《国语》两书所有带语气词"乎"的结构中的使用频率都是最高的，使用数量也具有明显优势。用于表示推测语气，因为"其""岂"常用作语气副词，表示推断，有"恐怕""大概"之义，"乎"用于句末以加强推测的语气。有时可以用来表示反问，"乎"则用以加强反问语气。

(66) 君子曰："善不可失，恶不可长"，其陈桓公之谓乎！(隐公 6.4)

(67) 郤子其或者欲已乱于齐乎。不然，余惧其益之也。(宣公 17.2)

(68) 仲几曰："纵子忘之，山川鬼神其忘诸乎？"(定公 1.1)

(69) 今杀王子，王其以我为怼而怒乎！(周语上)

(70) 此志也，岂遽忘于诸侯之耳乎？(吴语)

(71) 余虽靦然而人面哉，吾犹禽兽也，又安知是諓諓者乎?(越语下)

“其/岂……乎”表示推测语气时，后面的谓语动词多是“亡”“兴”“废”“久”等词语；例(66)中的“其陈桓公之谓乎”是比较具体的形式，有时宾语可以由指示代词“是”来替代，用以指代前面陈述的较长的内容，直接作“其是之谓乎”，《左传》中经常见到，有时候“其”可以省略，比如：何以恤我，我其收之，向戌之谓乎！(襄公27.6)；例(67)中“其”和“或者”都是用来表示推测的副词，句末加“乎”加强推测语气；例(68)用以表示反问，前一分句有让步连词“纵”，增强下一分句反问的意味；例(69)中“其”用在主谓之间，表示推测；例(70)、(71)中的“岂”和“安”都用作疑问副词，在句中表达反问语气，《左传》《国语》中的这一类结构“岂”“安”使用的频率不高，尤其是“安”，它们出现的句子，都是表达反问的语气，可见“其”和“岂”、“安”在使用上存在分工：“其”主要用于表示推测，“岂”“安”主要用于表示反问。不过“其”使用的绝对数量很大，所以“其”表示疑问、反问语气的用例并不一定比“岂”少，这一点上“其”“岂”是相通的。

“其/岂……乎”在《左传》中有215例，其中用作表示推测语气159例，占该类全部用例的74.0%；表示疑问语气32例，所占比例为14.9%；表示反问语气21例，占9.8%；表示祈使语气3例，占1.4%。《国语》中该结构共出现88例，其中用作表示推测语气46例，占该类全部用例52.3%；表示疑问语气29例，占33.0%；表示反问语气13例，占14.8%；未见表示祈使语气的用例。由此可见，《左传》《国语》在“其/岂……乎”结构的使用上还是存在一些明显差别的：《左传》以表示推测语气为常，且占有绝对优势，而《国语》中表示推测语气和表示疑问语气的用例相差不很明显。

二 其他单用的“乎”的比较

除上述用在较为固定的结构中的“乎”之外，《左传》和《国语》中分别还有120例和59例“乎”单用在句中表达各种语气，此外还有“然则……乎”也可以看作固定结构，由于用例较少，此处一并加以分析。

(72) 公曰:"然则莫如和戎乎?"(襄公4.7)

(73) 季平子曰:"然则意如乎!若我往,晋必患我,谁为之贰?"(鲁语下)

(74) 郤至曰:"然则王者多忧乎?"(晋语六)

"然"是代词,是对前文所述情况的认可或肯定;"则"为连词,以引起下文,"然则"作为一个连词组合,表示的是顺承关系,可以理解为"既然这样,那么……"两书中的全部用例都用在对话当中,《左传》中全部6例"然则……乎"都表达疑问语气,见前两例;《国语》全部3个用例中,2例表达疑问语气,如例(74),1例表达推测语气,即例(73),这种语气也是由"乎"来承担的。两书仅表现出这一点不同。

此外,"乎"单用在句末,可以表达多种语气,而这些语气在前文介绍的各种固定的表达形式中均已出现,因为语气词"乎"所表达的不外乎这几种语气。

"乎"用于句末,可以表达祈使、决断语气。《左传》《国语》中各有10例,"乎"出现在对话语境中,表示说话人给对方提出建议、劝谏或要求等,可以理解为"吧"。

(75) 我之求也,此何罪?请杀我乎!(桓公16.5)

(76) 中分而金玦之权,在此行也。孺子勉之乎!(晋语一)

"乎"常见的用法是表达疑问语气,除了上述固定结构中的"乎"之外,散用在一般句法中的"乎"表达疑问语气,《左传》中有62例,《国语》中有35例。如:

(77) 季氏!而弗闻乎?王享有体荐,宴有折俎。公当享,卿当宴。王室之礼也。(宣公16.4)

(78) 司马侯问焉,曰:"子之车尽于此而已乎?"对曰:"此之谓多矣。若能少此,吾何以得见?"(昭公1.8)

(79) 今梦黄熊入于寝门，不知人杀乎，抑厉鬼邪！(晋语八)

(80) 武子曰："燮乎，女亦知吾望尔也乎?"(晋语五)

例（77）中"弗"作否定副词修饰动词"闻"，动词后面没有宾语，《国语》中也有"子弗闻乎"和"女不闻乎"的用例。这种用法的特点在于：先疑问，紧跟在后面的内容便是陈述所问的部分，相当于设问；例（78）"乎"和"而已"连用，语气词连用而所表达的语气各有侧重，"而已"表示陈述语气，"乎"表达疑问语气，两书中都存在"也乎哉"和"乎哉"连用的例句，其所表达的语气同样是各有侧重；例（79）"乎"用在前一分句，与后面的"抑……邪"格式构成选择疑问，"乎"和"邪"位置对应，都用以表达疑问；例（80）中第二个"乎"表达疑问语气，这一例在《左传》中有相应表达："无为吾望尔也乎"。二者表达的语义是一致的，所以表达的疑问语气也是一致的。《国语》中表达疑问语气的"乎"有7例是在选择问句中，《左传》中"乎"表达的都是一般疑问，这是一个比较明显的区别。值得注意的是，《国语》中用于表达选择疑问的"乎"所处的选择问句，既可以两个选择分句句末都用"乎"，也可以前一分句用"乎"而后一分句用"邪"。由此可见，"乎"和"邪"表达疑问语气的作用在一定的情况下是相同的。

"乎"表达反问语气也是比较常见的用法，单用在句末的"乎"表达反问语气在《左传》中有16例，《国语》中有10例。

(81) 子仪在位，十四年矣；而谋召君者，庸非贰乎?(庄公14.2)［"庸"表示反问，相当于"难道"］

(82) 大夫奚隆于越，越曾足以为大虞乎?(吴语)［曾：还、岂、难道。］

"乎"位于句末表达反问语气时，句首往往有相应的词语与之对用，如上两例中的"庸""曾"，此外还有"非""又""而""焉"等词语，这也可算作形式上的一个特点。

"乎"单用在句末可以表达慨叹、感叹的语气。《左传》中有5例，《国语》中有4例。

(83)（夫人姜氏）将行，哭而过市，曰：“天乎！仲为不道，杀嫡立庶。”（文公 18.6）

(84) 吾庸知天之不授晋且以劝楚乎，君与二三臣其戒之！（晋语六）

此外《左传》中还有一些用法比较特殊，有些“乎”可以表示推测语气，有些“乎”出现在歌谣或咏叹调中，如：

(85) 济洹之水，赠我以琼瑰。归乎归乎，琼瑰盈吾怀乎！（成公 17.8）

(86) 恤恤乎，湫乎攸乎！深思而浅谋，迩身而远志，家臣而君图，有人矣哉！（昭公 12.10）

(87) 乡人或歌之曰：“我有圃，生之杞乎！从我者子乎，去我者鄙乎，倍其邻者耻乎！已乎已乎！非吾党之士乎！”（昭公 12.10）

(88) 莱人歌之曰：“景公死乎不与埋，三军之事乎不与谋，师乎师乎，何党之乎？”（哀公 5.3）

上述例句中的“乎”一般都位于句尾，有些表面上看来可以分析为祈使语气，比如例（85）中的“归乎归乎”的“乎”，不过我们发现上述例句中的“乎”前后都是互相对应的，孤立地进行分析，会使原本足意的表达出现割裂，不合文意，所以这种情况还是应当把全句的“乎”看作一个整体来分析。“乎”用在其他成分之后凑足音节以示在句中表达感慨、咏叹、疑问、嘲讽或谩骂等各种语气。此外，还有用于句中的“乎”，如“景公死乎”“三军之事乎”等，“乎”后应当有所停顿。还可用作语气词，相当于“啊”，表达感慨语气，同时提引下文。

第四节 “诸”的比较

“诸”在《左传》中可以作为“之于”或“之乎”的合音词。“诸”作为“之于”合音时，具有介词功能，在介词章中已有分析。此处我们分析“诸”作为代词“之”和语气词“乎”的合音词的用法。

赵大明研究指出《左传》中“诸”用作“之乎”的合音词共出现15次，占“诸”全部用例（904次）的1.7%，占全部合音词用例（283次）的5.3%。《国语》中未见。

《左传》中的“诸”作为“之乎”的合音词可以表达两种语气，一是疑问语气，一是祈使语气。前者又可以分为询问语气、反诘语气和揣度语气，共11例，后者共4例。[①]

用作“之乎”合音词的“诸”在语法位置上都位于句末，其语法功能和所表达的语气跟“乎”几乎完全相同。此处我们主要就合音词“诸”和代词“之”和语气词“乎”连用在一起的情况进行对比和分析。

《左传》和《国语》中都有代词“之”后面紧接语气词“乎”的情况，其中《左传》中有7例，《国语》中有14例，比如：

（1）若不早图，后君噬齐。其及图之乎！（庄公6.3）

（2）我不在盟，无乃逐我？复盟之乎！（哀公26.2）

（3）子洩怒，谓阳虎：“子行之乎？”（定公5.4）

（4）十五年，有神降于莘，王问于内史过，曰：“是何故？固有之乎？”（周语上）

（5）二三大夫其戒之乎！乱本生矣！（晋语一）

（6）若惠于父而远于死，惠于众而利社稷，其可以图之乎？（晋语一）

（7）范蠡对曰：“君王其忘之乎？持盈者与天，定倾者与人，节事者与地。”（越语下）

这些用例中代词“之”之前的谓语动词《左传》中分别是：图、盟、辟、逐、行、党、吐；《国语》中分别是：有、善、救、当、戒、予、闻（2次）、得、勉（2次）、忘、待、图。赵大明举出《左传》中的“诸”用例前的动词有：闻、伐（2次）、先（2次）、备（2次）、为、去、夭、建、亢、盟、速、救。用在代词“之”之前的谓语动词与用在“诸”前的动词几乎没有什么差别，多是及物动词，有些还是重合

① 赵大明：《〈左传〉介词研究》第173～175页，首都师范大学出版社2007年版。

的。"VP"之后紧接语气词"乎"，可以表示多种语气，比如例（1）、（7）表达反诘语气；例（3）、（4）表达询问语气；例（6）表达揣度语气；例（2）、（5）表达祈使语气。这些表达语气的功能与"诸"相同。由此可见，合音词"诸"用于句末时的功能和"乎"是一致的。也就是说《左传》《国语》中的"之乎"和"诸"表达语气的功能是相同的，两者是可以互相替换的。

第五节 "哉"的比较

《左传》中"哉"共有 106 例，其中语气词 105 例，另有一例用作动词，为引《诗》内容[①]；《国语》中"哉"有 32 例，全都用作语气词。根据语气词"哉"前语法成分的性质和"哉"所处的语法位置，可以为《左传》和《国语》中的"哉"进行大致分类。据统计，《左传》中语气词"哉"的分布情况是：出现在动词谓语后共 42 例，用在形容词谓语后 39 例，名词性谓语后 21 例，助动词谓语后 3 例；用在句末 84 例，用于句中 21 例。《国语》中的语气词"哉"分布情况是：用于动词谓语后 17 例，用于形容词谓语后 11 例，名词性谓语后 3 例，助动词谓语后 1 例；用于句末 28 例，用于句中 4 例。

从表 3－8 可以看出：《左传》中的语气词"哉"前的成分以动词谓语和形容词谓语为主，《国语》同样有此特点，相比之下，《国语》中"哉"之前的动词性成分占较为明显的优势；《左传》中"哉"之前的名词性谓语出现的次数也是比较多的，比《国语》中同类用例的占比明显

① 动词用例为"文王所以造周，不是过也。故诗曰'陈锡哉周'，能施也。率是道也，其何不济？"（宣公 15.6）此例杨伯峻注："《诗》见《大雅·文王》。《周语上》云：《大雅》曰：'陈锡载周'，是不布利而惧难乎？故能载周以至于今。'哉'作'载'，古字通用。哉、载俱创始之义，毛传亦以'造周'解'哉周'，皆与《晋语》引诗意合。"见《春秋左传注》第 765 页，中华书局 1981 年版。《诗经注析》云："哉，三家诗作'载'，通'在'。'陈锡哉周'即'陈锡于周'。朱熹《诗集传》：'令闻不已，是以上帝敷赐于周。'"见程俊英、蒋见元《诗经注析》第 747 页，中华书局 1991 年版。另外《国语·周语上》有云："《大雅》曰：'陈锡载周。'是不布利而惧难乎？故能载周，以至于今，今王学专利，其可乎？"朱熹认为"哉"相当于"于"，我们认为在《诗经》时期，"在"用作动词，到了《左传》《国语》时期逐渐出现虚化的倾向，但一般还是用作动词。

要高；“哉”之前的助动词谓语成分在两书中都比较少见，所占比重相当接近，都为非常见用法。在“哉”的语法位置方面，《左传》和《国语》中的“哉”都以用在句末为主，用在句中所占比重较小。根据上述分类对两书中的语气词“哉”进行分析和比较。

表3－8　《左传》《国语》语气词“哉”分布情况统计对比

		《左传》	《国语》	总计
前项成分的语法性质	动词谓语后	42（40%）	17（53.1%）	59（43.1%）
	形容词谓语后	39（37.1%）	11（34.4%）	50（36.5%）
	名词性谓语后	21（20%）	3（9.4%）	24（17.5%）
	助动词谓语后	3（2.9%）	1（3.1%）	4（2.9%）
合计		105（100%）	32（100%）	137（100%）
语法位置	位于句末	84（80%）	28（87.5%）	112（81.8%）
	位于句中	21（20%）	4（12.5%）	25（18.2%）
合计		105（100%）	32（100%）	137（100%）

一　用于疑问句、反问句句末，表示疑问、反问语气

《左传》中有15例，《国语》中有7例。

(1) 我实不德，而要人以盟，岂礼也哉？（襄公9.5）

(2) 费曰：“我奚御哉？”袒而示之背。（庄公8.3）

(3) 将可乎哉？殆必不可。（襄公25.15）

(4) 晏子立于崔氏之门外，其人曰：“死乎？”曰：“独吾君也乎哉，吾死也？”（襄公25.2）

(5) 然公子重耳实不肯，吾又奚言哉？（晋语三）

(6) 文子曰：“我王者也乎哉？”（晋语六）

《左传》中此类15个用例中有11个例句中的疑问、反问语气是由疑问代词“奚”“何”“谁”，疑问副词“岂”“而”[①] 或敬辞“敢”来承

① 例：“善败由己，而由人乎哉？”（僖公20.4）其中“而”为表示反问的疑问副词，相当于“岂”。

担，“哉”用于句末，用以加强疑问语气，相当于“吗”“呢”等。有些用例中“也哉”连用，如例（1），其中“哉”前成分为名词性谓语“礼”，“也”主要用来表示判断语气，由“哉”来表达疑问语气，另外1例是“乎哉”连用，如例（3），而且“哉”前成分由助动词“可”充当谓语；另外两例是“也乎哉”连用，如例（4）。不过两例中的“也”当属前，表示一种判断语气，“乎”是疑问语气的最核心承担者，“哉”用于句末仍是加强疑问语气。《国语》7个例句中，由疑问副词或疑问代词承担疑问、反问语气的有5例，其中4例用疑问副词“岂”，1例用疑问代词“奚”，如例（5），比《左传》的形式略显单调；另外还有1例为“也乎哉”连用，如例（6），1例为“乎哉”连用，由“乎”和“哉”共同表示疑问、反问语气，其中又以“乎”表疑问为主。

二　用于谓词性成分之后或居于句首，表示感叹语气

《左传》中有34例，《国语》中有9例。

（7）思深哉！其有陶唐氏之遗民乎！（襄公29.13）

（8）德至矣哉，大矣！如天之无不帱也，如地之无不载也。（襄公29.13）

（9）异哉！吾闻之曰：“一姓不再兴。”今周其兴乎！（周语下）

（10）美哉！昔吾逮事庄主，华则荣矣，实之不知，请务实乎。（晋语六）

（11）包胥曰：“善哉，蔑以加焉，然犹未可以战也。”（吴语）

《左传》此类用法中，“哉”前面的成分以形容词谓语为主，共29例，出现的形容词有：善、美、异、尚、深等；前面还可以是动词谓语，3例，比如例（8）；相较而言，《国语》中的形容词谓语形式较为单调，全都为善、美、异。例（11）的前文有三个“矣”字用在让步从句之中，后面“也”用以表示总结，有转折意味，此处用“哉”表感叹的同时，仍有让步的意味。

三　用于句末，表示感叹、肯定语气

《左传》中有37例，《国语》中有11例。

(12) 德之不建，民之无援，哀哉！(文公5.4)

(13) 余嘉乃成世，复尔禄次。敬之哉！方天之休。弗敬弗休，悔其可追？(哀公16.2)

(14)《诗》曰“人而无礼，胡不遄死？”涉佗亦遄矣哉！(定公10.4)

(15) 赵孟敬哉！夫不忘恭敬，社稷之镇也。(晋语五)

(16) 余虽靦然而人面哉，吾犹禽兽也，又安知是谍谍者乎？(越语下)

此类表达感慨、肯定语气的“哉”前面既可以是简单的动词或形容词谓语，如例（12）、(14)；也可以是动宾结构，比如例（13）；可以是主谓结构，比如例（15）、(16)。例（14）中“矣哉”连用，其用法与“也哉”的用法相近，应该判定为“也”“矣”属前读，有表示判断和提顿作用的“哉”用在句末表达慨叹语气；而例（16）中表达一般的陈述语气，有让步意味，不过这种让步主要由“虽”来承担，“哉”实际上是对让步情况的一种肯定陈述。

四 用在谓词性成分之后或居于句首，表示强调语气

《左传》中有9例，其中1例引用《诗经》；《国语》中2例。

(17) 师服曰：“异哉君之名子也！”(桓公2.8)

(18) 公叹曰：“美哉室！其谁有此乎？”(昭公26.11)

(19) 展禽曰：“越哉，臧孙之为政也！”(鲁语上)

这类结构中“哉”跟在名词性谓语、动词谓语之后，整体用作状语，用在所修饰的谓语中心之前。例（18）中的“美哉”在句中充当定语，修饰中心语“室”，所以这种用例不限于状语。我们可以将这种情况归纳为：谓语中心成分前置。有很明显的强调意味。《左传》中此类用例除1例出自桓公外，其余都出自昭公部分。

五 用于句末，表示推测语气

《左传》中有10例，《国语》中有3例。

(20) 楚国若有大事，子其危哉！知者除谗以自安也。(昭公27.6)

(21) 民，天之生也。知天，必知民矣。是其言可以惧哉！(楚语上)

其中《左传》此类用法中前面全都有推测语气副词“其”，我们认为这种句子所表达的推测语气实际上跟副词“其”是密切相关的，“哉”用于句末以加强推测语气。《国语》中此类用法共3例，其中2例也有推测语气副词“其”，与《左传》一致。另例(21)中推测语气是由“可以”来承担的，其用法和功能与“其”没有差别。

从上面的分析和比较可以看出：《左传》和《国语》中的语气词“哉”，在各类使用形式上都有相应的用例，只是《国语》中的用例数量不如《左传》中的多；另外，“哉”之前的谓语成分方面，两书都以动词谓语、形容词谓语为主，在谓语形式的多样性方面《左传》比《国语》要丰富；在句法位置方面，“哉”都以用在句末为主；在语气词连用方面，两书都有“矣哉”、“也哉”和“也乎哉”连用的用例。可见，语气词“哉”的使用在两书中大致是趋同的，详见表3-9。

表3-9 《左传》《国语》“哉”表示各类语气见次对比

	《左传》	《国语》	总计
用于问句句末，表示疑问、反问语气	15 (14.3%)	7 (21.9%)	22 (16.1%)
用于句首或谓词成分之后，表示感叹语气	34 (32.4%)	9 (28.1%)	43 (31.4%)
用于句末，表示感叹、肯定语气	37 (35.2%)	11 (34.4%)	48 (35.0%)
用于句首或谓词成分之后，表示强调语气	9 (8.6%)	2 (6.3%)	11 (8.0%)
用于句末，表示推测语气	10 (9.5%)	3 (9.4%)	13 (9.5%)
总计	105 (100%)	32 (100%)	137 (100%)

从表3-9可以看出：在不同的语法位置上，“哉”表达的不同语气在两书中所占的比重相差无几：都以表示感叹、肯定语气为主，其次是表达疑问、反问语气和推测语气，表达强调语气最少。由这些统计可见，两书中“哉”在使用上具有一致性。

第六节 “者”的比较

《左传》中“者”用作语气词共 91 例，占全部“者”字用例的 16.1%；《国语》中“者”用作语气词共 41 例，占全部“者”字用例的 8.7%。《左传》中“者”用作语气词的比重更高一些。

何乐士对《左传》中的“者”的语气词用法已有研究，她指出：“语气词‘者’的特点是：它用于名词或名词性结构之后，或复句的偏句之末，或全句之末，它不改变原来结构的性质，只起语气作用。”① 本书采纳何文的研究思路：根据“者”在句中出现的位置对其用法进行分类，然后分析和总结各位置上“者”的用法特点，从而就两书中的相关内容进行比较。

一 用在主语或宾语之后的“者”

（一）“者”用在作主语的名词或名词短语之后

《左传》中有 47 例，《国语》中有 28 例。

1. 〔名者，名谓也〕

该形式为古汉语标准的判断句式，如：

（1）夫义者，利之足也；贪者，怨之本也。（晋语二）

（2）夫边境者，国之尾也。（楚语上）

（3）则夫二人者，鲁国社稷之臣也。（成公 16.11）

2. 〔名者，动谓（也）〕

（4）夫君人者，其威大矣。失威而至于杀，其过多矣。（鲁语上）

（5）是六德者，皆有其华而不实者也，将焉用之。（楚语下）

（6）臧文仲其不仁者三，不知者三。（文公 2.5）

---

① 见何乐士《〈左传〉的“者”》，载《〈左传〉虚词研究》（修订本）第 215 ~ 225 页，商务印书馆 2004 年版。

《国语》《左传》中"动谓"不仅动词可以充当，形容词也可以充当谓语核心，比如例（4）；《左传》中还有用数词充当谓语的用例，如例（6），《国语》中未见。

3.〔所谓……者，谓语·（语气词）〕

（7）周书所谓重、黎寔使天地不通者，何也?（楚语下）

（8）谚所谓"辅车相依，唇亡齿寒"者，其虞、虢之谓也。（僖公5.8）

这一种用法中的"者"前的主语一般都是引用的内容。《国语》的全部3个用例中的谓语都表示提问，而《左传》用例的谓语是对主语含义的判断或解释。谓语之后的语气词，《左传》中还有"乎"，《国语》中只用"也"。

4.〔所以……者，谓语（语气词）〕

（9）昔者君王辱于会稽，臣所以不死者，为此事也。（越语下）

（10）唯是春秋窀穸之事、所以从先君于祢庙者，请为"灵"若"厉"。（襄公13.4）

《国语》中此类格式仅此一例，"所以……者"用作主语，谓语是对原因的陈述，《左传》中有同样的用例。不过《左传》中"所以……者"用法较为复杂，不仅可以用作主语，有时还可以用作主语的同位语，如例（10）。何乐士指明了用作主语和用作主语同位语两种成分之间的差别：一是语法位置有别，前者用于句首，后者用在主语之后是对主语的说明或解释；二是格式中"以"的用法有别：前者"以"表示原因，后者"以"表示"用来"。[①] 这种用例在《国语》中未见。

① 见何乐士《〈左传〉的"者"》，载《〈左传〉虚词研究》（修订本）第217页，商务印书馆2004年版。

5. “也者”连用

(11) 类也者，不忝前哲之谓也。壶也者，广裕民人之谓也。万年也者，令闻不忘之谓也。胤也者，子孙蕃育之谓也。(周语下)

(12) 夫美也者，上下、内外、小大、远近皆无害焉，故曰美。(楚语上)

“也”和“者”连用在主语之后，起加强语气和提起下文的作用。这在两书中没有什么差别。

除上述五种用法之外，《左传》中的“者”还具备以下用法。

6. 〔名者，所以……也〕

(13) 此二物者，所以惩肆而去贪也。(昭公 31.5)

谓语“所以……也”是对主语作用的说明。

7. 〔名者，……之谓（矣)〕

(14) 此三志者，晋之谓矣。(僖公 28.3)

(二)“者”用在名词后，作施事主语

《左传》中仅 1 例，《国语》中未见。

(15) 夫三子者曰：“若绝君好，宁归死焉。”(宣公 17.1)

(三)“者”用在作宾语的名词或名词短语之后

《左传》中 4 例，《国语》中未见。

(16) 请神择于五人者，使主社稷。(昭公 13.2)

通过上面的比较可以看出：《左传》中此类位置上的“者”可以用

在作主语的名词或名词短语之后（47 例），也可以用在名词后作施事主语（1 例），也可以用在作宾语的名词或名词短语之后（4 例）。相比而言，《国语》中同类用法的“者”用法特点单一，只能用在作主语的名词或名词短语之后。《左传》中后两种用法用例很少，不过特点鲜明，这是两书的一个区别。

在用作主语的名词或名词短语之后的用法中，两书也有一些不同：首先，《国语》中的用法不如《左传》丰富，没有后两种用法；其次，在一些用法中，用于句末的语气词相对单一，只有“也”，而《左传》中还有其他语气词；最后，《国语》中的“所以……者”用法也不如《左传》多变。除这些细微差别外，其他用法在两书中都是一致的。

二　用在复句中的从句之末的“者”

《左传》中有 34 例，《国语》中有 13 例。

1. 〔主·之·谓·者，……〕

(17) 楚国之能平均以复先王之业者，夫子也。（楚语下）

(18) 先大夫之覆师徒者，君不在。子无以为过，不穀之罪也。（成公 16.5）

《左传》中 3 例，《国语》中 2 例。通过两书中的用例可以看出此类用法中“者”所在的分句都表示结果，后一分句用以表示原因，两书没有差别。

2. 〔所（而、有）……者；……〕

这类用法中的“所”“而”都用以表示假设，多用在誓词当中。《国语》中仅有 1 例：

(19) 公子曰：“所不与舅氏同心者，有如河水。”（晋语四）

(20) 将盟，齐人加于载书曰：“齐师出竟而不以甲车三百乘从我者，有如此盟！”孔丘使兹无还揖对，曰：“而不反我汶阳之田，吾以共命者，亦如之！”（定公 10.2）

《左传》中“所……者”共有9例，可见前文“所”的假设连词用法，其中有1例与《国语》的例（19）所载完全一致。可见其中的一致性。《左传》的表现形式多样，还可以用“而”来表示假设，如例（20）。

3. 用在其他偏句之末的“者”

有些可以用在因果复句的偏句句末，引出原因。

（21）古之明王不失此三德者，故能光有天下，而和宁百姓，令闻不忘。（周语中）

有些可以用在假设复句的偏句句末，引出结果：

（22）不杀此二子者，忧必及君。（晋语六）

用在这些复句的偏句之末，在《左传》中都有相应用例，在这一点上，两书有较大一致性。

《左传》中的“者”在分句中还可以与部分副词或动词配合，形成〔（副）动宾·者〕句式，这是一种比较特殊的用法，共出现13例，比如“伪……者”“见……者”“有……者”等。[①] 通过检索我们发现《国语》中没有此类用法的“者”，由此可以推断这一用法是《左传》的特有用法，能体现《左传》的语言特点。

三 用在全句之末的“者”

《左传》中分为两种情况：一是与疑问代词配合，用在反问句或疑问句之末；一是“者也”连用在句末。《国语》中只有第二种用法。

（23）卢蒲姜告之，且止之，弗听，曰：“谁敢者？”遂如公。（襄公28.9）

---

① 见何乐士《〈左传〉的“者”》，载《〈左传〉虚词研究》（修订本）第222~224页，商务印书馆2004年版。

《国语》中没有出现“者”同疑问代词配合使用的用例，这一点是两书的一个差别。

(24) 龟、珠、角、齿、皮、革、羽、毛，所以备赋，以戒不虞者也。(楚语下)

(25) 夫子有三军之惧，而又有桑中之喜，宜将窃妻以逃者也。(成公2.6)

《左传》中此类用法的“者”有3例，何乐士指出不仅名词词组之后的“者也”是语气词连用，动词词组之后的“者也”也是语气词连用，比如例（25），《左传》中3例全部都是动词词组之后的“者也”连用。《国语》中有4例，其中3例都是名词词组之后的“者也”连用，只有1例是动词词组之后的连用，如例（24）。在这种用法上，两书是一致的。

通过以上的分析和比较可以看出：《左传》中的语气词“者”用法富有变化，表现形式多样，用法灵活。而《国语》中的“者”用法、功能相对简单，少有变化。不过从多数用法来看，两书中的语气词“者”只有细微差异。

第七节 “夫”的比较

《左传》中“夫”用于句末，表示感叹、推测语气，共30例，其中句末语气词“也”“夫”连用21例，“矣”“夫”连用1例；《国语》中语气词“夫”也都用于句末，共8例，其中“也”“夫”连用4例，未见“矣夫”连用例。

(1) 宋宣公可谓知人矣。立穆公，其子飨之，命以义夫！(隐公3.5)

(2) 文子曰：“无礼，必食言，吾死无日矣夫！”(成公12.4)［国人皆喜，唯子良忧曰：“是国之灾也，吾死无日矣。”(宣公9.8)］

(3) 吾闻之，“禹称善人，不善人远”，此之谓也夫。(宣公16.1)

(4) 郤伯见，公曰："子之力也夫!"(成公2.7)

(5) 乌呼！天祸卫国也夫！(成公14.5)

(6) 君子曰：莒展之不立，弃人也夫！(昭公1.11)

(7) 女知莫若妇，男知莫若夫。公父氏之妇智也夫！(鲁语下)

(8) 郤献子见，公曰："子之力也夫!"(晋语五)

(9) 雀入于海为蛤，雉入于淮为蜃。鼋鼍鱼鳖，莫不能化，唯人不能。哀夫！(晋语九)

(10) 智襄子为室美，士茁夕焉。智伯曰："室美夫!"(晋语九)

从上述例句可以看出，语气词"夫"位于句末，前面可以是动词性结构，如例(1)、(6)；可以是主谓结构，比如例(2)、(5)、(10)；可以是偏正结构，如例(4)、(8)；可以是形容词谓语，如例(7)、(9)。例(3)中为宾语前置结构，"之"字用于宾语和动词之间，是起提宾作用的结构助词。例(2)为"矣夫"连用，这种用法同后面所引例句的"吾死无日矣"语义是一致的，由此可见这类句式表达语气的作用是由"矣"来承担的："矣"在句末用以提出新情况，"夫"在句末表示推测，同时也带有感叹的语气，二者连用之后，表达将要出现的新情况。例(4)和例(8)是异文，"也"和"夫"作为语气词连用，"也"在句中用以表示判断或确定的语气，上述有些例句中的判断或确定语气很明显，这是"也"作为语气词的最常见的语法功能，"夫"则用来表达推测和感叹的语气，二者连用之后用于表达肯定的推测或估计，同时"夫"还带有感叹的意味。《左传》《国语》中的语气词"夫"只存在使用数量的差别，在语法位置、语法功能等方面没有差别；句末语气词"也夫"的功能和语气意义在两书中也是没有差别的。

第八节 "已""而已"的比较

一 "已"的比较

"已"用作语气词，常用于陈述句末，表达肯定的语气，表示对所陈述的事实确信不疑，而所陈述的事实则可以分为肯定的事实和否定的事实，相当于现代汉语的“了”。《左传》中有 26 例，《国语》中有 6 例。

（一）表达肯定语气的“已”

《左传》和《国语》中分别有 9 例和 3 例。

（1）去富子，则群公子可谋也已。（庄公 23.2）

（2）仲尼曰：“能补过者，君子也。《诗》曰‘君子是则是效’，孟僖子可则效已矣。”（昭公 7.12）

（3）夫先自败也已，安能败我？（哀公 1.6）

（4）夫差先自败也已，焉能败人。（楚语下）

（5）今子闻而弃之，犹蒙耳也。吾语子何益，吾知逃也已。（楚语下）

（6）王姑勿许，其事将易冀已。（越语下）

此类用法的“已”在两书中出现 12 例，其中“已”与语气词“也”连用共 10 例，全部为“也已”形式，在表示肯定的同时包含判断的意味；另有 1 例即例（2）为“已矣”连用，仅例（6）单用“已”字。都用来表示肯定语气，语气词连用可以加强肯定语气。

例（3）和例（4）为异文，不同点在于：例（3）省略主语，例（4）有主语“夫差”；疑问副词不同，例（3）用“安”，例（4）用“焉”，两个疑问副词功能和意义都是相通的。

（二）用于否定式陈述

《左传》和《国语》中此类用法的“已”分别有 17 例和 3 例。

（7）古人有言曰：“知臣莫若君”，弗可改也已。（僖公 7.2）

（8）夫以强取，不义而克，必以为道。道以淫虐，弗可久已矣。（昭公 1.3）

（9）奉初以还，不忍后命，故遣之。既而悔之，亦无及已。（昭公 20.2）

(10) 若事幸而从我，我遂践其地，其至者亦将不能之会也已，吾用御儿临之。(吴语)

(11) 此其利也，不可失也已，君必灭之。失此利也，虽悔之，必无及已。(越语上)

《左传》17例用在否定陈述句中的“已”，表示否定的词语包括：弗(8例)、无(3例)、莫(2例)和不(4例)；而《国语》中用于否定陈述的“已”仅3例，否定词分别为：不(2例)、无(1例)。可见，“已”所在的表示否定陈述的句子中，《国语》表达否定的手段不及《左传》丰富。

两书用于否定陈述的“已”共20例，其中句末“也已”连用者共14例，另有1例“已矣”连用，如例(8)，《国语》中没有“已矣”连用的用例，无论肯定陈述还是否定陈述都是如此；其余5例为单用“已”的例句，如例(9)中的“亦无及已”和例(11)中的“必无及已”，这两例形式几乎相同，表达的语义也相同。

由此可见，语气词“已”在《左传》《国语》中的使用数量上存在较大的差别，不过在使用特点、表达的语气、表示否定的基本形式以及语气词连用等诸多方面，没有实质性差别。

二 “而已”的比较

“而已”是连词“而”和动词“已”的组合，逐步演化成词。一般位于陈述句句末，表示限止范围的语气，《左传》中有41例，《国语》中有18例，如：

(1) 其母曰：“人尽夫也，父一而已，胡可比也?”(桓公15.2)

(2) 其如此而已。虽伯宗，若之何?(成公5.4)

(3) 子之佐十一人，其不欲战者，三人而已。(成公6.11)

(4) 大适小，则为坛；小适大，苟舍而已，焉用坛?(襄公28.8)［苟，随便、随意；舍，搭置帐篷］

(5) 陈书曰：“此行也，吾闻鼓而已，不闻金矣。”(哀公11.3)

(6) 内官不过九御，外官不过九品，足以供给神祇而已，岂敢

耽纵其耳目心腹以乱百度？（周语中）

（7）夫卫君殆无罪矣。刑五而已，无有隐者，隐乃讳也。（鲁语上）

（8）虽骊之乱，其罹咎而已，其何能服？（晋语一）

（9）死吾君而杀其孤，吾有死而已，吾蔑从之矣！（晋语二）

（10）谿闻古之伐国者，服之而已。今已服矣，又何求焉。（越语上）

何乐士认为："而已""表示范围有限"。[①] 这种看法实际上就是指"而已"表示限止和范围的语气，分析上述例句，"而已"之前所陈述的事实，总体上来说还处在说话人能够承受的范围之内，或者是对事实的一种最大限度的容忍，相当于现代汉语的"罢了"。从以上例句可以看出："而已"之前的成分可以是数词充当谓语，如例（1）和例（7）；可以是"代词（其）+动宾"结构，如例（2）、（8）；可以是动词或动词结构，如例（4）、（6）、（10）；可以是主谓结构，如例（5）、（9）。其中前面以动词或动词性结构为主，非谓词性成分需转化为谓词性成分才能用于"而已"之前，比如例（3）中的"三人"，理解时还需加入相关动词成分，比如"只有"等，才能准确地理解句意。

可见《左传》《国语》中的"而已"在使用数量上存在一定差别，不过用法特点是一致的，没有实质性差别，且"而已"前面的多种成分在两书中均有用例。

三 "而已"与"乎""矣"的连用

《左传》中有2例"而已乎"，用于句末表示疑问语气，我们认为这种疑问语气主要是由疑问语气词"乎"字来承担，《国语》中未见"而已"和疑问语气词"乎"连用的例子；《国语》中有2例"而已矣"，用于陈述句句末，表示"事情达到一定的范围就行了"[②]，实际上是"而

① 何乐士：《〈左传〉的连词"而"》，见《〈左传〉虚词研究》（修订本）第476页，商务印书馆2004年版。

② 洪成玉编著、张寿康校阅《古汉语复音虚词和固定结构》第22页，浙江人民出版社1983年版。

已”和陈述语气词“矣”的连用，《左传》中未见“而已”和“矣”连用的例子。如：

(11) 司马侯问焉，曰：“子之车尽于此而已乎?”(昭公1.8)

(12) 衣躬之偏，握兵之要，在此行也，勉之而已矣。(晋语一)

第九节　用例较少的语气词的比较

一　“邪”的比较

《左传》《国语》都有语气词“邪”，用例较少，两书共5例。如：

(1) 不知天之弃鲁邪，抑鲁君有罪于鬼神故及此也?[①] (昭公26.4)

(2) 床笫之不安邪? 抑骊姬之不存侧邪? (晋语一)

(3) 今梦黄熊入于寝门，不知人杀乎，抑厉鬼邪! (晋语八)

(4) 道固然乎，妄其欺不榖邪? (越语下)

(5) 今周室少卑，晋实继之，其或者未举夏郊邪? (晋语八)

语气词“邪”一般用于选择问句句末，表示疑问语气，大致相当于现代汉语的“呢”。例(1)中的“邪”用于选择问句的前一问句，相当于“呢”，后一分句有选择连词“抑”、句末有疑问语气词“也”相呼应，“也”的用法同“邪”，例(2)句末即为“邪”。例(2)的两个分句都由“邪”结尾，表示选择的意味比较强烈；通过例句可以看出，“邪”用作语气词时常与选择连词“抑”相应，如例(2)和

① 例中“邪”从阮元《十三经注疏》校勘记和杨伯峻《春秋左传注》。十三经注疏本作“不知天之弃鲁耶”，阮元《校勘记》：“石经、宋本、淳熙本、小字宋本、足利本‘耶’作‘邪’，是也。”见阮元校刻《十三经注疏》(清嘉庆刊本)第4603页，中华书局2009年版。杨伯峻注：“也作邪用”，见《春秋左传注》第1471页，中华书局1981年版。

例（3），例（4）中的“妄其”，据王引之说，用法和意义相当于选择连词“抑”[①]，意为“还是”，这是“邪”使用中的明显特点。例（5）中“邪”用于表示推测的问句中，前面有推测语气副词“其或者”与之相应，用于表示委婉的提出意见，相当于现代汉语的“吧”。

二 “与”的比较

“与”在《左传》和《国语》中都可用作语气词。语气词“与”以及经常位于句末的语气词“欤”语法功能和意义相同，都用于表达疑问语气。《马氏文通》指出：“‘与’字以助设问，以助拟议者其常，而以助咏叹，则不若‘哉’字。惟以其音之纡徐，故凡所助者，不若‘乎’字之可以质言也。”[②]“与”和“欤”的不同点在于：前者语法位置一般位于句中，后者常出现在句末。位于句中的“与”，《马氏文通》认为是一种倒装：“至若‘与’助一二字置于句中，一如‘惜乎’‘大哉’之式。”[③]

《左传》和《国语》中全部12例语气词“与”用例如下：

（1）夫有大功而无贵仕，其人能靖者与有几？[④]（僖公23.3）

（2）裨谌曰：“是盟也，其与几何？”[⑤]（襄公29.17）

（3）赵孟将死矣。主民，翫岁而愒日，其与几何？（昭公1.8）

（4）对曰：“其与几何！无礼而好陵人，怙富而卑其上，弗能久矣。”（昭公1.12）

（5）火出而见，今兹火出而章，必火入而伏，其居火也久矣，

---

① 王引之《经传释词》卷十“无毋亡忘妄”条：“无，转语词也；字或作‘亡’，或作‘忘’，或作‘妄’，或言‘亡其’，或言‘意亡’，或言‘亡意亦’，或言‘将妄’，其义一也。”《经传释词》引此例，并注解：“妄与亡同，当读‘宁爵无刁’之‘无’。郑注《儒行》曰：‘“妄”之言“无”也。’”见王引之撰，黄侃、杨树达批《经传释词》第235页，岳麓书社1985年版。

② 马建忠：《马氏文通》“虚字卷之九”，第372～375页，商务印书馆1983年版。

③ 马建忠：《马氏文通》“虚字卷之九”，第372～375页，商务印书馆1983年版。

④ 杨伯峻注：“与同欤，谓其人能靖者有几欤。……《马氏文通》谓‘与’本在句末，倒在前，是也。”见《春秋左传注》第402页，中华书局1981年版。

⑤ 杨伯峻注：“（其与几何）即‘其几何与’之变句”。见《春秋左传注》第1168页，中华书局1981年版。

其与不然乎?[①]（昭公17.5）

（6）若壅其口，其与能几何?（周语上）

（7）余一人其流辟旅于裔土，何辞之有与?[②]（周语中）

（8）虽谓之挟，而猾以齿牙，口弗堪也，其与几何?（晋语一）

（9）亡人苟入扫宗庙，定社稷，亡人何国之与有?（晋语二）

（10）郤子勇而不知礼，矜其伐而耻国君，其与几何!（晋语五）

（11）民生于地上，寓也，其与几何?（吴语）

（12）诸臣之委室而徒退者，将与几人?[③]（晋语六）

我们分析两书中语气词“与”的全部12个用例，其中“其与几何”6例，都可以转化为“其几何与”的形式，另有变式“其与能几何”1例，中间有助动词“能”，可以理解为“其与能（有）几何”。以上形式共7例，占全部用例的58%，此外还有例（1）中的“其人能靖者与有几”，与“其与几何”关系非常密切，“人能靖者”可以理解为“人之能靖者”，是指整体中的一部分，作为一个修饰语用在句中，该结构简略下来可以看作“其与有几”，这就跟“其与几何”相差无几了；另外“何·NP·之·有与/与有”结构2例，其中“与”的位置可在动词之后，如例（7）；也可在动词之前，如例（9），两相对照，则置于句中的“何国之与有”可以转化为“何国之有与”，两个例句的结构就完全一致了；例（12）“将与几人”和例（5）中“其与不然乎”中“与”都位于句中，可将其转化为置于句末的句式，即“将（有）几人与”“其不然乎与”，表示疑问语气。而且例（5）中“乎”“与”连用，加

① 杨伯峻注：“其作岂用，与作句中助词，无义。”见《春秋左传注》第1391页，中华书局1981年版。

② 韦昭注：“言将放辟于荒裔，何复陈辞之有也。”见上海师范大学古籍整理研究所校点《国语》第56页，上海古籍出版社1978年版。

③ 韦昭注：“与，辞也。几人，言必多。”见上海师范大学古籍整理研究所校点《国语》第419页，上海古籍出版社1978年版。汪远孙《国语发正》卷一二：“言委室徒退而不作乱者能有几人？内传僖二十三年：‘吾以靖国也。夫有大功而无贵仕，其人能靖者与有几?’语义亦与此同。”徐元诰：“将与几人，犹言将有几人欤。与即欤字。”见徐元诰《国语集解》第394页，中华书局2002年版。

强疑问语气。

上述12例语气词“与”，用于句末的只有例（7），出现在《国语》中。可见该时期的语气词“与”位置相对灵活，一般居于句中位置，在理解时仍将其置于句末，有些可以表示稍微强烈的反诘语气，如例(4)、(7)、(9)；其他诸例均表示轻微的疑问语气。除了《国语》的“与”偶尔可以用于句末之外，在语法功能和意义上，两书的语气词“与”没有差别。

三　“兮”的比较

“兮”是一个比较古老的语气词，在早期文献诸如《诗经》中常见，用于句中或句末，起停顿的作用，在舒缓语气的同时可以抒发感情。《左传》中语气词“兮”有2例，《国语》中有9例，分别是：

（1）吴申叔仪乞粮于公孙有山氏，曰：“佩玉繠兮，余无所系之；旨酒一盛兮，余与褐之父睨之。”(哀公13.4)

（2）贞为不听，信为不诚。国斯无刑，偷居幸生。不更厥贞，大命其倾。威兮怀兮，各聚尔有，以待所归兮。猗兮违兮，心之哀兮。岁之二七，其靡有征兮。若狄公子，吾是之依兮。镇抚国家，为王妃兮。(晋语三)

例（1）中据杨伯峻注：“繠，下垂貌”“盛，即盛器，一盛犹一杯”。两例“兮”都用于分句句末，表示停顿以舒缓语气，表达无奈的心情，“兮”相当于“啊”。例（2）所引是晋惠公改葬共世子申生时国人的“诵”，也就是国人编成的一段韵语、唱词。“兮”用于表达晋国民众对申生、惠公的不满，表达对狄公子重耳的热切期待，相当于“啊”。两书中“兮”的语气词用法完全相同。

四　仅见于《左传》的“只”

“只”用作语气词，在《左传》中仅出现1例，另有引《诗》4例；《国语》中未见。即：

(1) 诸侯归晋之德只，非归其尸盟也。[①] (襄公 27.4)

此例，杜预注：“只，辞。”王引之认为“只”相当于“耳”[②]，用作句末语气词。细查此例，前一分句的“只”和后一分句的“也”都位于句末，表达陈述语气，可见“只”的用法相当于“也”。

《国语》未见“只”语气词用例，不过有“咫”字，如：

(2) 文公学读书于臼季，三日，曰：“吾不能行也咫，闻则多矣。”(晋语四)

(3) 王曰：“是知天咫，安知民则？是言诞也。”(楚语上)

《国语》共有“咫”5例。此处两例，用法比较特殊，其余三例全都用于表示长度单位义。我们认为王引之对例（3）的看法是正确的，而对例（2）的看法有待商榷。例（2）各本均作“吾不能行也咫”，而王引之的意见是没有“也”字，“咫”字在句中用作语气词，相当于“也”。我们认为韦昭注“咫，咫尺间”的用意在于表示“少”的概念，与下文的“闻则多矣”之“多”相对照，重点在于强调“咫”和“多”的关系，所以中间有“也”表示提顿，“咫”用作核心谓词性成分，与后一分句的核心谓词成分“多”正好对应。例（3）与例（2）的不同点也正在于此：例（3）用反问的形式不是为了突出谓语动词“知”，而是为了强调宾语“天”和“民则”，“咫”相当于语气词“也”，表示判断的同时有不满和失望的感情，意思是“这个人也就仅知道天罢了，哪里

① 杨伯峻注：“之，语末助词，无义。”见《春秋左传注》第1133页，中华书局1981年版。

② “只，词之‘耳’也。”下举此例云：“非归其尸盟也。‘只’犹‘耳’也。《晋语》曰：‘文公学读书于臼季，三日，曰：“吾不能行咫，闻则多矣。”’‘咫’，与‘只’同。言吾不但能行耳，所闻则以多矣。韦注：‘咫，咫尺间’，失之。又案：今本‘不能行’下有‘也’字，后人妄加之也。行下有‘也’字，则咫字当下属为句。韦解‘咫’字，亦当在句末矣。今注在‘咫’字下，故知‘咫’字上属为句，而行本无‘也’字也。今删去‘也’字。”“《楚语》曰：‘是知天咫，安知民则。’‘咫’，亦与‘只’同。韦注：‘咫，言少也。此言少知天道耳，何知治民之法？’失之。”见《经传释词》（黄侃、杨树达批本）第204～205页，岳麓书社1985年版。张以仁并同此说，说可见张以仁《国语虚词集释》第138～139页，“中央研究院”《历史语言研究所专刊》之五十五，台湾商务印书馆1968年版。

懂治民的办法?”所以“偲”理解为语气词，比韦注理解为“少”更贴合文意。

五　仅见于《国语》的“耶”

《左传》中未见“耶”语气词用例，《国语》中有4例，如：

(1) 鲍国谓之曰：“子何辞苦成叔之邑，欲信让耶，抑知其不可乎?”(鲁语上)

(2) 其母叹曰：“鲁其亡乎！使僮子备官而未之闻耶?”[①] (鲁语下)

(3) 王曰：“夫子期之二子耶? 吾知之矣。或礼于君，或礼于父，均之，不亦可乎!”(楚语下)

(4) 范蠡谏曰：“孰使我蚤朝而晏罢者，非吴乎? 与我争三江、五湖之利者，非吴耶?”(越语下)

“耶”的语气词用法和“邪”相同，二者常相通。“耶”用在疑问句中，表示各种疑问语气。例(1)中“耶”用于选择问句的前一分句，相当于“呢”，后一分句有选择连词“抑”与之相应；例(2)“耶”用于问句句末，表示反问语气，相当于“吗”，“耶”所在的分句是前面表示推测的分句“鲁其亡乎”作出推测的出发点；例(3)的“耶”用于一般疑问句中，相当于“吗”；例(4)中的“耶”和前文的“乎”相对应，意义和用法相同，都表示反问语气。

通过“邪”和“耶”用作语气词的分析，可以看出“‘耶’(‘邪’)尾在《国语》中已并不怎么陌生了”。[②] “邪”“耶”语气词用法相通之处也可以从用例中得到证明：二者都常用在疑问句的前一分句，后一分句常用“抑”“也”“乎”等词语对应使用。

---

① 韦昭注：僮，僮蒙不达也。言已居官而未闻道也。

② 说见张以仁《从文法语汇的差异证〈国语〉〈左传〉二书非一人所作》，载《“中央研究院”历史语言研究所集刊》1962年第34本上册。又见《张以仁先秦史论集》第87页，上海古籍出版社2010年版。

本章小结

一 语气词系统的构成

《左传》《国语》两书中的语气词系统的构成大致相同，其主要成员都有：也、矣、乎、哉、者、夫、已、耶、与。《左传》中独有语气词“只”，《国语》中独有语气词“耶”，不过用例都较少。详见表3－10。

表3－10 《左传》《国语》中语气词系统构成对比

	《左传》	《国语》	总计
也	3564（66.3%）	1599（66.3%）	5163（66.3%）
矣	828（15.4%）	385（16.0%）	1213（15.6%）
乎	660（12.3%）	299（12.4%）	959（12.3%）
哉	105（2.0%）	32（1.3%）	137（1.76%）
者	91（1.7%）	41（1.7%）	132（1.7%）
而已	41（0.76%）	18（0.75%）	59（0.76%）
夫	30（0.56%）	8（0.33%）	38（0.49%）
已	26（0.48%）	6（0.25%）	32（0.41%）
诸	15（0.28%）	0	15（0.19%）
与	5（0.09%）	7（0.29%）	12（0.15%）
邪	1（0.02%）	4（0.17%）	5（0.06%）
兮	2（0.04%）	9（0.37%）	11（0.14%）
耶	0	5（0.21%）	5（0.06%）
只	5（0.09%）	0	5（0.06%）
总计	5373（100%）*	2413（100%）	7786（100%）

* 何乐士统计《左传》共使用语气词5191次，本书与其统计有所出入。见何乐士《〈左传〉的语气词“也”》，载《〈左传〉虚词研究》（修订本）第412页，商务印书馆2004年版。

根据使用数量的多少，《左传》中的语气词按使用量多少排序依次是：也、矣、乎、哉、者、而已、夫、已、与、只、兮、耶；《国语》中的语气词按使用数量多少排序是：也、矣、乎、者、哉、而已、兮、夫、与、已、邪、耶。两书略有差异。通过表3－10可以看出：《左传》《国语》两书中相应的语气词在各自语气词系统中所占的比重都是十分接近的，表现出很强的一致性和整齐性。用量最多的都是“也”，在各自语气词系统中都占有明显优势；“矣”和“乎”的使用数量也较多，与其他语气词相比所占比重也明显偏高。这三个语气词使用总数在两书语气词系统中所占的比重分别为94.0%和94.7%，非常接近，而且都是最重要的语气词。从整体上看，《左传》所有语气词的使用数量是《国语》的2.2倍。

二　语气词的语法功能

“也”是《左传》和《国语》中最常用的语气词，在两书中的用法也都比较复杂。我们对《国语》中的语气词“也”进行了全面的研究和分析，并将结论与何乐士关于《左传》语气词“也”的研究结论相对照，得出以下结论。

第一，“也”用在句中成分和从句之后时，在两书中没有根本差别。只是《国语》在使用方面与《左传》存在一些细微差别，《左传》中“也”的使用比较灵活，可以出现在多种成分之后，实际上，《国语》中的“也”用法比较灵活，不过总体上不如《左传》中的“也”表现多样，这些只是在使用中存在的一些细微差别，不影响“也”字的根本特点和功能。通过前文《左传》《国语》中此类位置的“也”的使用量和比重的比较，可以看出两书中的“也”是十分接近的。

第二，“也”用在单句句末（中）和用在复句句末在两书中各自所占的比重是十分接近的，“也”前各种谓语成分在全部用例中所占的比重也是非常接近的。句末的“也”在表达各种语气方面，两书存在一定的差别。总体看来，“也”表达的各种语气占全部用例的比重在两书中是一致的，都是判断语气、解释说明语气、陈述语气和历数语气，这几类数量都比较多。《左传》表达判断语气的“也”比《国语》中多，所占比重也大，《国语》中的“也”在表达陈述语气、历数语气、疑问询问和反问语气方面所占比重比《左传》要高。我们认为这些差别的存在是与两书的体例和性质有关的。尽管存在上述差别，但“也”在使用特点、语法功能等实质表现方面，两书仍是极为相近的。

第三，“矣”在两书中都以用在肯定陈述句中为主，而在肯定陈述中又都是以用于表示对已然的陈述为主，这一点是两书中“矣”最明显的相同点。在使用中，“矣”的各类用法在两书中几乎都有相应的用例，表现出较高的一致性。只是在具体使用中，存在一些细微的差别。在“矣”之前的谓语成分构成方面，两书都以用在动词谓语之后为主，其次是形容词谓语。其他谓语成分之后的“矣”在两书中用例都比较少，在两书所有用例中所占比重都是比较接近的。

第四，“乎”可以表达多种语气，其中以表达疑问、推测和反问语气为主，这一点在两书中是一致的。本书将《左传》《国语》中用于句末的“乎”根据其所出现的句法环境进行分类，发现这些不同的句法环境中的“乎”在两书中都有相应用例，使用特点和表达的语气几乎都是相同的，只是在使用数量上存在一些差别。

第五，“哉”都以用在动词和形容词谓语之后为主，《国语》中“哉”用在动词谓语之后占有明显的优势。《左传》中用于名词性谓语之后的“哉”用例比《国语》用例多，所占比重也比《国语》中高；在语法位置上，两书中的“哉”都以用于句末为主，所占比重都超过了80%。“哉”在两书中也可以表达多种语气，其中以表达感叹、肯定语气为主，然后依次是表达疑问、反问语气、表达推测语气和表达强调语气。“哉”在两书中的功能和意义表现出极强的一致性。

第六，“者”用作语气词在两书中的使用也是基本相同的，“者”出现的位置可以分为三种：用在主语或宾语之后，用在偏句句末和用在全句句末，这些位置上的“者”表达的语气和使用特点都是一致的，差别在于《左传》中的“者”用法较多，所处的句法结构也比较多样，有些在《国语》中未见用例，不过这不影响“者”在两书中使用实质方面的一致性。

第七，“夫”用在句末可以表达感叹和推测语气，在两书中是相同的。“夫”在句末还可以与语气词“也”连用，《左传》《国语》中都有用例。《左传》中有“矣夫”连用的例子，不过仅1例，《国语》中未见。“夫”单用作语气词以及与其他语气词连用在两书中只存在使用数量的差别，其他特点都是没有差别的。

第八，“已”在两书中的使用数量方面存在较大的差别，不过在使用特点、表达的语气、表示否定的基本形式以及语气词连用等诸多方面，没有实质性差别。“而已”用于表示范围和限制的语气，也只是使用数量的差别，在使用特点和语法功能等方面也是没有差别的。

第九，《左传》独用“只”，《国语》独用“耶”，这是一点差别。此外，“耶”和“邪”用法相同，《国语》中用在选择问句句末表达疑问语气并用“邪”和“耶”，共9例，而《左传》中只用“邪”，只有1例，这一点是两书的明显区别，《左传》中选择问句句末的语气词用什么来承担值得我们注意。“与”在《国语》中用法稍为灵活。“兮”的用法在两书中完全相同。

总体上来说，《左传》和《国语》的语气词系统构成基本相同，各个语气词的使用特点和在句中的位置以及表达各种语气的功能在两书中也较一致，只是在具体的使用方面存在细微的差别，由于《左传》的用例普遍多于《国语》，所以其中可能出现一些特殊的形式，这些形式是《国语》所不具备的，《国语》中有些形式也是《左传》所不具备的。

三　两书与《论语》《晏子春秋》《孟子》的语气词比较

（一）各书语气词系统构成的比较

《论》语气词系统构成：也^{469}、矣^{138}、乎^{104}、哉^{45}、焉^{44}、与^{35}、者^{33}、已^{25}、诸^{14}、而已^{13}、夫^{13}、也与^{11}、乎哉^{8}、矣夫^{7}、矣乎^{7}、也已矣^{6}、云^{6}、兮^{5}、已矣^{5}、也已^{5}、而^{4}、矣哉^{3}、尔^{3}、也夫^{1}、也哉^{1}、也与哉^{1}、耳^{1}。

《晏》语气词系统构成①：也^{821}、乎^{219}、矣^{124}、哉、焉、邪（耶）^{15}、已^{7}、耳^{6}、夫^{5}、欤^{2}、者^{1}、兮^{1}、而已^{6}、而已矣^{5}、耳矣^{2}、耳也^{1}、也夫^{1}、也乎哉^{2}。

《孟》语气词系统构成：也^{1036}、矣^{252}、乎^{163}、哉^{102}、与^{64}、已^{62}、耳^{15}、诸^{14}、焉^{11}、尔^{8}、云^{6}、来^{5}、兮^{4}、夫^{3}、为^{3}。

通过比较发现，在几部文献的语气词系统中，最主要的语气词都有：

---

① 姚振武将《晏子春秋》的语气词分为两大类：前置语气词和后置语气词。本书将“前置语气词”分别处理作语气副词和叹词，未加入此处的比较。另外“哉”“焉”未见数据统计，此处直接引用。姚著未明确统计“哉”“焉”见次，限于精力及著作体例，本书此处未加统计，只能见有无。见姚振武《〈晏子春秋〉词类研究》第245～255页，河南大学出版社2005年版。

也、矣、乎、哉。在表达的具体语气以及在句中的位置等方面，这些语气词在各书中的表现大同小异，不同的研究所采用的说法可能稍有差异。从整体上来看，这几部文献在语气词的系统构成、语法功能、句法位置以及语气词连用等方面都是比较接近的。不过也有几点明显不同。

第一，《论》《晏》《孟》中“耳”都可以用作语气词，表示限止语气，尤其后两部书中“耳”的使用频率不算低。还有“耳矣”语气词连用现象；《左传》《国语》中未见“耳”的语气词用例，这是明显的差别。《论》《孟》中“云”可以用作语气词，与其他语气词连用，其他三书中未见“云”的语气词用例。

第二，《论》《孟》中“与”“已”用作语气词，使用频率都比较高，其他三书中虽也有“与”“已”的语气词用例，不过使用数量很少；《左传》《论》中“夫”用作语气词数量较多，而其他三书中用例都很少；《论》《左传》《国语》中的“者”用作语气词，使用数量较多，《晏》《孟》中较少。

第三，《论》《左传》《孟》中的“诸”都有语气词的用例，相当于“之乎”的合音；《晏》《国语》中未见。

附：《左传》和《国语》的叹词比较

叹词是独立于句子之外的句法成分，一般都用于表示感慨。由于《左传》《国语》中叹词用例较少，本书未将其单列，谨附在语气词之后。不过要注意，叹词与语气词是不同的，虽然都同语气有关，不过叹词是独立于句子之外的，而语气词是句内成分；叹词包含一定的语气，不过侧重的是表达感情，语气词主要表达句子的各种语气。

《左传》中叹词有呼、嘻和呜呼（乌呼、乌乎），共 8 例。

“嘻”用作叹词，表示呼令，引起听话人注意并引出下文的命令，全书 1 见：

(1) 虎曰：“鲁人闻余出，喜于征死，何暇追余？”从者曰：“嘻！速驾，公敛阳在。”公敛阳请追之，孟孙弗许。(定公 8.10)

"呼"用作叹词，表示愤怒。

(2) 江芈怒曰："呼！役夫！宜君王之欲杀女而立职也。"（文公 1.7）［杜预注：呼，发声也。］

"呜呼"用作叹词，表示感慨。有三种写法："乌乎"（1 例）、"乌呼"（2 例）和"呜呼"（3 例）。三者之间的关系，很早便有学者关注。[①] 由此可见三种形式不同的"呜呼"，实质上是相同的。

(3) 宣子曰："呜呼！《诗》曰：'我之怀矣，自诒伊戚。'其我之谓矣。"（宣公 2.3）

(4) 夏四月己丑，孔丘卒。公诔之曰："旻天不吊，不憖遗一老，俾屏余一人以在位，茕茕余在疚。呜呼哀哉尼父！无自律。"（哀公 16.3）

(5) 夫人姜氏既哭而息，见大子之不哀也，不内酌饮，叹曰："……乌呼！天祸卫国也夫！吾不获鱄也使主社稷。"（成公 14.5）

(6) 单公子愆期为灵王御士，过诸廷，闻其叹，而言曰："乌乎！必有此夫！"（襄公 30.6）

以上诸例中的"乌乎"、"乌呼"和"呜呼"所表达的情绪或情感在具体文意中有所不同。如例（3）、(5) 配合下文的"其……矣""……也夫"等所表达的推测语气，"呜呼"表达感慨；例（4）的"呜呼"侧重表达伤感的意味。可见"呜呼"用以表达感慨是比较常见的。

《国语》中没有叹词用例。仅有 1 例"於"引自《诗经·周颂·昊天有成命》，《左传》中也有引自《诗经》的 1 例"於"。"於"作叹词，

---

① 许慎《说文解字》："乌，孝鸟也。象形。孔子曰：'乌，亏呼也。'取其助气，故以为乌呼。"段玉裁《说文解字注》："此许语也。取其字之声可以助气，故以为'乌呼'字。此发明假借之法。……古者，短言于，长言乌呼，于、乌一字也。《匡谬正俗》曰：'今文《尚书》悉为"于戏"字。古文《尚书》悉为"乌呼"字。而《诗》皆云"于乎"字。中古以来文籍皆为"乌呼"字。按，经、传、《汉书》"乌呼"无有作"呜呼"者。'"（清）段玉裁《说文解字注》第 157 页，上海古籍出版社 1981 年版。

相当于“乌”。[①] 不是两书本有的用法，不在统计之列。

我们将两书中的叹词同《晏》《孟》进行比较，发现：

“於”和“呜呼”是最常见的叹词，各书中几乎都有体现，“於”应当是一个古老的叹词；《孟》中有叹词“恶”，其他各书未见；《晏》《左传》中的叹词系统更为接近，都有“嗟（乎）”“嘻”“呜呼”。《论》中只有叹词“噫”。《国语》却几乎未用叹词。

---

① 杨伯峻注：“於音乌，叹词，此表赞美。”见《春秋左传注》第725～726页，中华书局1981年版。程俊英、蒋见元指出：“于，赞美词……孔疏‘于乎美哉，武王之用师也。’”说见《诗经注析》第991页，中华书局1991年版。

第四章 《左传》和《国语》的助词比较

第一节 语首助词“夫”的比较

何乐士研究《左传》的“夫”时指出：“《左传》的单音词‘夫’共出现161次，分别为助词、语气词、代词、名词，还有部分词组。至于复音词如‘大夫’、‘夫人’中的‘夫’以及专名中的‘夫’如‘浑良夫’等，不在本书讨论范围之内。”① 《左传》中“夫”共785例，《国语》中548例，属高频词语。《左传》《国语》中“夫”作构词音节对比见表4－1。

表4－1 《左传》《国语》中“夫”作构词音节对比*

	《左传》	《国语》	总计
大夫	343	115	458
夫人	102	12	114
夫子	58	20	78
夫妇	6	7	13
匹夫	8	7	15
*良夫	14	1	15
夫差	6	22	28
丈夫	4	2	6
农夫、宰夫、武夫、膳夫等	17	4	21
总计	558	190	748

*《左传》《国语》中有些“大”和“夫”、“夫”和“人”连用却不是复音词的用例，本书将特别提出。表4－1统计数据已将非复音词部分排除。此表并未对两书中有“夫”作为构词词素的复音词进行穷尽统计，但表中已经包含绝大部分的内容和数据。

上述复音词中的“夫”用作实词，是构成复音词的词素，已经不能

① 何乐士：《〈左传〉的“夫”》，载《〈左传〉虚词研究》（修订本）第384页，商务印书馆2004年版。

单独使用。①

一　《左传》中的语首助词“夫”

《左传》中“夫”作语首助词98例，通常也称作“发语词”，都用在句首，何乐士认为：用在句首的“夫”基本特点是标志被论述的人、事、物或动作行为。何文对《左传》中语首助词“夫”出现的例句进行了形式上的归纳和概括，部分例句还值得推敲。另外何文指出：在意义上“‘夫’所标识的范围是在单句、复句或语段中论述的对象”。② 根据“夫”后成分的性质，对用于句首的助词“夫”大致分类如下。

1. “夫”后为名词性成分，共47例

（1）夫民，神之主也，是以圣王先成民，而后致力于神。（桓公6.3）

（2）夫上之所为，民之归也。（襄公21.1）

（3）夫大国之人，不可不慎也，几为之笑，而不陵我？（昭公16.3）

名词性成分可以由单个名词充当，如例（1）；也可以由偏正结构充当，如例（2）、（3）等。“夫”用在名词性成分之前，表示下文要对这个对象进行评论或发表观点和看法。

2. “夫动（者），谓语（也/矣）”，共6例

（4）夫狡焉思启封疆以利社稷者，何国蔑有？（成公8.8）

---

① 虽不在本书讨论范围，不过希望该统计表能为我们观察“夫”在《左传》《国语》时期的整体使用特点提供比较直观而明晰的依据。而且通过对比，我们也能从实词的使用角度去观察两书的关系，比如：“良夫”作为人名，《左传》中出现14例，包括“浑良夫”、“芮良夫”和“孙良夫”，而《国语》中只出现1例，为“芮良夫”；另外《左传》中出现“夫差”6次，而《国语》中则出现22次，其中的差别还是很明显的，这可为我们从人名、称谓等角度观察两书关系提供参考；此外，“夫”作为构词词素，用在另一个词之后，比如《左传》《国语》中均有“农夫”“宰夫”“膳夫”等，而《左传》中独有“武夫”“役夫”，而且《左传》中此类复音词数量是《国语》的近3倍，可见在构词灵活度方面，《左传》要比《国语》优越。

② 何乐士：《〈左传〉的“夫”》，载《〈左传〉虚词研究》（修订本）第384页，商务印书馆2004年版。

(5) 夫宠而不骄，骄而能降，降而不憾，憾而能眕者，鲜矣。(隐公3.7)

所有6例此类结构中，“夫”后的主语全部都由“者”字结构充当，然后谓语对主语进行评论或发表意见。其中例（5）的“者”字结构是由四个并列的动词结构组成的，相对复杂。

3. “夫其动（也），谓语”，共3例

(6) 夫其败也，如日月之食焉，何损于明？(宣公12.5)

此类结构中，“其”是代词，“其+动”组成体词性成分，作为“夫”引进的评议对象。

4. “夫”后紧接动词性成分，共17例

(7) 夫帅师，专行谋，誓军旅，君与国政之所图也。(闵公2.7)

(8) 夫以信召人，而以僭济之，必莫之与也，安能害我？(襄公27.4)

其中动词性成分可以是动宾结构，如例（7）；“夫”有时管辖的动词性成分较长，如例（8），后面的谓语部分往往有标志性词语，比如“必”和“所谓”等，以标志发表的评议内容、对前文内容的概括或定义等。

5. “夫”用在反问形式之前，共5例

(9) 三代之令王皆数百年保天之禄。夫岂无辟王？赖前哲以免也。(成公8.6)

(10) 周公杀管叔而蔡蔡叔，夫岂不爱？王室故也。(昭公1.7)

“夫”出现在反问的形式之前，以反问形式提出问题，实际上说话人的观点与所说内容是相反的，紧接着说话人进行判断或评论，以申明自己的观点，与前面的反问相对应。

6. “夫”用于分句或句子之首，共20例

(11) 夫州吁弑其君，而虐用其民，于是乎不务令德，而欲以乱成，必不免矣。(隐公4.3)

(12) 夫文王犹用众，况吾侪乎?(成公2.8)

(13) 夫诸侯之贿聚于公室，则诸侯贰。若吾子赖之，则晋国贰。(襄公24.2)

(14) 夫左尹与中厩尹，莫知其罪，而子杀之，以兴谤讟，至于今不已。戌也惑之：仁者杀人以掩谤，犹弗为也。今吾子杀人以兴谤，而弗图，不亦异乎！(昭公27.4)

(15) 夫鄢将师矫子之命，以灭三族。三族，国之良也，而不愆位。吴新有君，疆埸日骇。楚国若有大事，子其危哉！(昭公27.6)

何乐士将“夫”后引进反问句的形式归结在此类之下，也是有道理的，因为是以句子为单位的，而本书认为反问句形式比较有代表性，因而单列一类，以为后文对两书进行比较提供更为细致的线索。我们此处列举的5个例句，何文对例（11）、(14）和例（15）已经做了深入的讨论。[①] 例（12）中，“夫”后紧跟让步从句，有“犹”“况”作标志性词语；例（13）“夫”后跟假设分句，后一分句有“则”作标志，而且后面与此并列的内容“若吾子赖之，则晋国贰”也是假设复句，有“若”“则”作标志。

二 《国语》中的语首助词“夫”

《国语》中的“夫”作语首助词共259例。是《左传》语首助词“夫”用例的2.6倍。数量差距非常明显，应与《国语》的体例有关，

① 何乐士对例（11）从形式上和意义上进行了两分的描写，并用“夫州吁，阻兵而安忍。阻兵，无众；安忍，无亲。众叛亲离，难以济矣”一例进行佐证。提出后者“州吁”为主题主语，何氏描述得已经非常细致，有重要的参考价值。例（14）、(15）与例（11）相类：“夫”后是一个主题句，也就是说这类句法形式可以分为两个部分，前一部分由“夫”引进一个主题复句，接下来是一个评议复句，两个复句再构成更大的语段结构。见《〈左传〉的“夫”》，载《〈左传〉虚词研究》（修订本）第387~388页，商务印书馆2004年版。

《国语》重在记“言”，时人发表意见常有论述或评议，应为常见情形，此仅备一说。

1. “夫”后为名词性成分，共 79 例

(16) 夫战，尽敌为上，守和同顺义为上。(周语中)

(17) 夫管子，天下之才也，所在之国，则必得志于天下。(齐语)

(18) 夫鬼神之所及，非其族类，则绍其同位。(晋语八)

(19) 夫越王之不忘败吴，于其心也侙然，服士以伺吾间。(吴语)

(20) 夫是，故士之子恒为士。(齐语)①

《国语》中的语首助词“夫”后所接的名词性成分，可以由单个名词充当，如例（16)、(17)；也可以由偏正结构充当，可以由“NP之(所）VP”结构充当，还可以由代词“是”充当。比《左传》中的同类用法的名词性成分构成成分要复杂一些。《左传》中没有“夫”用在代词前的用例。

2. “夫名/动者，谓语（也/矣)”，共 25 例

(21) 夫教者，因体能质而利之者也。(晋语四)

(22) 夫成天地之大功者，其子孙未尝不章，虞、夏、商、周是也。(郑语)

(23) 夫盈而不偪，憾而不贰者，臣能自寿，不知其他。(楚语下)

《国语》中助词“夫”后紧接“者”字结构，构成比《左传》同类结构要复杂:《左传》中只有“VP者”结构，也就是“者”前是动词结构，而《国语》中除了“VP者”，如例（22)；也可以是“NP者”，即“者”前可以是体词性成分，如（21)；例（23）是由两个并列的动词结构后面加“者”组成的机构，可以与例（5）比较。

---

① 此例下文还有同类结构例句如：“夫是，故工之子恒为工。”“夫是，故商之子恒为商。”“夫是，故农之子恒为农，野处而不昵。”共 3 例，结构都是相同的，正文不一一列举。

3. “夫”后紧接动词性成分，共27例

(24) 夫若是，贼之兆也，非吾宅也，离则有之。(晋语一)

(25) 谓我曰：“夫何次之有？……”(周语中)

“夫”后的动词性成分也有多种形式，比如动宾结构，如例（24）；也可以是宾语前置结构，如例（25）。

4. “夫”用在反问形式之前，共4例

(26) 公曰：“夫岂惠其民而不惠于其父乎?”(晋语一)

(27) 夫谁无疾眚！能者早除之。(楚语下)

“夫”后以反问形式提出评议，这类用法与《左传》没有差别。例（27）“夫”后用疑问代词“谁”领起反问，这种形式在《左传》中未见。

5. “夫”用于分句或句子之首，共124例

(28) 夫事君者险而不怼，怨而不怒，况事王乎？(周语上)

(29) 夫古者不料民而知其少多，司民协孤终，司商协民姓，司徒协旅，司寇协奸，牧协职，工协革，场协入，廪协出，是则少多、死生、出入、往来者皆可知也。(周语上)

《国语》语首助词“夫”的这一类用法中，后面紧接分句的形式比较多。也有如例（29）这样的“夫”管辖的内容比较长的例子，同样可以运用何乐士分析《左传》同类结构的方法进行分析。

三 “夫”字比较小结

从上面的举例、分析以及表4－2可以看出：《左传》和《国语》中的语首助词“夫”在出现的句法形式方面大致是一样的，不过《左传》中没有“夫”后紧接代词“是”的情况，我们将《国语》中的这一类形式归入引出名词性成分之下；《左传》中“夫”引出“者”字结构的形

式，“者”前全都为动词性结构，《国语》中同类形式除了动词性结构外，还可以为名词性成分；《国语》中“夫”引出反问形式的类型可以出现由疑问代词“谁”标志的反问句，而《左传》中全部是由疑问副词作标志，形式不如《国语》多变；《国语》中没有“夫其动（也），谓语”的结构用例。总体看来，《国语》中“夫”用作助词不仅数量占明显优势，而且句法形式多变，内容丰富多样。

表 4－2 《左传》《国语》中语首助词“夫”引出成分对比

	《左传》	《国语》	总计
名词性成分（包括代词）	47	79	126
“者”字结构	6	25	31
其动（也），谓语	3	0	3
动词性成分	17	27	44
反问句形式	5	4	9
分句或句子	20	124	144
总计	98	259	357

四 “且夫”和“若夫”

“且夫”是连词性结构，由连词“且”和助词“夫”组合而成。“且”作连词一般表示递进关系，在此结构中也不例外，“夫”和直接用于句首的助词“夫”功能相同，都表示要发表议论。“且夫”相当于现代汉语的“而且”或“再说……”《左传》《国语》中分别有“且夫”用例 10 例和 26 例。如：

(1) 郑将覆亡之不暇，岂敢不惧？若揔其罪人以临之，郑有辞矣，何惧？且夫合诸侯，以崇德也。会而列奸，何以示后嗣？（僖公 7.3）

(2) 今称伐，则下等也；计功，则借人也，言时，则妨民多矣，何以为铭？且夫大伐小，取其所得，以作彝器，铭其功烈，以示子孙，昭明德而惩无礼也。（襄公 19.4）

(3) 今弃是度也，而为刑鼎，民在鼎矣，何以尊贵？贵何业之

守？贵贱无序，何以为国？且夫宣子之刑，夷之蒐也，晋国之乱制也，若之何以为法？（昭公29.5）

（4）君子违，不适雠国。未臣而有伐之，奔命焉，死之可也。所托也则隐。且夫人之行也，不以所恶废乡。今子以小恶而欲覆宗国，不亦难乎？（哀公8.2）

（5）今以小忿弃之，是以小怨置大德也，无乃不可乎！且夫兄弟之怨，不征于他，征于他，利乃外矣。（周语上）

（6）弃命不敬，作令不孝，又何图焉？且夫间父之爱而嘉其贶，有不忠焉；废人以自成，有不贞焉。（晋语一）

（7）夫君国者，将民之与处；民实瘠矣，君安得肥？且夫私欲弘侈，则德义鲜少；德义不行，则迩者骚离而远者距违。（楚语上）

（8）若从，则民心皆可畜。畜其心而知其欲恶，人孰偷生？若不偷生，则莫思乱矣。且夫栾氏之诬晋国久也，栾书实覆宗，弑厉公以厚其家，若灭栾氏，则民威矣。（晋语八）

通过上面的用例发现：《左传》《国语》中的“且夫”后面既可以跟动词性成分，如例（1）、（6）；也可以是名词性成分，如例（3）、（5）；可以是主谓结构，如例（2）、（7）；还可以是分句，如例（4）、（8）。“且夫”后面紧跟的成分与“夫”后的成分是一致的。“且夫”在句中引出的内容必须紧承上文，只有在上文交代一定的情况之后，“且夫”才能就相关话题进行进一步评述。所以，“且夫”不能用以直接提起一个新的话题，这是跟“夫”的最明显区别。

“若夫”也是个连词性结构，由连词“若”和助词“夫”组合而成，“若”在组合中还有很强的表示假设的意味，可以理解为“如果……”“要是……”“夫”后为发表议论的对象或内容。“若夫”表示承接上文，由此提出另外相关的内容，相当于现代汉语的“如果说到……”、“要是说……”或“至于”。《左传》《国语》中分别有“若夫”用例3例和5例。如：

（1）以豹所闻，此之谓世禄，非不朽也……虽久不废，此之谓不朽。若夫保姓受氏，以守宗祊，世不绝祀，无国无之。禄之大者，

不可谓不朽。(襄公 24.1)

(2) 君若以社稷之故，私降昵宴，群臣弗敢知。若夫宋国之法，死生之度，先君有命矣，群臣以死守之，弗敢失队。(昭公 25.8)

(3) 夫旱麓之榛楛殖，故君子得以易乐干禄焉。若夫山林匮竭，林麓散亡，薮泽肆既，民力雕尽，田畴荒芜，资用乏匮，君子将险哀之不暇，而何易乐之有焉？(周语下)

(4) 德音不愆，以合神人，神是以宁，民是以听。若夫匮财用，罢民力，以逞淫心，听之不和，比之不度，无益于教，而离民怒神，非臣之所闻也。(周语下)

(5) 若诸侯之好币具，而导之以训辞，有不虞之备，而皇神相之，寡君其可以免罪于诸侯，而国民保焉。此楚国之宝也。若夫白珩，先王之玩也，何宝之焉？……若夫哗嚣之美，楚虽蛮夷，不能宝也。(楚语下)

从上面的例句可以看出，“若夫”后可以是名词性成分，如例（2）、（5）；可以是动词结构，如例（1）、（4）；《国语》中还有主谓结构，如例（3），比《左传》形式稍多。

总体上看来，《国语》中的“且夫”和“若夫”使用较频繁、成熟。“若夫”虽然也是承接上文，不过其后的内容往往是提出另外的话题，也就是说“若夫”可以用于直接提起一个新的话题，这一点同“夫”的功能是相近的，而“且夫”不具备这种功能。我们认为“夫”和“若夫”是可以分析为“话题标记”的，而“且夫”则是较为纯粹的助词，不具备“话题标记”的功能。

五 “夫”由指代词虚化为语首助词的过程浅析

“夫”在上古汉语时期可以用作代词，表示远指，相当于现代汉语的“那、那个”，比如：

(1) 微夫人之力不及此。(僖公 30.3)

(2) 子木曰：“夫独无族、姻乎?”(襄公 26.10)

(3) 子命起舍夫玉，是赐我玉而免吾死也，敢不藉手以拜！

（昭公 16.3）

（4）吾闻之先子曰："祭养尸，飨养上宾。"鳖于何有？而使夫人怒也！（鲁语下）

（5）丕郑曰："子勉之。夫二国士之所图，无不遂也。我为子行之。"（晋语二）

（6）子西曰："德其忘怨乎！余善之，夫乃其宁。"（楚语下）

（7）王若今起师以会，夺之利，无使夫悛。（吴语）

指示代词"夫"表示远指，规律性较强，常可用作定语，修饰中心语，比如例（1）、（3）、（4），"夫"可以修饰"人""玉"，理解为"那个"；前文我们提到"夫人"在《左传》《国语》中几乎都是用作复音词，不过"夫"作指示代词修饰"人"的情况也是客观存在的，据我们统计，这种情况在《左传》中有 9 例，《国语》中有 8 例，是比较常见的；例（2）中的"夫"是代词，代指"他们"，作主语。相较而言，《国语》中的用例较有个性，如例（5），其中"夫"用作指示代词，一般表示远指，不过此处却须理解为罕见的第二人称，因为根据上文，"二国士"当指荀息和里克，此处系丕郑跟里克的对话，所以"夫"就相当于"你们"；例（6）中上一句是"余善之"的"之"和下一句中"夫"都是代词，相当于"他"。而且"之""夫"所指代的对象是一致的，即王孙胜。汉语代词中"之"是不能用作主语的，所以此处用"夫"作主语，相当于"彼""其"；例（7）中的"之"和"夫"相对，"夫"在此例中用作兼语，指代的是"夫差"。由此可见，在该时期的汉语中，"夫"作为指示代词，语法功能是比较完善的，可以充当主语、定语、兼语等，这说明"夫"的代词用法已得到高度的发展。

《左传》《国语》中还有如下用例，值得注意：

（8）民死亡者，非其父兄，即其子弟。夫人愁痛，不知所庇。（襄公 8.7）

（9）夫以信召人，而以僭济之，必莫之与也，安能害我？且吾因宋以守病，则夫能致死。（襄公 27.4）

（10）民知不死，其亦夫有奋心，犹将旌君以徇于国，而反掩

面以绝民望，不亦甚乎！（哀公16.5）

(11) 百姓兆民，夫人奉利而归诸上，是利之内也。（周语中）

(12) 及少皞之衰也，九黎乱德，民神杂糅，不可方物。夫人作享，家为巫史，无有要质。民匮于祀，而不知其福。（楚语下）

上述5例中的“夫”或“夫人”都需理解为“人人”。例（8）、（9）中“夫”的指示对象由远指指示代词开始泛化，用来泛指“人”，意为“人人都能拼死”“人人都有奋进的心”；何乐士认为例（10）中的“夫”表示泛指，“夫人”有“人人”“众人”之意。杜预注：“夫人，犹人人也。”王引之：“夫，犹凡也，众也。”[①] 王氏之说并引此处《国语》的例（11）。例（12）中的“夫”也表示“人人”，“夫人”同“家”相对，表示各人、各家之义。可见“夫”的远指指示代词用法在向泛化方向发展。再看下面几例：

(13) 寿余曰：“请东人之能与夫二三有司言者，吾与之先。”（文公13.2）

(14) 公嗾夫獒焉，明搏而杀之。（宣公2.3）

(15) 栾鍼见子重之旌，请曰：“楚人谓夫旌，子重之麾也，彼其子重也。”（成公16.5）

(16) 公曰：“奈夫八疾何！”（晋语四）

(17) 然则夫“支”之所道者，必尽知天地之为也。（周语下）

上引5例以及前文例（1）、（3）、（4）、（6）和例（9）共10例中的“夫”出现在中心语之前，用作定语，还没有出现在句首位置，这种情况下的“夫”，指示作用还很强烈。不过在下面的例句中，我们认为“夫”的指代作用已经相对虚化，虽然也还没有出现在句首：

(18) 日君以夫公孙段为能任其事，而赐之州田。（昭公7.8）

---

① 何乐士说见《〈左传〉的“夫”》，载《〈左传〉虚词研究》（修订本）第392页，商务印书馆2004年版；王引之说见《经传释词》卷十“夫”字条（黄侃、杨树达批本）第242页，岳麓书社1985年版。

（19）日起请夫环，执政弗义，弗敢复也。（昭公 16.3）

上两例连同上文的例（8）~（12）中的“夫”泛指化程度已得到加强。

（20）季孙之爱我，疾疢也；孟孙之恶我，药石也。美疢不如恶石。夫石犹生我，疢之美，其毒滋多。孟孙死，吾亡无日矣。（襄公 23.5）

（21）夫无极，楚之谗人也，民莫不知。（昭公 27.6）

（22）卫君必入。夫二子者，或輓之，或推之，欲无入，得乎？（襄公 14.4）

例（22），何乐士认为是“夫”的语首助词用法，并归类为“夫（数）名者，谓语也”形式。而从实际语义上“夫”的指示作用还是比较强烈的。不过将其分析为语首助词，也是完全可以接受的，对语义丝毫无损。上述三个例句中的“夫”可以理解为“那”，表示远指，也可分析为语首助词，没有实在意义，而只是用于提起一个话题，下文对其进行评述。由此可见，“夫”的语气词用法是从表示远指指示作用的代词虚化而来的。

随着“夫”远指指示作用的不断泛化，它的语法功能逐渐发生变化，从表示远指的“那”“那个”逐渐过渡为表示泛指的“人人”“每人”，这便为其语法化提供了内在动因，此其一。另外，“夫”用作定语修饰中心语之后，整个偏正结构可以作为宾语或兼语出现，比如例（4）、例（13）~（17）等数例都是如此，这时“夫”的指代作用还比较强烈，而“夫”又可以用作主语，比如例（2）、例（8）~（12），这种语法位置的变化就为重新分析提供了条件和可能，到了例（20）~（22）中，对“夫”的理解出现了两可的情况。这种情况下，我们认为虚化过程正在趋于完成，再看使用频率，在《左传》《国语》中“夫”用作语首助词的数量已经远远超过其代词用法的数量，因此我们认为，在这一时期，“夫”完成了由指示代词向语首助词的转化过程，不过根据语法化的“并存原则”①，两种用法还将在一段时期内共存。

第二节　提宾结构助词的比较

一　“是”的比较

“是”在上古汉语时期一般用作指示代词，有时还可以同一些词语组合成固定组合用作连词，比如“是以”“是故”等。“是”还可以用于宾语和动词成分之间，用作结构助词。作为结构助词的“是”，最重要的语法功能在于提取并前置宾语，起到强调宾语的作用。用作结构助词的“是”在《左传》中出现82例，占全部用例（838次）的9.8%；在《国语》中出现23例，占全部用例（481次）的4.8%。

（一）《左传》《国语》的结构助词“是”

据考察，根据“是”所在的句法环境以及一些标志性词语或结构，可以大致归纳为以下几种结构类型。

1. “唯/惟·NP·是·V”

《左传》中29例，占全部用例的35.4%；《国语》中7例，占全部用例的30.4%，数量差距较大而所占比例相近。该形式的语序可理解为“唯/惟V·NP”，如：

（1）臣闻之，鬼神非人实亲，惟德是依。故周书曰：“皇天无亲，惟德是辅。”（僖公5.8）

（2）盟以信礼也，有如卫君，其敢不唯礼是事而受此盟也？（定公8.7）

（3）自今日既盟之后，郑国而不唯有礼与强可以庇民者是从，而敢有异志者，亦如之！②（襄公9.5）

---

① 所谓语法化的“并存原则”，是指一种语法功能可能同时由几种语法形式来表示。一种新形式出现后，旧形式并不立即消亡，新旧形式并存。见沈家煊《“语法化”研究综观》，载吴福祥主编《汉语语法化研究》第1～18页，商务印书馆2005年版。

② 两个“而”在此例中都用作假设连词，意指“假如”“如果”，在宣誓中常可见到。

《左传》中“唯 NP 是听”出现了 11 例，而其中的“NP”有 10 例是“命”，1 例是“子”，由此可见这一结构已经相当稳固。此外还有其他动词，比如：求、卜、瞻、暴、与、闻、利、视等。这一结构既可以用在一般陈述句中，如例（1），也可以用在反问句中，在加强肯定的语气的同时更加强调提前的宾语，如例（2）。

（4）是时也，王事唯农是务。（周语上）

（5）吾闻之：“天道无亲，唯德是授。”（晋语六）

（6）君子之行，欲其道也，故进退周旋，唯道是从。（楚语上）

《国语》中“唯命是听”1 例，用于该式的动词有：务、授、从，此外还有征、祟、待，所有 7 例当中，每一例动词都不相重合，足以证明这一结构的灵活性，只是相对而言，出现在这种格式里的动词不如《左传》中丰富。

2. “将·NP·是·V”

《左传》中 10 例，《国语》中 2 例，语序可理解为“将V·NP”，如：

（7）将虢是灭，何爱于虞？且虞能亲于桓、庄乎？（僖公 5.8）

（8）王子相楚国，将善是封殖，而虐之，是祸国也。（襄公 30.11）

此外《左传》中进入这一结构的动词还有：务去、训定、以、望。其中“务去”“训定”以及例（8）中的“封殖”是较复杂的动词同义并列结构，我们将在下文进行探讨。

《国语》中的 2 次用例为：

（9）将民之与处而离之，将灾是备御而召之，则何以经国？（周语下）

（10）彼无亦置其同类以服东夷，而大攘诸夏，将天下是王，而何德于君，其予君也？（鲁语下）

例（9）中“将民之与处”和“将灾是备御”是同样的宾语前置结构，只是前者用“之”提宾，后者用“是”提宾，其结果和所起的作用是一致的，后面的“而”都表示转折；例（10）中的“王”是体词性词语充当谓词性成分。

3. 其他类标记

有时，在“是”作为助词的结构中，有些词语在两部文献中共同出现过，而且句法形式相对固定，可以将其视作普遍性的内容，我们把这些形式中的固定词语看作标记，比如：

（11）庆郑曰：“愎谏、违卜，固败是求，又何逃焉？”（僖公15.4）

（12）世胙大师，以表东海。王室之不坏，繄伯舅是赖。（襄公14.8）［“繄”用作副词］

（13）谚曰：“非宅是卜，唯邻是卜。”①（昭公3.3）

（14）夫为四邻之援，结诸侯之信，重之以婚姻，申之以盟誓，固国之艰急是为。铸名器，藏宝财，固民之殄病是待。（鲁语上）

（15）今王非越是图，而齐、鲁以为忧。（吴语）

（16）君今非王室不平安是忧，亿负晋众庶，不式诸戎、狄、楚、秦；将不长弟，以力征一二兄弟之国。（吴语）

《左传》中可以视作标记的固定词语有固、繄、非，共4例；《国语》中有“固”“非”，共4例，没有“繄”。

为了描写和比较的方便，我们根据标记性词语对明显的形式进行了大致分类，其实可以看出：上面几种结构中“NP·是·V”前面的“唯”“将”“非”“固”“繄”等成分都是副词。这些副词用于修饰处于结构最后的动词。

4. 一般情况下的前置：“NP·是·V”结构

有一类宾语前置没有形式上的标记，不像上面几种“NP·是·V”结构前有副词修饰，也可将宾语前置，这种用法在两书中用例不少。如：

① “非宅是卜”中“非”作为否定副词，修饰动词“卜”，也可以看作形式标记。

(17) 能为人则者，不为人下矣。吾不能是难，楚不为患。[①]（昭公1.1）

(18) 告之以临民，教之以军旅，不共是惧，何故废乎?（闵公2.7）

(19) 寡人之从君而西也，亦晋之妖梦是践，岂敢以至?（僖公15.4）

(20) 凡民利是生，杀君而厚利众，众孰沮之?（晋语一）

(21) 叔熊逃难于濮而蛮，季紃是立，薳氏将起之，祸又不克。（郑语）

(22) 蠡闻之，上帝不考，时反是守，强索者不祥。（越语下）[“时反”为主谓结构，“反”通“返”。]

（二）结构助词“是”的使用特点

1. 动词的特点

从上述用例可以看出，该结构最大的特点在于：处于最后的动词都是简单的光杆动词，因为结构助词“是”的最重要的语法功能在于提取宾语，在“（唯/惟/将/固/非……）· NP · 是 · V”结构中，NP前置之后，原本是动宾结构的复杂动词形式被架空，只剩下光杆动词。不过我们也可以看到有些例句比如例（8）、（9），再如：

(23) 君人者，将祸是务去，而速之，无乃不可乎?（隐公3.7）

(24) 闻二先君之出入此行也，将郑是训定，岂敢求罪于晋!（宣公12.2）

这些例句中的“务去”、“训定”以及“封殖”、“备御”，看起来是复杂的动词结构，有些甚至可能被误认为是动补结构，比如“务去”，“去”并非“务”的补语，二者可理解为同义并列或表示递进关系的动词组。其他几例与此例同，都是并列的动词结构，相对光杆动词而言有些复杂，不过尚未脱离简单动词的性质。

---

① 此例中动词“难”与“患”相对，作为动词的“难”在《左传》中与“患”是相通的。此处据杨伯峻注：“（吾不能是难）此倒装句，吾难于不能，言吾以不能信为难。”正常语序当作“吾难不能，楚不为患”，语义上理解便是：我忧虑的是我的“不能”，楚不是我所忧虑的。

2. 前置宾语的特点

作为前置宾语的“NP”以体词性成分为主，有时是单音节名词，如前文例中的“德”“命”“道”等，有时出现双音节词语，比如“天下”“社稷”“伯舅”等，相对来说这些都是简单的体词性词语。不过我们也可以发现比较复杂的体词性结构，比如例（3）中的“有礼与强可以庇民者”，是由“者”字结构整体作为宾语；例（14）中的“国之艰急”“民之殄病”，例（16）中的“王室不平安”，例（19）中的“晋之妖梦”，这4例中的“NP”都是由偏正结构来充当。

除了体词性词语之外，“NP”还可以由谓词性词语或结构来充当，比如例（17）、（18）中的“不能”“不共”，都是由动词充当前置宾语；再如例（22）中的“时反是守”中的“时反”是主谓结构，即“时返”，再如：

（25）譬如田猎，射御贯，则能获禽，若未尝登车射御，则败绩厌覆是惧，何暇思获？（襄公31.12）

（26）小国失恃，而惩诸侯，使莫不憾者，距违君命，而有所壅塞不行是惧。（昭公1.1）

（27）寡人其君是恶，其民何罪？天殃流行，国家代有。（晋语三）

（28）我君是事，非事土也。名曰君臣，岂曰土臣？（晋语九）

例（25）中“败绩厌覆”是动词并列组合成的结构；例（26）“有所壅塞不行”是“有·所VP”结构，该结构实质上是动宾结构，作为整体充当“惧”的宾语而前置；例（27）、（28）两例中“寡人其君”和“我君”实际上是句法中主语和宾语放到了一起。《左传》中有例（27）的异文，即：

（29）秦伯曰：“其君是恶，其民何罪？”秦于是乎输粟于晋。（僖公13.4）

由异文材料可以看出：“恶”的宾语是“其君”，而“寡人”是“恶”的施事。

从上引例句可以看出：充当前置宾语的成分已经比较丰富且复杂，不限于简单的名词或名词词组，可以是偏正结构，也可以是主谓结构，还可以是几个并列的动词性成分或动宾结构等。

3. “是”的作用以及几个需要注意的问题

结构助词“是”所在的句法结构中的宾语前置，这一结构的最明显的作用在于：强调宾语，此为其一。另外，宾语形式不但复杂而且富于变化，这一点说明在《左传》《国语》时期“（唯/惟/将/固/非……）·NP·是·V”结构已经广泛使用且得到了很大程度的发展。一种句法结构的广泛使用和不断趋向于复杂，说明该结构已经高度成熟，这是语言发展的一条基本规则。在宾语形式不断复杂的情况下，这一结构将宾语提前就有了另外一层作用：排除了动词后的宾语因为复杂、过长而显得结构拖沓的可能，而且同时能够强调宾语。

从上述的分析和比较中我们看出，“是”用作结构助词在《左传》和《国语》中除了使用数量的差别之外，在语法功能、语法性质以及宾语、动词的特点和变化等诸多方面都没有差别。

此外，就结构助词“是”，还有需要注意的几个小问题，容易出现误解，在此简单讨论。

A. 主语宾语同处“是V”之前的问题

（30）老夫罪戾是惧，焉能恤远？（昭公1.5）

（31）吾不免是惧，何敢告子？（襄公22.6）

（32）诸侯唯宋事其君。今又争国，释君而臣是助，无乃不可乎！（昭公21.6）

（33）听舆人之诵曰：“原田每每，舍其旧而新是谋。”（僖公28.3）

再如前文的例（27）、（28），不细加分析很容易产生误解，尤其是例（28）、（30）中的“我君”和“老夫罪戾”很容易被理解为偏正结构，而实际上“君”“罪戾”分别是“事”“惧”的宾语；例（31）中“吾”和“不免”虽不致产生误解，不过“不免”和“是惧”之间极可能产生误解：“是”被理解为指代词，于是“不免”和“是惧”之间容易被理解为动宾关系，由此产生误解；将例（32）和例（33）相对照，我们发现“释君”“舍其旧”分别与后面的“NP 是 V”结构对应，该结构分别用于强调宾语“臣”和“新”，这样有利于我们认清“是”的代词和助词的区别。

B. 状语宾语同处“是 V”之前，状语基本上都由副词承当。如：

(34) 抑君臣日战，君曰“余必臣是助”，亦唯命。(昭公 22.2)

(35) 婴所不唯忠于君、利社稷者是与，有如上帝！(襄公 25.2)

前面有标记的结构中的副词“唯”“将”“非”“固”等，再如“必”，都是副词性修饰语，它们在句中虽与体词性成分同居于“是 V”之前，要明确的一点在于：副词修饰的是最后的动词。

C. 句法格式完全相同时，该如何区分“是”是指代词还是助词？

(36) 元年始受，实沈之星也。实沈之墟，晋人是居，所以兴也。(晋语四)

(37) 大火，阏伯之星也，是谓大辰。辰以成善，后稷是相，唐叔以封。(晋语四)

(38) 君弗蚤图，卫而在讨。小人是惧，敢不尽心。(晋语四)

(39) 无乃非盟载之言，以阙君德，而执事有不利焉，小国是惧。(襄公 28.8)

(40) 若不恤其患，而以为口实，其无乃不堪任命，而翦为仇雠？敝邑是惧，其敢忘君命？(襄公 22.2)

(41) 有令名矣，而终之以耻，午也是惧，吾子其不可以不戒。(昭公 1.1)

上引 6 个例句中，后 4 例全部为“NP 是惧”结构，这一结构在《国语》中仅例（38）1 见，在《左传》中有 9 例，上引例（39）、(40)、(41) 3 例都是代词“是”直接前置于动词“惧”，其他 6 例中“是”都用作结构助词，比如上文例（17）、(26)、(30) 和例（31）4 例。相比较而言，在用作结构助词的“是”字结构中，“是”前面的宾语要么相对复杂，要么提宾之后，主语宾语或状语宾语同处在“是 V”之前。多数情况下，“NP是V”结构出现在前一分句中，后续分句多是反问句，或者转折句，无疑更加突出了前置的宾语。更重要的判断方法是需要结合上下文加以判断。上面6个例句，我们可以明确地识别“是”的指代性。通过观察和分析，我们认为：指代词“是”直接前置于动词时，“是”前的成分是句子的主语而不是宾语，而且这些主语都很简单，不过在“主语是V”结构之前，“是”所指代的内容全都在前文已经出现，而且往往是较长、较复杂的，所以，用“是”来指代，除了强调之外还可以使句子结构更趋和谐。

二 “实”的比较

“实”除用作名词外，还可以用作副词和助词。用作结构助词的“实”与用作结构助词的“是”“之”相似，一般用于宾语和动词之间，也起到提宾的作用。《左传》中“实”有5例结构助词用法，《国语》中2例。其中有些用例值得注意，此处一并提出并加以分析。

（一）《左传》《国语》的结构助词“实”

《左传》中4例，《国语》中2例，如：

（1）陈侯曰：“宋、卫实难，郑何能为？”[①]（隐公6.4）

（2）臣闻之，鬼神非人实亲，惟德是依。（僖公5.8）

（3）非知之实难，将在行之。（昭公10.4）

（4）鸡其惮为人用乎！人异于是。牺者实用人，人牺实难，己牺何害？（昭公22.3）

例（1）宾语前置的句式与“是”“之”结构相同，“宋、卫”是“难（患）”的宾语，可理解为“难宋、卫”，沈玉成译文作“宋国和卫国才是真正的祸患，郑国能干什么？”将“实”看作加强肯定语气的副词，将“难”理解为名词“祸患”，译文不无捍格。我们认为王引之和

① 王引之《经义述闻》云：“实，是也；难，患也。宋、卫实难者，言唯宋、卫是患也。”杨伯峻注：“实为用于动宾倒装之结构助词。”见《春秋左传注》第50页，中华书局1981年版。

杨伯峻的看法是正确的：将“实”处理为提宾的结构助词，“宋、卫”作为动词“难”的宾语，这样理解起来更为晓畅：“忧虑的是宋国、卫国，郑国没什么值得忧虑的。”例（2）中提宾作用通过与“惟德是依”的对照更为明显：“实”与“是”位置对称，作用完全相同；例（3）中“难”与例（1）的“难”词性一致，都用作动词，沈玉成译文作“并不是难在懂得道理，难在实行”。这一处译文相对而言比较贴切，“实”仍是提宾的结构助词，正常语序为“非・难（在）知之，（难）将在行之”；例（4）在《国语》中有异文，即：

（5）人牺实难，己牺何害？（周语下）

韦昭注：“人牺，谓鸡也。为人作牺实难，言将见杀也。己：子朝。己自为牺，当何害乎？人君冕服，有似于牺，故以喻也。”王引之：“是，是也。难，患也。‘人牺实难’，言唯他人为牺是患也。”宾语“人牺”前置，“实”与“是”的结构助词用法相同。

（6）夫戮出于身实难，自他及之何害？（晋语八）

此例中，“难”仍当解作“患”，忧虑的意思；“实”的用法还是同结构助词“是”相同，用以提宾，正常语序为“夫难戮出于身”，意为忧虑的是因为自身出了问题而受到惩处，如果是其他的原因，就没什么可以忧虑的了。例中的宾语由“戮出于身”这一完整的句子形式充当，是较为复杂的宾语。

从上面的分析可以看出，“实”能否用作结构助词，判断时需要对上下文细加斟酌。两书结构助词“实”在运用上的最大特点在于：最后的动词几乎都是“难”，只有例（2）中用的是“亲”，其他5例中的动词全都是“难”，意为忧虑、忧患。“实”在两书中的用法相同。

（二）“实”的语气副词和助词用法的区分

《左传》和《国语》中都有一些包含“实”的句子，表面上看来，句法形式与作为结构助词的“实”所在的句子完全没有区别，用法和功能也是相同的，不过细加品味会发现两者之间是截然不同的。

(7) 子大叔曰:"若何吊也?其非唯我贺,将天下实贺。"(昭公8.3)

(8) 小人实不才,若果行此,其郑国实赖之,岂唯二三臣?(襄公31.11)

(9) 君子曰:"弗知实难。"知而弗从,祸莫大焉。(昭公3.4)

(10) 有吴国者,必此君之子孙实终之。(襄公31.9)

(11) 岂唯寡君与二三臣实受君赐,其周公、太公及百辟神祇实永飨而赖之!(鲁语上)

(12) 若得天福,其当身乎?若刘氏,则必子孙实有祸。(周语下)

(13) 武族唯晋实昌,晋胤公子实德。晋仍无道,天祚有德,晋之守祀,必公子也。(晋语四)

上引诸例中,"实"所处的句法位置同用作结构助词的"实"所处的位置完全相同,从句法形式上是看不出什么区别的。例(7)中有"非"、"唯"和"将",跟典型的有标志的"NP 实/是 V"结构非常相像,可以将其处理为"其非唯贺我,将贺天下",这样理解完全是可以的,联系上下文之后我们发现这句话完全不是表达上述意义,杨伯峻认为句意:"盖谓非但我贺,诸侯皆将来贺。"句中的"实"是用作加强肯定语气的副词。例(8)中"小人实不才"是比较容易理解的,尤其是"不才"作为谓语中心,因为是动词的否定形式,这同"NP 是 V"中动词必须是简单的光杆动词的要求是相悖的,所以"实"比较容易理解为副词。而此例中的"其郑国实赖之"看似结构相同,最大差别在于动词"赖"后面有宾语"之",这一点在提宾结构助词用法中是不允许的,例(10)的动词"终"后也有宾语"之",与此例同,"实"应处理为副词;例(9)"弗知实难"如果"实"是结构助词,那么这句话应理解为"难弗知",而下文陈述的是"知而弗从",揆之文意有所不通。只能将"实"理解为副词,这样前后文意才能保持一致;例(11)、(12)中动词"受"和"有"后面都有宾语,不符合结构助词的特点,所以"实"都是副词;例(13)中"武族"和"晋胤公子"都是用作主语的,如果把"实"处理为结构助词,那么"武族"和"晋胤公子"都是受事主语,与原意不相符合。

我们认为判断“实”是语气副词还是提宾结构助词的方法在于：首先观察核心动词的特点：“实”作语气副词时，动词的附加成分是自足的，即动词后面往往带有宾语或者补语，或者是复杂的动词结构。这一点在“实”作提宾助词的结构中是绝对不允许存在的，这与“是”“之”的提宾助词用法相同。其次我们可以将“实”去掉，去掉后对原意的理解没有影响，则“实”为语气副词，“实”在句中只是加强肯定语气的作用，去掉后语气上有所减弱，但绝不影响句意；如果句式不通，或者意义上解释不清，这时“实”就是结构助词，需要把句子还原，找到真正的宾语才能解释得通。此外，我们还可以从句子本身出发，如果句式结构可以还原，“实”应当是结构助词；如果句式无法还原或根本没有原型结构，“实”就当是语气副词。有些用例还需要借助语境和上下文来帮助判断。

三　“焉”的比较

“焉”在句中用作结构助词，其用法和意义与结构助词“是”“之”“实”的用法相同，都起到提宾的作用。用作结构助词的“焉”在《左传》中有2例、《国语》中有1例，分别是：

(1) 我周之东迁，晋、郑焉依。(隐公6.7)

(2) 郑书有之曰：“安定国家，必大焉先。”姑先安大，以待其所归。(襄公30.13)

《左传》的结构助词“焉”，王引之在《经传释词》中已加阐释①，

① 王引之云：“焉，犹‘是’也。”下并有此处三例，还有其他一些例句，其中《左传》犹有一例云：“(《左传》) 昭九年曰：‘使偪我诸姬，入我郊甸，则戎焉取之。’言郊甸之地，戎是取之也。《正义》曰：‘焉，犹何也。若不由晋，则戎何德取周之地也?’失之。”见《经传释词》(黄侃、杨树达批本) 第38页，岳麓书社1985年版。王氏认为此例中的“焉”同本书的3例相同，用法与结构助词“是”相同，不确。此例的“焉”与提宾结构助词“是”“焉”最明显的区别在于：其后的动词“取”后紧跟宾语“之”，前面“戎”是动词“取”的施事者，这与提宾作用的结构助词用法原则上是相悖的，所以不可能是结构助词。王氏失之，另外孔颖达的《正义》释“焉”为“何”，也与文意不合。杨伯峻注“焉，于是也”，揆之文意，是最贴切的。

何乐士也有专门研究成果。[①] 先看例（1）：王、何均指出此例可以在《国语》中找到异文，即：

（3）我周之东迁，晋、郑是依。（周语中）

《国语》例中“晋、郑是依”中“是”是用作提宾结构助词，通过对比可以看出“焉”与“是”用法、结构都是一致的。

再看例（2）：何乐士认为“‘必大焉先’即‘必先大’的倒装，‘大’是动词‘先’的宾语而前置。对照下句‘姑先安大’，‘先’是副词，‘安’是动词，‘大’是宾语，刚好把‘大焉先’的顺序乙正过来，清楚地说明‘焉’作为结构助词的作用”。[②]《国语》例为：

（4）今王播弃黎老，而孩童焉比谋，曰“余令而不违。”夫不违，乃违也。（吴语）

此例韦昭注：“播，放也”“孩，幼也。比，合也”。王引之《经传释词》卷二“焉”字条云：“焉，犹‘是’也”，下并举此例，云“言孩童是比谋也”。[③]“播”、“弃”和“比”、“谋”都是同义动词连用，其间是并列关系。前文“播弃黎老”为正常的动宾结构，而下文为强调宾语“孩童”，运用提宾结构助词“焉”将其前置，正常语序为“比谋孩童”，也为动宾结构。

《左传》《国语》中的结构助词“焉”用法和意义是完全相同的，不同点在于：《国语》提宾结构助词“焉”后的动词稍为复杂，是同义动

① 何乐士：《〈左传〉的“焉”》，见《〈左传〉虚词研究》（修订本）第361～362页，商务印书馆2004年版。

② 何乐士：《〈左传〉的“焉”》，见《〈左传〉虚词研究》（修订本）第361～362页，商务印书馆2004年版。该例可以商榷：“必大焉先”中认为“先”是动词，恐不确，而且下面的分析，对照下文之后又指出“先”为副词，前后有矛盾之嫌。笔者认为“先”在“必大焉先”和“姑先安大”中都是用作副词的，所修饰的动词都是“安（定）”。“必大焉先”中“大”作宾语无疑，而前文还有“安定国家”之说，已出现动词“安定”，所以“必大焉先”一句中实际上是承前省略了动词谓语“安定”，原意当为“必大焉先（安定）”。

③ 见王引之《经传释词》（黄侃、杨树达批本）第38页，岳麓书社1985年版。

词并列结构，这种用法在结构助词“是”“之”“实”中都可见到，绝非仅见。

第三节　结构助词“所”“者”的比较

一　“所”的比较

“所”可以用作处所名词、连词和结构助词。在《左传》和《国语》中，这几种用法均有体现。《左传》中“所”共有463例，《国语》中共有246例。其中结构助词用法分别是416例和229例，各占其全部用例的89.8%和93.1%，可见两书中的“所”用作结构助词均占有绝对优势，而《国语》中的“所”用作助词的比例更高一些。何乐士对《左传》中的“所”进行了全面、细致的描写，我们参照何氏的研究体例和步骤，对《国语》中“所”的结构助词用法进行全面的分析和描写，在此基础上与何乐士《左传》“所”的研究结果进行比较。

《国语》中的结构助词“所”和动词或动词性结构组合成“所·动(宾)”结构，也是其最主要最常见的用法，这一点在上古汉语时期应当是没有例外的。其次还可以组成“所·介词·动（宾)”结构。无论哪种结构，“所”参与的结构组成之后，其语法功能是将动词性结构转化为名词性结构。《左传》结构助词“所”的特点和用法我们将直接参照何乐士的研究成果，下面是对《国语》结构助词“所”的分析，在此基础上进行两书间的对比。

〔所·动（宾)〕

《国语》中159例，占全部结构助词用法的69.4%，《左传》中同类用法所占比例为70.0%，两书接近。

(一)〔所·动（宾)〕在句中的语法功能

1. 作主语，共47例

(1) 所怒甚多，而不备大难，以是教王，王能久乎？(周语上)

(2) 夫管子，天下之才也，所在之国，则必得志于天下。(齐语)

2. 作动词或介词的宾语，共65例

作动词宾语时，最常见的动词是“无”“有”，二者共有30例，如：

(3) 是以言至而无所讼之也，故陷于大难，乃逮于谗。(晋语二)

(4) 夫申胥、华登简服吴国之士于甲兵，而未尝有所挫也。(吴语)

其他动词还包括：知、得、施、去、过、取、易、观、荐、待、侍等，动词较多，例不赅举，仅列3例如下：

(5) 子服惠伯曰：“不知所为，姑从君乎！”(鲁语下)

(6) 子得所求而不从之，何其怀也！(晋语五)

(7) 吾修令宽刑，施民所欲，去民所恶，称其善，掩其恶，求以报吴。(吴语)

3. 作介词宾语，共2例

(8) 令夫商……以周四方，以其所有，易其所无，市贱鬻贵，旦暮从事于此。(齐语)

4. 作名词性谓语，共38例

(9) 其晋阳乎！先主之所属也，尹铎之所宽也，民必和矣。(晋语九)

前面有时可以有否定副词“非”，也可以有其他副词，如：

(10) 詹曰：“臣愿获尽辞而死，固所愿也。”公听其辞。(晋语四)

5. 作定语，共 2 例

（11）亡人之所怀挟缨纕，以望君之尘垢者。（晋语二）

（12）我有大事，子有昆弟四五人皆在此，事若不捷，则是尽也。择子之所欲归者一人。（吴语）

6. 借助语境和副词“唯”单独成句，共 7 例

（13）将夺其国，何有于妻，唯秦所命从也。（晋语四）

（二）对〔所·动（宾）〕结构中动词结构的分析

通过我们的考察，《国语》中的〔所·动（宾）〕结构中，“所”后的动词前无附加成分，动词后无宾语或补语占绝大多数，共 121 例，占该结构全部用例的 76.1%。比《左传》中同类用法所占的比率（80.4%）略低。如：

（14）其妻曰：“子得所求而不从之，何其怀也！”（晋语五）

（15）三江环之，民无所移，有吴则无越，有越则无吴，将不可改于是矣。（越语上）

其中有动词并列者共 4 例，如：

（16）上下议之，无所比度，王其图之！（周语下）

动词前有副词或助动词等附加成分，共 16 例；动词后有宾语共 15 例，动词后有补语 1 例，共 32 例，如：

（17）吾闻申生甚好仁而强，甚宽惠而慈于民，皆有所行之。[①]（晋语一）

① 此例中，动词“行”前有范围副词“皆”，其后有宾语“之”，是比较典型的前后都有附加成分的例子。

（18）若临大事，其可以贤于臣。臣请荐所能择而君比义焉。（晋语七）

（19）今君施其所恶于人，暗不除矣；以贿灭亲，身不定矣。[①]（晋语二）

所字结构为〔所·动（宾）·者〕，共6例

（20）平公闻之曰："晋其庶乎！吾臣之所争者大。"（晋语八）

何乐士对这种结构形式有深入的解释，指出"（这种所字结构）应分析为内部关系为：'所动（宾）'和'者'结合。'者'在这里是语气词而不是结构助词"[②]，这个结论是值得商榷的。朱德熙指出："因为'所'字不能加在名词性成分前头，而'者'字却可以加在名词性成分后头，所以'所VP者'的构造一定是'所VP+者'，不是'所+VP者'。又因为'所VP者'跟'所VP'所指相同，所以这个'者'一定是表示自指的，不是表示转指的。"我们同意朱德熙先生的看法，认为"者"在这类"所"字结构中仍是用作结构助词的，而不应当作语气词处理。当然，由于是自指，而且"所VP"表意方面已相对完整，"者"看似可有可无，但不能根据这一点将其视作语气词。[③]

（三）出现在〔所·动（宾）〕结构前的成分分析

我们把《国语》中的〔所·动（宾）〕整个结构前有修饰成分的例子分为以下几小类，并用相应的结构式来表达，直接统计用例数据，不再多加举例。

A.〔名词·所·动（宾）〕：25例

B.〔名词·之·所·动（宾）〕：44例

---

① 其中动词"恶"后有补语"于人"，表示动作行为施与的对象。

② 何乐士：《〈左传〉的"所"》，见《〈左传〉虚词研究》（修订本）第241页，商务印书馆2004年版。

③ 参见马汉麟《古代汉语"所"字的指代作用和"所"字词组的分析》，《中国语文》1962年第10期。

C.〔代词·所·动（宾）〕：16 例，如例（8）

D.〔（名词）·（之）·所·动（宾）〕前有副词或连词者：38 例

由此可见，〔所·动（宾）〕结构一般都用来表示受事、与事或工具等，而不能表示施事，朱德熙对这种现象的原因已经做出了解释。[①]

1.〔所介·动（宾）〕

《国语》中 70 例，全部是“所以·动（宾）”结构。如：

（21）夫礼，所以正民也。[②]（鲁语上）

通过观察和比较，我们发现《左传》和《国语》两种文献中的“所以”的用法几乎是一样的，理解“所以”的关键在于介词“以”引介的宾语的语法功能是怎样的，它决定了〔所介·动（宾）〕这一结构的语法功能和语法意义。

《马氏文通》卷二指出：“凡所以者之句，皆原其故也。”“所以”表示推求某事件或行为发生的原因，有时后面有“者”，形成“所以……者”结构。朱德熙也指出：“‘所 JV’（“所”字后头紧跟介词的格式）结构提取的是介词的宾语，所以介词后头宾语必须缺位。与此类格式相应的陈述形式是 JOV。‘所 JV’后头也能加‘者 s’（表示自指的‘者’）。”[③] 例如：

（22）若得保其首领以殁，唯是春秋所以从先君者，请为“灵”若“厉”。（楚语上）

（23）昔者君王辱于会稽，臣所以不死者，为此事也。（越语下）

---

① 朱德熙指出：“‘所 VP’可以指受事、与事、工具、处所等等，不能指施事。这个现象可以从‘所’字的语法功能上找到解释。因为‘所’提取的是宾语，而宾语在古汉语里正是只能指受事、与事、工具等等，不能指施事的。”见朱德熙《自指和转指》，《方言》1983 年第 1 期。

② 《左传·庄公二十三年》：“夫礼，所以整民也。”二例几乎完全相同，差异在于“正”和“整”，字形虽异而表意上存在紧密关系。

③ 见朱德熙《自指和转指》，《方言》1983 年第 1 期。

何乐士指出："〔所介·动（宾）〕结构是一个名词性结构，'所介'组成一个表示凭借、原因、工具、方法、目的、途径……的介词结构……"① 不过《国语》中该结构中的介词只有"以"，《左传》中出现了其他介词，如"所由"（表示原因、由来）、"所自"（表示途径、原因）、"所为"（表示目的、原因、对象）和"所从"（表示处所）等，相对灵活。不过总体看来：两书的这一结构，"所以"是占绝对优势的，这跟介词"以"数量丰富、功能多样是相关的。

2. 固定结构

《国语》中"所"字固定结构只有"所谓"，共 4 例，全部在《楚语下》。《左传》中"所"字固定结构共 38 例，两者之间的差别比较明显。"所谓"在《国语》中用法比较简单：

（24）周书所谓重、黎寔使天地不通者，何也？若无然，民将能登天乎？（楚语下）

（25）王曰："所谓一纯、二精、七事者，何也？"（楚语下）

由上述例句可以看出，在《国语》中，"所谓"主要用于引出古书或别人所说的话，后面紧跟所说的内容，然后提出问题或提供解释，相当于"……所说的……"《国语》中"所谓"的数量和用法特点不如《左传》丰富。

下面通过表 4－3，对两书中的结构助词"所"进行比较。由表 4－3 统计可见：〔所·动（宾）〕结构在两书中都是以作主语、宾语和名词性谓语为最主要的语法功能，而且作主语时，频率相差不大，区别在于在《左传》中作名词性谓语的频率较高，而《国语》中以作宾语频率较高；《左传》中作定语用例较多而且典型，《国语》中该结构和"唯"单独成句使用频率较高；在该结构的动词结构特点方面，两书相差无几，表现出趋同性。

---

① 何乐士：《〈左传〉的"所"》，见《〈左传〉虚词研究》（修订本）第 247 页，商务印书馆 2004 年版。

表 4－3 《左传》《国语》“所·动（宾）”结构的语法功能和结构特点对比

		〔所·动（宾）〕			
		《左传》		《国语》	
		见次	频率	见次	频率
语法功能	作主语	74	25.4%	47	29.6%
	作动词或介词宾语	86	29.6%	65	40.9%
	作名词性谓语	114	39.2%	38	23.9%
	作定语	10	3.4%	2	1.3%
	单独成句	7	2.4%	7	4.4%
	总计	291	100%	159	100%
结构特点	动词前后均无成分*	234	80.4%	121	76.1%
	动词前有副词、助动词	27	9.3%	16	10.1%
	动词后有宾语、补语	21	7.2%	16	10.1%
	〔所·动（宾）·者〕	9	3.1%	6	3.8%
	总计	291	100%	159	100%

* 何乐士在统计《左传》〔所·动（宾）〕结构中“动词前后均无附加成分”时，数据统计有误，我们据其研究结果进行一定调整。见何乐士《〈左传〉虚词研究》（修订本）第239页，商务印书馆2004年版。

二 “者”的比较

“者”在《左传》中出现566次，其中用作结构助词457例、用作语气词91例、用在固定组合中18例[①]；在《国语》中出现473次，其中用作结构助词406例、用作语气词41例、用在固定组合中26例。见表4－4。

表 4－4 《左传》《国语》中“者”不同用法的数据和比率统计

	结构助词	语气词	固定组合	总计
《左传》	457（80.7%）*	91（16.1%）	18（3.2%）	566（100%）
《国语》	406（85.8%）	41（8.7%）	26（5.5%）	473（100%）

* 括号内的百分数表示该类用法在该书所有用例中所占的比例。

① 何乐士：《〈左传〉的“者”》，见《〈左传〉虚词研究》（修订本）第210页，商务印书馆2004年版。

我们用表格形式直观地呈现《左传》《国语》中“者”不同用法的数据和比率统计，如表4－4所示。可见：“者”的结构助词用法在两书中都是最主要的用法；相比之下，《国语》中“者”的结构助词和固定组合的比例比《左传》中同类用法要高一些，而语气词用法所占的比例相对较低。

何乐士指出：“结构助词‘者’是指能够改变结构性质的‘者’。它的主要作用是把动词、动词短语或句子加‘者’，变成名词性短语。”根据“者”的特点和性质，我们对《国语》中的结构助词“者”进行了穷尽性的探察和分析，然后与何乐士对《左传》中结构助词“者”的研究结果进行比较。

（一）《国语》中结构助词“者”的结构形式

“者”之前的成分是丰富多样的[①]，这一点与《左传》非常相近。

1.〔动·者〕，共283例

动词不限于光杆动词，还可以包括动词短语和复杂的动词结构，比如动词前有副词、助动词等成分；动词后可以有宾语、补语等。

（1）赵文子与叔向游于九原，曰：“死者若可作也，吾谁与归？”（晋语八）

“动·者”结构有时以一对反义词互相对照，如：

（2）且夫祸唯无毙，足者不处，处者不足，胜败若化。（晋语三）

有时作为同义词排比使用，如：

（3）于是葬死者，问伤者，养生者，吊有忧，贺有喜，送往者，迎来者，去民之所恶，补民之不足。（越语上）

① 出于描写和比较的方便，我们按照何乐士先生对《左传》中“者”前的成分的分类方法进行分类。

动词前可以有副词、助动词、介宾短语等修饰，如：

(4) 今执政曰“不从君者为大戮”，臣敢忘其死而叛其君，以烦司寇。(晋语八)

(5) 幕，能帅颛顼者也，有虞氏报焉；杼，能帅禹者也，夏后氏报焉；上甲微，能帅契者也，商人报焉；高圉、大王，能帅稷者也，周人报焉。(鲁语上)

(6) 自今以往，知忠以事君者，与詹同。[①] (晋语四)

在动词成分中，状语跟动词之间可由“而”“以”等连接，如：

(7) 抑年少而执官者众，吾安容子。(晋语六)

(8) ……亦抡逞志亏君以乱国者之后而去之，是遂威而远权。[②] (晋语八)

“者”前的动词成分可以为动宾结构或者双宾结构，如：

(9) 毁则者为贼，掩贼者为藏，窃宝者为宄，用宄之财者为奸(鲁语上)

(10) 为人臣者，能内睦而后图外，不睦内而图外，必有内争，盍姑谋睦乎！(晋语六)

“者”前还可以是动补结构，如：

(11) 圣王正端冕，以其不违心，帅其群臣精物以临监享祀，无有苛慝于神者，谓之一纯。(楚语下)

(12) 山川之灵，足以纪纲天下者，其守为神；社稷之守者，

---

① 其中动词为“事”，动词前面有介宾结构：“忠”作为介词“以”的宾语前置于介词，这在《左传》《国语》时期是比较常见的，参见本书介词章。

② “逞志亏君以乱国者”是一个“者”字结构，而该结构作为一个整体修饰“之后”，作定语，这在功能分析中会另文提及。

为公侯。皆属于王者。(鲁语下)

动词结构还可以是连动结构或者并列的动词短语，如：

(13) 凡我父兄昆弟及国子姓，有能助寡人谋而退吴者，吾与之共知越国之政。(越语上)

(14) 夫盈而不偪，憾而不贰者，臣能自寿，不知其他。(楚语下)

上述各种情况都是“者”之前的动词性成分的具体表现，由此看出，何乐士所总结的《左传》“动·者”结构中动词成分的种类，在《国语》中均可找到相应的形式，只是数量上有差别，在使用上是相同的。

2. 〔形·者〕“者”前为形容词或者形容词性短语，共41例

(15) 故大者陈之原野，小者致之市朝，五刑三次，是无隐也。(鲁语上)

(16) 德义不行，则迩者骚离而远者距违。(楚语上)

3. 〔(此、是、兹)·数词·者〕，共16例

数词后加“者”组成的结构，有时数词前有“此、是、兹”等指示代词，加强指示作用。

(17) 荀家惇惠，荀会文敏，黡也果敢，无忌镇静，使兹四人者为之。(晋语七)

(18) 是二者，得国之卦也。(晋语四)

例（17）中“四人者”所指代的对象是：荀家、荀会、黡、无忌四人，都在前文，这是此类结构的重要特点；例（18）前文有“公子亲筮之……得贞《屯》、悔《豫》，皆八也。”由此可见，“二者”实指“贞《屯》”“ 悔《豫》”二卦。

4. 〔名（之）动（形）者〕有时“之”可以不出现，共39例

（19）臣闻圣王公之先封者，遗后之人法，使无陷于恶。（鲁语上）

（20）然吾观国人，其父兄之食粗而衣恶者犹多矣，吾是以不敢。（鲁语上）

（21）国人欲告者来告，告孤不审，将为戮不利，及五日必审之。（吴语）

这一类结构的一个重要特点在于：“之”前的名词一般都表示整体概念，而“之”后的成分表示的是整体中的一部分。我们在对结构助词“之”进行分析时，也能明确地发现这一特点，《左传》《国语》中的“名（之）动（形）者”结构，无论在句中的语法功能是充当主语还是充当宾语，都毫无例外地体现着这一特点。

5. 〔其·动者〕，共26例

（22）从者将以子行，其闻之者吾以除之矣。[①]（晋语四）

（23）自若以处，以度天下，待其来者而正之，因时之所宜而定之。（越语下）

上引例句中，“其”是指示代词，对后面的结构起指示作用，相当于“那、那些”。

“其”在这种结构中，有时可以表示领属，如：

（24）吾观晋公子贤人也，其从者皆国相也，以相一人，必得晋国。（晋语四）

何乐士指出：“其动者”作谓语并且句末有语气词“也”时，“其”

---

① 此例在僖公二十三年《左传》记作“子有四方之志，其闻之者，吾杀之矣”。“其·动者”结构是完全相同的。

有时是语气副词。① 并举一例：

（25）子展其后亡者也。（襄公27.5）

在《国语》所有“其动者”结构中，没有类似于《左传》这种作谓语的用法，全部都是用作主语或宾语。“其”在这种结构中表示推测语气，我们认为其先决条件在于该结构充当了谓语：作为体词性结构的“其动者”出现在谓语位置上，导致其体词性性质可能发生变化；再者，由于句末有“也”煞句，这一结构表示判断的意味增强，这是一个必要条件。在两个条件的共同作用下，“其·动者”产生重新分析的可能，理解的时候我们一般要加上判断动词“是”，而且“其”本身常用于表示推测语气，这种句式是其发挥语气副词作用的最常见句式。当然，语法位置使其有重新分析的可能，不过从使用频率来看，这种用法还是很少的。

6. 〔形·名·者〕，共2例

（26）夫义人者，固庆其喜而吊其忧，况畏而服焉？（鲁语下）

（27）正月之朝，五属大夫复事。桓公择是寡功者而谪之。（齐语）

“义人者”是指有道义的人；“寡功者”是指功劳少、功绩不佳的人，而前面的“是”是作为指示代词出现的，相当于“其”，所以该例的结构可以归纳为“其·形·名·者”，“其”表示指代。

值得注意的一点是，《左传》中结构助词“者”还可以用在副词之后，形成“副词·者”结构，共5例，如：

（28）先者见获，必务进；进而遇覆，必速奔。后者不救，则无继矣。（隐公9.6）

---

① 何乐士：《〈左传〉的“者”》，见《〈左传〉虚词研究》（修订本）第213页，商务印书馆2004年版。

《国语》中未见“副词·者”结构。其他六种结构，《国语》和《左传》在用法和特点上几乎都一样，表现出极大的相似性，只是在使用数量上小有差别。

（二）《国语》中“者”字结构的功能

《国语》中“者”字结构作为名词性结构，具有多种语法功能，主要表现在：充当主语、宾语、名词性谓语、兼语、受事主语、介词宾语等。前文所举例句，多为主语、宾语用例，下面再就一些不常见的语法功能举例说明。

1. 充当兼语，共19例

（29）令壮者无取老妇，令老者无取壮妻。（越语上）

2. 充当受事主语，共8例

（30）四者皆弃，则远不至而近不和矣，将何以守国？（周语上）

3. 充当介词宾语，共11例

（31）君骄泰而有烈，夫以德胜者犹惧失之，而况骄泰乎？（晋语六）

4. 充当名词性谓语，共44例

（32）伯夷能礼于神以佐尧者也，伯翳能议百物以佐舜者也。（郑语）

5. 充当定语，共4例

（33）齐国之政败矣，晋之无道久矣，从者之谋忠矣，时日及矣，公子几矣。（晋语四）

“者”字结构的上述几种语法功能共有86例。另外作宾语者有108例，作主语者有212例。详见表4－5。

表4－5 《左传》《国语》中“者”字结构语法功能见次对比

	作主语	作宾语	充当其他成分	总计
《左传》	231（50.5%）	115（25.2%）	111（24.3%）	457（100%）
《国语》	212（52.2%）	108（26.6%）	86（21.2%）	406（100%）

由表4－5可以看出：在《左传》《国语》两书中，“者”字结构充当各种句法成分的功能在使用数量上存在一定的差别。

（三）“者”的固定组合

《左传》中“者”的固定组合共18例，它们是“昔者”（3例）、“古者”（1例）、“响者”（1例）、“曩者”（1例）、“或者”（9例）、“其或者”（3例）；《国语》中这类固定组合共26例，分别是：“昔者”（15例）、“古者”（9例）、“或者”（2例）。《国语》中“者”的固定组合不如《左传》中的形式多，然而《左传》中有些形式是不常见的，用例很少；而《国语》中常用组合的数量远超过《左传》的数量。“或者”“其或者”在副词章加以介绍，这里比较一下“昔者”“古者”。如：

（34）昔者吾有訾祏也，吾朝夕顾焉，以相晋国，且为吾家。（晋语八）

（35）昔者之伐也，兴百姓以为百姓也，是以民能欣之，故莫不尽忠极劳以致死也。（晋语一）［“昔者”充当定语］

（36）古者，先王既有天下，又崇立上帝、明神而敬事之。（周语上）

（37）是以古者先王日祭、月享、时类、岁祀。（楚语下）

这些用法都用来表示时间，“昔者”之后没有停顿，而“古者”后往往有停顿，这是二者的重要区别。它们的特点和意义在两书中都是一样的。

第四节 结构助词“之”的比较

《国语》中共有“之”3261例，可以用作代词、助词、动词、介词和连词。把何乐士对《左传》“之”的研究成果借用过来，用表格形式体现两书的总体特点。如表4－6所示。

表4－6 《左传》《国语》“之”字各词类分布及见次对比

	代词	助词*	动词	连词	介词	语气词	总计
《左传》	4037 (56.4%)	2564+542 (43.4%)	10 (0.14%)	1 (0.01%)	0	3 (0.04%)	7157 (100%)
《国语》	1545 (47.4%)	1354+346 (52.1%)	11 (0.33%)	1 (0.05%)	4 (0.12%)	0	3261 (100%)

* 何乐士《〈左传〉的〔主“之”谓〕式》一文认为有一类“之”位于主谓之间，其作用不是使主谓结构名词化，因为汉语的动词、形容词以及主谓结构等谓词性成分本身完全可以充当体词性成分，我们不必依照印欧语的习惯认为这些谓词性成分必须先行“体词化”才能具备作主语、宾语的功能。因此何先生认为这一类“之”“给句子增加了一种形式上的标志和内在的粘连性，使句子与一个总是比它大的语言单位紧密地联系起来”。她认为这一类“之”属于“副词性的连词”。见何乐士《〈左传〉的〔主“之”谓〕式》，《〈左传〉虚词研究》第78～79页，商务印书馆2004年版。由于这一类连词“之”与本书传统意义上的“连词”概念不相符，而且这一类“之”实际上仍具有助词的性质，我们仍将其处理为介词。表4－6中“助词”一栏，前面的数字是严格意义上的助词，后面的数字是此处指出的所谓“副词性连词”。我们认为严格意义上的连词用法，《左传》《国语》中各有1例。

由表4－6可见，《左传》《国语》中的“之”绝大多数都是用作代词、助词。《左传》中“之”的代词用法所占比重最大，助词仅列其后，由于基数比较大，两者之间数量差距还是很明显的；《国语》中“之”的助词用法所占比重最大，代词紧随其后，数量上相差不明显。而动词、介词、连词和语气词都是辅助用法，数量极少。这里主要就其助词用法进行分析，并与《左传》中的“之”进行比较。

《国语》中的助词“之”共1354例，另有“副词性连词”346例，我们在研究时将此类“副词性连词”统归助词下，并分别进行研究。相对于《左传》中的助词“之”而言，《国语》中的“之”没有用在专有名词中的用例，而《左传》中用于专名的“之”有33例，这是最大的一点不同。现就各类加以分析、比较。

一 〔X·之·名〕

（一）总体特点

《国语》中有1215例，占助词用例的89.7%，《左传》中同类用例有2344例，占助词用例的91%，二者所占比重相当接近。何乐士所指出的《左传》中助词“之”的语法特点包括：“‘之’前的成分丰富多彩、变化多端；可以是名词、形容词及其短语，也可以是动词、动词短语或句子。”①《国语》助词“之”的用例也有上述特点。我们将《国语》中的“X·之·名”所有用例进行两种分类：一是根据“之”前的成分的性质进行分类；一是根据音节的数量进行分类。然后与《左传》进行对比。

表4－7 《左传》《国语》“之”所处结构见次对比

	名·之·名	形·之·名	动（或主谓）·之·名	总计
《左传》	2211（94.3%）	30（1.3%）	103（4.4%）	2344（100%）
《国语》	1127（92.8%）	19（1.6%）	69（5.6%）	1215（100%）

从表4－7可以看出：〔X·之·名〕结构在《左传》和《国语》中都以“名·之·名”结构最为常见，都占有绝对优势，而且两者所占比重相差无几；“形·之·名”结构在两书中用例都最少，所占比重也几乎相等；“动（或主谓）·之·名”的用例绝对数量不少，不过与较大的基数相比，两书中的这一结构也处于弱势地位，所占比重相差也不大。而这一结构与作为代词的“之”所在的“动·之·名”结构之间有比较明显的差别，何乐士认为：“〔动（或‘主谓’）·之·名〕中的‘动’都是短语或主谓结构，与代词所在的〔动·之·名〕中的‘动’有明显的差别：后者的‘动’绝大多数都是单个动词。”②《国语》中作为代词的“之”处在“动·之·名”结构中的数量不多，作为代词的“之”常位于分句或句子的末尾，后面往往不再有名词，这一点也为我们区分

① 何乐士：《〈左传〉的“之”》，见《〈左传〉虚词研究》（修订本）第55页，商务印书馆2004年版。

② 何乐士：《〈左传〉的“之”》，见《〈左传〉虚词研究》（修订本）第56页，商务印书馆2004年版。

“之”与“其”的关系提供了一定线索，常位于句末的位置特点能够凸显“之”的代词性质。

（二）〔X·之·名〕结构的用法特点和语法功能

先看下面的例句：

（1）文仲闻柳下季之言，曰：“信吾过也，季子之言不可不法也。”（鲁语上）

（2）三军之士皆在，有人能坐待刑，而不能面夷？（晋语三）

（3）若无所济，吾食舅氏之肉，其知餍乎！（晋语四）

（4）庄王既以夏氏之室赐申公巫臣，则又畀之子反，卒于襄老。（楚语上）

（5）君子劳心，小人劳力，先王之训也。（鲁语下）

（6）子朱怒曰：“皆君之臣也，班爵同，何以黜朱也？”（晋语八）

（7）及厉王之末，发而观之，漦流于庭，不可除也。（郑语）

（8）吾子一食之间而三叹，何也？（晋语九）

何乐士指出“（‘之’字结构）使整个结构变成名词性的偏正结构”，从上面的例句也可以看出这一点正是该结构形式的重要特点之一，此外，“之”还有一个重要特点在于“标志主谓结构不能独立成句”①，也就是何乐士文中提到的“连词”用法，我们将在下一部分提到这一问题。该结构的体词性质决定了其语法功能的多样性，可以充当主语，如（1）中的“季子之言”、（2）中的“三军之士”；可以充当宾语，如例（3）中的“舅氏之肉”为动词宾语、例（4）中的“夏氏之室”为介词宾语；可以充当名词性谓语，如（5）中的“先王之训”、（6）中的“君之臣”，在这种充当名词性谓语的功能中，“之”字结构后面往往有表示判断的语气词“也”，结构前面有时会出现修饰性的副词成分等；还可以充当表示时间的状语，比如（7）中的“厉王之末”，意思是“周厉王末

① 殷国光指出：“结构助词在句法结构中起标志作用，它包括：①标志体词性偏正结构的语法关系；②标志主谓结构不能独立成句；③标志句法结构内部词序的变化；④标志句法结构性质的改变。”见殷国光《〈吕氏春秋〉词类研究》第372页，商务印书馆2008年版。

年”，整体作为“及”的宾语，例（8）中的“一食之间”在句中作为时间状语的性质更为明显。

(三)〔X·之·名〕的音节关系

上文已经指出，对〔X·之·名〕还可以根据音节数量进行分类，这种分类能让我们直观地看出《左传》《国语》中的“之”字结构在音节、韵律方面的特点。见表4-8。

A. 两书中“之”字结构偶数音节总体上都比奇数音节使用数量要多，所占比重稍大，基本上达到2∶1的水平；

B. 偶数音节中以四音节、六音节为主，奇数音节以三音节、五音节为主，音节数量越多使用的数量就越少；

C. 在两书所有3558例〔X·之·名〕结构中，三音节、四音节的数量达到2947例，占全部用例的近83%，占据了绝对优势；

D. 从表4-8可以看出，《左传》《国语》两书中的〔X·之·名〕结构无论在奇偶音节的个别对照上，还是在整体出现次数上都形成了十分严格的对照关系，尤其是多数用例所占比重方面，两书同类情况之间的细微差别几乎可以忽略。

表4-8 《左传》《国语》中结构助词“之”助成音节见次对比

<table>
<tr><th colspan="2" rowspan="2"></th><th colspan="2">《左传》</th><th colspan="2">《国语》</th><th colspan="2">总计</th></tr>
<tr><th>见次</th><th>所占比重</th><th>见次</th><th>所占比重</th><th>数量</th><th>比重</th></tr>
<tr><td rowspan="6">偶数音节</td><td>四</td><td>1423</td><td>61.0%</td><td>729</td><td>60.0%</td><td>2152</td><td>60.5%</td></tr>
<tr><td>六</td><td>98</td><td>4.2%</td><td>57</td><td>4.7%</td><td>155</td><td>4.4%</td></tr>
<tr><td>八</td><td>18</td><td>0.77%</td><td>6</td><td>0.49%</td><td>24</td><td>0.67%</td></tr>
<tr><td>十</td><td>2</td><td>0.08%</td><td>5</td><td>0.41%</td><td>7</td><td>0.2%</td></tr>
<tr><td>十二</td><td>3</td><td>0.12%</td><td>0</td><td>0</td><td>3</td><td>0.08%</td></tr>
<tr><td>十四</td><td>1</td><td>0.04%</td><td>0</td><td>0</td><td>1</td><td>0.03%</td></tr>
<tr><td colspan="2">小计</td><td>1545</td><td>66%</td><td>797</td><td>65.6%</td><td>2342</td><td>65.8%</td></tr>
<tr><td rowspan="4">奇数音节</td><td>三</td><td>515</td><td>22.0%</td><td>280</td><td>23.0%</td><td>795</td><td>22.3%</td></tr>
<tr><td>五</td><td>246</td><td>10.4%</td><td>125</td><td>10.3%</td><td>371</td><td>10.4%</td></tr>
<tr><td>七</td><td>35</td><td>1.4%</td><td>10</td><td>0.8%</td><td>45</td><td>1.3%</td></tr>
<tr><td>九</td><td>2</td><td>0.08%</td><td>1</td><td>0.08%</td><td>3</td><td>0.08%</td></tr>
</table>

续表

		《左传》		《国语》		总计	
		见次	所占比重	见次	所占比重	数量	比重
奇数音节	十一	1	0.04%	0	0	1	0.03%
	十五	0	0	1	0.08%	1	0.03%
小计		799	34%	417	34.4%	1216	34.2%
总计		2344（100%）		1214（100%）		3558（100%）	

二 〔X（宾语）·之·动（介）〕

此类用法在《国语》中有71例，结构上都属于“宾语前置”。《国语》中该结构可以分为几小类，下面分别进行说明。

（一）〔X（宾语）·之·动（介）〕结构

该类用法前面可以受“将、唯、必、非”等副词修饰，如：

（9）夫三军之所寻，将蛮、夷、戎、狄之骄逸不虔，于是乎致武。（周语中）

（10）余非爱货，恶不衷也。且罪非我之由，为戮何害？（鲁语下）

（11）和于政而好其道，谋于众不以贾好，私志虽衷，不敢谓是也，必长者之由。（晋语八）

有时可与后面表示反诘的谓语配合，加强反诘语气，如：

（12）君子将险哀之不暇，而何易乐之有焉？（周语下）

（13）为怨三府，可谓多矣。其身之不能定，焉能予人之邑！（鲁语上）

有些用例没有形式上的标记，可以直接运用这种前置结构来表达，如：

（14）昔吾逮事庄主，华则荣矣，实之不知，请务实乎。（晋语六）

(15) 今君偪于晋，而邻于齐，齐、晋有祸，可以取伯，无德之患，何忧于晋？（周语下）

(16) 吾君惭焉其亡之不恤，而群臣是忧，不亦惠乎？君犹在外，若何？（晋语三）

例（16）“亡之不恤”中的“亡”是作为受事主语出现的。

（二）〔何X（宾语）·之·动〕结构

该类用法共33例，是宾语前置的典型句式，一般用在反问句之中，这是上古汉语该结构的共同特点。该结构最后的动词一般都是光杆动词，与《左传》相比，《国语》中该结构形式较少，《左传》中该结构的动词有时可以是相对较复杂的动词性结构，主要体现在动词前面有时有助动词，《国语》中未见类似用例。

“有”作为该结构的常用动词，共出现24例，占该结构全部用例的73%，《左传》中也有同样特点。如：

(17) 亦唯是死生之服物采章，以临长百姓而轻重布之，王何异之有？（周语中）

(18) 不然，夫天地成而不变，何比之有？（楚语下）

(19) 若不忧德之不建，而患货之不足，将吊不暇，何贺之有？（晋语八）

除动词“有”之外，还有“为、载、修、布、务”等。如：

(20) 若于目观则美，缩于财用则匮，是聚民利以自封而瘠民也，胡美之为？[①]（楚语上）

(21) 忘善而背德，又废吉卜，何我之载？（晋语三）

(22) 其何德之修，而少光王室，以逆天休？（周语下）

① “为”作为动词共5例。此例中“胡”的用法与“何”相同，而“胡宾·之·动”结构在《国语》中仅此一见，我们怀疑可能与方言存在关系。所以此例我们仍视作典型的“何×（宾语）·之·动”结构。

(23) 谓君其何德之布以怀柔之，使无有远志？(周语中)

从上面的例句还可以看出：“何×(宾语)·之·动”结构常可用作谓语核心，前面的主语一般都是出现的，或者在一定条件下省略了。

三 附：结构助词“其”

“其”可以用作结构助词，意义用法跟助词“之”相同，不过用例极少，《左传》中仅出现1例，《国语》中未见。

与晏子邶殿其鄙六十，弗受。(襄公28.11)

杨伯峻注：“‘其’作‘之’用，例见《词诠》。‘邶殿其鄙’，邶殿之鄙也。邶殿齐之大邑，其郊鄙亦广。”①

第五节 音节助词的比较

一 “云”的比较

《左传》中“云”用作音节助词出现3例，另有4例引自《诗经》；《国语》中出现3例。

(1) 岁云秋矣，我落其实，而取其材，所以克也。(僖公15.4)

(2) 敝邑之幸，亦云从也；况其不幸，敢不唯命是听？(成公2.3)

(3) 说侮不懦，执政不贰，帅大雠以惮小国，其谁云待之？②(鲁语下)

① 见杨伯峻《春秋左传注》第1150页，中华书局1981年版。

② 杨树达《词诠》将“云”释为语中助词，无义。据韦昭注“其谁能待之”及裴学海《古书虚字集释》并释“云”为“能”。张以仁将此处所引《国语》全部3例“云”的用例，认为当训为“能”。说见张以仁《国语虚词集释》第62页，“中央研究院”《历史语言研究所专刊》之五十五，台湾商务印书馆1968年版。我们认为这些用例中的“云”与《左传》用例相同，“云”在句中没有明确的“能”义，只是助成结构，本书暂将“云”当作结构助词。

(4) 若跨其国而得其君，虽逢齿牙，以猾其中，谁云不从？(晋语一)

以上例中的“云”的共同特点是用在句中，用于谓语动词之前，其中《左传》中的例(1)的谓语由名词性词语充当。“云”用作音节助词，没有实际意义，不过对谓语起到一定的修饰作用。

二　类词头“有”的比较

“有”一般用作前缀，用在专有名词比如朝代名、地名等之前，有时还可以用在普通名词之前。

《左传》中分布情况如下：有穷(3例)、有缗(2例)、有鬲(2例)、有仍(2例)、有夏(2例)，有虞、有莘、有济各1例；用在普通名词之前的“有”2例。如：

(1) 有都，以卫国也，请我受师。(昭公26.4)

(2) 小臣有晨梦负公以登天，及日中，负晋侯出诸厕，遂以为殉。(成公10.4)

用在普通名词之前的“有”可以看作词缀，没有实在意义，是较特殊的用法。

《国语》中“有”的分布情况为：有夏(2例)、有虞(3例)，有蟜、有褒、有吕、有周各1例。

三　“其”的比较

“其”用在“与”“宁”等词语之后，没有实际意义，可视作音节助词，《左传》《国语》中各1例。

(1) 若不幸而过，宁僭，无滥。与其失善，宁其利淫。(襄公26.10)

(2) 与其杀是人也，宁其得此国也，其孰利乎？(越语上)

例（1）中的“宁其”同上文的“宁”表意一致，由此也可见“宁其”中的“其”没有实际意义，或是为跟“与其”对称使用，所以在“宁”后加上音节助词“其”。

除上述音节助词之外，《左传》常引《诗经》，其中也有部分音节助词用例，这些词语是更为古老的音节助词。比如：已（2例）、式（2例）、斯（1例）、毋（1例）、聿（3例）等。这些音节助词在《国语》中均未见。

四 几例仅见于《左传》的音节助词

（一）“言”

《左传》中“言”可以用作音节助词，无义，有1例。另1例引自《诗经》；《国语》中未见。例如：

凡我同盟之人，既盟之后，言归于好。（僖公9.3）

（二）“勿”

“勿”一般用作否定副词，偶尔可用作音节助词，起到凑足音节的作用，在理解时不能处理为副词。《左传》中有1例，《国语》中未见。

先君之败德，及可数乎？史苏是占，勿从何益？（僖公15.4）

（三）“宁”

“宁”有时用在否定词之后，起凑足音节的作用，不表意。《左传》中出现7例，其中“无宁”4例、“毋宁”2例、“不宁”1例；《国语》中未见。如：

（1）寡君闻君有不令之臣为君忧，无宁以为宗羞，寡君请受而戮之。（昭公22.2）

（2）毋宁使人谓子，“子实生我”，而谓“子浚我以生”乎？（襄公24.2）

(3) 不宁唯是，又使围蒙其先君，将不得为寡君老，其蔑以复矣。(昭公 1.1)

(四)“于”

“于”用于句首，起凑足音节的作用，无义，《左传》中有 3 例，《国语》中未见。如：

(1) 凤皇于飞，和鸣锵锵。有妫之后，将育于姜。(庄公 22.1)

(2) 城者讴曰：“睅其目，皤其腹，弃甲而复。于思于思，弃甲复来。”(宣公 2.1) [杜注：于思，多须之貌。]

第六节 词尾的比较

《左传》《国语》两书中都有一些词语能够用在其他单音词或复音词之后，组成复音词或者多音结构。这些单音词或复音词一般都是谓词性词语，可以是动词也可以是形容词。一般研究称这些成分为“词尾”，也有学者称为“后缀”。本书取“词尾”说。

一 “然”的比较

“然”是汉语中极富生命力的词尾。在先秦汉语中，“然”就常可用作动词或形容词词尾①，有些在汉语发展过程中形成的带“然”词尾的复音词或复音词一直到现代汉语中还在使用。“然”是最主要、最典型的词尾。《左传》中出现 2 例，《国语》中出现 6 例。

(1) 郑之有灾，寡君之忧也。今执事撊然授兵登陴，将以谁罪？(昭公 18.6) [杨伯峻注：孔疏引服虔云“撊然，猛貌也”。]

---

① 《马氏文通》已经注意到这个问题，只是马建忠把带“然”后缀的情况统统视作副词(状字)，未能准确把握形容词和副词的区别。另外，马氏也将“词缀”的概念泛化了。

(2) 以水潦之不时，无乃廪然陨大夫之尸，以重寡君之忧，寡君敢辞。(哀公 15.2) [杨伯峻注：廪当读为滥，谓恐或泛滥而陨大夫之尸也。]

(3) 于是乎有折俎加豆，酬币宴货，以示容合好，胡有孑然其郊戎、狄也？(周语中) [徐元诰集解："韦注：孑然，全体之貌也。吴曾祺曰：'孑然，无亲之貌，言疏之如戎狄也。'"]

(4) 子木愀然，曰："夫子何如，召之其来乎？"(楚语上) [韦昭注：愀，愁貌。]

(5) 夫越王之不忘败吴，于其心也侙然，服士以伺吾间。(吴语) [韦昭注：侙，犹惕也。《说文》："侙，惕也。"]

此外，《国语》中还有 3 例，分别为"缅然"、"显然"和"觍然"。这些带"然"词尾的谓词性词语都是单音词，根据前人注解，可以看出"然"前面的单音词都属于"貌词"，本身含有修饰的语义，加上"然"之后更加突出这种作用，这是两书的共同点。"×然"一般都用在句中，可以用作中心谓语的修饰成分，如前 3 例；也可以用作谓语，如后 2 例。

二 "焉"的比较

"焉"用作词尾，《左传》中出现 12 例，《国语》中出现 6 例。何乐士将《左传》中的助词"焉"分为两类：一类用作状语的后缀（本书处理作词尾）；一类用作结构助词。何乐士在文中举出《左传》中有"欣焉""谆谆焉""悖焉""忽焉""蠢蠢焉"，指出"焉"前的成分可单音、可叠音，句法功能上可以作状语和谓语。《国语》的用例与《左传》近似。如：

(1) 鲁执政唯强，故不欢焉而后遣之。(周语中)

(2) 唯有诸侯，故扰扰焉。(晋语六)

《国语》中的"焉"可以用作单音词词尾，如例 (1)，也可以用作叠音词词尾，如例 (2)。"×焉"可用作状语，如例 (1)，也可以用作谓语，如例 (2)。

《左传》《国语》中"焉"用作单音词词尾分别有 8 例、3 例；用作叠音词词尾各4例、3例。何乐士指出："'焉'在《左传》中作后缀有12例，'然'仅2例；而在《韩非子》《公羊传》《穀梁传》中却有后缀'然'而无一例'焉'。也许这两词用作后缀有时间早晚的变化。"①

三 仅见于《左传》的"尔"

"尔"作词尾，在《左传》中出现1例，为引用谚语；《国语》未见。

> 郑虽无腆，抑谚曰"蕞尔国"。②（昭公7.9）

《左传》和《国语》中的词尾成分很少，只有"然"、"焉"和"尔"，而且"尔"用例极少，主要是"然""焉"。在先秦其他文献中，"然""焉"都常可用作词尾。详见表4-9。

表4-9 几部先秦文献词尾使用见次对比

	《诗经》	《左传》	《国语》	《论语》	《孟子》	《荀子》
然	6	2	6	8	44	133
焉	2	12	6	1	2	16
尔	3	1	0	4	3	0
如	3	0	0	28	4	5
若	3	0	0	0	0	0
乎	0	0	0	9	4	6
小计	17	15	12	50	57	160

资料来源：表中《孟子》统计数据源于崔立斌《〈孟子〉词类研究》第284～286页，河南大学出版社2004年版。不过表中"然"的数据有所改动，因为崔氏将"若……然"结构共9例一并计入"然"的词尾用法，这种看法应该是导源于《马氏文通》。《马氏文通》认为"状字诸式"包括带"然"作后缀的情况，而此类情况又包括三类：重言加后缀、任何词加后缀以及"'若/如'+名字/静字/读+'然、焉'"。本书未将第三种"然"视作词缀，因为"然"尚有较实的语义，而且"然"同前面的词语结合不够紧密；《论语》的数据主要来源于杨伯峻的《论语词典》，见《论语译注》；《荀子》数据来源于黄珊《〈荀子〉虚词研究》第132～136页，河南大学出版社2005年版；《诗经》、《左传》和《国语》数据为笔者统计、检索所得。

---

① 何乐士：《〈左传〉的"焉"》，见《〈左传〉虚词研究》（修订本）第359页，商务印书馆2004年版。

② 杨伯峻注："杜注：'蕞，小貌。'后人亦以'蕞尔'为细小、狭小形容词组。"见杨伯峻《春秋左传注》第1292页，中华书局1981年版。

从以上文献词尾的使用情况可以看出以下几个问题。

第一，《诗经》、《左传》和《国语》中词尾使用较少，而《论语》《孟子》数量有所增加，到了《荀子》时期，词尾数量激增。

第二，“然”作词尾一直都占优势，是最常见、最重要的词尾；“焉”作词尾，据何乐士说，“焉”在稍早的文献中用例较多，到后来逐渐减少，从本书的统计来看，各文献中都有“焉”词尾，不过使用数量在减少，比重有所下降；“尔”作词尾用例一直较少。[①]

第三，有些学者认为“如”“若”作词尾含有方言因素，而《左传》《国语》中未见用例，《诗经》《论语》《孟子》都有词尾“如”，尤其是《论语》，表现出明显不同。“若”作词尾比较少见，只在《诗经》中有部分用例，可能是比较古老的词尾。

第四，“乎”作词尾只在《论语》《孟子》中出现，而且使用数量较多，在《左传》和《国语》中却未见用例。总体看来《左传》和《国语》是非常接近的，两书关系非同一般；《诗经》《论语》《孟子》在词尾的范围和使用方面比较接近；《荀子》无疑为稍晚作品。

本章小结

一　《左传》《国语》的助词系统和功能比较

从《左传》《国语》两书的助词构成来看，其中都有语首助词：夫、且夫、若夫；提宾结构助词都有：是、实、焉；结构助词：所、者、之等。一般而言，《左传》中助词的数量都比《国语》多，不过语首助词“夫”例外。“夫”在《国语》中用作语首助词在数量上明显多于《左传》。

从“夫”的使用来看，《国语》中不仅用例数量多于《左传》，而且

---

① 何乐士《〈左传〉的“焉”》统计了几部文献后缀“焉”和“然”的数据比较，部分统计与本书有出入。其结果如下：《尚书》1∶0；《左传》12∶2；《论语》1∶5；《孟子》2∶27；《韩非子》0∶21；《公羊传》《穀梁传》0∶12。据此得出“看来‘焉’、‘然’用作后缀，似有时间早晚的不同”的结论。见《〈左传〉虚词研究》（修订本）第369页，商务印书馆2004年版。

用例的表现形式也要比《左传》丰富，也就是前文总结的“夫”用在何种语法成分之前的问题，可见《国语》的语首助词“夫”运用较频繁，而且特点鲜明、富于变化。然而从语法功能和语法意义等实质方面来看，“夫”在两书中是不存在根本区别的。“且夫”“若夫”的用例在两书中都不算多，使用方面也没有差别。

“是”是最重要的提宾结构助词，用例也是最多的。我们根据“是”出现的句法环境或固定格式将两书中用以提宾的助词“是”进行了全面的比较，发现在相应的句法环境和固定格式中，两书都有相应的“是”的用例，只是使用数量稍有差异，由此我们认为“是”在两书中的运用也是一致的。“实”“焉”作为提宾助词在两书中出现都比较少，从两书的用例很明显地可以看出其中的一致性，尤其是有一些用例在两书中几乎以同样的方式出现，更能突出其相同的实质。

结构助词“所”在两书中都是以和动词或动词性结构组合成“所·动（宾）”结构的用法为主，我们统计了《左传》和《国语》中的助词“所”的语法功能和结构特点的分布及频率，通过比较发现，两书中“所”的语法功能稍有差异，不过各项语法功能在两书中均有所体现，在所处的句法结构方面，两书基本是相同的。“所”在两书中只是有细微差别。

“者”在两书中的使用数量相当，“者”的主要语法功能是改变结构的性质，将谓词性结构转变为名词性结构。经过分析和统计，发现两书中“者”字结构不仅充当的各项句法成分的使用数量多少排序相同，而且两书中充当同类句法成分的“者”字结构所占的比重相差无几，“者”在两书中也是相同的。

“之”作为另一个非常重要的结构助词，在两书各自的助词系统中都是使用数量最多的。我们着重就“之”出现的结构环境、带“之”的结构的音节关系等进行了比较。在“之”所处的结构环境方面，两书都以〔×·之·名〕结构为主，所占比重在两书中相差极小，而且〔×·之·名〕中“×”的分布在两书中呈现十分整齐的比重对应关系；在音节数量和音节关系方面，通过比较我们发现两书中的“之”都以构成偶数音节为主，总体上“之”以用在偶数的四、六音节和奇数的三、五音节为主，其间的对应关系是非常严格的，从中可以看出结构助词“之”

在两书中的使用也表现出极大的一致性。

综上，两书在助词系统的构成、各类助词的语法功能和使用特点等方面，表现出极强的一致性，因而我们认为两书的助词系统和使用特点是基于同一系统的。

二 两书与《论语》《晏子春秋》《孟子》的助词比较

《论》助词系统为：之^{276}、夫^{15}、是^{3}、如^{28}、然^{10}、乎^{9}、而^{2}、尔^{4}、焉^{1}；

《晏》助词系统为：之^{1090}、者、所、盖^{8}、殆^{3}、夫、然、子；

《孟》的助词系统为①：之^{1034}、所^{231}、者^{638}、尔^{3}、乎^{4}、然^{53}、如^{4}、焉^{2}、有^{2}、于^{1}、聿^{1}。

从构成系统来看，“之”“所”“者”都是最重要的结构助词，在古汉语中的用法、特点几乎都是一致的；“夫”都可以用作句首助词，也就是发语词（崔著将“夫”处理为句首语气词，实质相同）。

“然”是上古汉语最主要的词尾，不过在《晏》《孟》中的使用数量远多于《论》《左》《国》；其他词尾我们在前文已经比较，由此可见，《左》《国》之间是极为接近的。

① 姚著中将“盖”“殆”处理为前置语气词，我们将其处理为语气副词，未纳入本书研究范围；崔著中将“者”“所”处理为辅助性指示代词，将“之”处理为连词，我们统一处理为助词。另姚著中未作见次明确统计的助词，本书一并列举，未作数据统计。

第五章　余论

第一节　《左传》和《国语》的副词比较

笔者曾就《左传》《国语》两书的副词进行过比较研究，较全面地梳理了两书的副词系统。本书不再具体分析两书副词的使用特点和语法功能等，这部分内容可参见拙著《〈左传〉〈国语〉副词比较研究》（北京师范大学2008年硕士学位论文）。本书对旧作进行全面修订后，按照顺序对两书的副词次类分别进行比较，根据既有研究的结论对两书中的各类副词逐一进行有无、见次、所占比重的比较，在“求同”中发现其中的“异点”，必要时加入对个别副词用法或功能的比较。以图表形式直观比较两书副词系统的异同。

结合目前副词研究的进展和现状，本书将副词分为以下次类：否定副词、时间副词、程度副词、情态方式副词、范围副词、语气副词和谦敬副词七类。

一　两书副词系统的比较

《左传》《国语》中各类副词的次类、成员构成、个数、见次等，详见表5－1。

表5－1　《左传》《国语》各类副词总览

	数量统计					
	《左传》			《国语》		
	个数	使用总量	平均使用量	个数	使用总量	平均使用量
否定副词	14	4830	345	13	2377	182.8
时间副词	50	2246	44.9	42	848	21.2
程度副词	24	246	10.1	19	113	5.9

续表

	数量统计					
	《左传》			《国语》		
	个数	使用总量	平均使用量	个数	使用总量	平均使用量
情态方式副词	51	453	9.1	31	183	5.9
范围副词	31	811	26.2	24	316	13.2
语气副词	47	1658	35.3	34	754	22.2
谦敬副词	5	152	30.4	4	45	11.3
总计	222	10396	46.8	167	4636	27.7

从表5－1可以看出，两书中否定副词、谦敬副词两类差别较小；其余类副词《国语》中出现的比《左传》要少，尤其是情态方式副词个数相差较明显，这与两部书的体量差别有关。从使用数量上来看，否定副词使用数量最多，这与语言表达的需要有关，语言否定表达的主要承担者便是否定副词。从使用总量和平均用例数量来看，除否定副词、谦敬副词外，与语言表达的语义范畴相关的排序是时间、语气、范围、程度和情态。副词是语义范畴表达的一个重要手段，两书在这一点上也基本一致。有差异的原因在于：一方面《左传》比《国语》的体量大，在总字数上，《左传》是《国语》的两倍多。这也是其他虚词类别多数表现为《左传》比《国语》要丰富、全面的一个原因；另外一个方面是两书的性质及编纂目的不同，《左传》经过润色加工较多，整体上虚词使用较为灵活。下面我们就各类副词进行比较。

二　否定副词

通过考察发现，两书否定副词成员从使用数量的多少的排序来看，《左传》中表示一般否定的“不、弗、未、非”4个副词占了95%以上的比重；《国语》中的排序是“不、非、未、弗”，占到总量的92%以上；表示禁止、劝阻的否定方面，两书主要使用“无”“勿”，且都以“无”为主。详见表5－2。

表 5－2　两书否定副词见次、比重对比*

		词头	《左传》		《国语》	
			见次	比重	见次	比重
否定副词	表一般否定	不	3534	76.1%	1817	80%
		弗	375	8.1%	89	3.9%
		未	277	6%	102	4.5%
		非	256	5.5%	152	6.7%
		无$_1$	138	3%	86	3.8%
		否	24	0.5%	10	0.4%
		勿$_1$	14	0.3%	6	0.3%
		蔑	11	0.2%	5	0.2%
		莫$_1$	9	0.2%	1	0.04%
		未尝	7	0.15%	7	0.3%
		匪	1	0.02%		
		总计	4646	100%	2275	100%
	表禁止劝阻	无$_2$	133	72.3%	78	76%
		勿$_2$	27	14.7%	18	18%
		毋	24	13%		
		莫$_2$			6	6%
		总计	184	100%	102	100%

*表格中“类别”为副词次类名，包括否定副词、时间副词等。另根据副词的语义对每个次类进行再分类，如否定副词分为表示一般否定和表示禁止劝阻的否定，其余次类类推。“词头”是指副词的成员。“见次”是每个副词在全书中出现的次数。“比重”是指每个副词见次在每个次类的小类中所占的比重，每个小类统计后有“总计”字样，即表示该类副词的小类所有副词成员的使用总量。以下各类副词的统计表与此一样，特此说明。

两书否定副词的差异主要体现在：《国语》中“弗”的使用量所占比重稍低；《左传》中出现而《国语》中未见的否定副词有：匪（一般否定）；毋（禁止劝阻）；《国语》中出现未见于《左传》的有表示禁止劝阻的“莫”。①

① 《国语》中的6例“莫”全都出现在《吴语》中，表现出较强的地域性。这一点给我们很重要的启示：一方面体现出两书的差异，另一方面这种差异的表现让我们注意到可以扩大范围，从更广泛的文献范围去考察，或许可以为我们考辨两书的文献关系提供一些线索。两书分别与哪些先秦文献更为接近等问题，或可由此得出一些有启发性的证据。

表示一般否定，《左传》中多出一个“匪”，《国语》未见；表示禁止劝阻的否定时，《左传》独用“毋”，《国语》独用“莫”。《国语》中的6例“莫”全都出现在《吴语》中，表现出较强的地域性。其他方面，我们详细比较了两书否定副词的语法功能，从副词所修饰的谓语成分的构成方面来看，两书共有的否定副词的语法功能很接近，差别不大。

三 时间副词

通过时间副词的见次、比重一览表来比较两书的时间副词。根据时间副词的意义和功能，将时间副词分为两大类：动作行为发生或状态存在的时间以及与时间相关的状态。动作行为发生的时间又可分为表过去已然，表现在进行和表示将来未然3小类；与时间相关的状态分为表示久暂，表先后早晚，表始终和表示频率、重复4小类，共7小类。①

表5-3 《左传》《国语》中的时间副词见次、比重对比

		词头	《左传》		《国语》	
			见次	比重	见次	比重
		$既_1$	125	54.3%	85	85.9%
		尝	10	4.3%	2	2.0%

① 有些副词在小类中有不同的语法意义，参照相关虚词词典并结合副词的语法意义，做出以下分别：“$一_1$”用于动词之前，表示动作行为一旦做出就会出现相应的后果，相当于“一旦”；“$一_2$”用于动词谓语之前，可以用作表示“一次”“第一次”。“$素_1$”表示动作行为或事物的性质状态在一段时间里的连续性，表示一向、一直、向来；“$素_2$”位于动词前，表示动作行为发生在前，可译为“预先”“先前”。“$初_1$”用于动词谓语之前或句首，追溯往事，可译为“起初”“当初”；“$初_2$”表示动作行为是第一回，可译为“开始”“第一次”。“$既_1$”用作时间副词，表示动作行为已经完成，可译为“已经”“……之后”等；“$既_2$”还可单用表示动作行为结束不久又发生另一行为，可译为“不久”。“$常_1$”表示动作行为持续时间久长，可译为“永远”“永恒”；“$常_2$”用于谓语动词之前，表示动作行为发生的频率，可译为“常常”“经常”。“$亟_1$”用于动词前，表示动作行为的快速或时间间隔短，可译为“赶紧”“迅速”；“$亟_2$”用于谓语之前，表示动作行为多次发生，也可译为“屡次”“频繁地”。“$骤_1$”表示动作行为发生的时间很短暂，可译为“突然”“一下子”；“$骤_2$”用于动词谓语之前，表示动作行为多次发生，可译为“多次地”“屡次地”。其他类副词如有相同情况的，在各类下说明。“$方_1$”表示动作行为发生不久之后，可译为“刚刚”；“$方_2$”用于谓语之前，表示动作行为正在进行，可译为“正在”“正”。

续表

		词头	《左传》		《国语》	
			见次	比重	见次	比重
时间副词	表示过去、已然	已	9	3.9%	10	10.1%
		以	2	0.9%	1	1%
		既已	1	0.4%	1	1%
		昔	73	31.7%		
		日	7	3.0%		
		曩者	2	0.9%		
		方$_1$	1	0.4%		
		总计	230	100%	99	100%
	现在	今*	257	87.4%	227	95.8%
		方$_2$	37	12.6%	10	4.2%
		总计	294	100%	237	100%
	将来	将	417	99.3%	236	99.6%
		将欲	2	0.5%	1	0.4%
		其$_1$	1	0.2%		
		总计	420	100%	237	100%
	表示久暂	既而	37	43.5%	2	8.7%
		遽	11	12.9%	4	17.4%
		骤$_1$	5	5.9%	1	4.3%
		长	4	4.7%	5	21.7%
		恒	4	4.7%	5	21.7%
		亟$_1$	2	2.4%	1	4.3%
		常$_1$	1	1.2%	1	4.3%
		既$_2$	10	11.8%		
		久	6	7.1%		
		一$_1$	3	3.5%		
		壹	1	1.2%		
		素$_1$	1	1.2%		
		永			3	13.0%
		一旦			1	4.3%
		总计	85	100%	23	100%

续表

类别		词头	《左传》		《国语》	
			见次	比重	见次	比重
时间副词	表示始终	初$_1$	102	40.6%	3	7.5%
		始	94	37.5%	19	47.5%
		新	18	7.2%	1	2.5%
		卒	11	4.4%	11	27.5%
		初$_2$	9	3.6%	1	2.5%
		终	6	2.4%	3	7.5%
		一$_2$	11	4.4%		
		首			2	5%
		总计	251	100%	40	100%
	表示先后、早晚	遂**	421	69.1%	67	57.8%
		先	97	15.9%	21	18.1%
		后	69	11.3%	19	16.4%
		早	19	3.1%	3	2.6%
		蚤	1	0.2%	5	4.3%
		前	2	0.3%		
		素$_2$			1	0.8%
		总计	609	100%	116	100%
	表示频率、重复	复	137	38.4%	41	42.7%
		又	121	33.9%	18	18.6%
		再	44	12.3%	12	12.5%
		重	12	3.4%	3	3.1%
		骤$_2$	11	3.1%	10	10.4%
		亟$_2$	9	2.5%	1	1.0%
		每	8	2.2%	2	2.1%
		常$_2$	5	1.4%	3	3.1%
		荐	4	1.1%	4	4.2%
		屡	1	0.3%	1	1.0%
		申	3	0.8%		
		再三	2	0.6%		
		频			1	1.0%
		总计	357	100%	96	100%

续表

*《周语上》："今是何神也?"前贤多训"今"为"此、是"。张以仁引刘淇《助字辨略》、杨树达《词诠》、裴学海《古书虚字集释》认为以上三著训"今"为"此"，皆未安。指出"'今'于此为表时间副词，与口语'现在'之义相同。""《国语》'今'字，虽二百二十余见，未有用为指示代词者。"说见张以仁《国语虚词集释》，"中央研究院"《历史语言研究所专刊》之五十五，台湾商务印书馆 1968 年版。我们同意这种看法，本书处理两书的"今"皆为时间副词。

**关于"遂"的词性问题，涉及起关联作用的副词与连词的区分问题，本书本着对两部文献一贯处理的原则，暂不讨论副词和连词的区分问题，将两书中的"遂"统一处理作表示时间前后相承关系的时间副词。对两书采取统一标准，书中所得数据对结论不会产生影响。

表示过去、已然的时间副词中，两书都用"既"，用例都较多；其次是"已"和"尝"，相差不大，语法功能也较一致。明显异点在于《左传》使用的"昔、日、方、曩者"等在《国语》中未见，尤其是"昔"作时间副词在表示过去、已然用法中所占比重较高。"昔、日、曩者"主要用于句首，表示动作行为已经完成或发生。《国语》中没有发现类似用例。另外《左传》中有 1 例"方"，可以表示动作行为发生后不久，用例很少。

表示现在和将来的时间副词，两书差别不大。《左传》中有 1 例"其"用以表示将来[①]，《国语》中未见。

表示时间久暂的状态，《左传》中"既而"使用较多，所占比重高；《国语》中"长、恒"所占比重较高；《左传》中出现以下副词为《国语》未见：既$_2$、久、一$_1$、壹、素$_1$；《国语》中也有未见于《左传》的副词：永、一旦。其中《左传》中的"壹、一$_1$"相当于"一旦"；"久"与"永"相近，表示长久、永远。

表示始终义的时间副词，明显的区别在于《左传》中"初$_1$""始"用得最多，《国语》中"始""卒"较多；《国语》中"初"两种用法用例都很少。此外，《左传》中独有"一$_2$"，《国语》独有"首"。

表示时间久暂类，《左传》使用最多的都是"遂、先、后"；《国语》中"素$_2$"表示时间先后用例较多，《左传》中未见；《左传》中出现"前"，《国语》未见。

表示时间频率、重复类，《左传》使用较多的是"复、又、再"；

---

① 例如：晋、楚治兵，遇于中原，其辟君三舍。（僖公二十三年）针对此例中的"其"或存在不同理解，本书暂将其处理作表将来的时间副词。

《国语》中较多的是“又、再、复、骤”；《左传》中有“申、再三”，《国语》中未见；《国语》中有“频”，《左传》中未见。

结合时间副词的分布来看，两书共同使用的时间副词仍占多数，个别只见于一书不见于另一书的时间副词用例都较少。

四 程度副词

根据语义，可将程度副词分为三小类：表示程度高、表示程度变化和表示程度轻微。表 5－4 体现了不同小类程度副词在两书中的分布情况。

表 5－4 《左传》《国语》中的程度副词见次、比重对比

		词头	《左传》		《国语》	
			见次	比重	见次	比重
程度副词	表示程度高	大	81	44.3%	27	39.7%
		甚	34	18.6%	13	19.1%
		重	25	13.7%	2	2.9%
		已	19	10.4%	3	4.4%
		厚	9	4.9%	14	20.6%
		何其	4	2.2%	4	5.9%
		深	4	2.2%	3	4.4%
		以	2	1.1%		
		弘	2	1.1%		
		尚	1	0.5%		
		过	1	0.5%		
		溢	1	0.5%		
		盛			2	2.9%
		总计	183	100%	68	100%
	表示程度变化	几	11	24.4%	4	12.1%
		滋	9	20.0%	9	27.3%
		益	6	13.3%	9	27.3%
		加	3	6.7%	2	6.1%
		愈	3	6.7%	6	18.2%
		增	2	4.4%	1	3.0%

续表

		词头	《左传》		《国语》	
			见次	比重	见次	比重
程度副词		犹	10	22.2%		
		弥	1	2.2%		
		况			2	6.1%
		总计	45	100%	33	100%
	表程度轻微	少	15	83.3%	5	41.7%
		小	1	5.56%	1	8.3%
		浅	1	5.56%	4	33.3%
		稍	1	5.56%		
		轻			2	16.7%
		总计	18	100%	12	100%

表5-4根据《左传》中程度副词各小类使用数量的多少进行排序，表示程度高类，《左传》单用“以（通已）、弘、溢、过、尚”等，《国语》单用“盛”；表示程度变化类，《左传》单用“犹、弥”，《国语》单用“况”；表示程度轻微，《左传》单用“稍”，《国语》用“轻”。以上一书中单独出现的程度副词使用数量也都较少。“犹”在《左传》中出现10例，本身所占比重也较高，似较特殊。

五　情态方式副词

在副词的所有次类中，我们认为情态方式副词属于接近实词的类别，多数情态方式副词还保留实义。从汉语发展的实际来看，情态方式副词属于开放的副词次类，有些实词有虚化为情态方式副词的语义基础和语法位置。根据语义，将情态方式副词分为表示情态类和表示方式类两小类。通过比较分析，发现《左传》《国语》两书情态方式副词较为接近，内部成员相对统一。情态方式副词总体使用数量不多，不过个体成员是所有次类中最丰富的，以下是两书中都出现的情态方式副词。两书情态方式副词见次、比重对比见表5-5。

表 5－5 《左传》《国语》情态方式副词见次、比重对比

<table>
<tr><th rowspan="2" colspan="2"></th><th rowspan="2">词头</th><th colspan="2">《左传》</th><th colspan="2">《国语》</th></tr>
<tr><th>见次</th><th>比重</th><th>见次</th><th>比重</th></tr>
<tr><td rowspan="19">情态方式副词</td><td rowspan="11">表情态类</td><td>速</td><td>39</td><td>38.6%</td><td>12</td><td>21.8%</td></tr>
<tr><td>姑</td><td>35</td><td>34.7%</td><td>16</td><td>29.1%</td></tr>
<tr><td>敬</td><td>8</td><td>7.9%</td><td>5</td><td>9.1%</td></tr>
<tr><td>善$_{1}$</td><td>7</td><td>6.9%</td><td>4</td><td>7.3%</td></tr>
<tr><td>生</td><td>4</td><td>4.0%</td><td>1</td><td>1.8%</td></tr>
<tr><td>壹</td><td>2</td><td>2.0%</td><td>1</td><td>1.8%</td></tr>
<tr><td>竞</td><td>2</td><td>2.0%</td><td>1</td><td>1.8%</td></tr>
<tr><td>固</td><td>2</td><td>2.0%</td><td>11</td><td>20%</td></tr>
<tr><td>代</td><td>1</td><td>1.0%</td><td>3</td><td>5.5%</td></tr>
<tr><td>淫</td><td>1</td><td>1.0%</td><td>1</td><td>1.8%</td></tr>
<tr><td>总计*</td><td>101</td><td>100%</td><td>55</td><td>100%</td></tr>
<tr><td rowspan="8">表方式类</td><td>相</td><td>112</td><td>69.6%</td><td>47</td><td>47.5%</td></tr>
<tr><td>私</td><td>29</td><td>18.0%</td><td>5</td><td>5.1%</td></tr>
<tr><td>交</td><td>6</td><td>3.7%</td><td>12</td><td>12.1%</td></tr>
<tr><td>夹</td><td>5</td><td>3.1%</td><td>3</td><td>3.0%</td></tr>
<tr><td>半</td><td>3</td><td>1.9%</td><td>1</td><td>1.0%</td></tr>
<tr><td>亲</td><td>3</td><td>1.9%</td><td>29</td><td>29.3%</td></tr>
<tr><td>肆</td><td>2</td><td>1.2%</td><td>1</td><td>1.0%</td></tr>
<tr><td>审</td><td>1</td><td>0.6%</td><td>1</td><td>1.0%</td></tr>
<tr><td></td><td></td><td>总计</td><td>161</td><td>100%</td><td>99</td><td>100%</td></tr>
</table>

* “总计”是表示情态和表示方式中两书都使用的情态方式副词的总量，比重是针对这部分词语见次而言的，没有计入两书中彼此单用的那部分情态方式副词。

从使用数量上来看，两书都出现的以上副词使用数量普遍较少，只有“速、姑、相”等少数几个用例稍多。① 除上举两书情态方式副词外，两书中还有一些单用的情态方式副词。其中《左传》中单用未见于《国

① “姑”在有些语法著作或虚词词典中被处理作时间副词。“姑”用于动词之前，表示为了达到某种结果或效果采取的权宜之计，可译为“姑且”“不妨”等，也可以表示一种情态。本书暂将其处理作情态副词。情况详尽的还有“且”。“且$_{1}$”用法和意义同“姑”，表示“姑且、暂且”；“且$_{2}$”表示动作行为或情态状况的继续，可译为“仍然”“还”。

语》的情态方式副词及见次如下（括号内数字表示该词头的见次）：

犹（75）、强（24）、难（16）、伪（13）、善$_2$（7）、慎（6）、窃（4）、光（4）、好（4）、矫（3）、潜（3）、两（3）、明（3）、易（2）、徐（2）、苟（2）、独（2）、反（2）、且$_2$（2）、淫（1）、僭（1）、善$_3$（1）、宜（1）、素（1）、正（1）直（1）、疾（1）、偷（1）、坚（1）、且$_1$（1）、微（1）、聊（1）、序（1）。①

《国语》单用未见于《左传》的情态方式副词如下：

自（6）、擅（5）、徒（3）、趣（2）②、仍（2）③、勤、（2）、广（2）、博（2）、繁（1）、专（1）、隐（1）、径（1）、方（1）。④

六　范围副词

范围副词一般分为两小类：总括类范围副词和限定类范围副词。何乐士《〈左传〉范围副词》一书对《左传》中的24个范围副词进行了较全面的描写、比较和解释，也为本书提供了重要参考。⑤ 在此基础上，我们结合新的分析手段和方法，归纳整理并比较《左传》《国语》两书中的范围副词。《左传》中的范围副词共31个，《国语》中24个。详见表5－6。

---

① “善$_1$”用于动词前，表示对某一动作行为的擅长，可译为“善于”；“善$_2$”用在动词前，表示实施某一动作行为时良好的态度，可译为“很好地”“好好地”；“善$_3$”用于动词谓语之前，表示要实施的动作行为是容易的、易于实现的。

② 张以仁将《国语》中的2例“趣”处理作时间副词，表示“快”义。见张以仁《从文法语汇的差异证〈国语〉〈左传〉二书非一人所作》，原载《“中央研究院”历史语言研究所集刊》1962年第34本上册。又见《张以仁先秦史论集》第94页，上海古籍出版社2010年版。本书将“趣”处理作情态方式类副词，表示动作进行的一种方式，似也无不可。其实副词内部的分类，有些是不容易截然划界的，尤其是根据语义的分类，总有些交叉。我们认为在对两书虚词处理和分析时采用统一的标准，不影响本书对《左传》《国语》的比较即可。

③ “仍”作副词在《国语》中2见，《左传》中未见“仍”的副词用例。参见张以仁《从文法语汇的差异证〈国语〉〈左传〉二书非一人所作》，载《“中央研究院”历史语言研究所集刊》1962年第34本上册。又见《张以仁先秦史论集》第98页，上海古籍出版社2010年版。

④ “方”作情态方式副词，用于谓语动词之前，表示动作行为可以随意实施于任何地点或方向，可译为“纵横地”“随意”。

⑤ 何乐士：《〈左传〉范围副词》，岳麓书社1994年版。

表 5 - 6 《左传》《国语》范围副词见次、比重对比

		词头	《左传》		《国语》	
			见次	比重	见次	比重
范围副词	表示总括类	皆	330	59.6%	125	65.4%
		尽	67	12.1%	8	4.2%
		凡	66	11.9%	14	7.3%
		同	32	5.8%	11	5.8%
		并	14	2.5%	4	2.1%
		偕	6	1.1%	2	1.0%
		悉	4	0.7%	1	0.5%
		遍	4	0.7%	4	2.1%
		兼	4	0.7%	1	0.5%
		周	4	0.7%	1	0.5%
		备	3	0.5%	1	0.5%
		咸	3	0.5%	3	1.6%
		毕	3	0.5%	4	2.1%
		俱	3	0.5%	5	2.6%
		共	2	0.4%	7	3.7%
		胥	3	0.5%		
		举	3	0.5%		
		齐	2	0.4%		
		巡	1	0.2%		
		总计	554	100%	191	100%
	表示限定类	唯	169	65.8%	81	64.8%
		各	35	13.6%	21	16.8%
		独	20	7.8%	9	7.2%
		只	11	4.3%	3	2.4%
		鲜	11	4.3%	3	2.4%
		惟	4	1.6%	2	1.6%
		仅	1	0.4%	3	2.4%
		多	2	0.8%		
		特	1	0.4%		
		适	1	0.4%		
		亦	1	0.4%		

续表

		词头	《左传》		《国语》	
			见次	比重	见次	比重
范围副词		乃	1	0.4%		
		专			2	1.6%
		徒			1	0.8%
		总计	257	100%	125	100%

从表5－6可见，两书中使用的范围副词仍然多数是一致的，在总括类副词中“皆”用例最多，另外如“凡、尽、同、并”也较常用；在限定类副词中，“唯、各、独”较常见。见于《左传》未见于《国语》的范围副词有：（总括类）胥、举、齐、巡；（限定类）多、特、适、亦、乃。见于《国语》未见于《左传》的范围副词只有限定类：专、徒。以上副词用例都不多。

七　语气副词

语气副词是表达各种语气，使表达带有一定感情色彩的副词。其中，根据副词所表达语气以及语气副词本身的意义和功能，本书将语气副词分为以下五类：表示肯定语气；表示推度语气；表示疑问、反诘语气；表示祈请语气和表示应对语气。① 两书语气副词见次、比重对比见表5－7。

① “宁”可以表示肯定语气，也可以表示疑问反诘语气：“$宁_1$”表示一定坚持自己选择的态度，可译为“宁肯、宁愿”，表示肯定语气；“$宁_2$”表示反问语气，可译为“难道”，表示疑问、反诘语气，仅《国语》1见。“宜”可以表示肯定语气和推度语气：“$宜_1$”表示事情结果应该如此，可译为“难怪”“怪不得”；“$宜_2$”表示不肯定或推测语气的副词，相当于“殆”，可译为“应该”“大概”。“其”可以表示推度语气、疑问反诘语气和祈请语气：“$其_1$”表示推度语气，可译为“大概”“或许”；“$其_2$”表示反问、反诘语气，相当于“岂”，可译为“难道”；“$其_3$”表示命令、劝诫或祈请，可译为“希望、请一定”。“其”还与其他表示推度的词语组合成多音词，如“其或”“其或者”“岂其”“殆其”等，用法已经很灵活。“尚”可以表示肯定语气，也可以表示祈请语气：“$尚_1$”用于表示肯定判断，可译为“还”；“$尚_2$”表示主观上的一种希望或期待，译为“希望”或随文灵活译出。“$无乃_1$”表示猜测、揣度，语气较弱，可译为“恐怕、未免、莫不是”；“$无乃_2$”所在句子中句尾往往有“乎”字呼应，是一种带有推测、商量口吻的反问语气，可译为“难道”“莫非”。

表 5－7 《左传》《国语》语气副词见次、比重对比

		词头	《左传》		《国语》	
			见次	比重	见次	比重
语气副词	表示肯定语气	必	545	70.2%	313	72.8%
		实	136	17.5%	53	12.3%
		将	33	4.3%	30	7.0%
		固	19	2.4%	14	3.3%
		宁$_1$	8	1.0%	2	0.5%
		信	6	0.8%	2	0.5%
		宜$_1$	5	0.6%	5	1.2%
		果	5	0.6%	8	1.9%
		乃	9	1.2%		
		无宁	4	0.5%		
		尚	3	0.4%		
		毋宁	2	0.3%		
		寔	1	0.1%		
		是			2	0.5%
		诚			1	0.2%
		总计	776	100%	430	100%
	表示推度语气	其$_1$	174	65.7%	44	44%
		无乃$_1$	25	9.4%	31	31%
		庸	24	9.1%	1	1%
		庶	9	3.4%	5	5%
		殆	4	1.5%	6	6%
		庶几	4	1.5%	3	3%
		恐	2	0.8%	2	2%
		其或者	5	1.9%		
		宜$_2$	4	1.5%		
		当	4	1.5%		
		如	3	1.1%		
		或	3	1.1%		
		其或	2	0.8%		
		若	1	0.4%		
		殆其	1	0.4%		

续表

		词头	《左传》		《国语》	
			见次	比重	见次	比重
语气副词		几			4	4%
		岂其			2	2%
		或者			2	2%
		总计	265	100%	100	100%
	表示疑问反诘语气	其$_2$	196	40.1%	11	7.8%
		岂	83	17.0%	33	23.2%
		何	57	11.7%	11	7.8%
		盍	34	7.0%	33	23.2%
		安	11	2.2%	20	14.1%
		胡	4	0.8%	10	7.0%
		独	1	0.2%	1	0.7%
		不亦	74	15.1%		
		无乃$_2$	20	4.1%		
		恶	4	0.8%		
		庸	4	0.8%		
		奚	1	0.2%		
		焉			21	14.8%
		宁$_2$			1	0.7%
		总计	489	100%	141	100%
	表祈请	其$_3$	77	93.9%	51	96.2%
		尚$_2$	5	6.1%	2	3.8%
		总计	82	100%	53	100%
	表应对	善	20	43.5%	9	30%
		诺	12	26.1%	15	50%
		然	12	26.1%	6	20%
		唯	2	4.3%		
		总计	46	100%	30	100%

结合表5-7从两书语气副词的构成来看，上古汉语时期常用的语气副词两书都基本具备，可以表达各种语气，各小类内部语气副词的语法功能也趋同。两书差异仍表现在两书各有独用而未见于另一书的部分语

气副词。

《左传》中出现未见于《国语》的语气副词有：（表肯定语气）乃、无宁、尚、毋宁、寔；（推度语气）其或者、宜$_2$、当、如、或、其或、若、殆其；（疑问反诘语气）不亦、无乃$_2$、恶、庸、奚、焉；（应对）唯。

《国语》中出现未见于《左传》的语气副词有：（表肯定语气）是、诚；（推度语气）几、岂其、或者；（疑问反诘语气）焉、宁$_2$。

谦敬副词可以表示尊敬对方和表示自谦两类。由于两书中谦敬副词使用个数不多，总体数量也不多，此处不再以表格形式呈现。两书中都使用的表示尊敬别人的谦敬副词有请、辱、惠，《左传》中使用数量明显超过《国语》，这应该与《左传》擅长外交辞令有关；另外《左传》中有1例“幸”作谦敬副词，《国语》中未见。表示自谦，两书主要用“敢”，差别不大。

从以上副词的分类比较和两书副词系统的构成来看，两书虽然存在一些各自独用的副词，不过这部分副词的使用数量都偏少，在两书中几乎都是偶见用例。两书副词系统的相同点仍远远多于相异之处。这些差异是客观存在的，至于为什么会有这些差异，与其他虚词类别中存在的细微差异一样，这些存在差异的虚词在分布上可能有一定的规律，或许能反映因为时间、地域造成的差异，这些仍值得注意，需要做进一步的研讨。

第二节 《左传》和《国语》异文的虚词比较

《左传》是我国最早的一部叙事详备的完整的编年史著作，记载了上起鲁隐公元年（前722）下迄鲁哀公二十七年（前468）共254年的春秋时期鲁国的史实；《国语》是我国最早的一部国别史，全书分21卷，分别记载了西周末年至春秋时期（约前967～前453）共约514年间周、鲁、齐、晋、郑、楚、吴、越八国的史实。这两部文献是我们研究和考察先秦历史、文化、文学和语言的宝贵资料。

《左传》虽主要记载了春秋时期鲁国的史实，但同时也不可避免地涉及其他诸侯国。《左传》和《国语》都记载了春秋时期各诸侯国的内政、外交、战争、祭祀等诸多史实，而且它们很有可能参考了相同的文献记录和史实材料。因此两部文献的记事、记言就不可避免地存在一些相同的内容。作为两部重要的且又关系密切的传世文献，从两书相同或相近的史实材料出发比较其中的异同，能够为考察和揭示两书的关系提供重要的参考和依据。

有关“异文”，朱承平在专著中进行过定义和分类。朱著指出：“两书异文，简称两文，它是指两部或两部以上的古书在记载同一史实故事或阐述同一学说思想时，所采用的在内容上完全相同或基本相同，文字上大体类似的可以相比勘的两段文辞。”接着又指出“两书异文完全出自两个不同的作者，它们各各以独立特异的面貌出现”。[①]《左传》和《国语》的关系至今没有得到解决，我们无法确定两书完全出自不同的作者，不过就目前传世的情况来看，两书确是各自独立的，而且其中不乏记载同一史实故事或陈说同样道理和思想的相同或相近的文字。基于此，我们以《左传》《国语》两书的异文为选材，从语言学角度入手，以异文中的虚词为研究对象，比较并总结两书在虚词的选取以及使用特点等方面存在的异同，进而观察它们之间的文献关系。《左传》和《国语》都是先秦汉语中卷帙浩繁的文献，两书共有近30万字的语料，限于篇幅和精力，我们没有进行全面、穷尽地搜检，只是随机选取了部分异文语料，这种随机选取的语料存在的异同在一定程度上应当更能有效地说明问题。[②]

---

① 朱承平：《文献语言材料的鉴别与应用》第105页，江西高校出版社1991年版。又见《异文类语料的鉴别与应用》第592页，岳麓书社2005年版。

② 两书异文仍以简体字排版，在涉及有区别的虚词时，加以字形的区分，如“於”“于”，必要处保留原文用字。

1.

周语上	庄公十九年～二十一年
王子颓饮三大夫酒，子国为客，乐及偏儛。郑厉公见虢叔，曰："吾闻之，①司寇行戮，君为之不举，而况敢乐祸乎！今吾闻子颓歌舞不息，乐祸也。②夫出王而代其位，祸孰大焉！③临祸忘忧，是谓乐祸。祸必及之，盍纳王乎？"虢叔许诺。④郑伯将王自圉门入，虢叔自北门入，杀子颓及三大夫，王乃入也。	冬，王子颓享五大夫，乐及徧舞。郑伯闻之，见虢叔曰："寡人闻之：哀乐失时，殃咎必至。今王子颓歌舞不倦，乐祸也。①夫司寇行戮，君为之不举，而况敢乐祸乎？②奸王之位，祸孰大焉？③临祸忘忧，忧必及之。盍纳王乎！"虢公曰："寡人之愿也。" ④郑伯将王自圉门入。虢叔自北门入。杀王子颓及五大夫。……冬，王归自虢。

总体上来看，《周语上》记载这段"子颓乱国"的史实相对简单，其中"王处于郑三年"对应的是《左传》中的庄公十九年到庄公二十一年共三年。对比如下。

①《左传》有句首语气词"夫"，《国语》未见；介词"为"引进的宾语为代词"之"，都表示原因；句末语气词"乎"的运用也是一致的，前面有"而况"与之呼应，形成"而况……乎"的固定表达，"乎"表达诘问语气。

②《国语》用语首助词"夫"，《左传》未见；"焉"都用在句末表示诘问语气，是相同的。

③表示肯定语气，都用副词"必"；句末都用语气词"乎"表达疑问语气。

④两文（两书异文的简称，下同）完全一致，介词"自"都用于引进动作行为的起点；《左传》表达为"王归自虢"，其中"自"也是用于引进起点，我们认为《国语》中的"王乃入也"的说法暗示了是"鲁国"以外的人在叙述此事的意味。

2.

周语上

①十五年，有神降於莘，②王问於内史过，曰：“是何故？固有之乎?”对曰：“有之。③国之将兴，……国之将亡，……明神不蠲而民有远志，民神怨痛，无所依怀，故神亦往焉，观其苛慝而降之祸。④是以或见神以兴，亦或以亡。……是皆明神之志者也。”⑤王曰：“吾其若之何?”对曰：“使太宰以祝、史帅狸姓，奉牺牲、粢盛、玉帛往献焉，无有祈也。”王曰：“虢其几何?”⑥内史过归，以告王曰：“虢必亡矣，……今虢公动匮百姓以逞其违，离民怒神而求利焉，不亦难乎!”十九年，晋取虢。

庄公三十二年

①秋七月，有神降于莘。②惠王问诸内史过曰：“是何故也?”对曰：③“国之将兴，明神降之，监其德也；将亡，神又降之，观其恶也。④故有得神以兴，亦有以亡，虞、夏、商、周皆有之。”⑤王曰：“若之何?”对曰：“以其物享焉。其至之日，亦其物也。”王从之。⑥内史过往，闻虢请命，反曰：“虢必亡矣。虐而听於神。”神居莘六月。

①《国语》用介词“於”，《左传》用介词“于”，可见“於”和“于”引进到达处所的功能是一致的。

②《国语》用介词“於”，《左传》用兼词“诸”，“诸”相当于“之於”，用法相同。

③“NP之（将）VP”中“之”作结构助词是一致的，《左传》中“将亡”前省略了“NP之”，标志着用法更为纯熟和灵活；“神亦往焉”和“神又降之”表意相同，其中“亦”和“又”都用作频度副词。

④《国语》用固定组合“是以”和《左传》中的“故”相对应，都是连词，用于句首，连接结果，由此我们可以判断“是以”在这一时期已经相当固化了；《国语》中的“或”与《左传》中的“有”相对，可见“或”还有很强的实义；“见/得神以兴”和“以亡”中的“以”是连词，连词前后两项都是谓词性成分，表示其间的顺承关系。

⑤“若之何”在例句中的用法和意义是一致的。

⑥实词“归”和“往”用词不同而表意相同；两文都用“虢必亡矣”，“矣”用于句末表示对将来要发生情况（将然）的肯定推测。

3.

周语中	僖公二十四年
襄王十三年，郑人伐滑。王使游孙伯请滑，郑人执之。①王怒，将以狄伐郑。富辰谏曰："不可。……周文公之诗曰：'兄弟阋于墙，外御其侮。'②若是则阋乃内侮，而虽阋不败亲也。……"王曰："利何如而内，何如而外？"对曰："尊贵、明贤、庸勋、长老、爱亲、礼新、亲旧。……③王不忍小忿而弃郑，又登叔隗以阶狄。狄，封豕豺狼也，不可猒也。"④王不听。十八年，王黜狄后。	王使伯服、游孙伯如郑请滑。郑伯怨惠王之入而不与厉公爵也，又怨襄王之与卫滑也。故不听王命，而执二子。①王怒，将以狄伐郑。富辰谏曰："不可。……其四章曰：'兄弟阋于墙，外御其侮。'②如是，则兄弟虽有小忿，不废懿亲。" ③今天子不忍小忿以弃郑亲，其若之何？……④王弗听，使颓叔、桃子出狄师。

①两文相同，其中"以"用作介词，引进的宾语是动作的参与者"狄"，"以宾"结构修饰动词"伐"，用在动词谓语之前。

②《国语》用"若是"，《左传》用"如是"，由此可见"若"和"如"在两书中有所差别；其中连词"则"连接前文的"若/如是"表示假设和条件，并引起下文，是承接连词；"虽"用作连词在两书中是一致的，都是让步连词。

③《国语》用连词"而"表示承接关系，《左传》用连词"以"表示承接关系，可见作连词的"而"和"以"有些用法是相同的。

④《国语》动词前用否定副词"不"；《左传》用"弗"。"不"和"弗"在一定条件下是可以通用的，不过它们之间也存在明显的差异。

4.

周语中	宣公十六年
①晋侯使随会聘于周，定王享之肴烝，原公相礼。范子私於原公，曰："吾闻王室之礼无毁折，今此何礼也?"王见其语，召原公而问之，原公以告。②王召士季，曰："子弗闻乎？……今女非他也，而叔父使士季实来修旧德，以奖王室。③唯是先王之宴礼，欲以贻女。……"④武子遂不敢对而退。归乃讲聚三代之典礼，於是乎修执秩以为晋法。	①晋侯使士会平王室，定王享之。原襄公相礼。殽烝。武子私问其故。②王闻之，召武子曰："季氏！而弗闻乎？王享有体荐，宴有折俎。公当享，卿当宴。③王室之礼也。"④武子归而讲求典礼，以修晋国之法。

①《国语》中"定王享之肴烝"当看作省略了引进工具、材料和依据的介词"以"，"以宾"结构用在动词"享"之后；《左传》中的"定王享之"也可以看作省略了"介宾结构"的主谓结构。我们可以根据语义补出介宾结构"以肴烝"。"以宾"结构可以用在谓语动词之前，也可以用在其后。

②"乎"用在句末表示反问语气，两书一致；人称代词《国语》用"子"，《左传》用"而"，稍有差异。

③《国语》中的"先王之宴礼"和《左传》中的"王室之礼"相对应，都是"之"作结构助词的体词性组合，可以用"NP之NP"，"之"前的NP是修饰语，"之"后的NP是中心语；《左传》中句末有语气词"也"，表示判断语气，用在体词性结构之后，《国语》未用语气词。

④《国语》中用"乃"与《左传》中的"而"相对，都用作顺承连词，连接的前后两项都是谓词性成分，存在时间先后关系，可以理解为"于是""就"；"於是乎"和"以"相对，都是连词（或组合），都用在句首，表示前后项的承接。

5.

周语中	僖公三十三年
二十四年，秦师将袭郑，过周北门。①左右皆免胄而下拜。超乘者三百乘。王孙满观之，②言於王曰："秦师必有谪。"王曰："何故？"对曰："③师轻而骄，轻则寡谋，骄则无礼。无礼则脱，寡谋自陷。④入险而脱，能无败乎？秦师无众，是道废也。"是行也，秦师还，⑤晋人败诸崤，获其三帅丙、术、视。	三十三年春，秦师过周北门，①左右免胄而下，超乘者三百乘。王孙满尚幼，观之，②言於王曰："③秦师轻而无礼，必败。轻则寡谋，无礼则脱。④入险而脱，又不能谋，能无败乎？"…… 夏四月辛巳，⑤败秦师于殽，获百里孟明视、西乞术、白乙丙以归。

①《国语》中运用了范围副词"皆"，语义指向主语"左右"，《左传》未用范围副词；"免胄而下"中的"而"是连词，连接前后两项动词，表示顺承关系。

②动词"言"之后都用介词"於"，引进动作行为的与事。

③"而"连接的前后两项都是谓词性词语，表示其间的递进关系；《国语》中三个"则"字、一个"自"字，和《左传》中的两个"则"字一样，连接的都是谓词性词语，其间有条件的关联，我们处理作表示假设条件的承接关系，《左传》中未见"自"相当于"则"用作连词的用例。

④两文都用"而"连接前后动词，表示转折关系；句末都用"乎"表示反问语气，且都用在"能……乎"的格式中。

⑤《国语》中动词"败"之后用兼词"诸"，相当于"之于"，其后的"崤"是"于"的宾语，"于"用以引进地点。《左传》中动词"败"之后用介词"于"，动词后有宾语"秦师"，"于"后宾语为"殽"，由此可见"诸"和"之于"的用法是相当的；《左传》中用"以"作连词，连接前后谓词性成分，表示顺承关系。

6.

周语下

①敬王十年，刘文公与苌弘欲城周，为之告晋……卫彪傒适周，闻之，见单穆公曰：“④苌、刘其不殁乎？……”单子曰：“其咎孰多？”曰：“苌叔必速及，将天以道补者也。……周若无咎，苌叔必为戮。虽晋魏子亦将及焉。若得天福，其当身乎？……”②是岁也，魏献子合诸侯之大夫於狄泉，遂田于大陆，焚而死。③及范、中行之难，苌弘与之，晋人以为讨，二十八年，杀苌弘。及定王，刘氏亡。

昭公三十二年

①秋八月，王使富辛与石张如晋，请城成周。冬十一月，②晋魏舒、韩不信如京师，合诸侯之大夫于狄泉，寻盟，且令城成周。魏子南面。④卫彪傒曰：“魏子必有大咎。……况敢干位以作大事乎？”

定公元年

元年春王正月辛巳，②晋魏舒合诸侯之大夫于狄泉，将以城成周。魏子涖政。卫彪傒曰：“将建天子而易位以令，非义也。大事奸义，必有大咎。④晋不失诸侯，魏子其不免乎！”②是行也，魏献子属役於韩简子及原寿过，而田於大陆，焚焉，还，卒於宁。范献子去其柏椁，以其未复命而田也。

哀公三年

③刘氏、范氏世为婚姻，苌弘事刘文公，故周与范氏。赵鞅以为讨。六月癸卯，周人杀苌弘。

①《国语》中谓语“告晋”之前有介宾结构“为之”，“为”用作介词，引进受益的对象，《左传》没有使用介词“为”。

②两文所用介词不同，《国语》用“於”，《左传》用“于”；《国语》“田于大陆”，《左传》作“田於大陆”，可见“于”和“於”在引进地点的用法上是十分相近的；《左传》中“及”用以连接两个名词，表示并列关系，《国语》未见；《国语》中的“遂”和《左传》中的“而”相对应，“遂”是表示承接的具有副词修饰作用的连词，“而”是表示承接的连词。

③《国语》中用介词“及”引进名词性成分作宾语，“及宾”结构单作一个分句，表示时间。

④两文中的“必”都是表示肯定推测的语气副词，句末都用语气词“乎”，以疑问形式表示推测语气，都有“其……乎”格式；《国语》中用连词“虽”作让步连词，《左传》未见。

7.

周语下	昭公二十二年
①宾孟适郊，见雄鸡自断其尾，问之，侍者曰：“惮其牺也。”遽归告王，②曰：“吾见雄鸡自断其尾，而人曰‘惮其牺也’，吾以为信畜矣。③人牺实难，己牺何害？④抑其恶为人用也乎，则可也。⑤人异於是。牺者，实用人也。”⑥王弗应，田于巩，使公卿皆从，将杀单子，未克而崩。	①宾孟适郊，见雄鸡自断其尾。问之，侍者曰：“自惮其牺也。”遽归告王，②且曰：“④鸡其惮为人用乎！⑤人异於是。牺者实用人，③人牺实难，己牺何害？”⑥王弗应。夏四月，王田北山，使公卿皆从，将杀单子、刘子。王有心疾，乙丑，崩于荣锜氏。

①两文中的“自”都可以看作状态方式副词，《左传》用了两个“自”；两文中都有“遽”，用作方式副词。

②《左传》在动词“曰”前用连词“且”，连接“告”和“曰”，表示动作的紧承关系，我们认为“且”还有一定的修饰作用。

③其中的“实”都用作提宾结构助词，前文已有提及。

④《国语》用“抑其”作推测语气副词，用法功能与《左传》单用“其”相当；“乎”用在句末表示疑问语气，两文相同，而且都用在“其……乎”格式中。

⑤两文“於”都用在形容词“异”之后，“於”引进的是性状关涉的对象；两文都有判断句，都用“实”加强判断语气，不过《国语》判断句中间断句，且句末有语气词“也”，《左传》没有。

⑥两文都用“弗”作否定副词；《国语》“田”和宾语“巩”之间有介词“于”，《左传》没有使用介词；范围副词“皆”在两文中都指向兼语“公卿”。

8.

鲁语上	庄公十年
①长勺之役，曹刿问所以战於庄公。……（曹刿对曰）②“今将惠以小赐，祀以独恭。小赐不咸，独恭不优。不咸，民不归也；不优，神弗福也。①将何以战？夫民求不匮於财，而神求优裕於享者也，故不可以不本。”公曰：“③余听狱虽不能察，必以情断之。”	十年春，齐师伐我。公将战。曹刿请见……①问何以战。公曰：“衣食所安，弗敢专也，必以分人。”对曰：②“小惠未徧，民弗从也。”公曰：“牺牲、玉帛，弗敢加也。必以信。”对曰：②“小信未孚，神弗福也。”公曰：“③小大之狱，虽不能察，必以情。”

①《国语》出现两处问战的方式：一是“问所以战於庄公”中的“於”引进动词“问”的与事，即庄公，是“问”的间接宾语，“所以战”是“问”的直接宾语，“所/以战”是“所 + VP”构成的体词性结构；一是“何以战”。其中第二种跟《左传》相同。

②《国语》中动词后有“以宾”介词结构，“以宾”结构以用在谓语动词之前为主，这里的两例是用在动词之后的用例。《左传》没有相应表达。两文各有几例否定表达，《国语》中 5 例用“不”，1 例用“弗”，《左传》中 2 例用“未”，3 例用“弗”；句末语气词“也”表示陈述语气，用法相同。

③两文都用“虽”作让步连词，都用“必”作语气副词；《左传》中“以宾”结构之后动词谓语没有出现，而《国语》中“以宾”修饰的谓语由动宾结构充当，可以据其补出《左传》省略的内容。“以”作介词，都是引进动作行为的依据。

9.

鲁语上	庄公二十三年
庄公如齐观社。曹刿谏曰："①不可。夫礼，所以正民也。②是故先王制诸侯，使五年四王、一相朝。终则讲於会，以正班爵之义，帅长幼之序，训上下之则，制财用之节，其间无由荒怠。……③君举必书，书而不法，后嗣何观？"公不听，遂如齐。	公如齐观社，非礼也。曹刿谏曰："①不可。夫礼，所以整民也。②故会以训上下之则，制财用之节；朝以正班爵之义，帅长幼之序；征伐以讨其不然。诸侯有王，王有巡守，以大习之。非是，君不举矣。③君举必书。书而不法，后嗣何观？"

①两文判断句的主语之前都有语首助词"夫"，谓语都是"所以VP也"，相同；"正"和"整"相通。

②《国语》中的"是故"同《左传》中的"故"相应，都用在句首，为因果连词；介词"以"的宾语"朝"在《国语》中隐含了，在《左传》中前置于介词"以"。

③两文都用推度语气副词"必"；"后嗣何观"用法一致，为疑问代词前置。

10.

鲁语上	庄公二十四年
①庄公丹桓宫之楹，而刻其桷。②匠师庆言於公曰："……③今先君俭而君侈，令德替矣。"公曰："吾属欲美之。"对曰："无益於君，而替前之令德，臣故曰庶可已矣。"公弗听。	①（二十三年）秋，丹桓宫之楹。二十四年春，刻其桷，皆非礼也。②御孙谏曰："臣闻之：'俭，德之共也；侈，恶之大也。'③先君有共德，而君纳诸大恶，无乃不可乎？"

①《国语》中两事紧承，中间用承接连词"而"；《左传》中分两年记载此事，中间衔接不够紧密，体现出其编年史的特点。

②《国语》"匠师庆"据韦昭注："匠师庆，掌匠大夫，御孙之名也。"即《左传》中的"御孙"；《国语》中"言"之后用介词"於"引进动作的与事，《左传》直接用"谏"字，没有使用介词引进与事。

③两文中表达语义是一致的，不过用语有差别。连词“而”都表示转折关系，两节前后两项不是同一主语；《国语》运用了两个“矣”字，前一例表示对将要出现情况的肯定陈述，后一例表示一般陈述语气，《左传》未见；《左传》用“无乃不可乎”表示推测语气，《国语》未见。

11.

鲁语上	庄公二十四年
哀姜至，公使大夫宗妇觌用币。宗人夏父展曰：“非故也。”公曰：“君作故。”对曰：“……①夫妇贽不过枣、栗，以告虔也。②男则玉、帛、禽、鸟，以章物也。③今妇执币，是男女无别也。④男女之别，国之大节也，不可无也。”公弗听。	哀姜至，公使宗妇觌，用币，非礼也。御孙曰：“②男贽，大者玉帛，小者禽鸟，以章物也。①女贽，不过榛、栗、枣、修，以告虔也。③今男女同贽，是无别也。④男女之别，国之大节也；而由夫人乱之，⑤无乃不可乎?”

①《国语》中“夫”为语首助词，《左传》未用；“以”是介词，其宾语为前文“不过”之后的名词；“也”用在句末，表示判断和解释。

②《国语》中主语“男”之后用连词“则”，表示与上文的“妇贽”的对比，《左传》未用连词；《左传》用“者”字结构对“男贽”进行了分类，《国语》则一并提及。

③两文都为“是无别也”句式，“是”为代词，“也”用在句末表示判断语气。

④两文判断句式完全相同，主语都是“之”作结构助词的体词性结构，“也”表判断。

⑤《左传》用“无乃不可乎”表示反问语气，《国语》未见。

12.

鲁语上	僖公二十六年
齐孝公来伐鲁，臧文仲欲以辞告，病焉，①问於展禽。……①展禽使乙喜以膏沐犒师，曰：“②寡君不佞，不能事疆埸之司，使君盛怒，以暴露於弊邑之野，敢犒舆师。”③齐侯见使者曰：“鲁国恐乎?”对曰：“④小人恐矣，君子则否。”⑤公曰：“室如悬磬，野无青草，何恃而不恐?”对曰：“恃二先君之所职业。昔者成王命我先君周公及齐先君太公曰：‘女股肱周室，以夹辅先王。赐女土地，质之以牺牲，世世子孙无相害也。’君今来讨弊邑之罪，其亦使听从而释之，必不泯其社稷；⑥岂其贪壤地，而弃先王之命？其何以镇抚诸侯？恃此以不恐。”⑦齐侯乃许为平而还。	夏，齐孝公伐我北鄙，卫人伐齐，洮之盟故也。①公使展喜犒师，使受命于展禽。齐侯未入竟，展喜从之，曰：“②寡君闻君亲举玉趾，将辱於敝邑，使下臣犒执事。”③齐侯曰：“鲁人恐乎?”对曰：“④小人恐矣，君子则否。”⑤齐侯曰：“室如县罄，野无青草，何恃而不恐?”对曰：“恃先王之命。昔周公、大公股肱周室，夹辅成王。成王劳之，而赐之盟，曰：‘世世子孙，无相害也!’载在盟府，大师职之。桓公是以纠合诸侯，而谋其不协，弥缝其阙，而匡救其灾，昭旧职也。及君即位，诸侯之望曰：‘其率桓之功!’我敝邑用不敢保聚，曰：‘⑥岂其嗣世九年，而弃命废职？其若先君何？君必不然。’恃此以不恐。”⑦齐侯乃还。

①《国语》“问於展禽”与《左传》“受命于展禽”相对，其中“於”“于”用法相同，引进与事，即直接宾语；两文都使用兼语式，《左传》用两例兼语式，《国语》兼语式中又有“以宾”结构修饰谓语“犒师”。

②两文中的介词“於”都用以引进动作行为到达的处所。

③两文句末同，都用语气词“乎”，表达疑问语气。

④两文完全相同，其中的“矣”表示对已然的肯定陈述；“则”用作转折连词。由“则”是连词也可以看出“否”不是单纯的否定副词，而是相当于“不＋动词”。

⑤“恃二先君之所职业”和“恃先王之命”同为动宾结构，其中宾语都是包含结构助词“之”的体词性组合，其余内容大致相同。

⑥两文都用“岂其”表示反问语气，“而”连接前后两项，表示两者的承接关系。

⑦两文同用“乃”，在此例中用作副词。《国语》中两个动词之间用连词“而”表示顺承关系，《左传》未使用。

13.

鲁语上	僖公三十年
温之会，①晋人执卫成公归之于周，使医鸩之，②不死，医亦不诛。臧文仲言於僖公……③公说，行玉二十珏，乃免卫侯。	①晋侯使医衍酖卫侯。宁俞货医，使薄其酖，②不死。③公为之请，纳玉於王与晋侯，皆十珏，王许之。秋，乃释卫侯。

①《国语》中“归之于周”中的“于”引进动作行为到达的地点，“之于”相当于兼词“诸”；两文中都有兼语式。

②两文都用否定副词“不”，“不”相当于“未”，两者是存在区别的，此处不加详述。

③《左传》中有介词“为”，引进受益者；介词“於”引进动作行为的与事；连词“与”连接两个并列的体词性成分，与后面的范围副词“皆”相对应，也说明“皆”语义指向的是“王与晋侯”。

14.

鲁语上	文公二年
①夏父弗忌为宗，蒸将跻僖公。宗有司曰：“非昭穆也。”曰：“我为宗伯，明者为昭，其次为穆，何常之有！”有司曰：“夫宗庙之有昭穆也，以次世之长幼，而等胄之亲疏也。……②鲁未若商、周而改其常，无乃不可乎？”弗听，遂跻之。	秋八月丁卯，大事於大庙，①跻僖公，逆祀也。①於是夏父弗忌为宗伯，尊僖公，且明见曰：“吾见新鬼大，故鬼小。先大后小，顺也。跻圣贤，明也。明、顺，礼也。”君子以为失礼，礼无不顺。②祀，国之大事也，而逆之，可谓礼乎？

①《左传》中的“於是”是介词“於”和指代词“是”的组合，

在这句话里，“於是”意为“在这个时候”。

②两文中的“而”都用作转折连词；“无乃不可乎”和“可谓礼乎”相应，“乎”用在句末，都表示反问语气。

15.

鲁语下	襄公四年
①叔孙穆子聘於晋，晋悼公飨之，乐及《鹿鸣》之三，而后拜乐三。②晋侯使行人问焉，曰：“③子以君命镇抚弊邑，④不腆先君之礼，以辱从者，不腆之乐以节之。⑤吾子舍其大而加礼於其细，敢问何礼也？……⑥夫先乐金奏《肆夏樊》《遏》《渠》，天子所以飨元侯也；夫歌《文王》《大明》《绵》，则两君相见之乐也。⑦皆昭令德以合好也，皆非使臣之所敢闻也。臣以为肄业及之，故不敢拜。今伶箫咏歌及《鹿鸣》之三，君之所以贶使臣，臣敢不拜贶。⑧夫《鹿鸣》，君之所以嘉先君之好也，敢不拜嘉。《四牡》，君之所以章使臣之勤也，敢不拜章。……君贶使臣以大礼，重之以六德敢不重拜。”	①穆叔如晋，报知武子之聘也。晋侯享之，金奏《肆夏》之三，不拜。工歌《文王》之三，又不拜。歌《鹿鸣》之三，三拜。②韩献子使行人子员问之，曰：“③子以君命辱於敝邑，④先君之礼，藉之以乐。以辱吾子。⑤吾子舍其大，而重拜其细。敢问何礼也？”对曰：“⑥三《夏》，天子所以享元侯也，⑦使臣弗敢与闻。《文王》，两君相见之乐也，臣不敢及。⑧《鹿鸣》，君所以嘉寡君也，敢不拜嘉？《四牡》，君所以劳使臣也，敢不重拜？……臣获五善，敢不重拜？”

①《国语》用“聘於晋”，“於”表示动作行为趋向或到达的处所，《左传》未用；“飨”和“享”字相通。

②两文中动词“问”之后的成分不同：《国语》用兼词“焉”，《左传》用代词“之”，可见“焉”包含“於”“之”组合起来的意义。“问於之”中“於”引进“问”的对象。

③两文同用“以君命”，其中“以”为介词，引进依据；两文表述不同，可见“镇抚弊邑”和“辱於敝邑”表意相同，《左传》用介词“於”，当为引进到达的处所。

④两文中“先君之礼”相同，《国语》在这一结构之前还有修饰成分“不腆”；“以辱从者”和“以辱吾子”表意相同，其中“以”是介词，其宾语在前文；“不腆之乐以节之”同“藉之以乐”相对应，二者表意亦当相同，其中“以”为介词，不同之处在于《国语》中“以”的宾语前置了，介宾结构用于动词谓语之前，《左传》中“以”的宾语虽为前置，不过整体介宾结构用在谓语动词之后。由此可见，“以宾”结构语法位置是相对灵活的。

⑤两文中“而”都是转折连词；两文都用“敢问何礼也”，句末语气词“也”表达疑问语气。

⑥《国语》中的判断句前有语首助词“夫”，这是《国语》语言的一个特色，通过前文语气词比较一章可以看出《国语》中“夫”的使用量明显多于《左传》，我们认为这或许跟《国语》的“语”体多表达或引发议论有关；两文都用“NP，所以 VP 也”的形式表达判断。

⑦“非使臣之所敢闻也”和“使臣弗敢与闻”相对，《国语》用否定判断句的形式表达，《左传》用一般否定陈述。

⑧此处两文与⑥用法相当：《国语》中判断句主语前有“夫”，《左传》未用；判断句谓语方面，《国语》用“NP 之所以 VP 也”，《左传》用“NP 所以 VP 也”，稍有差异；两文都用“敢不 + VP”表示反问。

16.

鲁语下	哀公十一年
①季康子欲以田赋，使冉有访诸仲尼。②仲尼不对，私於冉有曰："求来！女不闻乎？③先王制土，籍田以力，而砥其远迩；赋里以入，而量其有无；任力以夫，而议其老幼。於是乎有鳏、寡、孤、疾，有军旅之出则征之，无则已。其岁，收田一井，出稯禾、秉刍、缶米，不是过也。先王以为足。④若子季孙欲其法也，则有周公之籍矣；⑤若欲犯法，则苟而赋，又何访焉！"	①季孙欲以田赋，使冉有访诸仲尼。仲尼曰："丘不识也。"三发，卒曰"子为国老，待子而行，若之何子之不言也？"②仲尼不对，而私於冉有曰："③君子之行也，度於礼：施取其厚，事举其中，敛从其薄。如是，则以丘亦足矣。若不度於礼，而贪冒无厌，则虽以田赋，将又不足。④且子季孙若欲行而法，则周公之典在，⑤若欲苟而行，又何访焉？"弗听。

①两文除"季康子"与"季孙"人名不同之外，其余完全相同。"以"为介词，引进依据；"诸"为介词，引进与事。

②两文的不同之处在于《左传》用"而"连接前后项，表示其间的转折关系；"於"都是介词，引进与事。

③两文的不同只表现在说法不同，表达的意义是相同的。

④"若"为假设连词，不同点在于两文中"若"的语法位置有细微差别：《国语》中"若"用在句首，《左传》用在主谓之间；"则"的用法相同，是表示假设条件关系的承接，跟"若"相呼应；《国语》中句末有语气词"矣"，表示对已有情况的陈述。

⑤《国语》中此句与上一句不仅语义紧承，而且句法结构保持一致，"若"用在隐含主语的谓语动词之前，"则"用法跟前一例完全一致。《左传》句法结构没有与前一句保持一致，"若"也是用在隐含主语的谓语动词之前，后面没有"则"句承接；两文都用"又何访焉"表示反问语气。

17.

晋语三	僖公十年
①丕郑如秦谢缓赂，乃谓穆公曰："②君厚问以召吕甥、郤称、冀芮而止之，以师奉公子重耳，臣之属内作，晋君必出。"③穆公使泠至报问，且召三大夫。郑也与客将行事，冀芮曰："④郑之使薄而报厚，其言我於秦也，必使诱我。弗杀，必作难。"⑤是故杀丕郑及七舆大夫：共华、贾华、叔坚、骓歂、累虎、特宫、山祁，皆里、丕之党也。丕豹出奔秦。	①丕郑之如秦也，言於秦伯曰："②吕甥、郤称、冀芮实为不从，若重问以召之，臣出晋君，君纳重耳，蔑不济矣。"冬，③秦伯使泠至报、问，且召三子。郤芮曰："④币重而言甘，诱我也。"⑤遂杀丕郑、祁举及七舆大夫，左行共华、右行贾华、叔坚、骓歂、累虎、特宫、山祁，皆里、丕之党也。丕豹奔秦。

①《左传》用介词"於"引进动词"言"的与事，《国语》用动词"谓"，未用介词。

②两文都用介词"以"，且"以"的宾语"厚/重问"都前置于介词；《左传》用假设连词"若"，《国语》未用；《国语》用肯定表达，《左传》用否定表达"蔑不济矣"，"矣"为语气词。

③两文都用连词"且"，表示连续动作之间的顺承关系。

④"使薄而报厚"和"币重而言甘"中的"而"表示语义的并列；《国语》叙述详细，还使用了虚词"於""弗"和副词"必"。

⑤"是故"和"遂"相应，用作因果连词，"是故"用在隐含了主语的谓语之前，"遂"是具有连词作用的修饰性词语，本书将其处理为副词。

18.

晋语三	僖公十三年、十四年
①晋饥，乞籴於秦。丕豹曰："……君其伐之，勿予籴!"公曰："②寡人其君是恶，其民何罪？……"③是故泛舟於河，归籴於晋。秦饥，公令河上输之粟。④虢射曰："弗予赂地而予之籴，无损於怨而厚於寇，不若勿予。"公曰："然。"庆郑曰："不可。已赖其地，而又爱其实，忘善而背德，虽我必击之。弗予，必击我。"公曰："非郑之所知也。"遂不予。	①冬，晋荐饥，使乞籴于秦。……丕郑之子豹在秦，请伐晋。秦伯曰："②其君是恶，其民何罪?"③秦於是乎输粟于晋，自雍及绛相继，命之曰泛舟之役。 冬，秦饥，使乞籴于晋，晋人弗与。……④虢射曰："无损於怨，而厚於寇，不如勿与。"庆郑曰："背施、幸灾，民所弃也。近犹雠之，况怨敌乎?"弗听。退曰："君其悔是哉!"

①两文分别用介词"於""于"，都用于引进动作行为的与事，在此用法上，二者相同。

②两文都用提宾结构助词"是"。

③两文分别用连词"是故"和"於是乎"作因果连词，"是故"用在隐含了主语的谓语动词之前，"於是乎"用在主谓之间；两文分别以"於""于"引进动作行为的趋向或到达的处所。

④两文都用介词"於"，引进动作行为涉及的对象；两文都用"勿"，表示一般否定；《国语》用"不若"，《左传》用"不如"，二者有差异。

19.

晋语四	僖公二十七年
文公即位二年，欲用其民……乃纳襄王于周。……乃伐原……乃大蒐于被庐，作三军。	冬，楚子及诸侯围宋。……於是乎蒐于被庐，作三军，谋元帅。

此例《国语》叙事较详。"乃"和"於是乎"相应，用作承接连词；两文都用介词"于"，用以引进动作行为（"蒐"）发生的处所。

20.

晋语四	僖公三十一年
以赵衰之故，蒐于清原，作五军。	秋，晋蒐于清原，作五军以御狄。赵衰为卿。

两文都用“蒐于清原”，介词“于”引进动作发生的处所；《国语》中用介词“以”引进原因，表示原因的词语是以“故”为中心语的偏正结构；《左传》用连词“以”表示前后动作的顺承关系。

21.

晋语四	僖公二十八年
子玉释宋围，从晋师。楚既陈，晋师退舍，军吏请曰：“①以君避臣，辱也。且楚师老矣，必败。何故退？”子犯曰：“二三子忘在楚乎？偃也闻之：战斗，直为壮，曲为老。未报楚惠而抗宋，我曲楚直，其众莫不生气，不可谓老。②若我以君避臣，而不去，③彼亦曲矣。”退三舍避楚。楚众欲止，子玉不肯，至于城濮，果战，楚众大败。	子玉怒，从晋师。晋师退。军吏曰：“①以君辟臣，辱也；且楚师老矣，何故退？”子犯曰：“师直为壮，曲为老，岂在久乎？微楚之惠不及此，退三舍辟之，所以报也。背惠食言，以亢其雠，我曲楚直，其众素饱，不可谓老。②我退而楚还，我将何求？若其不还，君退、臣犯，③曲在彼矣。”退三舍。楚众欲止，子玉不可。

①两文几乎完全相同。介词“以”引进依据或前提；“也”在句末表达解释说明语气；“且”用作连词，表达递进关系；“矣”是表示对已然情况的肯定陈述。

②两文都用假设连词“若”，都用在句首，不过有所差别：《国语》中的“若”只用于一项假设，“而”在后文用作转折连词；《左传》中“若”用在两项对举的假设之中，只是前一项假设“我退”没有使用连词。

③两文都用“矣”，表示对未然或将要发生的情况的陈述。

22.

晋语四

十二月，秦伯纳公子。①及河，子犯授公子载璧，曰：“②臣从君还轸，巡於天下，怨其多矣！③臣犹知之，而况君乎？不忍其死，请由此亡。”公子曰：“④所不与舅氏同心者，有如河水。”沈璧以质。……公子济河，召令狐、臼衰、桑泉，皆降。晋人惧，怀公奔高梁。吕甥、冀芮帅师，⑤甲午，军于庐柳。秦伯使公子絷如师，师退，次于郇，辛丑，狐偃及秦、晋大夫盟于郇。壬寅，公入于晋师。甲辰，秦伯还。丙午，入于曲沃。丁未，入绛，即位于武宫。戊申，刺怀公于高梁。

僖公二十四年

二十四年春王正月，秦伯纳之。不书，不告入也。①及河，子犯以璧授公子，曰：“②臣负羁绁从君巡於天下，臣之罪甚多矣，③臣犹知之，而况君乎？请由此亡。”公子曰：“④所不与舅氏同心者，有如白水！”投其璧于河。济河，围令狐，入桑泉，取臼衰。⑤二月甲午，晋师军于庐柳。秦伯使公子絷如晋师。师退，军于郇。辛丑，狐偃及秦、晋之大夫盟于郇。壬寅，公子入于晋师。丙午，入于曲沃。丁未，朝于武宫。戊申，使杀怀公于高梁。不书，亦不告也。

①《国语》中动词之后用双宾语，与之相应，《左传》中用介词“以”引进受事“璧”，也就是双宾语中的直接宾语。

②两文都用介词“於”，引进动作行为发生的处所；《国语》用“其”作推度语气副词；两文都用“矣”表示对已然情况的陈述。

③两文都用“乎”表示反问，前面有“而况”与之呼应；都用“由此”介宾结构修饰动词“亡”，“由”用于引进时间。

④两文都用“所……者”结构表示假设，完全相同。

⑤两文中所用介词都是“于”，无一例外，“于宾”所修饰的动词有的完全相同，有些则非常接近；两文中“及”用作介词，“及宾”结构修饰谓语动词“盟”。

23.

晋语四	僖公二十四年
文公之出也，①竖头须，守藏者也，不从。②公入，乃求见，公辞焉以沐。谓谒者曰："③沐则心覆，心覆则图反，宜吾不得见也。从者为羁绁之仆，居者为社稷之守，何必罪居者！④国君而雠匹夫，惧者众矣。"谒者以告，公遽见之。	初，①晋侯之竖头须，守藏者也。其出也，窃藏以逃，尽用以求纳之。②及入，求见。公辞焉以沐。谓仆人曰："③沐则心覆，心覆则图反，宜吾不得见也。居者为社稷之守，行者为羁绁之仆，其亦可也，何必罪居者？④国君而雠匹夫，惧者其众矣。"仆人以告，公遽见之。

①两文判断句谓语相同，"也"前的谓语由"者"字体词结构充当。

②两文"辞焉以沐"完全相同，介词"以"引进原因，"以宾"结构用于所修饰的谓语动词之后，"焉"为兼词。

③两文几乎完全相同，只是有些分句顺序不同；"则"连接前后两项，表示其间的承接关系；"从者""居者"皆为"者"字体词性结构，并已初步固化。

④两文几乎相同。连词"而"之前为主语，"而"表示转折关系，不过也含有明显的假设意味；都用"矣"表示对未然或将要发生情况的陈述或推测；《左传》用推度语气副词"其"，《国语》未用；介词"以"用在动词"告"之前，其引进的宾语省略了，可以用"之"代替，表示动作行为直接涉及的对象，即受事。

24.

晋语四	僖公二十四年
及入，①勃鞮求见，公辞焉，曰："骊姬之谗，尔射余於屏内，困余於蒲城，斩余衣祛。②又为惠公从余於渭滨，命曰三日，③若宿而至。……"对曰："④吾以君为已知之矣，故入；犹未知之也，又将出矣。……⑤除君之恶，唯力所及，何贰之有？今君即位，其无蒲、狄乎？……"⑥於是吕甥、冀芮畏偪，悔纳文公，谋作乱，将以己丑焚公宫，公出救火而遂杀之。……公惧，乘驲自下，⑦脱会秦伯于王城，告之乱故。及己丑，公宫火，二子求公不获，遂如河上，秦伯诱而杀之。	⑥吕、郤畏偪，将焚公宫而弑晋侯。①寺人披请见。公使让之，且辞焉，曰："蒲城之役，君命一宿，女即至。②其后余从狄君以田渭滨，女为惠公来求杀余，③命女三宿，女中宿至。虽有君命，何其速也？夫祛犹在。女其行乎！"对曰："④臣谓君之入也，其知之矣。若犹未也，又将及难。君命无二，古之制也。⑤除君之恶，唯力是视。蒲人、狄人，余何有焉？今君即位，其无蒲、狄乎！"……三月，⑦晋侯潜会秦伯于王城。己丑晦，公宫火。瑕甥、郤芮不获公，乃如河上，秦伯诱而杀之。

①《左传》较详，"让"与"辞"之间用连词"且"，表示递进关系；两文都用"焉"作兼词。

②两文中都有介宾结构"为惠公"，其中"为"引进动作行为受益的对象；《国语》用介词"於"引进动作行为到达的处所；《左传》用连词"以"连接两个谓词性词组，相当于"而"。

③《国语》用"若"，《左传》用"女"；《国语》"宿"和"至"之间有连词"而"，表示前项对后项的修饰关系，《左传》未用。

④《国语》"以……为"固定格式，相当于《左传》中的"谓"；两文都用"矣"表示对已然情况的陈述；都用"也"表示与"矣"相对的陈述语气。此例两文表述有所差别，通过《左传》的"若"可以显示出来，"若"表假设，《左传》陈述的是假设"未知"的情况，而《国语》则是出于事实的陈述。

⑤两文"唯"用法相同，都是范围副词，《左传》中用"是"作提

宾助词，《国语》为正常语序；《国语》中的“何贰之有”对应《左传》中的“蒲人、狄人，余何有焉”，都是宾语前置，只是前者有“之”，后者用兼词“焉”。

⑥《国语》此处有插入部分“於是”，为介宾结构，意为“在这个时候”；《国语》有引进时间的介宾结构“以己丑”，《左传》未见；两文都用连词“而”表示顺承关系。

⑦两文都用“于”引进处所；“遂”和“乃”相对，用作副词，具有连接作用；两文“而”都用在光杆动词之间，两个动词共享一个宾语，“而”表示顺承关系。

25.

晋语四	僖公二十三年
①秦伯归女五人，怀嬴与焉。公子使奉匜沃盥，既而挥之。嬴怒曰：“②秦、晋匹也，何以卑我？”③公子惧，降服囚命。	①秦伯纳女五人，怀嬴与焉。奉匜沃盥，既而挥之。怒，曰：“②秦、晋，匹也，何以卑我？”③公子惧，降服而囚。

①两文几乎完全相同，其中“焉”作兼词；“既而”用作时间副词。

②两文同用判断句，不过断句有别：若从《国语》，则主语为“秦”，谓语表示对“秦”的判断，体词性词语（“晋匹”为偏正结构）作判断句谓语，则主要侧重于表述主语的体词性质。若从《左传》，“秦、晋”为主语，谓词性词语（“匹”为形容词）作判断句谓语，强调主谓之间具有的性质或状态，两者是有差别的。我们认为当从《左传》，意为“秦国和晋国，地位是相等的”；“何以”是固定格式，两文相同。

③《左传》中用连词“而”表示顺承，《国语》未见。

26.

晋语四	僖公二十三年
遂如楚，①楚成王以周礼享之……②楚子问於公子曰：“子若克复晋国，何以报我？”公子再拜稽首对曰：“③子女玉帛，则君有之。羽旄齿革，则君地生焉。其波及晋国者，君之余也，又何以报？”王曰：“虽然，不穀愿闻之。”④对曰：“若以君之灵，得复晋国，晋、楚治兵，会于中原，其避君三舍。若不获命，其左执鞭弭，右属櫜鞬，以与君周旋。”令尹子玉曰：“请杀晋公子。……”王曰：“⑤晋公子敏而有文，约而不谄，三材侍之，天祚之矣。天之所兴，谁能废之？”……⑥楚子厚币以送公子于秦。	及楚，①楚子飨之，②曰：“公子若反晋国，则何以报不穀？”对曰：“③子、女、玉、帛，则君有之；羽、毛、齿、革，则君地生焉。其波及晋国者，君之余也；其何以报君？”曰：“虽然，何以报我？”④对曰：“若以君之灵，得反晋国。晋、楚治兵，遇于中原，其辟君三舍。若不获命，其左执鞭、弭，右属櫜、鞬，以与君周旋。”子玉请杀之。楚子曰：“⑤晋公子广而俭，文而有礼。其从者肃而宽，忠而能力。……天将兴之，谁能废之？”⑥乃送诸秦。

①两文核心动词都是“享”（飨），《国语》用介词“以”引进依据，《左传》中未见。

②《国语》用“於”引进“问”的与事，《左传》未见；两文“若”都用在主谓之间，表示假设；《左传》用承接连词“则”，《国语》未见。

③两文几乎完全相同。“则”表示承接；“何以”和“虽然”都用作固定格式。

④两文完全相同。“若”为假设连词；“以”为介词，引进依据；“其”用作语气副词；后一个“以”用作连词，表示顺承；“与”是介词，引进与事。

⑤两文连词“而”所连接的前后项意义有所差别，不过“而”的作用是一致的，用作并列连词。

⑥两文核心动词为“送”，谓语动词之后都有介宾结构作补语，不

过《国语》用介词“于”，《左传》用兼词“诸”，“诸”相当于《国语》中的“公子”和“于”两项；《国语》“送”之前有介词以宾结构修饰，而且“以”引进的宾语前置。

27.

晋语五	成公二年
靡笄之役，郤献子师胜而返，范文子后入。武子曰：“①燮乎，女亦知吾望尔也乎？”对曰：“夫师，郤子之师也，其事臧。②若先，则恐国人之属耳目於我也，故不敢。”③武子曰：“吾知免矣。”靡笄之役，④郤献子见，公曰：“子之力也夫！”对曰：“克也以君命命三军之士，三军之士用命，克也何力之有焉？”范文子见，公曰：“子之力也夫！”对曰：“燮也受命於中军，以命上军之士，上军之士用命，燮也何力之有焉？”栾武子见，公曰：“子之力也夫！”对曰：“书也受命於上军，以命下军之士，下军之士用命，书也何力之有焉？”	晋师归，范文子后入。武子曰：“①无为吾望尔也乎？”对曰：“师有功，国人喜以逆之，②先入，必属耳目焉，是代帅受名也，故不敢。”③武子曰：“吾知免矣。”④郤伯见，公曰：“子之力也夫！”对曰：“君之训也，二三子之力也，臣何力之有焉？”范叔见，劳之如郤伯。对曰：“庚所命也，克之制也，燮何力之有焉？”栾伯见，公亦如之。对曰：“燮之诏也，士用命也，书何力之有焉？”

①《国语》中语气词“乎”用在人名之后表示引起听话人的注意，相当于“啊”；两文“也乎”连用，“也”属上读，“乎”表示疑问语气。

②《国语》表示假设用连词“若”，《左传》为意合式假设句；《国语》用语气词“也”，《左传》未见；《左传》的“焉”用作兼词，相当于《国语》的“於我”。

③两文相同，语气词“矣”表示对已发生情况的陈述。

④两文“也夫”连用，“也”可从上读，“夫”用于句末表示疑问语气；“何力之有焉”是宾语前置，“焉”已具备语气词的作用；《国语》下文晋侯一一问劳范文子和栾武子，《左传》记事较为简略，而避免了重复。

28.

晋语五	宣公十七年
范武子退自朝，曰："①燮乎……②夫郤子之怒甚矣，不逞於齐，必发诸晋国。不得政，何以逞怒？余将致政焉，以成其怒，无以内易外也。③尔勉从二三子，以承君命，唯敬。"乃老。	范武子将老，召文子曰："①燮乎！……②君子之喜怒，以已乱也。弗已者，必益之。郤子其或者欲已乱於齐乎。不然，余惧其益之也。余将老，使郤子逞其志，庶有豸乎。③尔从二三子唯敬。"乃请老。郤献子为政。

①语气词"乎"用在人名之后表示引起听话人注意，相当于"啊"。

②两文表意完全相同，"於齐"用法相同，前面的动词只是表述不同；《国语》中的"焉"是兼词，《左传》未见。

③《国语》中"勉"为状态方式副词，"以"用作顺承连词，《左传》皆未见。

29.

晋语五	成公二年
靡笄之役，①韩献子将斩人。郤献子驾，将救之，②至，则既斩之矣。③郤献子请以徇，其仆曰："子不将救之乎？"④献子曰："敢不分谤乎！"	臧宣叔逆晋师，且道之。季文子帅师会之。及卫地，①韩献子将斩人，郤献子驰，将救之。②至，则既斩之矣。③郤子使速以徇，④告其仆曰："吾以分谤也。"

①两文中"将"为时间副词；《国语》用"驾"，《左传》用"驰"，义同。

②两文相同，"则"连接前后动词，表示逆承关系；"矣"表示对已然情况的肯定陈述。

③两文的"以"用作介词，其后的宾语承上文省略。

④《国语》用"敢（不）……乎"表示反问语气，《左传》用"也"表达说明语气。

30.

晋语七

四年，①公子扬干乱行於曲梁，魏绛斩其仆。公谓羊舌赤曰：“寡人属诸侯，②魏绛戮寡人之弟，为我勿失。”赤对曰：“③臣闻绛之志，有事不避难，有罪不避刑，其将来辞。”④言终，魏绛至，授仆人书而伏剑。士鲂、张老交止之。仆人授公，公读书曰：“臣诛於扬干，不忘其死。日君乏使，使臣狃中军之司马。⑤臣闻师众以顺为武，军事有死无犯为敬，君合诸侯，臣敢不敬，君不说，请死之。……”⑥公跣而出，曰：“寡人之言，兄弟之礼也。子之诛，军旅之事也，⑦请无重寡人之过。”⑧反役，与之礼食，令之佐新军。

襄公三年

①晋侯之弟扬干乱行於曲梁，魏绛戮其仆。晋侯怒，谓羊舌赤曰：“……②必杀魏绛，无失也！”对曰：“③绛无贰志，事君不辟难，有罪不逃刑，其将来辞，何辱命焉？”④言终，魏绛至，授仆人书，将伏剑。士鲂、张老止之。公读其书，曰：“日君乏使，使臣斯司马。⑤臣闻‘师众以顺为武，军事有死无犯为敬’。君合诸侯，臣敢不敬？君师不武，执事不敬，罪莫大焉。臣惧其死，以及扬干，无所逃罪。……请归死於司寇。”⑥公跣而出，曰：“寡人之言，亲爱也；吾子之讨，军礼也。寡人有弟，弗能教训，使干大命，寡人之过也。⑦子无重寡人之过，敢以为请。”晋侯以魏绛为能以刑佐民矣，⑧反役，与之礼食，使佐新军。张老为中军司马，士富为候奄。

①两文介词都用“於”，引进动作行为发生的处所。

②《国语》中谓语动词之前有介宾结构“为我”，“为”引进动作行为受益的对象，《左传》未见；表示禁止、劝诫的否定副词，《国语》用“勿”，《左传》用“无”。

③《左传》中“何辱命焉”，“何”用作疑问副词，“焉”已具备了语气词的作用。《国语》未见。

④《国语》“授书”和“伏剑”之间有承接连词“而”，表明两个动词之间有时间先后关系，《左传》中没有连词“而”，不过其中的时间副词“将”正好体现出“而”连接前后项之间的先后相承关系。

⑤两文同有引文“师众以顺为武，军事有死无犯为敬”，可见古已有之；《国语》“请死之”与《左传》“请归死於司寇”相应，《左传》用介词“於”引进动作行为的施事，而《国语》中的“死”之后带了宾语“之”，因此“死”可以看作活用，理解为“为……死”。

⑥两文相同，“而”连接的前项对后项有修饰作用，表示状态；两文都用判断句组成排比句式，判断句主语都是包含结构助词“之”的体词性词语，谓语末都有“也”，表达判断语气。

⑦否定副词都用“无”。

⑧两文相同，“与之”是介宾结构，“为”引进动作行为受益的对象，介宾结构用在谓语之前，谓语由名词性结构充当。

31.

晋语七

五年，①无终子嘉父使孟乐因魏庄子纳虎豹之皮以和诸戎。公曰：“②戎、狄无亲而好得，不若伐之。”魏绛曰：“劳师於戎，而失诸华，虽有功，犹得兽而失人也，③安用之？④且夫戎、狄荐处，贵货而易土。予之货而获其土，其利一也；边鄙耕农不儆，其利二也；⑤戎、狄事晋，四邻莫不震动，其利三也。君其图之！”⑥公说，故使魏绛抚诸戎，於是乎遂伯。

襄公四年

①无终子嘉父使孟乐如晋，因魏庄子纳虎豹之皮，以请和诸戎。晋侯曰：“②戎狄无亲而贪，不如伐之。”魏绛曰：“……劳师於戎，而楚伐陈，必弗能救，是弃陈也。诸华必叛。戎，禽兽也。获戎、失华，③无乃不可乎！”……公曰：“然则莫如和戎乎？”对曰：“和戎有五利焉：④戎狄荐居，贵货易土，土可贾焉，一也。边鄙不耸，民狎其野，穑人成功，二也。⑤戎狄事晋，四邻振动，诸侯威怀，三也。以德绥戎，师徒不勤，甲兵不顿，四也。鉴于后羿，而用德度，远至、迩安，五也。君其图之！”⑥公说，使魏绛盟诸戎。修民事，田以时。

①两文中介词“因”引进动作行为凭借的对象；《左传》中“以”用作连词，连接的是“如晋”和“请和”两个动词结构；《左传》将“因宾”结构用作插入语，与《国语》稍异。

②两文中“而”用作表示并列关系的连词；《国语》中用“不若”，《左传》用“不如”，上文有一处异文（第 18 组④）同样是《国语》用“不若”，《左传》用“不如”，其差别比较明显，值得注意。

③《国语》中“安”用作疑问副词，“安用之”表示反问语气，正好与《左传》的“无乃不可乎”相应。

④《国语》中“而”是并列连词，《左传》中没有用“而”连接，也能表明前后两项的并列关系。

⑤《国语》用“莫不”，双重否定加强肯定语气，《左传》为一般陈述；“其”是表示劝令的语气副词。

⑥《国语》用表示结果的连词“故”和表示结果的固定连词组合“於是乎”，《左传》未见。

32.

晋语七	襄公十一年
①郑伯嘉来纳女、工、妾三十人，女乐二八，歌钟二肆，及宝镈，辂车十五乘。②公锡魏绛女乐一八、歌钟一肆，曰：“③子教寡人和诸戎、狄而正诸华，於今八年，七合诸侯，寡人无不得志，请与子共乐之。”④魏绛辞曰：“夫和戎、狄，君之幸也。八年之中，七合诸侯，君之灵也。二三子之劳也，臣焉得之？”公曰：“⑤微子，寡人无以待戎，无以济河，二三子何劳焉！子其受之。”	①郑人赂晋侯以师悝、师触、师蠲；广车、軘车淳十五乘，甲兵备，凡兵车百乘，歌钟二肆，及其镈、磬，女乐二八。②晋侯以乐之半赐魏绛，曰：“③子教寡人和诸戎狄以正诸华，八年之中，九合诸侯，如乐之和，无所不谐，请与子乐之。”④辞曰：“夫和戎狄，国之福也；八年之中，九合诸侯，诸侯无慝，君之灵也，二三子之劳也，臣何力之有焉？……”公曰：“……⑤抑微子，寡人无以待戎，不能济河。……子其受之！”

①两文同陈一事，而《国语》用“来”，《左传》据史直陈，让人感到《国语》作者与晋国关系极为密切；《左传》中动词“赂”由“以宾”结构修饰，且“以宾”结构用在其后，《国语》未用介词引进宾语；“及”在两文中都是连词，从其连接的前后词语没有一定的顺序也可见这些词语之间是并列关系。

②《国语》用双宾语结构，《左传》用介词“以”引进直接宾语，“以宾”结构修饰谓语动词“赐”。二者表意相同，采用的形式有别。

③“而”和“以”都是连词，表示前后项之间的并列关系；《国语》“八年”之前有介宾结构“於今”，“於”引进时间的终点，《左传》未见；《国语》在“乐”之前用范围副词“共”，《左传》未见。

④两文句首都有语首助词“夫”；都用判断句的排比形式；“焉”在《国语》中用作语气副词，在《左传》中用在句尾，有语气词的作用。

⑤《左传》“抑”用在句首，没有实际意义；《国语》未用；《左传》用“无以”和“不能”相对，避免了重复，《国语》用两个“无以”，“无以”作为固定格式使用；“其”是语气副词。

33.

晋语八	昭公二十八年
杨食我生，①叔向之母闻之，往，及堂，闻其号也，乃还，曰：“②其声，豺狼之声，③终灭羊舌氏之宗者，必是子也。”	伯石始生，子容之母走谒诸姑，曰：“长叔姒生男。”①姑视之。及堂，闻其声而还，曰：“②是豺狼之声也。狼子野心，③非是，莫丧羊舌氏矣。”遂弗视。

①《国语》中的“乃”和《左传》中的“而”在句法上是相对应的，用法相当。不过我们将“乃”看作副词，“乃”同后面的动词“还”结合紧密。《左传》用“而”表示承接关系。

②判断句形式稍有差异：《国语》判断句主语谓语都是体词性的，没有明显的标记“也”，而《左传》是有判断语气词“也”的。

③两文表意相同，《国语》用肯定推测的形式，“必”为标志；《左传》用双重否定的形式。

34.

晋语八

①子朱怒曰："皆君之臣也，班爵同，何以黜朱也?"抚剑就之。叔向曰："②秦、晋不和久矣，今日之事幸而集，子孙馀之。不集，三军之士暴骨。夫子员导宾主之言无私，子常易之。③奸以事君者，吾所能御也。"拂衣从之，人救之。④平公闻之曰："晋其庶乎！吾臣之所争者大。"师旷侍，曰："公室惧卑，⑤其臣不心竞而力争。"

襄公二十六年

①子朱怒曰："班爵同，何以黜朱於朝?"抚剑从之。叔向曰："②秦、晋不和久矣。今日之事，幸而集，晋国赖之。不集，三军暴骨。子员道二国之言无私，子常易之。③奸以事君者，吾所能御也。"拂衣从之。人救之。④平公曰："晋其庶乎！吾臣之所争者大。"师旷曰："公室惧卑。⑤臣不心竞而力争，不务德而争善，私欲已侈，能无卑乎!"

①《国语》用判断句，《左传》未见；"何以"是固定组合，同；《国语》"何以"句末有"也"，表达疑问语气，《左传》未用；《左传》中介宾结构"於朝"引进的是动作行为发生的处所。

②"矣"是对已然情况的肯定陈述，同；"而"连接的前项表示后项的状态；"集"和"不集"对举，都表示假设语义，两者都是意合假设，没有出现假设连词。

③"以"作介词，宾语"奸"前置于介词；"能御"之前用结构助词"所"组成体词结构，作判断句谓语。

④"其"是语气副词；"乎"表示推测语气，与前面的"其"相呼应；"臣之所争者"是包含"之"的体词结构。

⑤"而"用作转折连词。

35.

晋语八	襄公二十四年
①鲁襄公使叔孙穆子来聘，范宣子问焉，曰："人有言曰'死而不朽'，何谓也？"穆子未对。宣子曰："昔匄之祖，②自虞以上为陶唐氏，在夏为御龙氏，在商为豕韦氏，在周为唐、杜氏。周卑，晋继之，为范氏，③其此之谓也？"对曰："④以豹所闻，此之谓世禄，非不朽也。鲁先大夫臧文仲，其身殁矣，其言立於后世，此之谓死而不朽。"	二十四年春，①穆叔如晋，范宣子逆之，问焉，曰："古人有言曰'死而不朽'，何谓也？"穆叔未对。宣子曰："昔匄之祖，②自虞以上为陶唐氏，在夏为御龙氏，在商为豕韦氏，在周为唐杜氏，晋主夏盟为范氏，③其是之谓乎！"穆叔曰："④以豹所闻，此之谓世禄，非不朽也。鲁有先大夫曰臧文仲，既没，其言立，其是之谓乎！……虽久不废，此之谓不朽。"

①《国语》称"鲁襄公"，并用"来聘"，《左传》称"穆叔"用"如晋"，这些用语也能为考察其中关系提供一些参考；"也"用于句末表示疑问语气；否定副词都用"未"。

②介词"自"引进时间起点，组成"自+时间"结构，并同连词"以"后面再加"上"，表示时间范围。

③《国语》用"也"、《左传》用"乎"表示疑问语气；指示代词分别用"此"和"是"。

④介词"以"引进依据，其宾语由包含"所"字结构组成的体词性词语充当；《国语》用语气词"矣"表示对已然情况的陈述，正与《左传》所用的副词"既"（表示完结）相对应，凸显"矣"的语法作用；《国语》中动词"立"之后有介宾结构"於后世"作补语，《左传》未见。

36.

晋语九

士景伯如楚，叔鱼为赞理。①邢侯与雍子争田，②雍子纳其女於叔鱼以求直。及断狱之日，叔鱼抑邢侯，③邢侯杀叔鱼与雍子於朝。韩宣子患之，叔向曰：“④三奸同罪，请杀其生者而戮其死者。”宣子曰：“若何?”对曰：“⑤鲋也鬻狱，雍子贾之以其子，邢侯非其官也而干之。夫以回鬻国之中，与绝亲以买直，与非司寇而擅杀，其罪一也。”邢侯闻之，逃。⑥遂施邢侯氏，而尸叔鱼与雍子於市。

昭公十四年

①晋邢侯与雍子争鄐田，久而无成。士景伯如楚，叔鱼摄理。韩宣子命断旧狱，罪在雍子。②雍子纳其女於叔鱼，叔鱼蔽罪邢侯。③邢侯怒，杀叔鱼与雍子於朝。宣子问其罪於叔向。叔向曰：“④三人同罪，施生戮死可也。雍子自知其罪，而赂以买直；⑤鲋也鬻狱；邢侯专杀，其罪一也。……”⑥乃施邢侯而尸雍子与叔鱼於市。

①两文都用介词“与”引进动作行为的与事。

②两文同用介词“於”引进动作行为的与事，即谓语“纳”的间接宾语；《国语》还用连词“以”，连接前后谓词性成分，后项表示前项的目的。

③两文同用“与”作并列连词；同用“於”引进动作行为发生的处所。

④《国语》用“生者”“死者”分别与《左传》中的“生”“死”相应，都是体词性成分；《左传》用“也”表示解释说明语气，《国语》未见。

⑤“也”在句中有提顿的作用，同时引起下文。

⑥“遂”与“乃”相应，都是连接性副词；“而”用作并列连词，连接的前后两项都是谓词性成分；“与”为并列连词，连接的两项为体词性词语；“於”引进动作行为停留的处所。

37.

晋语九

梗阳人有狱，将不胜，①请纳赂於魏献子，献子将许之。阎没谓叔宽曰：“与子谏乎！②吾主以不贿闻於诸侯，今以梗阳之贿殃之，不可。”二人朝，而不退。献子将食，问谁於庭，曰：“阎明、叔褒在。”召之，使佐食。③比已食，三叹。既饱，献子问焉，曰：“人有言曰：唯食可以忘忧。④吾子一食之间而三叹，何也？”⑤同辞对曰：“吾小人也，贪。⑥馈之始至，惧其不足，故叹。⑦中食而自咎也，曰：岂主之食而有不足？是以再叹。⑧主之既已食，愿以小人之腹，为君子之心，属餍而已，是以三叹。”献子曰：“善。”乃辞梗阳人。

昭公二十八年

冬，梗阳人有狱，魏戊不能断，以狱上。①其大宗赂以女乐，魏子将受之。魏戊谓阎没、女宽曰：“②主以不贿闻於诸侯，若受梗阳人，贿莫甚焉。吾子必谏！”皆许诺。退朝，待於庭。馈入，召之。③比置，三叹。既食，使坐。魏子曰：“吾闻诸伯叔，谚曰：‘唯食忘忧。’④吾子置食之间三叹，何也？”⑤同辞而对曰：“或赐二小人酒，不夕食。⑥馈之始至，恐其不足，是以叹。⑦中置，自咎曰：‘岂将军食之而有不足？’是以再叹。⑧及馈之毕，愿以小人之腹为君子之心，属厌而已。”献子辞梗阳人。

①《国语》用介词“於”引进动作行为的与事，“於宾”结构置于动词之后，《左传》未见；《左传》用介词“以”引进凭借的方式手段，“以宾”结构用在动词之后，《国语》未见。

②两文同用介词“以”引进依据；同用介词“於”引进与事；《国语》中的“今”有表示假设的意思，正与《左传》中的“若”相通。

③两文都用介词“比”，引进时间；“既”为时间副词。

④《国语》用连词“而”，前项为表时间的词语，表示对后项的修饰，《左传》未见；两文都用“何也”，疑问代词后加语气词，加强疑问语气。

⑤《左传》用连词“而”，表示前项是对后项的修饰，以示状态。

⑥《国语》用因果连词“故”，《左传》用固定组合“是以”，表示因果关系，可见“故”与“是以”相通，且二者都直接用在谓语动词之前，语法位置相同。

⑦《国语》用连词“而”，前项为表时间的词语，表示对后项的修饰，同④，《左传》未见。

⑧《国语》用“既已”，《左传》用“毕”，表示完结，《左传》用介词“及”引进时间；两文同用“以……为”格式，用法意义相同。

38.

楚语上	襄公十三年
恭王有疾，召大夫曰：“不穀不德，失先君之业，覆楚国之师，不穀之罪也。①若得保其首领以殁，唯是春秋所以从先君者，②请为‘灵’若‘厉’”。大夫许诺。王卒，③及葬，子囊议谥。大夫曰：“④王有命矣。”子囊曰：“不可。夫事君者，先其善不从其过。⑤赫赫楚国，而君临之，抚征南海，训及诸夏，其宠大矣。有是宠也，而知其过，可不谓‘恭’乎？若先君善，则请为‘恭’。”大夫从之。	楚子疾，告大夫曰：“不穀不德，……①若以大夫之灵，获保首领以殁於地，唯是春秋窀穸之事、所以从先君於祢庙者，②请为‘灵’若‘厉’。大夫择焉。”莫对。③及五命，乃许。秋，楚共王卒。子囊谋谥。大夫曰：“④君有命矣。”子囊曰：“君命以共，若之何毁之？⑤赫赫楚国，而君临之，抚有蛮夷，奄征南海，以属诸夏，而知其过，可不谓共乎？请谥之‘共’。”大夫从之。

①两文同用假设连词“若”；同用连词“以”表示状态、方式关系；“唯是”相同；“所以……者”结构十分相近，只是《左传》中动词“从”后有“於宾”结构引进处所，不过这不影响最后组合成的“所以……者”的体词性性质。

②两文同用“若”作选择连词。

③两文同用介词“及”，引进时间。

④两文都用“矣”表示对已然情况的肯定陈述。不过用语称呼上有区别，这一点在此组异文句首也有体现：《国语》用“恭王”、《左传》用“楚子”，此处《国语》仍用“王”、《左传》用“君”，这对我们考察两书关系有所帮助。

⑤两文前一个“而”连接体词性词语和分句，表示承接关系；《国语》“训”之后由介词“及”引进受事。《左传》用连词“以”连接多项谓词性成分组成排比句；“而知其过”中的连词“而”表示语义上的

递进；“乎”用在句末，前面有“可不 VP”呼应，加强反问语气。

39.

楚语下	哀公元年
子西曰：“①阖庐能败吾师。阖庐即世，吾闻其嗣又甚焉。吾是以叹。”对曰：“②子患政德之不修，无患吴矣。③夫阖庐口不贪嘉味，耳不乐逸声，目不淫於色，身不怀於安，朝夕勤志，恤民之羸，闻一善若惊，得一士若赏，有过必悛，有不善必惧，是故得民以济其志。今吾闻夫差好罢民力以成私好，纵过而翳谏，一夕之宿，台榭陂池必成，六畜玩好必从。④夫差先自败也已，焉能败人。子修德以待吴，吴将毙矣。”	吴师在陈，楚大夫皆惧，曰：“①阖庐惟能用其民，以败我於柏举。今闻其嗣又甚焉，将若之何？”子西曰：“②二三子恤不相睦，无患吴矣。③昔阖庐食不二味，居不重席，室不崇坛，器不彤镂，宫室不观，舟车不饰；衣服财用，择不取费。……勤恤其民，而与之劳逸，是以民不罢劳，死不知旷。吾先大夫子常易之，所以败我也。今闻夫差，次有台榭陂池焉，宿有妃嫱、嫔御焉，一日之行，所欲必成，玩好必从；珍异是聚，观乐是务；视民如雠，而用之日新。④夫先自败也已，安能败我？”

①两文同用“焉”，用作兼词；“又”用作程度副词。

②两文同用表示禁止、劝诫的否定副词“无”；语气词“矣”在句末表达对将然情况的陈述。

③《国语》用语首助词“夫”，《左传》未见；《国语》中否定副词“不”修饰动词“贪”，动词后有宾语，《左传》中“不”修饰名词性词语；“是故”与“是以”相应，两者功能和意义相同。

④《左传》用语首助词“夫”，《国语》未见；两文同用“也已”，语气词连用，加强肯定判断的语气；《国语》用疑问副词“焉”，《左传》用“安”。

以上我们选取《左传》《国语》共 39 组 175 项异文近 300 个具体虚词用例，就其中虚词使用的情况进行了全面对比。对其中虚词的选择性以及使用特点、语法功能等进行了比较，我们发现《左传》和《国语》中多数虚词的使用是一致的，差异主要表现在两点：一是有部分虚词两书使用各不相同，不过这些虚词在某些功能和语法意义上是相通、相近的，两书选取这部分虚词虽存在不同，但运用效果是一致的。比如："於"和"于"，"於"、"于"和"诸"，"是以"、"是故"、"於是(乎)"和"故"，"而"和"以"，"也"和"乎"等；二是有些虚词在一种文献中出现了，而在另一种文献中没有使用，比如语首助词"夫"。此外，还体现在虚词使用特点的不同上，集中表现为介宾结构的语法位置，在一种文献中可能用于谓语动词之前，而在另一文献中可能用在谓语动词之后。还有就是介词宾语同介词的位置关系，一般处于介词之后，有时用在介词之前。

比较的时候，我们倾向于找出两书异文中用词造句的不同和明显的相异之处，这些相异之处将为结论的得出提供重要的依据。而实际上我们应该重视相异点，可是相同的地方一样不可忽视。通过对两书异文的比较，我们发现两书在虚词的使用上有特别明显的相似之处，比如以上异文中两书对"於"和"于"的使用，表现出特别明显的相似性，《国语》中"于"少见，而在以上异文中，《左传》《国语》两书"於""于"在具体使用中保持极强的一致性。结合虚词的整体特点以及前文的研究经验来看，两书虚词的使用所表现出来的相同点远大于其相异点。

第三节　对前有《左传》《国语》文献关系语言学考辨成果的检讨

本书以两书虚词的比较为核心手段，考论两书的文献关系，以下就本书研究所得与前有相关《左传》《国语》的作者、成书及两书关系的成果进行检讨。

瑞典汉学家高本汉著有《左传真伪考》[①]，此文开辟了从语言学角度

① 〔瑞典〕高本汉：《左传真伪考》，《哥特堡大学学报》卷三二，第3号，1926年版。由陆侃如译成中文，附胡适对该文的提要与批评、卫聚贤的跋，作为单行本于1927年在新月书店出版。后来除了该书外，陆侃如又整理并加上《中国古书的真伪》《书经中的代名词厥字》两篇，再附录四篇，除胡适、卫聚贤上述两篇外，加上冯沅君《论〈左传〉与〈国语〉的异点》、卫聚贤《读〈论《左传》与《国语》的异点〉以后》合并为一册，即《〈左传真伪考〉及其他》，于1936年由商务印书馆出版。该书1949年之后未再刊行，山西人民出版社2015年出版"近代海外汉学名著丛刊"，选该书为一种。

考辨古籍问题的新方法，引起了国内外学者的强烈反响，此处不赘。在高氏启发下，部分中国学者开始采用类似研究方法开展研究。美国学者卜德撰有《〈左传〉与〈国语〉》一文，采用相同办法并拓展了语汇。这部分论著可看作一类。

高文上篇专论《左传》真伪问题，所用的方法是列举《史记》对《左传》的改写或翻译文句以与《左传》对照，他认为在秦焚书之前《左传》已经存在。下篇采用语言学的方法着力解决《左传》与其他文献的关系问题，围绕的比较中心也是几组"助词"。一方面将《左传》与"鲁语"代表文献《论语》《孟子》加以比较；另一方面为探讨《左传》的性质，还与《尚书》《诗经》《礼记》《大戴礼》《庄子》《国语》等比较，考察这些文献在文法上的异同。其中高文得出一个结论"《国语》的文法和《左传》是很相近的"。高文中得出《左传》与《国语》文法相近的结论不止一次，在该文中还提到"就大体来看，两部书的文法组织很是相同"，"在周、秦和汉初书内，没有一种有和《左传》相同的文法组织的，最接近的就是《国语》，此外便没有第二部书在文法上和《左传》那么相近了"，"《左传》有一律的文法，和《国语》很近，但不全同（和别的中国古书却完全不同）"，等等。

结合本书对两书虚词系统的全面比较，可以进一步证明高本汉得出的结论是符合两书实际情况的，比如："若"在两书中作假设连词的用例很多，而"如"很少；"斯"作承接连词用例很少，远不如"则"；另外，"斯"作"此"解在《左传》中未见；"乎"作介词的用法在《左传》中仅为偶见等，以上特点《国语》与《左传》几乎完全一致。还应注意高文也有不合《左传》事实之处：如"及""与"都可用作并列连词，相当于"和"，高氏指出"'及'字尤其通行"，据我们考察，在两书中"与"的并列连词用例都比"及"多；两书中也有"与"用作语气词的用例，只是较少；"于""於"的差异也与本书的统计和说明有别。从整体上来看，《左传》和《国语》的虚词系统表现出极强的一致性。

在两书关系方面，高本汉在文中一再强调两书文法系统的相近，可是又根据存在的一个重要分别，即"最后我们研究的和《左传》很相近的，只有一点不同——这个可是很重要的一点。（一）解作'像'时，

‘如’与‘若’并用（‘如此’与‘若此’等等），后者和前者是一样的通行——和鲁语一样，和《左传》不同，《左》语只用‘如’字”。[①] 根据这一差异高本汉认为“这两书不能是一个人作的”。这与两书文法系统接近的结论有矛盾之处，故而高文归结出“他们可以说是同一方言的人作的，也许属于同一派”的结论，试图调和前后的矛盾。

高本汉导夫先路，开创了新的方法，随着中译本传入国内，随后便有学者对《左传真伪考》进行了检讨，如胡适、卫聚贤、冯沅君诸先生。其论著也由陆侃如先生整理编集在《〈左传真伪考〉及其他》一书中。

胡适1927年发表的《〈左传真伪考〉的提要与批评》一文对高本汉《左传真伪考》的创作目的、内容及方法等进行了全面的介绍和检讨。尤其对高文各部分所作的提要和批评，其中也包括对卫聚贤《跋〈左传真伪考〉》的介绍和批评。胡适将高文、卫文进行了比较，指出高文在研究方法上较全面，文法比较的证据更为有力。同时也指出了高文方法中的不足之处，又加上了自身研究的经验以补正高氏之说，其中对高文方法及举例细节的探讨对后来的研究极有启发意义。[②]

冯沅君于1928年发表了《论〈左传〉与〈国语〉的异点》，冯文先列举了两书记载史实有差异之处共15则，此不赘举。我们重点看冯文列出的文法上的5则差异，这些差异主要是针对高本汉文中提出的助词的歧异一一进行辩驳：第（1）、（2）则举出大量例证，证明两书“于”“於”在见次和用法上的差异。第（3）则冯文指出《国语》内“及”作“和”的用例远不如“与”作“和”的用例多。这一点本书也可证明。第（4）则冯文统计“邪”在《国语》中用作语气词3例，本书统计为5例，《左传》中未见用例。第（5）则高文中未提及的“奈”字，冯文认为不光《左传》中没有“奈”，且以此证《国语》较《左传》晚出。《国语》用“奈”5例，较晚出。据本书统计，《左传》和《国语》分别有“奈何”2例和7例。冯文根据“共说一事而二文不同”以及文

---

① 高本汉著，陆侃如译《左传真伪考》，载《〈左传真伪考〉及其他》第88页，上海商务印书馆1936年版。

② 详见胡适《〈左传真伪考〉的提要与批评》，载《〈左传真伪考〉及其他》第98～120页，上海商务印书馆1936年版。

法上的以上差异证明两书不可能为同一人所作。冯文的方法和材料，有欠周详。[①] 卫聚贤对此提出不同看法，在《读〈论《左传》与《国语》的异点〉以后》一文主要就冯文所举 15 则“共说一事而二文不同”的差异进行辩驳，与语言学关系不大，此不赘述。

在以上文法研究之外，运用语言学手段对两书关系进行考辨的还有林语堂，他开辟了利用语音比较考辨两书关系的新手段。[②]

在前贤以语言学方法考辨两书关系的基础上，后期沿用这一方法考察两书关系的代表，当属台湾学者张以仁。张氏著有《从文法语汇的差异证〈国语〉〈左传〉二书非一人所作》一文，对前有高本汉及冯沅君等学者的研究指出了材料范围的不足之处和统计方法的不妥等问题，张文认为“我和冯沅君在主要的结论上还是相同的，就是高氏的统计结果，多少和我们的有些出入，而这些出入却有利于本书的推论。由于高氏的统计结果，我们似乎有加以复按的必要”。张文先对《左传真伪考》中列举的语言证据进行了“检论”，在具体例证的收集统计方面纠正了高文的疏漏之处，之后张氏指出：“这番复按的结果，虽然并不能推翻高氏关于《国语》与《左传》文法相近的说法，却可以划宽《国》《左》二书关系的鸿沟。”张文在高氏所指明的两书的异点之外，又加上了几项区别。[③] 该文又提出了两书不同的“新证据”。张以仁此文的目标较明确，就是找到更充分的证据以证明《左传》《国语》之间存在明确的差异，我们从该文中可以感觉到张氏处处证明两书差异的趋向。据考察，张文同样存在疏误之处。比如统计“斯”解作“此”时，张文举襄公三年“日君乏使，使臣斯司马”例，据杜预注：“斯，此也。”高文未统计此例当是由疏漏或统计范围所致。此例中“斯”不解作“此”，杜注有失。此例《晋语七》异文作“日君乏使，使臣狃司马”，“斯”当为动词

---

① 张以仁较全面地总结了高本汉、冯沅君等学者考辨《左传》《国语》关系的方法和结论，详见张以仁《从文法语汇的差异证〈国语〉〈左传〉二书非一人所作》一文，《“中央研究院”历史语言研究所集刊》1962 年第 34 本上册。又见《张以仁先秦史论集》，上海古籍出版社 2010 年版。

② 详见绪论部分相关论述，见第 9 页。

③ 张以仁：《从文法语汇的差异证〈国语〉〈左传〉二书非一人所作》，《“中央研究院”历史语言研究所集刊》1962 年第 34 本上册。又见《张以仁先秦史论集》，上海古籍出版社 2010 年版。

"掌管"义。[①]可见语言证据的提取涉及统计方法和统计范围方面的差异。语言学研究方法的进步和典籍电子化，为检索提供了方便。针对张文存在的疏误之处，李佳已指出一部分。李佳在文中大略对张文的统计进行了复核，举出张文疏漏之处如下。[②]

1. 张文统计《国语》中没有"每""悉"用例，李佳统计《国语》中"每"字2见、"悉"字1见；2. 张氏统计《国语》"仅"3见，《左传》未见。李佳统计《左传》中"仅"1见；3. 张文认为《左传》罕用"不若"，只出现1例，李佳核查得4例。张文认为《左传》多用"不如"，共出现102次，李佳核为90多例；4. 张氏认为《国语》全书没有一个叹词。李佳指出《国语》虽然很少用叹词，但《左传》使用叹词数量也不多，另外《国语》中实际上出现过"兮""猗"等叹词。

根据本书的考察，我们发现张以仁文中除李佳指出的几处外，尚有一些可以核查的内容。张文从文法、语汇两个角度对两书进行比较，举出了一些较高本汉等学者更全面的"新的证据"，在文法方面，分为三小类：1.《左》有《国》无者；2.《国》有《左》无者；3. 两书皆有而用法不同者。这一部分张文主要就一些虚词展开比较，其中也有部分实词，如"精""元""镇""意""禅"等，这部分可以归入"语汇"部分。在语汇方面的比较中，张文选取7组实词或词组就两书进行比较。该做法是受美国学者卜德的启发而展开的。张文通过上揭两书中有差别的文字，得出结论："没有一个人能写出两本题材类似而在文法、语汇方面有如许差别的大书。除非他使用两种不同的文字，不然，即使《国语》是左丘明失明以后口述与其门人子侄辈笔录成书的也不行。"[③] 从张以仁的全文来看，两书中的这种语汇，我们应该还可以找出不少，结合本书对两书虚词的分析，也可以找出不少两书"此有彼无"的用例，或者两书都有而用法有差异的用例，这些都是客观存在的。如果扩大到两

① 笔者曾对《国语》《左传》的异文语言进行过比较，文中举有此例，可详见《从"两文"的比较看〈国语〉〈左传〉的语言差异》（本书附录），载《汉语史研究集刊》第二十六辑，四川大学出版社2019年版。

② 详见李佳《〈国语〉研究》第64～65页，中国社会科学出版社2015年版。

③ 张以仁：《从文法语汇的差异证〈国语〉〈左传〉二书非一人所作》，《"中央研究院"历史语言研究所集刊》1962年第34本上册。又见《张以仁先秦史论集》第113页，上海古籍出版社2010年版。

书的语汇，自然可以找出不少两书各自独用或有差异的词汇或词组来。从本章第一节分析两书副词系统可以看出，我们以情态方式类副词为例，即可见两书中都存在见于此未见于彼的情态方式副词，因此，如果仅从这一点得出结论，仍难免主观。[①] 张文似有一种先入为主的想法，即《左传》《国语》之间的关系没有想象的那样紧密，两书存在明显的差异，从而证明两书非一人所作的结论。

李书在以上核查的基础上指出："《左传》和《国语》虽然存在文法上的差异，但差异并非如张氏所说的那样巨大。"李佳在文中得出的结论是高本汉以及林语堂的研究方法是科学和严谨的，虽然后之学者能纠正高文在具体统计时存在的疏漏，找出两书在文法、词汇上的差异，但枝叶不能妨害全体，不足以推翻一个结论，即《国语》《左传》在文法、语音上是先秦古籍中最为接近的两种书，而这点正为两书同是左丘明所作的传统说法，提供了有力的内证。[②] 我们同意李文的看法。

这种从语言学角度对古籍真伪及成书年代等问题进行考辨的方法是值得重视并进一步深入挖掘的。诚如胡适先生所言："这种用文法的研究考证古书的初次尝试，他的成功与失败都应该引起我们的注意。"[③] 从后来的深入研究来看，这种方法是有效的，经验是成功的。不过在方法上还需进一步地改进和拓展。高本汉开创的方法"特别贡献正在他指出文法差异与地域的关系"[④]，正因为方法上有不精密之处，所以当年胡适先生也提出："我很希望我的朋友钱玄同先生能继续珂先生的工作，把《左传》与《国语》再作一番更精密的比较，对这个问题下一个最后的结论。"[⑤] 我们同意以上观点，并就语言学考辨古书问题加以"精密"探讨，结合《左传》《国语》的虚词系统的对比以观察两书的文献关系。

---

① 笔者曾就《左传》《国语》两书共记一事的文字（即两书异文）进行过语言比较，在词汇、用字、语法等方面都可以找到一些差异，由此可窥见一斑。这些差异的存在概与两书所据史料、作者对史料修订与否等因素有关。我们认为两书虽存在差异，但这些差异是细微的，不足以将两书截然分开。

② 李佳：《〈国语〉研究》第65页，中国社会科学出版社2015年版。

③ 见胡适《〈左传真伪考〉的提要与批评》，载《〈左传真伪考〉及其他》（附录一）第104页，上海商务印书馆1936年版。

④ 同上书，第110页。

⑤ 同上书，第113页。

结　语

通过对两书虚词系统的分析和比较，可以看出两书的确存在一些差异，本书在各虚词类别的比较中都有相关说明，两书在虚词的使用、见次、语法功能等方面大多表现出较强的一致性，存在的细微差异及存在差异的原因，我们还可以进一步从语言学其他角度展开比较，以获得更可靠的结论。

本书通过对两书虚词系统的总结和比较，得出以下几个方面的结论。

第一节　两书虚词系统的异同

一　两书介词的异同

1. “以、于、於、与、及、自、诸、为（wèi）”在两书中都是常用副词，使用数量多，所占比重高，这些介词在两书中的使用数量（以上介词在《左传》共6671例、在《国语》共2546例）占两书所有介词使用量的比重都接近98%。通过前文的比较可以看出，这些词在两书中的使用表现出较强的一致性，其中“以、於、与、自、为（wèi）”在两书中的语法位置、语法功能、各项功能所占的比重都极为接近。

两书中都有以下用例较少的介词：由（繇）、用、从、当、比、方、乎。这些介词在两书中的使用几乎没有区别。

2. 两书介词系统在使用中也表现出一定的差异。体现在以下几方面。

（1）“于、诸”两词在《国语》中使用数量较少，尤其是“于”。《国语》中“于”的用例较少。[①] 通过语法功能和使用特点的比较，《国

---

① 关于《国语》中“于”使用数量明显偏少的原因，本书暂时还未能解决这个问题。我们推测一方面与《国语》流传的版本有关，另外应与《国语》所参照的是更古老的史料有关。据前文不完全统计，先秦典籍如《礼记》中，“于”的用量也较少。要想深入探察其中的原因，还需做大量的统计和比较工作，限于精力和学力，本书阙疑。

语》中“于”用例虽少，而其语法功能是较完善的，与《左传》“于”的用法仍表现出一致性。

(2)“诸”在两书中用作合音词（或兼词），《国语》中用例较少，“诸”的语法功能也不如《左传》中“诸”的功能完善。其中引进动作行为的与事是“诸”的主要功能，未见引进起始或经由的处所和引进受事的用例。《左传》中的“诸”主要用以引进动作行为发生或进行的处所、趋向或达到的处所和与事等功能。两书稍有差别。“自”在《左传》中以引进行为起始的处所为主，在《国语》中引进起始的处所和时间两项是主要功能。“及”在《左传》中引进时间和引进对象的用例数量基本相当，《国语》中“及”以引进时间最为常见。

(3) 在非常用介词方面，《左传》中“因”以引进动作行为的原因为主，其次是引进动作行为的媒介；《国语》中以引进动作行为的依据或条件为主，其次是引进凭借的时机。两书虽有此差别，可是“因”的数量很少，有这种差别的地方便更少了。《左传》中“从”有 15 例，《国语》中仅 3 例，而且《国语》中“从”没有引进动作行为起始或经由的处所的用法。

(4)《左传》中有而未见于《国语》的介词有“暨、逮”；《国语》中有而未见于《左传》的是“那”。用例都很少，其中“那”出现在“越语”部分。

二 两书连词的异同

1. 两书的连词系统中，常见的连词包括：而、以、则、且、及、与、若、虽、故、是以、苟。以上连词在两书中的功能、见次所占的比重及连词所处的语法位置等都趋于一致。其中“而”所连接成分的性质分类在两书中极为接近；从“以”所连接成分的性质及其语法功能看，两书的连词“以”表现出很整齐的一致性；“则”在两书中都以用作承接连词为主，用法分布也较一致。诸如此类的连词在用法、分布和使用上的特点，都表现出很强的一致性，这些我们在每一个连词的分析中都已提及，此不赘述。

2. 整个连词系统中表现出的差异体现在以下几个方面。

(1)《左传》中“如”可用作并列连词、转折连词和假设连词；

“抑”可用作假设连词；“是用”可作因果连词；双音词“若苟”作假设连词；“兹”作因果连词；“斯”作承接连词；“自”作假设连词；“暨”作并列连词；“即”“将”“第”“或”作假设连词；“庸”作承接连词。《国语》中都未见。

（2）《国语》中“与”作选择连词；“且”“讵”“使”作假设连词，《左传》中未见。

（3）以上两书中“此有彼无”的连词，都很少使用，用例少，有些介词或有较强的地域性。两书都使用的其他的连词在位置、用法、功能等方面没有什么差别，主要就是使用数量的差异。

三 两书语气词的异同

在语气词比较一章，我们统计了两书语气词的使用数量及在两书中的分布。通过对照，两书中的语气词最常用的是“也、矣、乎、哉、者”，这五个语气词的使用数量在各书语气词总量中的比重非常接近。《国语》中“者”使用数量比“哉”要多。

“也”所出现的语法位置，包括用于单句和复句的数量，两书都表现出严整的一致性。另外，用于各类谓语之后的“也”在两书中分布所占的比重也相当接近，在表达的语气方面，两书稍有差异，《左传》中“也”表达判断语气较《国语》多，表达陈述语气较《国语》为少。“矣”所表达的语气在两书中都以用于肯定陈述为主，在“矣”处于各类谓语之后方面，两书各类比重也很接近。从“乎”构成的各类固定格式来看，两书中都有80%以上的“乎”处于较固定的句式结构中，各类句式结构在总量中所占比重也呈现整齐的对应关系。“哉”以用于句末为主，占80%，从“哉”的前项成分的语法性质来看，《左传》中“哉”，用于谓语动词之后较《国语》所占比重小，用于名词性谓语后较《国语》为大，稍有差异，其他包括“哉”所表达的各种语气方面，两书都趋同。

用例较少的语气词“夫、也夫、已、而已、与、耶、兮”在语法位置和表达的语气方面基本都是一致的，只是使用数量上有所差别。另外，《左传》中还使用了“只”，《国语》未见；《国语》中使用了“邪”而《左传》未见。以上这些语气词的使用数量都很少，在前面对两书关系考辨的相关文献中已经对这部分语气词有所揭示。

从叹词部分来看，张以仁认为《国语》中没有叹词，《左传》中使用叹词“嘻、乌乎（乌呼、呜呼）、呼”。李佳在检讨张文时认为《国语》中有叹词“兮，猗”。①

四　两书助词的异同

语首助词“夫”在《国语》中使用数量远多于《左传》，不过在“夫”引进的句法成分方面，两书大致都有分布。《国语》中“夫”用于分句或句子之首的用例较多。这种现象我们从前文分析中得出其大概与《国语》是“语”体著作相关，文中发表议论或记言等，往往用“夫”。

本书总结了一类“提宾助词”，主要是“是、实、焉”，两书中都有用例，笔者也曾有专文讨论提宾助词的结构特点。本书从该类宾语前置结构的动词、前置的宾语等方面总结了提宾助词的使用特点。以往的语法著作往往将“是”“之”解释为具有复指作用的代词，指代提前的宾语。本书通过分析，认为“是、实、焉”都有这类用法，而这几个词很难说具有代词性质，通观这一类词的特点，我们认为可以将其处理作一类具有提宾作用的助词。两书中以上助词只存在使用数量上的差别，结构中的动词特点、宾语的特点等在使用上没有差别。

本书还重点比较了结构助词“所、者”，这两个词历来是古汉语语法研究的重点和难点。其主要功能是将谓词性成分转化为体词性成分，结构上一般是“所·动［宾］”“动［宾］·者”。通过分析，两书中“所”字结构、“者”字结构的语法功能以及其中“动宾”的结构特点基本一样，只存在使用数量方面的差异。

通过对结构助词“之”的分析，可见“之”所处结构的数量占总数的比重，两书极为接近。“之”结构的音节数量的分布也极为接近。

---

① 李佳在文中举的《国语》叹词的用例为：威兮怀兮，各聚尔有，以待所归兮。猗兮违兮，心之哀兮。岁之二七，其靡有徵兮。若狄公子，吾是之依兮。镇抚国家，为王妃兮（晋语三）。本书据杨树达的《词诠》，将“兮”处理作语末助词。《词诠》也将“猗”作语末助词。上二词分别见于杨树达《词诠》第172、344页，中华书局1979年版。《国语》中仅见此1例“猗”。据韦昭注：“猗，叹也。”此例中“猗”结合前后文来看，疑当为实词，此处阙疑，本书暂不将“猗”作叹词。即便将此例看作叹词，用例极少，也不影响我们的结论。

此外，《左传》中有1例“其”作结构助词，1例“言”、1例“勿”、7例“宁”、3例“于”作音节助词，《国语》中都未见。音节助词“云”“有”“其”的用例都较少，在使用上没有差别。在构词词尾方面，两书主要用“然”“焉”，使用中也没有差别。《左传》中有1例“尔”，《国语》未见。

通过本书对两书介词、连词、语气词、助词、叹词及副词的梳理和比较，我们可以看出两书中存在一些差异，有些虚词在两书中的使用体现出各自的个性，主要是那些只见于一书未见于另一书的虚词，而从总体上来看，这部分虚词的使用数量很少，都属于非常用虚词。在虚词系统中，两书常用虚词的使用特点、语法功能、语法位置、见次所占比重等诸多方面，两书表现出极强的一致性，文中有些数据甚至表现出惊人的一致性。本书侧重比较，比较往往偏重于得其“异”，本书也的确发现一些异点。不过这些异点不足以抹杀两书虚词系统和虚词使用的高度一致性。由此我们更确定两书之间的关系至为紧密，若非一人所作，也应是由同一派学者整理过，这部分学者还应是处于同一时代、同一地域之中。《左传》中表现出个性的虚词总体要多一些，我们判断是因为《左传》的编著者对史料进行过更多的加工，而《国语》似乎更多是原始史料的孑遗，较少经过加工润色，故部分体现个性的虚词也集中出现在某国语当中。

第二节　结束语：从虚词的比较看两书的文献关系

本书全面提取了《左传》和《国语》两书的虚词系统，穷尽整理了两书中介词、连词、语气词、助词和副词的体系，在分类描写和数据统计的基础上对两书中的每一个虚词进行了深入、细致的分析和比较。从汉语史研究的角度着手去解决古籍文献之间可能存在的关系，这种手段越来越被学者们重视，理论也在实践的过程中不断升华和丰富。瑞典汉学家高本汉早在20世纪二三十年代就开创了运用语言学考辨文献关系的新视角和新方法，可惜后来鲜有学者继续沿着这一门径深入挖掘。选择从《左传》《国语》中的虚词比较入手，欲达到的研究目的同样也是揭示两书之间的关系，或者为已有的研究结论提供一些更有力的支持。

本书研究的主观目标在于从虚词的比较求证两书之间的关系，而在研究过程中同时实现了一个客观目标，那便是全面整理出《左传》和《国语》的虚词系统。我们从几万条用例中提取两书中的虚词，然后逐一进行比较。在比较分析的过程中，我们惊喜地发现：《左传》和《国语》的虚词系统表现出非同一般的一致性，让我们有足够的理由去相信两书之间关系十分密切。不过仅从虚词的使用数量和所占比重入手去寻求答案并不可靠，所以我们还就每个虚词在使用中的语法功能、语法意义等诸多方面进行全方位的分析和比较，只有这种全景式的铺开调查和大面积的语料研究才能确保我们的出发点是全面的，从而也为我们的落脚点提供更多的保障和支撑。不过考虑到语法的演变是非常缓慢的，也就是说虚词的某些功能和用法一旦出现，便会在很长的历史时期内维持这种面貌。虽然也会出现细微变化，但不可能一蹴而就。即使《左传》和《国语》关系不密切，如果所处时代相近或作者所处地域相同，它们在虚词的运用方面也可能表现出较强的一致性，这一点恐怕没有人会怀疑；另外，两书同为记载春秋时期各国史实的珍贵史料，它们的作者或编者如果参考了相同的史料，而在整理、编写过程中对有些史料是直接运用的，有些可能经过了作者或编者的改造，这便会导致虚词的选用出现不同或者某些用法发生变化。我们在研究中发现了一些具体的虚词在两书中有时会表现出一些比较细微的异点。这些都给我们得出坚决、果断的结论提出了难题，所以我们在下结论时还需考虑到这些因素的干扰。

司马迁认为“左丘失明，厥有《国语》”，在他的心目中，作《国语》的人实际就是作《左传》的左丘明。司马迁去古未远，一直以史学为己任，我们应当相信去古未远的学者的结论，而不可过多地妄断和臆说。从虚词的比较入手，我们认为《左传》和《国语》如果不是出自同一批人或同一派人之手，两书的虚词绝不可能表现出如此惊人的吻合；如果是后世仿写，在仿写过程中肯定会留下仿写者时代和地域的蛛丝马迹，在虚词的使用方面也不可能达到如此高度的一致。通过对两书虚词系统以及两书异文虚词的全面分析和比较，可以看出《左传》和《国语》两书的虚词系统的构成成员大致是相同的，尤其是一些使用频率高、用法相对复杂的虚词；在虚词的使用方面，两书共有的虚词的基本特点和基本功能都是一致的。此外我们还特别将两书的虚词系统同成书时间、作者地域已有定说的齐鲁方言的代表作品《论语》、《晏子春秋》和《孟子》等传世文献的虚词系统进行了全面比较，结果同样证明《左传》和《国语》有极为密切的关系。根据本书的比较，我们得出如下结论：《左传》和《国语》两书是具有同一方言基础的，两书所用的语言应当同属齐鲁方言；《左传》《国语》的成书应当早于《论语》、《晏子春秋》和《孟子》。两书某些虚词在使用中表现出来的个性以及比较明显的差异，我们认为大概是三方面的原因所致：第一，具有同一方言基础的一批学者在整理、筛选和加工原始史料的过程中受到自身方言的影响，种种方言习惯已经深植到各位学者的思想之中，即使有原始材料作底本，在加工过程中也很难避免方言习惯的干扰，因此我们看到了经过改造的材料，同时也看到了一些保持方言特点或产生新兴用法的虚词及用法；第二，是由虚词自身的不断发展所致，《左传》《国语》不是一时一地一人编写完成的，从材料选编一直到初步成书再到最终成书乃至流传，其间定然经历了不断修订和补充的过程，在不断修订的过程中，语言包括虚词自然也是在不断发展的；第三，春秋时期各诸侯国之间外交、战事都很频繁，社会融合趋势不断增强，使用不同语言的人们在此环境之中交往、交流自然是颇为频繁的，而交流的最重要的手段无疑是语言，这时期学者们受到其他语言（方言）的影响，在所难免，甚至不少学者“兼通数语”，因此当时社会上各种语言（方言）互相影响和融合也是不可避免的。在用法较为特殊、用例较少的虚词方面，两书体现出此有彼无的特点，或者在用法上稍有差异。造成这种差异的原因大致与两书编写者所处的地域稍有差异有关，但这不妨碍两书的作者同属于一个更大一级的方言区域。

虚词是最能体现文献语言个性的要素之一。古人已经注意到虚词在作文中的重要性，也注意到虚词训释的重要和困难。比如阮元在《经传释词·序》开篇即指出：“经传中实字易训，虚词难释。”[①] 刘淇在《助字辨略》自序中提到：“构文之道，不过实字虚字两端，实字其体骨，虚词其性情也。盖文以代言，取肖神理，抗坠之际，轩轾异情，虚字一乖，判于燕越……且夫一字之失，一句为之蹉跎，一句之误，通篇为之

① （清）王引之撰，李花蕾校点《经传释词》阮元序第1页，上海古籍出版社2014年版。

梗塞，讨论可阙如乎。”[①] 虚词一方面训释有困难；另一方面虚词在文章中发挥着重要作用，是最能体现作者用意的不可或缺的手段。这也是本书的一个依据所在，通过虚词比较，可以窥见《左传》《国语》两书在作者或时代方面的特点，进而探究其关系。不过我们同样需要注意实词、句法以及语言学的其他诸多方面乃至古籍中所记载的史实、制度等，这些方面同样可以为我们的研究提供支持和参照。虚词的比较研究只是其中的一个手段和角度，今后的研究我们还可以不断地从语言学其他角度入手，去观察和分析两书中存在的其他异同，这样才能在实际材料的基础上深入揭示两书之间的关系，才能实现多角度、全方位地考辨两书关系的目的，最终为《左传》和《国语》的关系悬案寻求一个合理的解释和解决方案，这有待于以后更多的研究工作。

此外，《左传》《国语》两部先秦传世文献内部语言也有细微的差异，从更细微之处着手，通过两书内部语言的差异的比较，或可为将来进一步剥离两书在编者或参照史料的时、地差异等方面提供更深入的视角和更全面的材料依据。语言材料的剥离需要直接借助语言系统的特点，这或许是更值得努力的方向。

① （清）刘淇著，章锡琛校注《助字辨略》自序第1页，中华书局2004年版。

参考文献

曹广顺《敦煌变文中的双音节副词》，北京大学中文系《语言学论丛》编委会编《语言学论丛》（第十二辑），商务印书馆 1984 年版。

曹广顺、遇笑容《从语言的角度看某些早期译经的翻译年代问题——以〈旧杂譬喻经〉为例》，《汉语史研究集刊》第三辑，巴蜀书社 2000 年版。

曹广顺、遇笑容《也从语言上看〈六度集经〉与〈旧杂譬喻经〉的译者问题》，《古汉语研究》1998 年第 2 期。

陈昌来《介词与介引功能》，安徽教育出版社 2002 年版。

陈长书《〈国语〉词汇研究》，中国社会科学出版社 2014 年版。

陈承泽《国文法草创》，商务印书馆 1982 年版。

陈海生《〈史记〉副词研究》，安徽师范大学 2006 年硕士学位论文。

陈家春《〈荀子〉副词研究》，西南大学 2006 年硕士学位论文。

陈克炯《〈左传〉形容词简析》，《华中师院学报》（哲学社会科学版）1979 年第 4 期。

陈克炯《〈左传〉词汇简论》，《华中师院学报》（哲学社会科学版）1982 年第 1 期。

陈克炯《论〈左传〉的“为”字句》，《华中师院学报》（哲学社会科学版）1983 年第 1 期。

陈克炯《先秦程度副词补论》，《古汉语研究》1998 年第 3 期。

陈克炯《〈左传〉详解词典》，中州古籍出版社 2004 年版。

陈新雄、于大成《〈左传〉论文集》，台北木铎书局 1976 年版。

陈秀兰《对许理和教授〈最早的佛经译文中的东汉口语成分〉一文的几点补充》，《古汉语研究》1997 年第 2 期。

陈祥明《从语言角度看〈撰集百缘经〉的译者及翻译年代》，《语言研究》2009 年第 1 期。

程湘清主编《先秦汉语研究》，山东教育出版社 1982 年版。

程湘清《两汉汉语研究》，山东教育出版社 1985 年版。
楚永安《文言复式虚词》，中国人民大学出版社 1986 年版。
崔立斌《〈孟子〉词类研究》，河南大学出版社 2004 年版。
董琨《汉魏六朝佛经所见若干新兴语法成分》，《研究生论文选集》，江苏古籍出版社 1985 年版。
董秀芳《词汇化：汉语双音词的衍生和发展》，四川民族出版社 2002 年版。
丁声树《释否定词“弗”、“不”》，载《庆祝蔡元培先生六十五岁论文集》，国立中央研究院编 1933 年版。
丁声树《现代汉语语法讲话》，商务印书馆 1961 年版，原载《中国语文》1952～1953。
（晋）杜预《春秋左传集解》，上海人民出版社 1977 年版。
方一新《东汉语料与词汇史研究刍议》，《中国语文》1996 年第 2 期。
方一新《翻译佛经语料年代的语言学考察——以〈大方便佛报恩经〉为例》，《古汉语研究》2003 年第 3 期。
方一新、高列过《〈分别功德论〉翻译年代初探》，《浙江大学学报》（人文社会科学版）2003 年第 3 期。
方一新、高列过《从疑问句看〈大方便佛报恩经〉的翻译年代》，《语言研究》2005 年第 3 期。
方一新、高列过《东汉疑伪佛经的语言学考辨研究》，人民出版社 2012 年版。
高本汉《左传真伪考》，陆侃如译，商务印书馆 1936 年版。
高名凯《汉语语法论》，商务印书馆 1986 年版。
高小方《中国语言文字学史料学》，南京大学出版社 1998 年版。
高小方、蒋来娣《汉语史语料学》，高等教育出版社 2005 年版。
龚波《上古汉语假设句研究》，商务印书馆 2017 年版。
龚千炎《中西语言的时间系统比较》，《世界汉语教学》1994 年第 1 期。
龚千炎《中国语法学史》，语文出版社 1997 年版。
龚文菊《从〈左传〉中宾语前置句来看〈左传〉作者》，《天府新论》2008 年第 A2 期。
管燮初《殷墟甲骨刻辞的语法研究》，中国科学院 1953 年版。

管燮初《西周金文语法研究》，商务印书馆1981年版。
管燮初《左传句法研究》，安徽教育出版社1994年版。
管宗昌《〈列子〉伪书说述评》，《古籍整理研究集刊》2006年第5期。
管锡华《汉语古籍校勘学》，巴蜀书社2003年版。
郭锡良《远古汉语的词类系统》，载谢纪锋、刘广和主编《薪火编》，山西高校联合出版社1996年版。
郭锡良《古汉语语法论集》，语文出版社1998年版。
郭锡良《古汉语虚词研究评议》，《语言科学》2003年第2卷第1期。
郭锡良《汉语史论集》（增补本），中华书局2005年版。
郭锡良、唐作藩等《古代汉语》，商务印书馆1999年版。
顾立三《〈左传〉与〈国语〉之比较研究》，台湾文史哲出版社1983年版。
顾颉刚讲授、刘起釪笔记《春秋三传及〈国语〉之综合研究》，巴蜀书社1988年版。
顾颉刚、罗根泽等编著《古史辨》，台北蓝灯文化事业股份有限公司1993年版。
顾颉刚主编《古籍考辨丛刊》（第一、二集），社会科学文献出版社2010年版。
洪堡特《论语言发展不同时期的比较语言研究》，张烈材译，《当代语言学》1987年第4期。
洪诚《训诂杂议》，《中国语文》1979年第5期，又见《洪诚文集》，江苏古籍出版社2000年版。
洪诚《关于汉语史材料运用的问题》，《文教资料》2000年第6期，又载《雒诵庐论文集》，收入《洪诚文集》，江苏古籍出版社2000年版。
洪诚《洪诚文集》，江苏古籍出版社2000年版。
洪成玉《〈左传〉的作者决不可能是刘歆——与徐仁甫先生商榷》，《北京师院学报》1979年第4期。
洪成玉《古汉语复音虚词和固定结构》，浙江人民出版社1983年版。
洪成玉《〈左传〉〈国语〉的语言比较》，《语文论集》（二），外语教学与研究出版社1986年版。
何金松《虚词历时词典》，湖北人民出版社1994年版。
何乐士、敖镜浩、王克仲、麦梅翘、王海棻《古代汉语虚词通释》，北京出版社1985年版。

何乐士《从〈左传〉和〈史记〉的比较看〈史记〉动补式》，《东岳论丛》1984年第4期。

何乐士《〈左传〉、〈史记〉介宾短语位置的比较》，《语言研究》1985年第1期。

何乐士《〈左传〉范围副词》，岳麓书社1994年版。

何乐士《古汉语语法研究论文集》，商务印书馆2000年版。

何乐士《〈左传〉虚词研究》（修订本），商务印书馆2004年版。

何乐士《碎金集拾——何乐士古汉语著译文稿》，商务印书馆2010年版。

何永清《〈国语〉语法研究》，台湾文史哲出版社1987年版。

何志华编辑《春秋左传逐字索引》，香港商务印书馆1995年版。

贺丽《〈左传〉〈国语〉助词比较研究》，北京师范大学2008年硕士学位论文。

胡敕瑞《从〈论衡〉与东汉佛典三音词语的比较看东汉词汇的发展》，《语言学论丛》第25辑，商务印书馆2002年版。

胡敕瑞《从概念出发的词语比较研究——以〈论衡〉与东汉佛典词语比较为例》，《汉语史研究集刊》第五辑，巴蜀书社2002年版。

胡明扬主编《词类问题考察》，北京语言学院出版社1996年版。

胡念贻《〈左传〉的真伪和写作时代问题考辨》，《文史》1981年第11期。

胡适《〈左传真伪考〉的提要与批评》，载《〈左传真伪考〉及其他》，商务印书馆1936年版。

胡湘荣《从鸠摩罗什的佛经重译本与原译本的对比看系词“是”的发展》，《湖南师范大学社会科学学报》1993年第3期。

黄景欣《秦汉以前古汉语中的否定词“弗”“不”研究》，载《黄景欣语言研究论文集》，江苏教育出版社1995年版。

黄珊《古汉语副词的来源》，《中国语文》1996年第3期。

黄珊《〈荀子〉虚词研究》，河南大学出版社2005年版。

季琴《从词语的角度看〈撰集百缘经〉的译者及成书年代》，《中国典籍与文化》2008年第1期。

季琴《从语法的角度看〈撰集百缘经〉的译者及成书年代》，《语言研究》2009 年第 1 期。

蒋绍愚《古汉语词汇纲要》，北京大学出版社 1989 年版。

蒋绍愚《近代汉语研究概况》，北京大学出版社 1994 年版。

蒋绍愚《汉语词汇语法史论文集》，商务印书馆 2000 年版。

蒋绍愚、曹广顺《近代汉语语法史研究综述》，商务印书馆 2005 年版。

蒋宗福《敦煌禅宗文献与语文辞书》，载《汉语史研究集刊》第七辑，巴蜀书社 2004 年版。

黎锦熙《新著国语文法》，商务印书馆 1956 年版。

李波、姚英《国语索引》，商务印书馆 2013 年版。

李步嘉《唐前〈国语〉的旧注考述》，《文史》2001 年第 4 辑。

李佳《〈国语〉研究》，中国社会科学出版社 2015 年版。

李杰群《上古汉语程度副词考辨》，载《纪念王力先生九十诞辰文集》，山东教育出版社 1991 年版。

李杰群《〈商君书〉虚词研究》，中国文史出版社 2000 年版。

李杰群《〈孟子〉总括副词辨析》，《语文研究》2001 年第 3 期。

李时人、蔡镜浩《〈大唐三藏取经诗话〉成书时代考辨》，《徐州师范学院学报》1982 年第 3 期。

李小军《先秦至唐五代语气词的衍生与演变》，北京师范大学出版社 2013 年版。

李运富《汉字汉语论稿》，学苑出版社 2008 年版。

李宗江《汉语总括副词的来源和演变》，《汉语史研究集刊》第一辑，巴蜀书社 1998 年版。

李英哲、卢卓群《汉语连词发展过程中的若干特点》，《湖北大学学报》（哲学社会科学版）1997 年 第 4 期。

李佐丰《上古汉语的“也”、“矣”、“焉”》，载《上古汉语语法研究》，北京广播学院出版社 2003 年版。

李佐丰《古汉语语法学》，商务印书馆 2004 年版。

梁晓虹《从语言上判定〈旧杂譬喻经〉非康僧会所译》，《中国语文通讯》1996 年第 40 期。

梁涛《20 世纪以来〈左传〉、〈国语〉成书、作者及性质的讨论》，《邯郸学院学报》2005 年第 4 期。

林归思《古汉语虚词的研究传统及其变革》，《古汉语研究》1990年第4期。
林语堂《语言学论丛》，台北文星书店1967年版。
吕雅贤《从先秦到西汉程度副词的发展》，《北京大学学报》（哲学社会科学版）1992年第5期。
刘丹青《语序类型学与介词理论》，商务印书馆2003年版。
刘冠群《论先秦以“所以”为连词的因果叙述句》，《中国语文》1980年第6期。
刘禾《从语言的运用上看〈列子〉是伪书的补证》，《东北师大学报》1980年第3期。
刘坚、江蓝生、白维国、曹广顺《近代汉语虚词研究》，语文出版社1992年版。
刘坚、曹广顺、吴福祥《论诱发汉语词汇语法化的若干因素》，《中国语文》1995年第3期。
刘建国《先秦伪书辨正》，陕西人民出版社2004年版。
刘节《〈左传〉〈国语〉〈史记〉之比较研究》，载《古史考存》，人民出版社1958年版。原载《说文月刊》1944年第五卷第1、2期合刊。
刘钧杰《〈《金瓶梅》用的是山东话吗?〉质疑》，《中国语文》1986年第3期。
刘钧杰《从言语特征看蒲松龄跟〈醒世姻缘传〉的关系》，《语文研究》1988年第4期。
刘利《〈国语〉的称数法》，载《第一届国际先秦汉语语法研讨会论文集》，岳麓书社1994年版。
刘利《从〈国语〉的用例看先秦汉语的“可以”》，《中国语文》1994年第5期。
刘利《〈国语〉中的“为之名”结构及其他》，《古汉语研究》1995年第2期。
刘利《先秦汉语助动词研究》，北京师范大学出版社2000年版。
刘利《上古汉语的双音节连词“然而”》，《中国语文》2005年第2期。
刘利《从历史语法角度看〈国语〉的语料价值》，《北京师范大学学报》（社会科学版）2005年第6期。

刘利《"然而"的词汇化过程及其动因》,《北京师范大学学报》(社会科学版)2008年第5期。

(清)刘淇著,章锡琛校注《助字辨略》,中华书局1954年版。

刘永会《〈左传〉〈国语〉介词比较研究》,北京师范大学2008年硕士学位论文。

刘云峰《〈国语〉副词语法研究》,广西师范大学2007年硕士学位论文。

柳士镇《〈世说新语〉〈晋书〉异文语言比较研究》,《中州学刊》1988年第6期。

柳士镇《从语言角度看〈齐民要术〉卷前〈杂说〉非贾氏所作》,《中国语文》1989年第2期。

柳士镇《魏晋南北朝历史语法》,南京大学出版社1992年版。

柳士镇《洪诚先生的汉语历史语法研究》,《书与人》2001年第3期,又见《汉语历史语法散论》,上海人民出版社2007年版。

(元)卢以纬《助语辞集注》,王克仲集注,中华书局1988年版。

陆宗达《汉语的词的分类》,载《汉语的词类问题》,中华书局1955年版。

陆宗达《〈左传〉句义释疑(三则)》,《辽宁师院学报》1981年第3期。

罗漫《〈列子〉不伪和当代辨伪学的新思维》,《贵州社会科学》1989年第2期。

罗汝忠、吴翠屏《略论〈左传〉中"者"字及"者"字结构的一些问题》,《广西民族学院学报》(哲学社会科学版)1983年第2期。

吕叔湘《文言虚字》,上海教育出版社1959年新一版,开明书店1944年版。

吕叔湘《关于汉语词类的一些原则性问题》,《汉语的词类问题》,中华书局1955年版。

吕叔湘《汉语语法分析问题》,商务印书馆1979年版。

吕叔湘《中国文法要略》,商务印书馆1982年版。

吕叔湘《汉语语法论文集》(增订本),商务印书馆1984年版。

马贝加《近代汉语介词》,中华书局2002年版。

(清)马建忠《马氏文通》,商务印书馆1983年版。

马振亚《〈列子〉中关于称数法的运用——兼论〈列子〉的成书年代》,

《东北师大学报》（哲学社会科学版）1995年第2期。
马振亚《从词的运用上揭示〈列子〉伪书的真面目》，《吉林大学社会科学学报》1995年第6期。
梅广《上古汉语语法纲要》，台北三民书局2015年版。
梅祖麟《从诗律和语法来看〈焦仲卿妻〉的写作年代》，《"中央研究院"历史语言研究所集刊》第53本第2分1982年版。
梅祖麟《从语言史看几本元杂剧宾白的写作时期》，《语言学论丛》第13辑，商务印书馆1984年版。
〔法〕梅耶著《历史语言学中的比较方法》，岑麒祥译，科学出版社1957年版。
齐沪扬《语气词与语气系统》，安徽教育出版社2002年版。
（清）钱绎撰集《方言笺疏》，李发舜、黄建中点校，中华书局2013年版。
钱宗武《〈尚书〉无"也"字说》，《古汉语研究》1994年第2期。
钱宗武《〈尚书〉句首句中语助词研究的几点认识》，《古汉语研究》2000年第2期。
钱宗武《今文〈尚书〉语气词的语用范围和语用特征》，《古汉语研究》2001年第4期。
钱宗武《今文〈尚书〉语法研究》，商务印书馆2004年版。
裘燮君《商周虚词研究》，中华书局2008年版。
屈万里《先秦文史资料考辨》，台北联经出版事业公司1983年版。
邵毅平《中国古典文学论集》，上海古籍出版社2013年版。
单周尧《左传学论集》，台北文史哲出版社2000年版。
上海师范大学古籍整理研究所校点《国语》，上海古籍出版社1978年版。
沈玉成《左传译文》，中华书局1981年版。
沈玉成、刘宁《春秋左传学史稿》，江苏古籍出版社1992年版。
（清）阮元校勘《十三经注疏》中华书局1980年影印版。
石毓智、李讷《汉语语法化的历程——形态句法发展的动因和机制》，北京大学出版社2001年版。
苏宝荣、宋永培《试论〈左传〉的语序》，《文教科学》1984年3月。
〔瑞士〕索绪尔《普通语言学教程》，高名凯译，商务印书馆1980年版。

孙锡信《汉语历史语法要略》，复旦大学出版社 1992 年版。

孙锡信《近代汉语语气词——汉语语气词的历史考察》，语文出版社 1999 年版。

孙锡信《中古近代汉语语法学》，当代世界出版社 2003 年版。

谭家健《关于〈国语〉的成书时代和作者问题》，《河北师院学报》（哲学社会科学版）1985 年第 2 期。

〔日〕太田辰夫著《中国语历史文法》，蒋绍愚、徐昌华译，北京大学出版社 1987 年版。

〔日〕太田辰夫著《汉语史通考》，江蓝生、白维国译，重庆出版社 1991 年版。

童书业《春秋左传研究》，上海人民出版社 1980 年版。

汪启明《先秦两汉齐语研究》，巴蜀书社 1998 年版。

汪维辉《从词汇史看八卷本〈搜神记〉语言的年代》（上），《汉语史研究集刊》第三辑，巴蜀书社 2000 年版。

汪维辉《从词汇史看八卷本〈搜神记〉语言的年代》（下），《汉语史研究集刊》第四辑，巴蜀书社 2001 年版。

汪维辉《“所以”完全变成连词的时代》，《古汉语研究》2002 年第 2 期。

王东《从词汇角度看〈列子〉的成书年代补证》，《古汉语研究》2009 年第 1 期。

王鸿滨《〈春秋左传〉介词研究》，世界图书出版公司 2005 年版。

王建军《中古汉语的判断型存在句——兼议几部疑伪文献的成书年代》，《汉语史研究集刊》第七辑，巴蜀书社 2004 年版。

王建设《从〈世说新语〉的语言现象看闽语的来源》，《华侨大学学报》（哲学社会科学版）1993 年第 3 期。

王建设《从〈世说新语〉的语言现象看闽语与吴语的关系》，《华侨大学学报》（哲学社会科学版）2000 年第 4 期。

王力《汉语史稿》，科学出版社 1958 年版。

王力《中国语法理论》，商务印书馆 1984 年版。

王力《中国现代语法》，商务印书馆 1985 年版。

王力《汉语语法史》，商务印书馆 1989 年版。

王宁《谈古代汉语虚词类别的两分法——训诂学与语法学之一》，载《训诂学原理》，中国国际广播出版社1996年版。
王启俊《〈国语〉虚词研究》，安徽大学2007年硕士学位论文。
王树民《〈国语〉的作者和编者》，《文史》1985年第25辑。
(清) 王引之《经传释词》(黄侃、杨树达批本)，岳麓书社1985年版。
王云路《汉魏六朝语言研究与中古文献校理》，《中国语言学报》1995年第7期。
王云路《汉魏六朝语言研究与古籍校注》，《文史》1996年第41辑。
王云路《中古汉语词汇史》，商务印书馆2010年版。
魏培泉《论用虚词考订〈焦仲卿妻〉诗写作的年代的若干问题》，《“中央研究院”历史语言研究所集刊》第62本第3分1993年版。
魏培泉《〈列子〉的语言与编著年代》，《语言暨语言学》专刊系列之五十九，台湾“中央研究院”语言学研究所2017年版。
卫聚贤《国语》的研究(《古史研究》之一)，新月书店1928年版。
向熹《简明汉语史》，高等教育出版社1993年版。
〔日〕辛岛静志《〈道行般若经〉和“异译”的对比研究——〈道行般若经〉与异译及梵本对比研究》，载《汉语史研究集刊》第四辑，巴蜀书社2001年版。
〔日〕辛岛静志《〈道行般若经〉和“异译”的对比研究——〈道行般若经〉中的难词》，载《汉语史研究集刊》第五辑，巴蜀书社2002年版。
熊应标《从疑问句形式看〈大唐三藏取经诗话〉的成书年代》，《古汉语研究》2009年第2期。
徐炳昶(旭生)《中国古史的传说时代》，台湾中国文化服务社1946年印行。
徐复《从语言上推测〈孔雀东南飞〉一诗的写定年代》，《学术月刊》1958年第2期，后加载《徐复语言文字学丛稿》，江苏古籍出版社1990年版。
徐烈炯、刘丹青《话题的结构与功能》，上海教育出版社1998年版。
徐仁甫《〈左传〉的成书时代及其作者》，《四川师范学院学报》(社会科学版)1978年第3期。

徐仁甫《马王堆汉墓帛书〈春秋事语〉和〈左传〉的事、语对比研究——谈〈左传〉的成书时代和作者》，《社会科学战线》1978年第4期。

徐如根《〈论语〉、〈孟子〉与〈世说新语〉的主系表结构的比较》，《古汉语研究》1991年第2期。

徐通锵《历史语言学》，商务印书馆1991年版。

徐通锵《徐通锵自选集》，河南教育出版社1993年版。

徐通锵、叶蜚声《"五四"以来汉语语法研究评述》，《中国语文》1979年第3期。

徐元诰《国语集解》，王树民、沈长云点校，中华书局2002年版。

徐朝华《上古汉语的程度词》，《河北师范学院学报》1993年第3期。

〔荷兰〕许理和《最早的佛经译文中的东汉口语成分》，蒋绍愚译，《语言学论丛》第14辑，商务印书馆1984年版。

（清）姚际恒《古今伪书考》，台湾华联出版社1968年版。又见《古籍考辨丛刊》第一集，中华书局1955年版。

姚曼波《也从虚词文法考〈左氏春秋〉的年代与作者——兼评高本汉"'左氏'非鲁人"说》，《江苏教育学院学报》（社会科学版）1998年第1期。

姚振武《现代汉语的"N的V"与上古汉语的"N之V"》（上）（下），《语文研究》1995年第2期、第3期。

姚振武《"以为"的形成及相关问题》，《古汉语研究》1997年第3期。

姚振武《先秦汉语受事主语句系统》，《中国语文》1999年第1期。

姚振武《〈晏子春秋〉词类研究》，河南大学出版社2005年版。

姚振武《上古汉语语法史》，上海古籍出版社2015年版。

杨伯峻《从汉语史的角度来鉴定中国古籍写作年代的一个实例——〈列子〉著述年代考》，原载《新建设》1956年7月号。又见《杨伯峻学术论文集》，岳麓书社1984年版。

杨伯峻《古汉语虚词》，中华书局1981年版。

杨伯峻《春秋左传注》，中华书局1981年版。

杨伯峻、何乐士《古汉语语法及其发展》（修订本），语文出版社1992年版。

杨伯峻著，田树生整理《古今汉语词类通解》，北京出版社1998年版。

杨伯峻、徐提《春秋左传词典》，中华书局1985年版。

杨伯峻、徐提《白话左传》，岳麓书社1993年版。

杨逢彬《殷墟甲骨刻辞词类研究》，花城出版社2003年版。

杨荣祥《近代汉语副词简论》，《北京大学学报》（哲学社会科学版）1999年第3期。

杨荣祥《近代汉语否定副词及其相关语法现象略论》，《语言研究》1999年第1期。

杨荣祥《“范围副词”中的功能差异——兼论副词次类的划分问题》，《湖北大学学报》（哲学社会科学版）2000年第4期。

杨树达《词诠》，中华书局1954年版。

杨树达《高等国文法》，商务印书馆1984年版。

杨向奎《论〈左传〉之性质及其与〈国语〉之关系》，载《绎史斋学术文集》，上海人民出版社1983年版。原载国立北京大学潜社《史学论丛》第二册，1935年。

杨绪敏《中国辨伪学史》（修订版），天津人民出版社2007年版。

殷国光《〈吕氏春秋〉词类研究》，华夏出版社1997年版；商务印书馆2008年版。

殷正林《〈世说新语〉中所反映的魏晋时期的新词和新义》，《语言学论丛》第12辑，商务印书馆1984年版。

俞理明《汉魏六朝佛经在汉语研究中的价值》，《四川大学学报》（哲学社会科学版）1987年第4期。

俞理明《从早期佛经材料看古代汉语中的两种疑问词“为”》，《四川大学学报》（哲学社会科学版）1991年第4期。

俞理明《佛经文献语言》，巴蜀书社1993年版。

遇笑容《从语法结构探讨〈儒林外史〉的作者问题》，《中国语文》1996年第5期。

（清）俞樾《古书疑义举例五种》，中华书局1956年版。

俞志慧《〈国语〉韦昭注辨正》，中华书局2009年版。

袁毓林《语言的认知研究和计算分析》，北京大学出版社1998年版。

袁毓林、马辉、周韧、曹宏《汉语词类划分手册》，北京语言大学出版社2009年版。

吴福祥主编《汉语语法化研究》，商务印书馆2005年版。

吴万和《从中古汉语词汇语法现象看〈列子〉是托古伪书》，《江西省语言学会2007年年会论文集》。

张赪《汉语介词词组词序的历史演变》，北京语言文化大学出版社2002年版。

张舜徽《中国古代史籍举要》，云南人民出版社2004年版。

张舜徽《中国古代史籍校读法》，云南人民出版社2004年版。

张文国、张文强《论先秦汉语的“有（无）+VP”结构》，《广西大学学报》（哲学社会科学版）1996年第3期。

张文国《〈左传〉“也”字研究》，《古汉语研究》1999年第2期。

张文霞《从语言上推测〈左传〉一书的写定年代》，《语文学刊》2007年第1期。

张心澂编著《伪书通考》，上海书店出版社1998年版。

张新科主编《〈左传〉学术档案》，武汉大学出版社2016年版。

张永言《从词汇史看〈列子〉的撰写年代》，《季羡林教授八十华诞纪念论文集》，江西人民出版社1991年版；修订稿，《汉语史学报》第六辑，上海教育出版社2006年版。

张永言、汪维辉《关于汉语词汇史研究的一点思考》，《中国语文》1995年第6期。

张谊生《近代汉语预设否定副词探微》，《古汉语研究》1999年第1期。

张谊生《论与汉语副词相关的虚化机制——兼论现代汉语副词的性质、分类与范围》，《中国语文》2000年第1期。

张谊生《助词与相关格式》，安徽教育出版社2002年版。

张以仁《国语虚词集释》，“中央研究院”《历史语言研究所专刊》之五十五1968年版。

张以仁《从文法语汇的差异证〈国语〉〈左传〉二书非一人所作》，《“中央研究院”历史语言研究所集刊》第34本1962年版。

张以仁《国语校证》，台湾商务印书馆1969年版。

张以仁《国语引得》，“中央研究院”《历史语言研究所专刊》1976年版。

张以仁《〈国语〉〈左传〉论集》，台北东升出版事业有限公司1980年版。

张以仁《春秋史论集》，台湾联经出版事业公司 1990 年版。
张玉金《古今汉语虚词大辞典》，辽宁人民出版社 1996 年版。
张玉金《甲骨文语法学》，学林出版社 2001 年版。
张玉金《出土战国文献虚词研究》，人民出版社 2011 年版。
张玉金《出土先秦文献虚词发展研究》，暨南大学出版社 2016 年版。
赵大明《〈左传〉介词研究》，首都师范大学出版社 2007 年版。
赵光贤《〈左传〉编撰考》（上），《中国历史文献研究集刊》第 1 集 1980 年版。
赵光贤《〈左传〉编撰考》（下），《中国历史文献研究集刊》第 2 集 1981 年版。
赵元任《北京口语语法》，李荣编译，开明书店 1952 年版。
赵元任著《汉语口语语法》，吕叔湘译，商务印书馆 1979 年版。
赵元任《语言问题》，商务印书馆 1980 年版。
郑良树《古籍真伪考辨的过去与未来》，《文献》1990 年第 2 期。
郑良树《论〈晏子春秋〉的编写及成书过程》（上），《管子学刊》2000 年第 1 期。
郑良树《论〈晏子春秋〉的编写及成书过程》（下），《管子学刊》2000 年第 2 期。
郑良树《论〈公孙龙子·迹府〉的成书年代》，《文献》2000 年第 2 期。
〔日〕志村良治著《中国中世语法史研究》，江蓝生、白维国译，中华书局 1995 年版。
周秉钧《古汉语纲要》，湖南教育出版社 1981 年版。
周法高《中国古代语法·造句编》，“中央研究院”历史语言研究所专刊 1961 年版。
周法高《中国古代语法·构词编》，台北台联国风出版社 1972 年版。
周法高《中国古代语法·称代篇》，中华书局 1990 年版。
周刚《连词与相关问题》，安徽教育出版社 2002 年版。
周刚《连词产生和发展的历史要略》，《安徽大学学报》（哲学社会科学版）2003 年第 1 期。
周广干《〈左传〉、〈国语〉副词比较研究》，北京师范大学 2008 年硕士学位论文。

周广干《〈左传〉〈国语〉时间副词比较研究》,《西南交通大学学报》(社会科学版) 2015 年第 4 期。

周广干《东汉注释中的系词“是”》,《汉语史研究集刊》第二十一辑,巴蜀书社 2016 年版。

周广干《先秦汉语提宾助词的使用特点——基于〈左传〉〈国语〉的比较》,《西南交通大学学报》(社会科学版) 2017 年第 4 期。

周广干《从“两文”的比较看〈国语〉〈左传〉的语言差异》,《汉语史研究集刊》第二十六辑,四川大学出版社 2019 年版。

周守晋《出土战国文献语法研究》,北京大学出版社 2005 年版。

周祖谟《尔雅之作者及其成书之年代》,《问学集》(下册),中华书局 1966 年版。

朱承平《文献语言材料的鉴别与应用》,江西高校出版社 1991 年版。

朱承平《先秦汉语句尾语气词的组合及组合层次》,《中国语文》1998 年第 4 期。

朱承平《异文类语料的鉴别与应用》,岳麓书社 2005 年版。

朱德熙《语法讲义》,商务印书馆 1982 年版。

朱德熙《自指和转指:汉语名词化标记“的、者、所、之”的语法功能和语义功能》,《方言》1983 年第 1 期。

左松超《〈左传〉虚字集释》,台湾商务印书馆 1969 年版。

M. A. K. Halliday,《语法理论的范畴》,《语言学译丛》第 2 辑,中国社会科学出版社 1961/1980 年版。

Joseph H. Greenberg, *Universals of Human Language*, Stanford University Press, Stanford California, 1978.

Paul J. Hopper & Elizabeth Closs Traugott, *Grammaticalization*, Cambridge University Press、外语教学和研究出版社 2003 年版。

William Croft, *Typology and Universals*, Cambridge University Press、外语教学和研究出版社 2003 年版。

台湾“中央研究院”历史语言研究所上古汉语标记语料库: http://db1x.sinica.edu.tw/cgi-bin/kiwi/akiwi/akiwi.sh? ukey=36552707&qtype=-1。

后　记

目前这部书稿是在博士学位论文的基础上增补修订而成的。从 2011 年博士论文通过答辩到 2015 年获批后期资助项目、2019 年结项，直至今天成书，我把 21 世纪的第二个十年都搭在这上面了，然而我深知这本书没有达到应有的目标和层次。2005 年我从曲阜师大毕业考入北京师范大学，有幸从刘利师攻读硕士学位，后蒙刘师不弃继续攻读博士学位。我个人的硕士、博士论文选题都是刘师酌定的。刘师早些年便关注《国语》一书，对其语料价值和部分语言现象等即有发明，颇多创见。刘师指导的硕士中也早有以《国语》为专书做学位论文的。到我们这一级，老师指导我们三人分别对《左传》和《国语》两书的副词、助词和介词进行比较，开始尝试从虚词角度比较两书异同进而考察两书间的文献关系。到了博士阶段，老师鼓励我沿着这条路继续往前走。这个论题虽早有人关注，不过尚未有值得预期的结论，仍有必要深入挖掘。我的硕博士论文按理说都是对老师前有思考的继承和延展，老师的出发点高屋建瓴，奈何我在“走两步”时没能走好，结果难如人意，深负师望，原因当然在我个人。在北师大读书的六年时光，能随恩师左右，先生的言传身教，循循善诱，足以让我受益终生。论文从选题、写作到答辩，始终离不开恩师的栽培和教诲。论文在评审和答辩过程中，蒙姚振武、李国英、李运富、王贵元、易敏、刁晏斌、王立军、齐元涛诸先生提出宝贵意见和建议，教我实多，借此机会向各位先生致以最诚挚的敬意和谢意。唐山师院郭万青先生研治《国语》有素，成就卓荦，在论文撰写过程中曾蒙郭先生惠赐宝贵资料，令我感怀于心，在此一并致谢。我知道做这样的选题，不仅要有语言学的基础，还要有文献学的功底和视野，而这些我并不具备，于是书稿成了现在这个样子，都说敝帚自珍，可我实在没有珍视的勇气。然而遥想多年辛苦，终究还是捧出了这部连“敝帚”都算不上的拙著。近年来围绕相关问题我还做了一些小的尝试和努力，终因问题过于庞杂，实非学渣所能至。总体感觉在于似《国语》《左传》

这种跨历几百年甚至逾千年的“层累”下来的古代史料，其语言成分、语言现象是相当驳杂的，文献中的每一句话甚至每一个字词虽富有魅力，却也满是荆棘。如何尽可能地去辨识语言的时代、剥离语言的层次，或许可以作为继续努力的方向。我不敢奢望有所发现，只能勉力为之，算作对一个十年的交代，也斗胆算作对老师的一种回报。

上面的文字很严肃，个人实在惶恐之至。下面开始写“正事”。对我来说，写后记是件大事，有较强的仪式感。理解没错的话，后记一般是写感言。都说“文字是有温度的”，那我先敲点常温的文字。首先自然是感谢。然而岁月悠悠，我在这里实在不想敲出一长串的人和事供自己回味和怀念，很多的人和事早已刻在心底，任时间如何“一晃再晃”也抹不去，这些厚植于内心的记忆不时袭来，仍能让我这等冷血之人不禁澎湃。多年来认识的、熟知的人，你们的名字在我心里都是闪光的（绝大多数闪着的是炽热的光，当然也有个别冷峻的光）。同辈中很多人都是我特别敬服的（此处省略至少一百个人名，请大家对号入座），你们今天的样子是我努力要变成的明天的模样。接着再来点零下的文字：虽算不得悔过，但也可说得上是检讨和反思。多年的积习，说得委婉点是惰性和戾气、因循和孤陋，直白些就是得过且过、不思进取，与头发一起少的是勇气，与肚皮一起大的是惰性，这种持续多年的状态也已让我疲惫了。此刻心里没有一点激动的感觉，反而会为将这样不成熟的书稿出版而不安，可既然拖下去也没有意义，不妨拿出来供同好一哂，也算它的意义所在吧。

再说几句表达心情的话。不得不提到我的导师刘利教授、我的博士后合作导师方一新教授，求学路上得遇如此良师，此生无憾。两位老师在我不同阶段以及平时对我的关照、对我的影响，将随我一生。而我于我的老师们无以为报，只能努力将老师所传继续传给学生，以求心安。一路走来颇为不易，容我向所有关心我的师长、知交和亲人道声谢，前行路长，彼此珍重。这部书稿从申报课题到整理修订和最后出版，都离不开我大学同学李建廷的无私帮助，他“授意”我在后记里要特别感谢一下他，这篇后记也一定程度上是写给他看的。我们大学同级不同班，读书时算不上熟悉，硕博期间又不在一个学校，而其人仗义豪情，踏实厚道，实在与我很像，所以即便大学毕业后多年失联也未影响我们的重逢如旧。感谢社会科学文献出版社的张金木编辑，这样的书稿除了能让人锻炼体魄和耐心，怕没有别的好处了。素未谋面，感谢张编辑的辛勤付出。感谢陕西师范大学文学院这个平台，感谢院领导的信任和支持，感谢古汉语教研室的师长同好和学院诸多师友的鼓励与包容。还有那些在深夜里一起碰杯让我听到梦碎声音的人们，让我知道梦基本上都是抓不住的，现实很骨感，孑立前行才是拷问灵魂后的选择。此刻遥想起那些年在一起读书、踢球、喝酒的日子，一长串的名字在岁月的漂泊中始终不会被淡忘。

岁月从不曾负我，即便当年穿过黑暗的那些时光仍不时让我有恍若隔世之慨。感谢赋予我生命、陪着我走出黑暗的我含辛茹苦的父母！一晃十年过去了，犹清晰记得十年前博士论文即将完稿时那个料峭春寒的凌晨，我的父亲匆匆走完了自己充满苦难的人生，从那时起亲老不待的无奈和锥心刺骨的痛楚注定伴我一生，而生活仍要前行，不会放大，随时拾起。感谢我的母亲、岳父母还有兄嫂对我不懈的支持和无私的付出。不能不提到的当然还有我聪慧可爱的妻子，是她对我的无限宽容和鼓励，为我打亮了前行的光，最长情的陪伴永远寄寓在生活的点滴中。我想我已重新找到了努力的方向。

今春花开，父亲坟前的小树该有碗口粗细了。

谨以此书纪念我远行的父亲。

周广干

辛丑正月识于陕西师大

图书在版编目（CIP）数据

《左传》《国语》文献关系考辨研究：以虚词比较为中心 / 周广干著. -- 北京：社会科学文献出版社，2021.3

国家社科基金后期资助项目

ISBN 978－7－5201－7423－7

Ⅰ.①左… Ⅱ.①周… Ⅲ.①《国语》－古汉语虚词－研究 ②《左传》－古汉语虚词－研究 Ⅳ.①H141

中国版本图书馆 CIP 数据核字（2020）第 191841 号

国家社科基金后期资助项目

《左传》《国语》文献关系考辨研究：以虚词比较为中心

著　　者 / 周广干

出 版 人 / 王利民
责任编辑 / 李建廷

出　　版 / 社会科学文献出版社（010）59367215
地址：北京市北三环中路甲 29 号院华龙大厦　邮编：100029
网址：www.ssap.com.cn
发　　行 / 市场营销中心（010）59367081　59367083
印　　装 / 三河市龙林印务有限公司

规　　格 / 开　本：787mm × 1092mm　1/16
印　张：29.5　字　数：466 千字
版　　次 / 2021 年 3 月第 1 版　2021 年 3 月第 1 次印刷
书　　号 / ISBN 978－7－5201－7423－7
定　　价 / 138.00 元

本书如有印装质量问题，请与读者服务中心（010－59367028）联系